텐배거 슈퍼리치의 꿈
투자의 정석,
대박의 상식

텐배거 슈퍼리치의 꿈
투자의 정석, 대박의 상식

초판 1쇄 **인쇄** 2022년 4월 15일
초판 1쇄 **발행** 2022년 4월 18일

지은이 황인환·서동구
펴낸이 이재욱
펴낸곳 ㈜새로운사람들
디자인 오신환
마케팅 관리 김종림

ⓒ황인환·서동구, 2022

등록일 1994년 10월 27일
등록번호 제2-1825호
주소 서울특별시 도봉구 덕릉로 54가길 25(창동 557-85, 우 01473)
전화 02-2237-3301
팩스 02-2237-3389
이메일 ssbooks@chol.com

ISBN 978-89-8120-636-9(03320)

*책값은 뒤표지에 씌어 있습니다.

텐배거 슈퍼리치의 꿈
투자의 정석, 대박의 상식

황인환·서동구 지음

새로운사람들

프롤로그

저자의 글 [황Q] 황인환

황Q 입니다. 애널리스트나 펀드매니저가 아닌 '여의도의 금융정보 큐레이터' 라고 소개하며 활동하고 있습니다. 전시를 기획하고 총괄적으로 책임지는 사람인 큐레이터(curator)와 질문(question)에서 'Q'를 가져 왔습니다. 큐레이터는 수집 기획 정제 전시 선별 배치 보호 설명 배포를 합니다. 아무나 할 수 있지만, 투자와 관련한 지식과 정보의 큐레이터로서 누구나 할 수 있는 것은 아니라는 자부심이 이 책과 명함에는 스며있습니다. 동시에 부족함과 아쉬움의 부끄러움도 있습니다.

직접투자이든 전문가나 집단을 이용한 간접투자이든 변동성의 최종 수혜자이자 희생자는 개인투자자가 된다는 생각이 늘 있었습니다. 우리는 자신의 분야에서 어떠한 형태로든 전문가라는 생각을 합니다. 막상 사회와 직업을 가진 이후 대하는 '돈'에 대해서 어떻게 관리하고 증식시키고 노후대비를 해야할 지 혼란스러운 시기를 거쳤습니다. 특히, 금융투자에 있어서는 초·중·고·대학 등의 적어도 십 년 이상의 교육기간에서 생애주기와 재무설계·관리 특히 재테크라는 영역을 접해본 기억이 그리 크지 않습니다. '바뀌지 않는 변화에는 적응을 하고, 급격한 변동에는 대응을 하라'고 합니다. 지금 당장의 매매부터 멀리 보는 추세와 경제환경이 모두 매크로와 마이크로를 오가며 맞물려 있게 됩니다. 무엇을 어떻게 하라는 말인가?

멀지 않은 예전에 우리는 집집마다 개인마다 사전, 전화번호부, 노래가사집, 전국지도책을 필수적으로 보관하고 이용했습니다. 지금도 마찬가지입니다. 다만, 돋보기와 검색창 혹은 음성으로 필요할 때마다 즉시 찾아내고 이용하고 있습니다. 이들의 모든 정보는 디지털화 되어 손 안으로 들어왔고 늘 최신의 상태를 유지하려고 합니다. 증시 특히 주식시장도 이제 손안에 들어와 있습니다.

뭐가 필요한 지를 알고 요구하면 너무나도 '쉽고 단순하게' 그 정보에 접근이 가능한 시절에 살고 있습니다. 비대면으로 최고의 전문가가 늘 대기상태에 있는 너무나도 좋은 투자환경에 싸여 있습니다. HTS와 MTS는 진화를 거듭하며 사용자의 내공만 높다면 언제든지 최고의 석학과 로보어드바이저의 수준에 걸맞는 역할을 수행합니다. 게다가 카카오톡이나 텔레그램, 페이스북, 인스타그램과 같은 실시간 SNS로 광대한 그물망 인맥접점을 활용할 수 있는 메타버스의 세계가 열리고 있습니다.

널리고 널린 차고 넘치는 어마무시한 정보시대에 살고 있습니다. 언제든지 창끝의 방향이 바뀌는 첨예한 자본시장의 꽃이라는 증시에서 한 세대 이상을 보냈습니다. 아직도 배움이 부족하긴 여전하지만 그 동안의 것을 요약해 보면, 정보가 없거나 더딘 것이 수익의 변수인 것이 아니라 '너무 많고, 순환과 맥락을 잡지 못해서' 쿵-짝 해야 되는 매수와 매도의 순서가 짝-쿵을 반복한 것이 아닌가 하는 막급한 후회가 있습니다. 순환하는 경기에서 상관관계와 주기와 비중을 읽어내는 힘이 '투자의 정석이고 대박을 향한 상식'이라는 믿음을 갖고 있습니다. 실전적인 투자의 정석은 장기에 걸쳐/ 정기적으로/ 분할하고/ 분산 투자하며/ 자기자금으로/ 가급적 전문가를 통한 간접투자라고 요약합니다. 그리고 그 핵심적 주체는 가장 합리적이지만 동시에 가장 비합리적이라는 생애주기가 있는 인간이고 그들의 심리가 쏠림과 몰림의 수급을 만들어 낸다고 생각합니다.

사자(살려는 사람)와 팔자(팔려는 사람)의 수급(수요와 공급)은 가치에 시장과 인간의 심리, 경제통계에 대한 이해와 해석에 영향을 미쳐서 지금의 가격을 형성합니다. 싸게 사서 비싸게 팔면 수익이 발생한다는 것은 돌려 얘기할 필요가 없습니다. 중요한 것은 그 '가격'에 육하원칙에 입각해서 앞으로의 변화와 변동을 자문해 짚어보면 됩니다. 하나마나한 얘기지만 그만큼 원론의 힘은 큽니다. 이 책 8개의 장은 독립적이기도 하고 연결되어 있기도 합니다. 필요한 장부터 읽고 참고하면 될 것입니다.

이 책은 모든 '새싹 투자자'가 '스마트 금융인 :: 파워 어드바이저'가 될 수 있다는 믿음으로 시작하였습니다. 보통의 개인투자자도 일상생활에서 마트와 직장 등에서 좋은 주식을 찾을 수 있다는 것이 피터 린치의 투자의 핵심입니다. 생활 속에서 투자 아이디어를 얻는 것은 워렌 버핏도 비슷합니다. 결국 우리 모두는 일상에서 질문이자 답을 찾아내게 됩니다. 양동이의 물은 뚫린 구멍위치 만큼 새어 나가듯이, 증시를 보는 관점과 눈높이는 아는 만큼 올라갑니다.

이 책에는 그동안 은행과 증권 그리고 경제미디어에 근무하면서 축적된 경험과 강의자료, 실전투자와 기록 그리고 나름 소화해낸 '언제 사고, 얼마에 팔까' 하는 빅데이터에 인공지능을 적용한 솔루션과 활용법이 들어 있습니다. 가급적 누구나 쉽게 이해할 수 있게 하자는 마음으로 시작했지만, 돌아보니 구석구석 건방을 떤 흔적이 보입니다. 입문을 졸업하고 고수를 지향하는 독자의 부담을 줄이고자 많은 분량을 걷어냈습니다. 걷어낸 삼분의 이 분량에 들어있는 실질적 실전투자의 디테일에 대한 아쉬움과 욕심이 여전히 다음을 기약하게 만듭니다.

큐레이션의 작업상 인용한 표, 차트, 그림 등에는 자료의 출처를 붙였으나, 오기 오역이나 누락 등 오류가 있을 수 있습니다. 미리 양해를 구하고 조기 교정토록 하겠습니다.

이번 출간 작업에는 정말 빼 놓을 수 없는 분들이 있습니다. 인쇄 출간이 어려워지는 출판환경에서 출간을 결정해 주신 이재욱 대표님, 익숙치 않은 경제금융용어나 도표 등의 디자인 작업으로 밤낮이 바뀌신 오신환 대표님, 표지부터 맨 뒷 페이지까지 꼼꼼이 챙겨준 이충혁 연구원님께 지면을 빌어 깊은 감사의 말씀의 전합니다. 무심한 가장을 묵묵히 보듬어준 가족 또한 이 책이 있게 응원하여 주셨습니다.

저자의 글 [서Q] 서동구

　뉴노멀의 시대에서 우리의 주식투자도 달라져야 하지 않을까요? 1991년 증권회사에 첫 발을 내디디고 1992년 외국인 투자 개방, 1993년 금융실명제 도입 1997년 IMF 외환위기, 2008년 글로벌 금융위기, 2020년 코로나-19 대유행 등 30여 년간 우리 경제와 금융시장에 커다란 영향을 미친 사태를 겪어 오면서 이 시간에도 증권시장의 최일선에서 투자와 분석, 방송 활동 등을 통해 개인 투자자들과 함께 해오고 있습니다.

　무수한 실패와 성공담을 뒤로하고 지난 날들을 돌아보면서 오로지 주식투자에 나서는 개인 투자자들이 이 전쟁터에서 살아 남고 홀로서기 하며 주식투자가 필연이 된 저금리와 저성장 속에서 어떻게 하면 승리자가 될 수 있을까를 끊임없이 고뇌하며 연구했습니다. 마침내 내린 결론은 단말마적인 내용을 가지고 투자자들에게 혹세무민하기 보다는 제대로 된 증권투자 바이블을 만들어 보자는 것이었습니다.

　매일 아침 유튜브 방송을 하고 방송 및 강연 활동 등 시간을 내기가 쉽지 않았지만 저의 신입사원 시절 사수였고 오랜 기간 저에게 힘이 되어주신 존경하는 황Q님과 의기투합하여 결실을 보게 되었습니다. 지난 2020년 3월 19일 장중 1439P를 기록하는 코로나 19 대유행 상황에서 목숨을 지키기 위한 사투와는 달리 초저금리와 유동성에 힘입어 주린이라는 신조어가 만들어질 정도로 처음 주식시장에 뛰어든 사람들이 급증했고 누구도 돈을 잃을 것이라고 생각하는 사람이 없을 정도로 2021년 6월 25일 장중 3316P까지 18 개월 여 동안 코스피 기준 130%의 급등세를 보였습니다.

　그러나 주식시장 격언에 나오는 '천장 3일, 바닥 100일'이라는 말을 실감하기에는 그리 머지 않은 시간에 모두가 느끼고 있을 겁니다.

이제 시간이 지날수록 개인 투자자들은 처음 가졌던 희망과 자신감 대신에 투자자산은 나날이 줄어들고 수익은 커녕 원금 만이라도 건져 보겠다고 사투를 벌이는 날이 더욱 늘어나는 현실에 방황하면서 자포자기의 심정으로 유산 또는 상속해야지 하고 체념하게 되기도 합니다. 급변하는 시장 환경 속에서 대박의 꿈은 쪽박을 가져다주고 온갖 유혹 속에 주식시장은 투기적인 시장이라 치부하게 되며 위안으로 삼을지도 모릅니다. 그러나 모든 것에는 정도가 있고 상식이 있습니다.

이제 투자 기간의 길고 짧음이 아니라 과거의 잘못된 투자행태를 되돌아보면서 새롭게 하나씩 변화해 보시길 바랍니다. 변화하려면 익숙한 것과 결별 하셔야 합니다. 이 책에는 개인 투자자 여러분들을 위해 기본부터 고급까지 편하게 읽다 보면 '아하 그렇구나' 하고 느끼시는 내용 들로 구성되어 있습니다. 자나 깨나 옆에 두고 틈틈이 수필집을 읽듯이 반복하여 정독해 보시길 바랍니다.

용어에 익숙해지시고 숫자에 민감해지시고 국내외 주요 금융지표에 관심이 가고 이해가 된다면 여러분은 이제 고수의 영역으로 들어서게 될 겁니다. 또한 후반부에 설명해 드리는 아임차트의 원리를 이해하고 활용하신다면 전쟁터보다 더 무섭고 잔인한 주식시장에서 여러분들의 자산과 생명을 지켜줄 훌륭한 무기 하나를 가지게 될 것입니다.

투자자 여러분!! 매일 아침 8시부터 진행되는 '아임주식 TV' 유튜브 방송 서Q와 황Q 방송은 시장전략과 관심주, 실전 투자 라이브 진행을 통해 개인 투자자 여러분들의 벗이 되고 있습니다. 이 책이 여러분들에게 주식투자의 기본 바이블이라면 두 사람이 진행하는 유튜브 방송은 살아있는 실전 증권방송으로써 여러분들의 자산을 지켜드리고 모두를 승리투자의 길로 안내해 드릴 겁니다. 엔데믹을 맞이하여 오프라인 강연회를 통해 하루빨리 만날 수 있길 고대하면서 부끄럽지만, 이 책이 투자자 여러분들에게 조그마한 힘이 되길 바랍니다.

차례

프롤로그 | 5
저자의 글 [황Q] 황인환 | 6
저자의 글 [서Q] 서동구 | 9

제1장 정석과 대박의 상식-워밍업 | 17
매일 +1%, 그리고 복리의 힘 | 18
도전! 매일 1% 수익 내기 | 22
FoMO: 탐욕과 공포를 반증하는 칵테일파티 | 26
경제-경기-투자-돈-통화-금융-주식에 대한 짧은 풀이 | 30
투자자는 '바뀔 수 없는 변화에 적응하고,
급격한 변동에 대응해야 한다' | 34
개장 전 뉴스의 독해와 분석 | 38
모닝 패트롤: 글로벌 투자 금융지표 | 47

제2장 싸게 사는 기술, 비싸게 파는 예술 | 49
BLASH-매수의 심리 신호, 매도의 심리 신호 | 50
패닉의 매매: 신용융자와 추격매도 그리고 줍줍 | 57
마켓 사이클에 따른 투자자 심리변화 | 60
다우존스 장기차트로 읽는 롤러코스터 장세 | 68
뉴턴의 운동법칙:
관성, 가속도 그리고 작용과 반작용 | 72
피보나치 수열: 자연의 법칙과 우주의 비밀 | 74
엘리어트 파동: 충격파동과 조정파동 | 77
집단의 투자심리: 밴드 웨건, 쏠림과 몰림의 레밍 현상 | 80
개인의 투자심리: 습관과 편향 | 84

버려야 돈 버는 투자 습관:
'매수 시의 판단과 가격을 버려야 한다.'　┃ 91

제3장 실전이 최고의 학습　┃ 95
Form Follows Function: 화면번호가 외워질 때까지…　┃ 96
하루에 한 번은 보게 되는 화면들, 교재는 [도움말]　┃ 100
누구나 할 수 있지만 아무나 할 수 없는
주식투자 실전: 입문, 그리고 현재가 화면　┃ 103
주문유형과 주식거래 시간　┃ 106
주문! 결국은 시점과 호가와 수량　┃ 110
고객예탁금과 미수금으로 파악하는 증시 주변 자금　┃ 112
수급의 주체, 신용공여와 공매도 그리고 따라 하기　┃ 116
이성적인 프로그램 매매: 차익 거래? 비(非)차익 거래?　┃ 119
코스피200 지수와 미결제 약정에 대한 이해　┃ 122
불공정거래와 시세조종 행위　┃ 125
복기, 매매에 임하는 우리의 자세:
이성적 판단, 감성적 실행　┃ 127
전문가의 말: 조언과 자문 그리고 리딩　┃ 130

제4장 데이 트레이더의 자기점검　┃ 133
데이 트레이딩과 데이 트레이더　┃ 134
데이 트레이딩의 기본 환경과 얼개　┃ 139
변동성과 유동성에 대한 인식　┃ 142
종목발굴과 선정 시의 기술적 요소들　┃ 144
인트라데이 매수(진입) 매도(청산)의 전술적 접근과 관점　┃ 147
스크리너(SCREENER)의 활용　┃ 150
데이 트레이딩 용 차트 보기(예시)　┃ 153
다양한 데이 트레이딩 전략의 이해와 선택　┃ 154
ES팬-티스 데이 트레이딩의 기본원리　┃ 158

ES팬-티스 솔루션(16613165.shop) 공개서비스 활용 | 161
음봉 저가매매전략: 화신(010690, 2021. 7. 14.) | 164
양봉 저가매매전략: 이랜텍(054210, 2021.10.22) | 167
추세매매 아임차트의 데이 트레이딩 활용 | 171
데이 트레이더 [황Q]의 아주 개인적인 조언 | 180

제5장 기술적 분석의 기계적 이해 | 183

기술적 분석: 기계적 판단을 위한 과정 | 184
반드시 거쳐 가야 하는 다우 이론(Dow Theory) | 187
다우이론의 (장기추세) 진행과정:
강세장 약세장의 국면 전환 | 192
기술적 분석을 통해 얻으려는 것: 기술적 분석의 분석 | 195
추세분석: 추세를 잡아야 대박이 난다! | 198
다양한 추세선의 저항과 지지와 돌파, 그리고 되돌림 | 200
이동평균선 분석: 주식투자 분석의 알파와 오메가 | 204
이동평균값(선)의 투자 활용법 | 210
패턴 분석: 반복의 역사를 겨냥하다 | 216
추세지속형 패턴 | 217
추세반전형 패턴 | 222
지표분석: 단순화시킨 수치와 그래프 | 226
주요 지표분석 요약 | 236
캔들 분석: 하나만 알고, 둘은 모르고, 셋은? | 238
캔들 한 개로 읽는 시장: 심리 | 241
캔들 두 개로 읽는 시장: 예고 | 245
캔들 세 개로 읽는 시장: 시점 | 248
목표가 찾기: 정답 없는 결론 | 250
기술적 분석 스크리닝(예시) | 255

제6장 투자분석의 기본, 기본적 분석-에센스 | 257

투자자의 기본자세인 기본적 분석 | 258
섹터? 로테이션? 투자전략 | 263
경기와 업종: 슈퍼 섹터와 구성 섹터 | 265
경기순환 주도 섹터와 포트폴리오 구성 | 267
기본적 분석의 주요 항목과 투자시 적용기준 | 269
재무제표와 공시: 기본적 분석의 기본 중의 기본 | 273
가치 평가는 세 가지 접근법,
본질가치는 자산가치와 수익가치 | 280
투자의 기대수익률 | 284
가치도 잣대가 다르다! 절대가치 평가 방법들 | 288
분석은 비교의 관점! 상대가치 평가 방법들 | 291
배당주에 대하여 | 296
기본적 분석 스크리닝(예시) | 299

제7장 반복되는 역사:
주기를 타는 경제/ 경기순환과 통계보기 | 301

경기와 경제, 어느 것이 주가에 영향을 미칠까? | 302
글로벌 매크로와 국가별 GDP 구조 | 305
거시경제 정책 목표와 구성 지표 수집 | 309
주요 경제지표: 아는 것이 힘도 되고, 병도 된다 | 312
경제공부 복습: 거시경제 지표의 순환도 | 316
물고 물리며 순환하는 경제·금융 지표와 흐름도 | 322
경기순환의 주기와 원인, 그리고 투자활동 | 326
경기순환시계(BCC) | 329
금융·실물시장: 경기순환의 이해 | 331
인구변화의 금융·실물시장 경로 | 333
주요국 주가지수 추이(차트로 보는 법) | 337
(기준) 금리 장기추이 | 339

국가 간 환율 비교 | 341
원자재의 장기 흐름 | 343
챙겨야 하는 경제 금융 캘린더와 해석 | 346
월간 주요 통계 일정(한·미 중심 예시) | 348
통계 포털: 100개로 끝내는 지표들 | 352
사족: 통계지표 용어와 수치의 이해 | 356
경제지표 예측방법과 레퍼런스 | 358
경기예측 관련 주요 참조자료들 | 361
전문가들의 컨센서스에 대하여 | 364

8장 현장에서 써 먹는 실전 상식 | 367
일반적인 검색(창)의 확장 활용 | 368
모든 투자는 MTS로 통한다: 황Q의 MTS 가이드 | 370
각종 코드, 티커, 심볼, 지수의 인식과 활용 | 372
포트폴리오와 지수: MSCI ACWI Index(USD) | 376
사이트 레퍼런스 | 378
참고도서와 자료 | 386

에필로그 | 387
[황Q]의 실전 명심보감 | 388

부록 Appendix | 393
[서Q] 한국의 니프티 피프티(Nifty Fifty) | 394

색인 Index | 405
그림목록 | 413
차트목록 | 418
표목록 | 419

【 잠깐 상식 】 서학개미를 위한 용어 5-1

자주 등장하는 기간표현	ttm	trailing twelve month	최근까지의 12개월을 의미 (최근 네 개의 분기)
	mrq	most recent quarter	최근 분기
	yoy	year on year / year over year	전년대비, 전년(동기)와 비교
	mom, qoq	month on month, quarter on quarter	전월대비, 전분기대비
	ytd, qtd, mtd	year to date, quarter to date, month to date	연초(회기시작), 분기초, 월초부터 최근 확정일까지

[예시]

AAPL [NASD] Apple Inc. Technology | Consumer Electronics | USA	나스닥에 상장되어 있는 애플, 기술 | 가전제품 | 미국

용어	APPLE	설명(영문)	설명(국문)
Index	DJIA S&P500	Major index membership	상장 되어있는 지수의 종류를 의미. 미국 주식은 DJIA(30개 우량기업), S&P500(500개 대형주), NASDAQ(기술주)가 대표적. 이외 중소형주를 담고 있는 RUSSELL2000이 있음.
Market Cap	2818.21B	Market capitalization	시총(시가총액)을 의미. 시가총액=발행주식수 x 주가
Income	94.68B	Income (ttm)	순이익(Net income). 영업이익(Operation income)도 중요한 기준임.
Sales	365.82B	Revenue (ttm)	최근 12개월간의 매출액 실적
Book/sh	3.83	Book value per share (mrq)	장부가치(Book value)로 기업의 주당 순자산가치.
Cash/sh	3.79	Cash per share (mrq)	주당 순현금보유량. 순현금 보유량 = 현금성 자산 총액(현금 및 현금 등가물 + 유가증권) - 장기부채임.
Dividend	0.88	Dividend (annual)	연간 총 배당금
Dividend %	0.52%	Dividend yidld (annual)	DY는 배당수익률을 의미하며, 현 주가애 대비한 배당금 비율.
Employees	154000	Full time employees	상근 종업원수
Optionable	Yes	Stock has options trading on a market exchange	주식 옵션의 유무.
Shortable	Yes	Stock available to sell short	공매도 가능 여부.
Recom	1.8	Analysts's mean recommendation (1=Buy 5=Sell)	애널리스트들의 평균 컨센서스를 의미하며 1=buy, 5=sell을 의미.

표0-1 FinViz Dictionary 서학개미 용어사전 1

제1장 정석과 대박의 상식-워밍업

다 아는 얘기같지만, 물어보면 모르는 얘기

뉴스는 알아 듣고 독해해야

매일 +1%, 그리고 복리의 힘

텐배거(ten bagger)는 10루타를 의미합니다. 투자에서는 1000% 즉 10배를 의미하는 '꿈의 수익률'이기도 합니다. 문득 '천리길도 한걸음부터'라는 속담도 스칩니다. 하나마나한 얘기에 별 것 아닌 얘기 같겠지만, 누구도 성공을 장담할 수 없는 거의 불가능한 투자 목표 하나를 제시합니다. 바로 매일 1% 수익 내기입니다. 오르내림이 반복되는 주식을 통해 하루 1% 수익 내기는 언뜻 도전 욕구를 불러일으킵니다.

주식투자에서 하루 1%는 별 것 아닌 변동성으로 보입니다. 이것이 장기적으로 지속성을 가지면 바로 마법 같은 '복리의 힘'이 됩니다. 레전드가 된 피터린치는 "복리의 힘을 믿어라."라고 했고, 아인슈타인은 "가장 강력한 힘은 핵폭탄이 아니라 복리이고, 복리는 인류의 가장 위대한 발명품"이라는 말을 했다고 합니다.

'매일 1% 수익 내기'를 '애걔!'라고 할 수도 있겠지만, 실제 심적 부담은 무시무시합니다. 단순히 1%에 250(영업일)을 적용하고 단순하게 누적해도 연 2.50% 안팎이 되는 저축은행(2022년 1월 현재) 정기예금의 백배 수준이 되기 때문입니다. 1%가 세금과 수수료를 제한 부분이라고 하면 그 격차는 더욱 커지게 됩니다.
"돈 벌 수 있다고 하면서 오히려 도서판매가 목적일 수도 있겠다."
"현혹하는 표현으로 혹세무민의 마케팅을 하려는 건 아닐까?"
"상한가 하한가 각 30%인 증시에서 어떻게 250일 내내 수익을 낼 수 있단 말인가?"
모두 다 합리적인 의문입니다.

맨해튼에는 세계 금융계의 중심 월가(Wall Street)가 있습니다. 1626년 네덜란드 최초 이주민들이 맨해튼을 구입할 때 네덜란드 돈으로 60길더(24달러 상당)에 해당하는 물품을 인디언에게 제시했다고 합니다. 환산된 그 돈을 연 7% 복리로 불려 나가는 확정 투자를 했다면…?

24달러(투자금) × 1.07(매년 원리금) ^ 395(년)으로 계산하면 9.7조 달러가 됩니다. 여기에 환율을 곱하면 원화로도 산출됩니다. 만일 1%만 더 높은 투자를 한다면, 무려 382.4조 달러가 됩니다. 1%가 장기에 걸쳐 부침(浮沈) 없이 확정될 때 얼마나 큰 파괴력을 가지는지 실감이 될 것입니다.

오마하의 현인으로 불린 워렌 버핏은 버크셔 헤더웨이의 운용으로 1964년부터 2020년까지 수익률이 2,810,526%(연 복리 20.0%)에 달했습니다. 일찌감치 전설로 자리매김한 피터린치는 마젤란펀드를 1977년 5월부터 1990년 5월까지 13년간 운용하면서 누적수익률 2,703%, 연평균 수익률 29.2%를 올렸습니다. 가치투자 주식 황제로 불리는 존 네프는 1964년부터 1995년까지 31년 동안 뱅가드에서 5,546%라는 수익을 냈습니다. 연 복리 환산 시 32%정도입니다.

위의 말대로라면 전설도 저 정도인데, 정석투자를 통해 저것이 가능할 것인가 하는 의문이 남습니다. 1백만 원으로 시작해서 매일 1%의 수익을 내면서 1년간 매일 반복해서 재투자한다면 1(백만 원) × (1.01 ^ 250)이 됩니다. 1년 뒤 12백만 원이 되고(십루타, 즉 1,000% 수익을 거둔 텐배거의 꿈입니다.), 2년 뒤에는 144백만 원이 되는 것입니다. 어마어마한 매일 1%의 수익 내기…상상하고, 노력하고, 습관이 되도록 해야 합니다. 특히 이 목표에 도전하고, 매일 성공을 이루도록 확률을 높여야 합니다.

Back to the basic.
만일 매일 1%로 완벽한 복리 투자가 가능하다면 1년 수익률은 1,200%가 된다고 말씀드렸습니다. 세금과 거래 수수료가 없고 놀고 있는 유휴 투자금(idle money)이 없다는 가정과 전제를 가집니다. 위대한 복리의 힘은 지속성과 유지가 요체입니다. 바로 앞의 투자원금이 훼손되지 않아야 합니다. 그래야 하다못해 0.1%라도 수익이 얹어지는 것입니다. 1억 투자 후 50% 손실이 났을 경우 원금을 회복하는 만회 수익률은 100%가 되어야 합니다.

 스톱로스(stop loss)를 위해 하는 손절(loss-cut)은 익절보다 그 결단과 실천의 중요성을 강조하게 됩니다. 1,200%의 수익률도 100%의 손실로 원점으로 돌아간다는 너무나도 당연한 사실을 잊고 있습니다.

 다음에 또 강조하겠지만, 투자는 리스크 관리 40%에 자기 관리 60%라고 합니다. 어느 하루의 높은 투자수익률에 '또 질러보자.'는 심정이나 풀어진 긴장이 공든 탑을 허물어 뜨리기도 하는 것입니다. 리스크는 관리 통제될 수 있는 위험이므로 결국 자기하기 나름입니다.

 이 책에서 이야기하는 [5전 정식, +1% a day]는 5천 투자하는 50대 전업투자 입문자에게 전하는 '정석과 대박의 상식'을 줄인 말입니다. 투자자 여러분은 초등학교 중학교 고등학교 대학교를 거치는 16년 동안 경제 교육과 금융투자 교육을 제대로 받았다는 기억이 있으신지요? 교양과목에서 몇 차례 얘기들은 것이 있겠지만, 초보의 발걸음은 '이러다 거덜 나는 것 아닌가?' 하는 걱정과 시름도 있게 마련입니다. 이왕 내친걸음이니 '어차피 할 바에는 잘하는 게 좋지 않겠습니까?' 하는 마음으로 시작하면 됩니다.

 노파심에서 조금 더 잔소리를 늘어놓겠습니다. 다들 아는 얘기를 처음에 꺼내는 것은 매일 아침 데이 트레이딩에 임하는 트레이더로서 가다듬어야 할 자세 때문입니다. 산사의 불당과 도량만 수양하는 곳이 아니고, 치열하게 손익을 다투는 '지금 여기'가 나의 도량이라는 마음과 더불어 수련하는 심정을 갖기 때문입니다.

 이 책의 출간을 전후해서 블로그(https://blog.naver.com/inan1105)와 유튜브 '아임주식TV'를 통해 황Q의 실전 트레이딩 <개장매매 + 1%>가 연재/방송되고 있을 것입니다.

KOSPI	상승일	수익일수	승률	총수익	일평균매수	수수료제세금(B)
	30	51	81.0%	+6,045,457	20,217,759	2,720,570
	하락일	손실일수	패율	총손실	매매손익(2M)	매매총손익(C=A+B)
	33	12	19.0%	-1,531,863	+35.8%	+7,234,164
41일 지수 등락 pt(%)		평균수익액	평균손실액	순손익(A)	순손익률(2M)	연환산 투자총손익률%
-91.17	-2.97%	+118,538	-127,655	+4,513,594	+22.3%	141.99%

pan-TIS 데이 트레이딩 (2021. 10. 1.~ 12. 31: 2개월)

표1-1 팬-티스 데이트레이딩 실제운용 성과표

위의 표는 2021년 10월 1일부터 12월 말일까지의 팬-티스를 활용한 성과 요약표(트랙레코드)입니다. 이와 관련한 매일의 실전상황도 동영상으로 게시되어 있습니다.

※ 앞서 성과표 운용자의 총평을 요약하면 아래와 같습니다.

- 데이 트레이딩 실전 평균 매수규모는 포지션 한도의 40% 수준, 3개 내외 종목을 분할 매수하며 발생하였습니다.(당일매수에 대한 당일매도 분의 손익만을 집계하였습니다.) 배정예산 50백만 원 대비 시 22.3%는 9.0%가 됩니다.

- 매수·매도에 적용된 솔루션의 활용도와 시그널은 유용하여 승률 상승에 기여하였고, 중대형 주의 경우, 변동성과 예상하는 고가 및 저가의 정확도가 상대적으로 높게 나타났습니다.

- 데이 트레이딩에는 거래에 수반되는 수수료와 제세금의 비중과 부담을 절대적으로 고려하여야 합니다. 매매빈도가 잦음으로서, 실제 총수익에서 해당 비용은 수익의 약 40%를 감소시켰습니다.

- 손익률 대비 월 평균 수익의 절대규모는 전업투자시 충분한 것은 아니며, 스윙·중장기 추세매매와 결합하여 운용할 경우 시너지 효과가 기대됩니다.

이제 4년 정도의 실제 투자운용 경험을 바탕으로 한 기초 자료에 기반을 두고 몇 가지 자문자답해 보겠습니다.

도전! 매일 1% 수익 내기

왜 매일 1%인가?

<u>이 정도를 목표로 하여야 투자 도전의 대상이 됩니다.</u> 주가 변동의 레인지(range)인 고가-저가의 최대 폭은 1만원 주가의 경우 상한가 13천 원과 하한가 7천 원을 오가면 6천원, 즉 저가로부터 따지면 일일 85.7%의 변동률이 산출됩니다. 얼추 일일 한 종목에서 양봉과 음봉이 교차하는 변동 폭이 2%가 넘는 경우는 열 개 중 1개 정도가 됩니다. 오늘 투자 종목이 양봉이 나오든, 음봉이 나오든 2% 정도 변동성이 예상되고, 위아래 한 호가 정도를 매매주문을 위한 여유로 둘 경우 1% 정도의 변동성이 확보되기 때문입니다.

복리로 매일 100% 투자 연승이 가능한가?

<u>신의 영역으로 불가능합니다.</u> 더욱이 복리 운용은 가능하지도 않습니다. 금액이 커질수록 운용의 제한이 따르고 매매 시의 슬리피지(물량 확보나 처분을 위해 더 높은 가격으로 차곡차곡 올라가며 사야 하고, 더 낮은 가격에 차곡차곡 내려가며 팔아야 하는 현상)가 발생합니다. 시총(시가총액, 주가 × 주식 수)이 작아 유동성이 확보되지 않으면 위험하기까지 합니다. 충분히 학습되고, 경험하고, 훈련된 상태라면 도전이 가능합니다.

투자자금의 백 퍼센트 운용이 가능한가?

<u>가용자금이나 운용자산(AUM)의 60% 내외입니다.</u> 현실적으로 분할 매수(3회, 30%+30%+40%)를 해야 하고, 패닉 장에 대비한 여유 보유현금이 있어야 가능하기 때문입니다. 5천만 원 투자 시 60% 정도를 운용 가능한 영역으로 생각해야 합니다. 하루 순수익은 삼십만 원이 기본 목표가 됩니다. 음봉의 저가에 매수를 하는 전략일 경우 다음 영업일에 갭업(전일 고가보다 더 높은 가격

에 시작하는 가격)이나 갭다운(전일 저가보다 더 낮은 가격에 시작하는 가격)이 발생하는 것을 감안하면 가용 폭은 더 줄어들 수도 있습니다. 매도 또한 분할(50%+50%)하여 일단 수익을 챙기고 다음 단계에서 추가 이익이나 손실을 벌충합니다. 중장기 추세매매나 단기 스윙투자를 하더라도 주식으로 꽉 채워 놓는 것은 지양해야 합니다.

현실적으로 제시할 수 있는 수익률은 산출 가능한가?

<u>보수적(?)으로 연 30% 설정은 가능합니다.</u> 한 주간 5일 중 3일 정도 1% 수익이 나고, 하루는 스퀘어(손익이 없는 무승부), 하루 손실 -1%가 난다는 전제가 필요합니다. 즉 주간 2%, 월간 8%, 연간 96%가 최대치라 할 수 있습니다. 여기에 투자금액 대비 실제 운용 규모 60%를 적용하면 57.6%가 주장 가능합니다. 즉 주간 1%로는 복리로 투자금액이 성장하지는 않습니다. 보수적으로 봐도 엄청난 승률인 2승 2무 1패로 본다면 51%(51주 합산)가 되고 실제 투자에 투여된 자금 규모 60%를 적용하면 30% 정도가 설득력이 있습니다. 매도 시의 거래세 0.25% 등과 수수료도 감안해서 판단해야 합니다.(코스피 시장에 하루만 투자했다면 손해를 볼 확률은 48.7%에 달한다는 분석 보고서가 있습니다.)

투잡, 사이드잡으로도 가능한 방법인가?

<u>규모에 따라 다르며, 상충관계도 많이 있습니다.</u> 앞에서의 계산대로라면 5천만 원 투자금의 60% 수준 가용할 경우 월 8%는 2.4백만 원 정도가 되고 '하이 리스크, 하이 리턴'의 주식투자에서 가장 보수화된 수준으로는 월 2.5% 75만 원 수준이 되어야 합니다. 희망회로로는 가능하다고 작동시키겠지만, 현실적으로는 상위 1%의 영역이라 할 것입니다. 이 또한 전업 투자 시 최저임금 정도가 확보되는 수준인가를 따져 보아야 할 것입니다. 다만 예금 보호나 수익보장의 제도와 약정은 없다는 사실에 유념해야 합니다.

누구라도 가능한 것인가?

<u>학습 없이는 백전필패이고, 또한 단타 투자와 데이 트레이딩은 다릅니다.</u> 합리적이고 운용 가능한 범위 내에서, 특히 지속성을 가지기 위해서는 다양한 실전에

노출되고, 경험을 쌓고, 사례학습이 이루어져야 합니다. 복잡한 학습이 아니고 충분하고 풍부한 학습과 분석 전망이 필요합니다. 그래서 투자금융사 등의 전문가와 이인삼각으로 추진하는 것이 의미가 있습니다. 가능하다고 말씀드리는 것보다는 근접할 수 있다고 하는 것이 좀 더 합리적일 것입니다.

추세와 관련 없이 매일 적용이 가능한가?
운용의 묘가 다르겠지만, 경험적으로는 가능합니다. 주가는 기본적으로 천장 3일에 바닥 100일이라고 합니다. 추세가 형성된 시장이나 조정 횡보의 구간인 횡보 보합장이나 관계없이(변동성이 확보된 종목에서는) 가능합니다. 물론 패닉이 형성되고 민스키 모멘트가 형성되는 시기에는 트레이딩 관점과는 다르게 접근해야 합니다. 급락 장에서의 매수는 가능해도 하락 일방향에서 당일의 매도는 이루어질 수 없음을 감안해야 합니다.

수익 분으로 충분히, 쪽박 없이 노후를 보낼 수 있는가?
자산관리의 또 다른 측면이 필요합니다. 올인된 투자를 통해 생활자금을 보충하는 트레이딩 전략은 심리적 패인이 됩니다. 소득 축적시기에 발생된 수익과 축적된 자산을 소비하는 시기의 지출은 생애주기(라이프 사이클)에 따라 재무관리가 필요합니다. 부채의 상환, 부족한 연금, 물가의 상승, 생애 중의 피할 수 없는 세금으로 소진되는 소득과 자산의 인출에 대해 다양한 대안을 모색해야 합니다.

그래도 도전하고 주장할 만한 가치가 있는가?
뉴노멀의 시대에 다른 대안은 없습니다. 금융투자와 해외투자의 비중이 점차 커지는 것은 대세이고 필수적입니다. 정석 투자 시 장기에 걸쳐서, 정기적으로 자금을 분할하고, 분산 투자하며, 자기자금으로 하여야 하는 원칙은 늘 먼저 검토되어야 합니다. 시스템에 기반을 둔 인공지능 투자는 대세이고, 로보 어드바이저는 동반자가 됩니다.

실제 적용이 된 사례는 있는가?
개인방송에서 매일 그 실전결과와 성과를 공개하며 진행하였습니다. 실제 운용에 있어서는 개인차가 생길 수밖에 없습니다. 시스템에 기반을 둔 자동매매에 있어서는 투자 판단의 폭을 더 줄이고, 시그널의 주기가 더 짧아질 수 있습니다. 한 두 차례의 성과나 아주 짧은 기간의 성과를 함부로 일반화해서 공인할 수는 없으나, 개별 차원에서 그리고 공개된 범위 안에서는 기록이 왜곡되지는 않습니다.

대박을 애기하는 그 수 많은 책의 저자들은 정작 투자가 아닌 '책 판매'를 통해 수입을 챙겼을 것입니다. 진짜 고수와 부자는 돈을 '버느라'(물건을 사거나 글을 쓸) 시간이 없습니다. 마음 급한 독자는 제5장 <데이 트레이더의 자기점검>으로 곧장 이동해도 좋겠습니다.

FoMO: 탐욕과 공포를 반증하는 칵테일파티

결론부터 얘기하자면 남녀노소의 구분 없이 '빨리, 많이, 지속적으로 돈을 벌고 싶어' 하고, 누구에게나 공개적으로 열려 있는 주식투자에 대한 얘기를 시작합니다. 대개의 투자자는 모두 대박을 내고 그렇게 해서 '건강하고 행복하게' 인생을 살고자 합니다.

하지만 모든 남녀노소 투자자는 저마다 생로병사의 삶을 겪게 마련이고, 한 가족이라 하더라도 자신의 생애주기와 환경(국가와 사회, 가족구성, 직업과 지위와 소득, 학연/혈연/지연 등)에 따른 처지는 당연히 다릅니다. 게다가 같은 생애주기와 비슷한 환경이라 하더라도 투자에서만큼은 성향, 목적, 기간, 규모(금액) 등이 다를 수밖에 없습니다.

어떤 대박이 난 투자자의 진솔한 얘기를 듣고 배운다고 해서 나도 똑같이 그렇게 될 수는 없습니다. 그렇다고 해서 고수와 전문가의 말을 '개무시'하고 명인이 되는 길 또한 없습니다.

골프하는 사람들은 자신의 핸디가 잔디 밑에 숨어 있다가 라운딩을 마치기 전 언젠가는 반드시 기어 나온다는 말을 하고, 집안 정리하는 사람들은 그렇게 약을 뿌려도 바퀴벌레는 어디선가 반드시 기어 나온다고 합니다. (<짱가>라는 애니메이션 주제가가 있습니다. '어디선가 누군가에 무슨 일이 생기면…' 하는 가사로 노래가 시작됩니다.)

살펴보건대 장기투자, 가치투자, 간접투자, 정기투자, 분산투자, 분할투자, 자기자금 투자라는 투자의 정석을 아무리 내걸어도 투자자의 탐욕과 공포는 어디에선가 기어 나옵니다.

다들 신형 휴대폰을 들고 다니며 '얼리 어댑터'라고 으스댈 때, 나만 구닥다리를 들고 있는 것은 아닐까 생각하며 혼자 뒤쳐진 것 같은 느낌을 받은 적이 있을 것입니다. 대화하는 자리마다 가상자산이니 주식투자니 하며 대박이 난 얘기를 듣다보면 혼자 왕따가 된 느낌을 받으며 상대적인 손실이나 패배감을 느끼기도 합니다.

이런 감정을 포모(FoMO, fear of missing out) 또는 고립공포감이라고 합니다. 이 말은 '놓치거나 제외되는 것에 대한 두려움', '다른 이의 현실 경험과 전하는 말, 현 상황에 대한 막연한 불안감'이 형성되고 작용할 때 사용합니다.

주식 격언에 칵테일파티라는 이론 아닌 이론이 있습니다. 팬데믹 방역으로 거리두기나 모임 제한이 있어도 우리는 휴대폰의 각종 연결고리를 통해 '칵테일파티'에 참석한 상태를 유지합니다. 이제 이 파티에서 오가는 주제와 내용의 단계가 중요합니다. 주식의 '주'자는커녕 경제기사나 뉴스도 안 보는 이들이 대화에 참여하거나 얘기의 주체가 되는 경우입니다. 동창 친구들 모임, 주부들의 미용실, 동네 고스톱 판에 옹기종기 모여 있지 않아도, 와이파이 확인하며 단톡 방에서 문자와 톡을 보내는 것입니다.

- 1단계: 직장이나 가족의 신상과 취미 등의 얘기가 오간다. 살기 힘들다는 얘기만 한다. 흥분해서 얘기하는 사람도 없고 잠잠하다. 날씨, 건강, 경조사⋯ 신경 써서 얘기 안 들어도 그만인 그런 주제들이다.
- 2단계: 설이나 추석 명절에 즈음하여 요즘 경기 얘기하다가 금세 자기 가족 얘기로 돌아온다. '어디다 돈을 묻어두면 좋을까?' 하고 툭 툭 얘기를 꺼내기도 한다.
- 3단계: 가족 중 한두 명이 경제 얘기를 꺼내고 친구 등의 재테크 소식을 전한다. 뉴스 기사를 꺼내들기 시작한다.
- 4단계: 바이오, 반도체, 탄소중립 등 테마 얘기를 쉽게 들을 수 있고, 구체적인 종목명이 등장한다. 전설이 될 수 있는 투자수익이 반찬에 안주가 된다.
- 5단계: 주식 듣보잡인 지인이 '지금 들어가도 괜찮아?'라는 질문을 하고, 일제히 '이제 시작이야!' 라는 답이 난무한다.

지금 단체 공개대화방이나 허용된 모임에서 쉬는 시간에 무슨 얘기가 오가는지 담담하게 지켜보시면 몇 단계쯤인지 판단이 가능할 것입니다. 출근하다 말고 놓고 온 휴대폰을 가지러 굳이 집에 다시 돌아간 경험이 한 두 번씩은 있습니다.

사실 하루 종일 전화가 오지 않는 경우도 있습니다만… 스마트폰 등의 전자기기와 비대면의 사회 관계망은 예를 들어 카카오톡, 페이스북, 트위터, 인스타그램 등의 SNS는 사람들이 서로 관계를 맺는 데 주요한 역할을 하고 있습니다. 이러한 통신을 이용한 커뮤니케이션은 인터넷에 대한 의존도를 증가시켜 '혹시 나만 빼고~?'라는 심리를 촉발시키는 것입니다.

우리는 사회와 집단생활에서 생존이나 존재감을 지속적으로 확인하고 인정받고자 합니다. 예민하게 다른 사람들이 무엇을 하는지 지속적으로 확인하고 싶어하며, 다른 사람들 사이에 무슨 이야기가 오가는지 알고 싶어 하는 욕구가 생기게 마련입니다. 사회적 상호작용, 새로운 경험, 수익성 있는 투자, 또는 만족스러운 사건 등에 참가할 수 있는 기회는 이어집니다.

이러한 기회에서 탈락하거나 배제될 것 같은 두려움은 이성적 판단을 감성적으로 서두르도록 유발합니다. '영끌'과 '빚투'는 이런 심리적 강박에서 시작되는 것입니다. 투자의 참여는 마지막 기회처럼 느껴지지만 필자의 경험으로는 파도처럼 반복되기도 합니다.

칵테일파티라는 단어는 이론이 아닌 '효과'의 측면도 있습니다. 파티는 기본적으로 모임이고 참석자들이 있게 마련입니다. 당연히 소음이 발생하게 됩니다. 시끄러운 주변 소음에도 불구하고 관심을 갖고 얘기하는 상대이거나 관찰하는 참석자가 있다면 그 사람의 말이나 행동이 들리고 보이는 것입니다.

이와 같이 주변 환경에 개의치 않고 자신에게 의미 있는 정보만을 선택적으로 받아들이는 것을 유식한 말로 '선택적 지각' 또는 '선택적 주의'라고 합니다. 누가 등 뒤에서 소곤소곤 '○○전자'에 대해 얘기하면 '고뤠~?!' 하고 이미 마음부터 돌아서고 있는 것입니다.

'자기 관련 효과(self-referential effect)', '연회장 효과', '잔칫집 효과'라고 하는 칵테일파티 효과는, 확장되면 선택적 지각이나 주의가 본인이 원하는 것만 보고 듣게 되는 것으로 나타납니다. 수십 개의 종목이 열거되어도 '필'이 꽂히는 종목이 따로 있습니다. 주식투자에 대해 다른 사람의 경고나 주의는 희석되고 종목과 매수가격만 들리는 것입니다. 아무리 다양한 목소리가 귀로 들어와도 사람의 뇌는 그 중 한 목소리만 골라서 처리하기 때문입니다. "사람은 듣고 싶은 말만 듣는다."는 말은 사실로 입증된 것입니다.

경제-경기-투자-돈-통화-금융-주식에 대한 짧은 풀이

대화가 되려면 서로 쓰는 언어가 같아야 합니다. 물론 바디랭귀지도 있겠습니다만, 이 책에 자주 등장하고 생활 속에서 쉽게 접하는 아래 용어들의 짧은 풀이를 잘 이해하고 나면 투자자로서 새로운 철학이 생길 수도 있습니다. 건너뛰지 마시고 챙겨 가시기를 권합니다.

경기(景氣)의 경(景)자는 경제를 의미하는 경(經)자와는 다릅니다.
서울(京)과 같이 넓은 세상을 해(日)처럼 내려다보며 경제의 기운을 느끼는 것입니다. 기(氣)를 파자하면 사람(人)이 한(一) 끼의 밥(米)을 먹고 새(乙)처럼 날아가는 것으로 구성됩니다. 사방팔방(米)으로 퍼지는 기(气)운이 됩니다. 산업혁명과 같이 세상을 바꾼 동력 또한 증기, 전기, 자기와 같은 거부할 수 없는 혁명적 기운이라 할 것입니다.

경제(經濟, economy)를 대개 경세제민(經世濟民)의 줄임말로 이해합니다. '세상일을 잘 다스려 (도탄에) 빠진 국민(백성)을 구한다.'라는 뜻으로 해석될 성싶습니다. 다분히 탑다운 식의 정치적 의미를 가집니다. 영어 '이코노미(economy)'는 'house를 의미하는 oiko와 룰과 관습을 의미하는 nomos'라는 그리스어에서 유래했고, 가계를 꾸려가는 housekeepe라는 말로 시작되어 경제라는 단어로 굳히기가 되었습니다.

또한 우리가 '경제적' 관점이라고 표현할 때에는 투입(input)과 산출(output)의 효율적 생산성을 의미하게 됩니다. 형용사 economic이 이때는 economical로 길어져 덜 경제적입니다. 우리나라는 '자본'주의 + '시장'경제입니다. 자본은 건전해야 하고, 시장은 공정해야 한다는 뜻이 될 것입니다.

다음 용어는 입에 달고 다니는 '투자(投資)'입니다.

힘써 던지는 것이 투(投)이고, 자(資)는 재물을 뜻합니다. 투(投)는 긴 창(殳는 던져서 찌르는 긴 창, 몽둥이 수, 손에 몽둥이를 든 형상)을 손(扌)으로 멀리 던지는 것입니다. 자(資)를 분해하여 보면 '다음(次)에 돈(貝)이 되는 것'임을 쉽게 알 수 있습니다. 투자를 잘했다고 하면 다음에 돈 될 것을 향해 제대로 무언가를 던졌다는 뜻이 됩니다. 투자를 의미하는 영어 단어 <invest>는 던지는 것이 아니고 '입는다.'입니다. 겉옷인 조끼(vest)에 접두어 in이 붙으면 '지위 등의 상징인 의복을 입게 하다.'라는 원론적인 의미가 되는데, 이것이 발전하면 '재산권을 부여하다.'가 되고, 지금의 '자본을 잘 쓰도록 맡기다.'로 발전하며, 결국 '투자하다(invest)'에 이르게 됩니다. 모든 투자는 성공 아니면 실패로 귀결됩니다.

투자에 빠질 수 없는 단어인 '돈(money)'과 '통화(currency)'에 대해 잠깐 살펴보겠습니다. '그리스 로마 신화'에 보면 신들의 왕인 주피터(Jupiter)를 중심으로 지혜의 여신인 미네르바(Minerva), 미네르바의 언니이자 주피터의 부인이며 마르스(Mars)의 어머니인 주노(Juno) 여신이 있습니다. 로마에서 화폐는 신성한 신전에서, 특히 최고의 여신인 주노의 신전에서 활발하게 사용됐습니다.

주노 여신은 원래 여성과 혼인, 출산의 보호자를 상징하는 여신이었으며(그래서 6월 June에 결혼을 많이 합니다), 경제에 관한 모든 일, 즉 집안일을 맡고 있기 때문에 주노 여신이 화폐 역시 관장한다고 여겼습니다. 갈리아인(로마시대 갈리아에 살던 사람, 또는 켈트족)들이 몰래 신전의 성벽으로 기어올라 신전을 공격하려 할 때에 주변의 신성한 기러기 떼가 요란한 울음소리를 내어 알려 주었다고 합니다. '경고'라는 뜻의 라틴어 'monere'에 사람을 뜻하는 '-eta'를 붙여 만들어진 것이 모네타입니다.

이 단어는 현대 영어의 화폐 주조소(mint)와 화폐(money)로 발전하는데, 프랑스어 'monnanie(통화)'라는 말의 영향으로 money라는 말이 파생되었다고 합니다. 또한 모네타로부터 '동전'을 의미하는 스페인어 'moneda', 독일의 'mark' 또는 'munze'이 만들어졌다고도 합니다. 어찌 되었든 이들 명사는 모두

경제-경기-투자-돈-통화-금융-주식에 대한 짧은 풀이 31

여성명사(해당 언어의 사전 참조)로 쓰이고 있습니다. 아름다운 여성을 얻기 위해 치열하게 싸우는 남자들이 있듯, 사람들은 돈을 얻기 위해 맹렬하게 '돈벌이' 구애를 합니다.

모네타 신전에서 동전을 주조하는 과정으로 잠깐 돌아가 보겠습니다. 끊임없이 연기와 주조물이 흘러넘치는 모습에서 '흘러나오다'라는 뜻의 라틴어 'curreer'가 영어 단어 'currency'로 발전하게 됩니다. <cur->는 'run'의 의미가 있는데, PC에서 보는 커서(cursor)에도 'cur'가 들어 있습니다. 돈은 끊임없이 흘러 돌고 돌면서 사람을 돌게 만듭니다. 무언가가 동시에 이루어지는 것을 우리는 'con-current'라고 말합니다.

방귀 깨나 뀌는 사람들은 다들 금융(金融)을 얘기합니다. 금융은 '자금(金)'의 '융(融)통'을 줄인 말입니다. 자금은 목적이 있는 어떤 돈을 의미합니다. 군자금, 사업자금처럼 각각 다들 용도가 있습니다. 소파 밑이나 액자 뒤에 또는 장부 뒤에 숨겨 놓았다가 출처 없이 쓸 목적일 때는 <비자금>이라고 합니다. 융통의 융자는 세 발 달린 솥의 물이 끓어서 퍼져 나갈 때 보이는 증기의 모습입니다. 경제의 혈관을 금융이라고 하지만 흘러 다니는 것을 보기가 쉽지 않습니다.

영어 단어로 푸는 금융은 <financing>입니다. 영화가 끝나면 엔딩 크레딧 자막이 올라갑니다. 그 조차도 마지막에는 'fin'(끝, end, 終劇)이라는 글자가 외롭게 나타납니다. 주차위반을 하고 내는 벌금은 영어 단어로 'fine'이고, 무언가를 한정짓고 정의하여 표현하는 단어는 'define'입니다. 이들과 뿌리가 같은 단어로 'confine'도 있습니다. 이들의 공통된 철자는 'fin'입니다. 금융을 의미하는 '파이낸싱(financing)'이라는 단어는 전쟁이 끝난 뒤에 잡힌 포로나 볼모를 '돈'과 바꾸는 과정에서 만들어졌다고 합니다.

주식(株式)은 도쿠가와 막부의 일본 에도시대(1603~1867) '가부나카마(株仲間)'에서 유래했다고 합니다. 가부나카마는 막부로부터 독점적으로 상거래를 할 수 있는 허가를 받아 결성한 상공업자들의 '동업조합'으로, 여기에서 '株(かぶ가부)'는 특정 동업자들의 자격·지위·특권을 가리켰습니다. 지금의 주식회사의 주주권과 유사한 개념이라 할 것입니다. 서양의 주식회사 제도가 19세기 후반 일본에 들어올 때 일본 사람들은 '가부'란 말을 이 제도에 적용했다고 합니다. '나카마(仲間,なかま)'는 동료, 동포, 친구, 전우, 한패 등을 뜻하는 단어입니다. 결국 주식회사는 '가부(株) 방식(式)의 회사'라는 뜻이 됩니다.

영어의 'stock', 'share', 'equity' 모두 주식의 다른 얼굴이라 할 수 있습니다. 주식회사의 전신을 영국의 '공동출자회사(joint stock company)'라 하기도 하는데, 'joint stock'의 'stock'에는 '하나의 집합된 덩어리' 또는 '돈이 열리는 나무'란 뉘앙스를 가집니다.

주식<株式>은 나무의 줄기나 그루를 뜻하는 'stock'의 뜻과 가장 근접해 보이기도 합니다. <stock>은 나무줄기·그루, 비축·저장을 의미하니, 재산으로서의 주식에 초점을 맞춘 말이라 할 수 있습니다. <share>는 공유하거나 나눈다는 뜻인데, 여러 사람의 공동출자로 된 'stock'이란 덩어리를 균질(均質)된 주식으로 나눈 소유권이나 지분(持分)에 초점을 두었다 할 것입니다. <equity>는 라틴어로 평등·공평이란 뜻의 'aequus'에서 온 말로 주식이나 자본이란 뜻으로 쓰일 때는 주주가 가지는 평등한 발언권에 초점이 맞춰진 것이라 하겠습니다.

투자자는 '바뀔 수 없는 변화에 적응하고, 급격한 변동에 대응해야 한다'

'전생에 나라를 구했군요.' 하는 운이 따르거나, '나라를 잃은 것'처럼 폭망의 심정이 되었거나 투자의 인연은 어디선가 시작됩니다. 주위에 있는 분들이 모두들 엄청난 수익을 경험했다고 합니다. (나만 빼고 말입니다.) 주식투자를 하고 있거나 하려고 하는 독자 여러분은 이미 '상처뿐인 영광', 절대 회복될 수 없거나 좌절하게 만드는 마이너스 '투자수익률'에 속이 까맣게 탔을 수도 있습니다.

손대는 것마다 황금으로 바뀌는 '마이다스의 손'을 꿈꾸었겠지만, 대개의 현실은 기가 막힌 '마이너스의 손'을 경험합니다. 성공과 대박의 주인공들과 자신을 자꾸 비교하는 것은, 정호승 시인의 말처럼 자신의 삶을 '고단한 전시적 인생'으로 바꾸어 버립니다.

"혹시 '비자발적 장기투자자'는 아니신지요?" 투자의 정석을 걷는다고 걸었는데 어느 순간 자금이 묶이고 잠긴 경우입니다. "혹시 '공익투자자'는 아니신지요?" 기-승-전-수익으로 이어져야 하는 투자활동에서 매번 거래수수료와 국세(증권거래세)를 내고, 다른 투자자에게 수익을 안겨드리는 경우입니다.

왜 그럴까요? 뛰는 놈, 나는 놈 위에 운 좋은 놈이 있다고 합니다. 굳이 '놈'이라고 할 것은 아니지만, 요즘은 '이기는 습관'을 많이 얘기합니다. 철학자 몽테뉴가 "습관은 제2의 천성이다."라고 말했듯이, 투자에서의 '이기는 습관'은 바로 '이기는 멘탈'입니다. 져 놓고 이겼다고 하는 '정신승리'가 아니고 실제 수익을 거두는 멘탈인 것입니다.

운도 운 좋은 사람이 되는 습관이 있다는 것을 깨달아야 합니다. 자신이 즐기고 사랑하는 일을 할수록 자신이 좋아하는 일이기에 운도 따라 온다는 것을 알수 있습니다. 숙제와 축제의 차이는 그것을 즐기느냐 그렇지 않으냐의 차이라고 합니다. 한두 번의 운이나 투자수익은 얼떨결에도 거둘 수 있습니다. 결국 지속할 수 있느냐가 관건인 것입니다.

습관들이는 운에 더하여 노력은 어쩔 수 없이 갖추어야 하는 필요충분조건입니다. "천재는 노력하는 사람을 이길 수 없고, 노력하는 사람은 즐기는 사람을 이길 수 없다."라고 합니다. 공자도 "지지자불여호지자, 호지자불여락지자(아는 사람은 좋아하는 사람만 못하고, 좋아하는 사람은 즐기는 사람만 못하다)"라 했으니 동서고금이 비슷한 생각을 하는 것처럼 보입니다. 한 문장가도 "애즉위진지, 지즉위간간(사랑하면 알게 되고, 알면 보이나니)"이라 하였습니다.

주식투자, 즐기고 있는지요? 주식투자, 사랑하고 있는지요? 사랑의 설렘으로 연애하듯 즐기는 투자자도 있고, 죽지 못해 '그놈의 정 때문에' 결혼생활을 하듯 비감한 투자자도 있습니다. 평생 연애하듯이 결혼생활을 하면 좋지 않겠습니까?

투자는 '자금을 던져 수익을 거두려는' 것입니다. 두 가지만 기억해두기 바랍니다.
하나, 너무나도 당연한 투자의 원리는 싸게 사서 비싸게 파는 것입니다. (또는 비싸게 사서 더 비싸게 팔거나, 높은 가격에 먼저 판 다음 싼 가격에 사서 갚거나 하는 것도 같은 얘기입니다.) 다시 말해 쌀 때 사야 합니다.
둘, 사는 사람이 많으면 가격은 오릅니다. 또는 살 사람이 많아질 것으로 예상이 되어도(그 기대감에) 가격이 오릅니다. (반대로 팔 사람이 많거나 많아지거나 그렇게 예상이 되면 가격이 떨어집니다.)
이 두 가지를 엮어서 말씀드린다면 살 사람이 많아질 물건을 싼 가격에 잘 사서, 팔 사람이 많아질 비싼 가격에 먼저 판다는 것입니다. 쉬운 말인데, 현실은 너무 너무 너무 어렵습니다.

고위험 고수익, 산이 높으면 골이 깊다, 탐욕과 공포. 이러한 말들은 수십 년 투자 경험과 어려운 경제 원리를 학습한 전문가들도 똑같이 늘 매일 마주하게 되는 말들입니다. 오를 때는 천장이 없는 것 같고, 떨어질 때는 바닥이 없는 것처럼 느낍니다. 엄청나게 많은 전문용어를 다 익혀야 고수익 투자자가 되는 것이 아닙니다. 몇 년 동안 매매를 경험해야 베테랑 투자자가 되는 것은 더욱 아닙니다.

그렇지만 아무 준비 없이 맨 주먹으로 전쟁터에 뛰어들어 살아남을 수는 없습니다. 총도 없이 전쟁터에 나서도 안 되지만, 갖고 나간 총에 실탄이 없거나 격발이 안 되면 당황과 황당함을 넘어서 장렬하게 전사하게 되는 것입니다.

다니엘 카네만의 말을 빌리자면 이렇게 됩니다.
"투자자는 지나친 낙관을 하거나, 과도하게 과감한 결정을 하거나, 불확실성을 무시하거나, (추가) 손실에 대한 두려움이 교차하며 탐욕과 공포 사이를 오가는 것입니다. 탐욕을 자제하고, 공포에 담담할 수 있어야 합니다."
그러기 위해서 최소한으로 준비할 것이 있습니다. 준비가 되기 전에는 이 책의 진도는 의미가 많이 약해집니다. 요즘의 투자는 (휴대폰에 닿는) 손끝에서 이루어집니다. 따라서 손끝으로 이 책을 읽어 나가야 합니다. 실습이 병행되어야 의미가 있다는 말씀을 드립니다.

먼저 주위에 물어보고 증권사를 방문해서 주식투자를 위한 계좌를 개설하고, 다음으로는 PC와 휴대폰에 내 지시를 받아줄 프로그램을 설치(Install)해야 합니다. '꿈은 이루어진다.'고 하지만 투자는 꿈이 아니라 진입하고 청산하는 현실의 실전이고 행동입니다.

HTS나 MTS는 낯설고 걱정이 앞서는 주식투자에 있어 필수 무기입니다. 초보 운전 시절, '이 큰 차를 운전할 수 있을까?' 했던 걱정도 지나고 보면 어느덧 입안의 혀처럼 핸들을 다룹니다.
별것 아니라 생각하고 자주 접속만 해도 실력은 늡니다. 인라인 스케이트를 신었다 벗었다 반복만 해도 실력이 는다고 합니다. 그나마 그것조차도 힘들 수 있습니다. 그럴 경우에는 주변 사람에게 설치해 달라고 도움을 청하면 됩니다. (투자를 감추기 위해 몰래 스스로 설치하는 것도 이해는 됩니다만⋯)

이제 화면을 통해 기분 좋은 설렘과 떨림으로 매일 열리는 시장을 맞이할 수 있어야 합니다. 24시간 품고 사는 휴대폰인데, 이것으로 주식을 사고판다 생각만 해도 머릿속이 하얗게 될 수도 있습니다. 이제 앞서 말한 두 가지 얘기(싸게 사는 것, 비싼 가격에 먼저 파는 것)를 차근차근 말씀드리겠습니다. 도합 육십 년의 정글에서 살아남은 생존 노하우를 '아낌없이 주는 나무'처럼 풀어 보겠습니다. 실제 사례를 제시하여 '아하~!' 하며 무릎을 치게 되었으면 좋겠습니다. 어렵고 복잡하고 정교한 것보다는 대교약졸(大巧若拙)이라고 했듯이, 단순하게 풀어 보겠습니다.

어마어마한 덩치와 발톱과 이빨과 날개를 자랑했던 공룡은 사라졌지만, 수천만 년 전 공룡 대멸종에서 악어가 살아남은 이유는 그 변화에 적응해서 진화했기 때문이라고 합니다. 기후 변화로 우리나라의 바다와 산의 모습이 변화되고, 어종이 바뀌고 과일도 많이 바뀌었습니다. 그러는 중에도 매일매일 우리는 삼시 세끼를 먹으며 날씨 변동을 겪지만 어느덧 봄-여름-가을-겨울을 겪고 나이를 먹게 됩니다. 바뀔 수 없는 변화에는 적응하고, 급격한 변동에는 대응하라고 합니다. 주식투자 시장에는 추세라는 큰 변화의 흐름이 있고, 급등락을 오가는 급격한 변동이 있습니다. 세상에 절대 변하지 않는 원칙은 '모든 것은 변한다.'라는 사실입니다. 투자 주식의 주가도 그 중 하나입니다.

핑계 없는 무덤이 없고, 영화 <실미도>에서 나온 "비겁한 변명이십니다."가 가장 많이 사용되는 곳이 실패한 투자 주식일 것입니다. 내로라하는 전문가들은 대개 뒷북을 치며 자신의 철지난 신적 예지력을 으스대고 "내가 뭐라 했냐?" 하면서 황홀하게 고객을 유혹합니다만, 모두 '미네르바의 부엉이는 황혼이 저물어야 그 날개를 편다.'와 같은 말의 수준에서 별로 벗어나지 않습니다.

이제 이 책을 읽기 시작한 분들께 한 말씀 드리자면, 이 책은 투자자를 위한 세심한 배려가 부족하여 읽기에 약간의 부담이 있습니다.
그렇지만 쉬엄쉬엄 제대로 한 번 읽은 뒤에는 누구와도 투자에 대한 얘기를 나눌 수 있을 것으로 자신합니다.

개장 전 뉴스의 독해와 분석

[경제금융기사 독해하기 ⓐ~ⓩ]

아래 박스의 글은 경제를 다루는 방송이나 뉴스에서 아침마다 듣고 보는, 거의 형식화된 기사입니다. 말귀를 알아듣고 내 것으로 소화해내는 순간부터 투자의 감은 시작된다고 하겠습니다. 1점에 백 원 하는 고스톱도 나름 승부의 세계이고, 돈 잃고 속 좋은 사람은 아무도 없다고 합니다. 실전 투자를 앞두고 입수한 뉴스나 정보도 기본 말귀를 알아들을 필요가 있습니다.

모르는 용어(정보)는 컨닝을 해도 쓸모가 없습니다. 로뎅으로 쓴 옆 수험자의 정답이 오뎅으로 보이고, 오뎅을 컨닝한 사람은 다시 이것을 덴뿌라로 답을 쓰는 예기치 않은 결과도 나옵니다. 자~ 이제 기사 속의 ⓐ부터 ⓩ까지를 '도전 골든벨!'처럼 다시 한 번 차근차근 짚어 보겠습니다. 거부감 없이 죽 읽힌다면 굳이 이 장을 더 읽을 필요는 없지 않을까 싶습니다.

뉴욕증시, 고용지표 호조로 은행주 급등…; 대형 기술주는 하락(2021. 8. 7.)

ⓐ뉴욕증시는 ⓑ7월의 고용이 예상치를 크게 웃돌았다는 소식에 ⓒ지수별로 엇갈렸다.

6일(ⓓ미 동부시간) ⓔ뉴욕증권거래소(NYSE)에서 ⓕ다우존스30산업평균지수는 전장보다 144.26ⓖ포인트(0.41%) 오른 3만5208.51로 장을 마쳤다.

ⓗ스탠더드앤드푸어스(S&P)500지수는 전장보다 7.42포인트(0.17%) 상승한 4436.52를 나타냈고, 기술주 중심의 ⓘ나스닥지수는 전장보다 59.36포인트(0.40%) 하락한 1만4835.76으로 거래를 마감했다.

이날 다우지수와 S&P500지수는 사상 최고치로 마감했다. 반면 기술주들이 약세를 보이면서 나스닥 지수는 하락했다. 투자자들은 7월 고용자 수와 ⓙ미 국채금리 움직임 등을 주시했다.

지난 7월 미국의 신규 고용이 코로나19 델타 변이 확산에도 ⓚ월가의 예상치를 웃도는 증가세를 보였다.

ⓛ노동부가 발표한 7월 ⓜ비농업 부문 고용은 94만 3,000명 증가해 월스트리트저널(WSJ)이 집계한 시장 예상치인 84만 5,000명 증가를 10만 명 가까이 웃돌았다.

6월의 고용은 85만 명에서 93만 8,000명 증가로, 5월의 고용은 58만 3,000명에서 61만4,000명 늘어난 것으로 상향 수정됐다.

7월 실업률도 이전 달 기록한 5.9%에서 0.5%포인트 낮아진 5.4%를 기록했다. ⓝ전문가들의 예상치인 5.7%보다도 낮았다.

이날 지표로 하반기 경기 회복에 대한 기대가 커졌다. 미국 10년물 국채금리는 8bp 이상 오른 1.30%대까지 상승했다.

금리가 올랐다는 것은 ⓞ국채 가격은 하락했다는 의미다. 금리 상승은 미국 ⓟ연방준비제도(연준·Fed)의 ⓠ테이퍼링가능성이 커졌기 때문이다.

이 영향으로 달러화 가치도 가파르게 상승했다.

국채 금리의 반등으로 ⓡ은행주들이 강하게 올랐다. 골드만삭스와 웰스파고가 모두 3% 이상 올랐고, 뱅크오브아메리카, JP모건체이스 등도 2% 이상 상승했다. 금리가 오르면 은행들의 수익성이 개선된다.

반면 그동안 ⓢ저금리 기조에 수혜를 입었던 기술주와 ⓣ성장주들은 하락했다. 애플과 아마존, 테슬라, 마이크로소프트 등 ⓤ대형 기술주들은 대체로 하락했다.

업종별로 금융주가 2% 이상 올랐고, 자재와 에너지, 산업 관련주가 모두 상승했다. 반면 임의소비재와 부동산, 기술주 등은 하락했다.

이날 발표된 6월 도매재고는 1.1% 증가했다. 이는 ⓥ월스트리트저널(WSJ)이 집계한 시장 전망치 0.8% 증가를 웃도는 수준이다.

뉴욕증시 전문가들은 경제가 개선되고 있다는 점에서 이번 수치는 좋은 수치라면서도 시장에 미치는 영향은 업종별로 다를 것으로 예상했다.

ⓦ시카고상품거래소(CME) 페드워치에 따르면 ⓧ연방기금(FF) 금리 선물시장

> 은 내년 3월 25bp 기준금리 인상 가능성을 5.9%로 반영했다. 전날의 3.7%에서 상승한 것이다.
> ⓨ시카고옵션거래소(CBOE)에서 ⓩ변동성지수(VIX)는 전장보다 1.13포인트 (6.54%) 하락한 16.15를 기록했다.

(원문참조: 매경 https://www.mk.co.kr/news/stock/view/2021/08/764547/)

그렇게 깊은 뜻이? 행간의 숨어 있는 투자정보

ⓐ 뉴욕증시

일반적으로 NYSE를 의미하며, 미국의 3대 지수인 다우존스30산업평균지수(DJIA), S&P500지수, NASDAQ지수 등이 형성됩니다. 정규 장거래 시간은 미국 현지시간을 기준으로 오전 9시 반~오후 4시까지로, 한국시간 밤 11:30~다음날 아침 06:00(서머타임 적용 시 밤 10:30~다음날 아침 05:00)가 됩니다.

ⓑ 7월 고용보고서

세계경제의 4분의 1을 차지하는 미국경제의 70%가 민간소비에 의존하므로 고용보고서가 갖는 의미는 지대합니다. 월간 경제지표 중 가장 먼저 발표되는 민간기관인 ADP(Automatic Data Processing)사의 보고서는 정부 부문을 제외한 비농업부문의 월별 경제데이터로 매월 첫 번째 수요일에, 노동통계국의 데이터인 고용보고서는 매월 첫 번째 금요일(08:30)에 나옵니다. 실업률, 비농업부문(non-farm) 고용인구, 평균 주휴시간이 있습니다. 매주 목요일 발표되는 신규실업수당 청구건수(Initial Jobless Claims)와 함께 중요성이 부각됩니다.

ⓒ 지수별

주로 뉴욕증시의 블루칩 30개 지수(다우지수), 대형주 500개 지수(S&P500), 기술주(NASDAQ) 등이 있습니다. 이 외에 내수 1001~3000위 기업 중심(Russell2000) 지수가 있으며, 우리나라와 밀접한 관계에 있는 필라델피아 반도체 지수 등 다양합니다.

ⓓ 미 동부시간

동부 표준시(ET)는 미국 동부와 캐나다, 멕시코의 일부에서 사용되는 표준시입니다. 서머타임(DST)이 적용되는 (봄/여름)의 EDT는 세계표준시 UTC-4:00이고, EST(Eastern Standard Time)는 (가을/겨울)에 UTC-05:00입니다. 미국 현지 시간에 봄-여름에는 13시간, 가을-겨울에는 14시간을 더하면 한국 시간이 됩니다.

ⓔ 뉴욕증권거래소(NYSE)

NYSE(New York Stock Exchange)는 미국 뉴욕에 있는 증권거래소로 세계 주요 기업들의 주식이 상장되어 있는 곳입니다. 'Big Board'라는 별명을 가지고 있고, 달러 시가총액 기준으로 세계에서 가장 큰 증권거래소이고, 등록된 회사 개수로는 두 번째로 많은 가장 큰 증권거래소입니다. 이 외에 CME Group은 CME, CBOT, NYMEX, COMEX와 같은 주요 파생상품 거래소를 통해 글로벌 시장의 대표상품들과 다양한 선물&옵션 상품을 제공하고 있습니다.

ⓕ 다우존스30산업평균지수

뉴욕 증시에 상장된 업종 대표주30 종목의 주가를 평균해 산출합니다. 다우존스지수는 각 편입종목의 시가총액이 아닌, 편입종목의 주가를 기준으로 계산이 되며, 지수산출 기준일은 1928년 10월 1일입니다.

ⓖ 포인트

주가지수 등을 표시하는 단위로 포인트(point)는 pt로 줄여 표현합니다. 금리는 %로 표시하며 변동 폭은 1/100%인 bp(basis point)를 사용합니다. 통화상의 환율(가격) 변동 최소 단위는 핍(pip, Percentage In Point)을 사용합니다.

ⓗ 스탠더드앤드푸어스(S&P)500지수

국제신용평가기관인 미국의 스탠더드 앤드 푸어스(S&P)가 작성한 500개 대형 기업의 주가 지수입니다.

ⓘ 나스닥지수

1971년 최초 설정 주가는 100포인트로 개설되었습니다. 성장이 우선되는 기술주 중심으로 재정 및 통화정책 특히 세제와 통화유동성 및 금리의 움직임에 민감하게 반응합니다. 미국의 주요 펀드에서의 성장 기술주 중심 상품의 자금 유출입도 반영되게 됩니다. 시가총액 기준 뉴욕증권거래소(NYSE)에 이은 세계 2위 증권거래소입니다.

ⓙ 미 국채금리

국채 가격에 적용되는 금리로 2년 단기물은 bill, 10년 지표물은 note, 30년 장기물은 bond 등으로 구분하여 부릅니다. 금리의 등락은 외환보유 자산과 원유 등의 결제 통화인 달러의 가치에 영향을 주기 때문에 달러인덱스 변동과도 연관성이 있습니다.

ⓚ 월가

'Wall Street'는 원주민과의 분쟁을 방지하기 위해 만든 긴 목책(성벽)이 어원으로, 미국 뉴욕시 맨해튼 남부에 위치한 금융가. 미국의 뉴욕증권거래소, 나스닥과 거대 금융사, 투자은행 등의 대형 금융기관 기업들이 몰려있는 미국 금융시장의 중심이자 세계 금융시장의 핵심과도 같은 곳입니다.

ⓛ 노동부

노동부(DOL, Department of Labor)는 미국 연방정부의 한 부인 행정기관으로, 연방정부 직업 안전, 임금 및 시간 기준, 실업보험 혜택, 재취업 서비스 및 일부 경제 통계를 담당합니다. 임금 노동자의 복지, 취업, 노동 조건의 향상을 촉진하고 개선시키기 위한 목적으로 1913년 설립되었습니다.

ⓜ 비농업 부문 고용

비농업고용(Non-farm Payrolls)은 농·축산업을 제외한 고용인구수 변화를 측정합니다. 일자리 창출은 경제활동의 대부분을 차지하는 소비자 지출의 가장 중요한 지표입니다. 트레이더들의 가장 중요한 월별 경제 데이터 발표 중 하나로,

미국의 고용 성장의 지표입니다. 살펴보는 다른 데이터들로는 주간 실업 데이터/ ADP 고용 변화/ 월별 ISM의 고용 구성 내역과 PMI 데이터 등이 있습니다.

ⓝ 전문가들 컨센서스

기업종목(차트, 레포트), 산업(업종), 시황(증권사 데일리), 미국(시장) 컨센서스로 구분할 수 있습니다. 주식 종목 또는 업종과 시장에 대한 평균적인 매매가격(목표가격)과 매매 입장 등을 포함한 일련의 투자정보가 포함됩니다. 목표가격의 평균(평균 목표가)과 더불어 매수, 중립, 매도와 같은 매매 입장 등이 들어 있습니다.

ⓞ 국채 가격

채권가격은 연 금리로 표시하며, 단기적으로는 정책금리를, 장기적으로는 지표금리인 10년물 국채를 인용합니다. 보통 10년물 미국 국채를 의미하는 경우 TN10y등으로 표기합니다. 금리가 높으면 거래 가격은 낮아지는 반비례 관계에 있습니다. 장단기 금리차를 이용하여 경기를 예측하는 데에도 활용합니다.

ⓟ 연방준비제도(연준·Fed)

미국의 중앙은행이라 할 수 있습니다. 연방준비제도(연준, the Fed, Federal Reserve System, 보통 Fed라 줄여 부름)의 FOMC(Federal Open Market Committee)는 미국 정부의 금융정책을 결정하는 최고 의사결정 기관(회의체)이며, 회의에는 이사회 소속 7명의 이사와 12개 연방준비은행(Federal Reserve Bank) 가운데 5명의 총재가 참석합니다. 정기적으로는 약 6주마다 연 8회 회의를 갖고, 미국 기준금리를 결정합니다. 의사결정 요지는 정책 결정일(FOMC 최종 개최일)로부터 3주 후에 발표됩니다.

ⓠ 테이퍼링

경기부양을 위한 통화정책으로 금리인하와 통화의 양적완화가 이루어집니다. 이후 인플레이션을 막기 위해 시장에 풀린 돈을 거두는 방법으로 금리인상과, 채권 등의 자산매입을 줄여 통화의 공급을 축소하는 테이퍼링(tapering) 정책을 취하게 됩니다. 이런 정책으로 대표적인 위험자산인 주식에 영향을 주게 됩니다.

ⓡ 은행주

예대 마진과 같은 안정된 이익 창출과, 한국은행과 금융당국이 기준금리 추가 인상을 시사하고 있어 NIM(순이자마진) 추가 개선이 가능한 수익구조를 보유하고 있습니다. 미국 테이퍼링 이슈 등 금융시장의 불확실성이 높아질수록 시장의 관심은 높은 이익 안정성과 밸류에이션 매력도가 높은 은행주에 대한 관심으로 이어집니다. 은행주의 강점은 안정적 실적과 이에 기반을 둔 배당이므로, 은행들은 자본비율 요구 수준을 충족시키며 배당 여력이 크게 개선되었습니다.

ⓢ 저금리 기조

뉴 노멀(New Normal)은 '시대 변화에 따라 새롭게 부상하는 기준이나 표준'으로, 2008년 글로벌 금융위기 이후 펼쳐진 저성장, 저금리, 고규제 경제 환경을 대변하는 경제·경영 용어입니다. 2000년대 들어 주요국 장기금리는 2%대의 '저금리' 국면으로 진입하였으며, 1%를 하회하거나 2011년 유로존 위기(Eurozone crisis) 이후 일부 유럽 국가는 마이너스 금리 상황까지 발생하고 있습니다.

ⓣ 성장주

회사 실적이나 보유자산 등 본래 가치에 비해 시장에서 낮은 가격에 거래되고 있는 주식입니다. 저PER, 저PBR 등은 (상대)가치평가에 의해 가치주로 구분되고, 성장주는 향후 매출과 이익이 크게 성장할 것으로 예상되는 고PER, 고PBR 등 기업의 주식을 뜻합니다. 가치주나 성장주와 달리 투자자의 선호도를 반영하여 시가 배당이 지속적으로 이루어지는 주식을 배당주로 별도 분류하기도 합니다.

ⓤ 대형 기술주

대형 기술주(mega cap tech)는 미국 주식시장의 Apple, Amazon, Meta(Facebook), Google, Microsoft 등이 대표적입니다. 주식 포트폴리오 내 S&P500 상위 비중을 차지하는 이러한 미국 대형 기술주를 얼마나 보유하고 있는지에 따라 포트폴리오 성과 성패가 좌우됩니다. 비슷한 단어인 빅테크(Big tech)는 대형 정보기술 기업을 뜻하는 말로, 국내의 네이버와 카카오 등 온라인 플랫폼 제공 사업을 핵심으로, 금융시장 등에 진출한 기업을 의미합니다.

ⓥ 월스트리트저널(WSJ)

다우존스&컴퍼니에서 경제, 비즈니스를 중심으로 발행하는 세계적으로 가장 영향력이 큰 조간 종합일간지입니다. 줄여서 WSJ라고 불리며, 뉴욕타임즈, USA 투데이와 함께 미국의 3대 신문입니다. 영국의 파이낸셜 타임즈와 함께 세계 경제지의 양대 산맥으로 손꼽힙니다.

ⓦ 시카고상품거래소(CME)

CME그룹은 미국 시카고에 본부가 있는 세계 최초, 세계 최대 선물거래소 그룹으로, 네 개 시장을 운용하고 있습니다. 이 책에서는 시카고상업거래소(CME, Chicago Mercantile Exchange)는 통화선물 및 S&P500선물을, 시카고상품거래소(CBOT, Chicago Board of Trade)는 미국 국고채선물, 다우지수선물과 곡물상품을, 뉴욕상업거래소(NYMEX, New York Mercantile Exchange)는 WTI 등 에너지 거래를, 상품거래소(COMEX, The Commodity Exchange)는 금·은 등 금속이 거래되는 곳으로 사용합니다. 한국 증권사나 선물회사 HTS에서는 이들 시장을 구분하기도 하고 CME로 묶어 통칭하기도 합니다.

ⓧ 연방기금(FF) 금리

정책금리, 기준금리 등과 함께 사용되며, 은행 등이 연방준비은행에 예치된 지급준비금을 은행 상호 간에 1일간 대출할 때 적용되는 금리입니다. (우리나라의 콜금리와 유사) 연준이 공개시장에서 국채를 사들이면 은행에 지급준비금이 늘어나서 대출이 늘어나고 시중에 자금이 풀리는 기능을 합니다. 참고로 한국은행(BOK)의 기준금리는 7일물 RP금리로 연 8회 결정하고 있습니다. 기준금리는 초단기금리인 콜금리에 즉시 영향을 미칩니다.

ⓨ 시카고옵션거래소(CBOE)

1973년에 상장주식 옵션 거래를 위하여 시카고상품거래소(CBOT) 회원들의 출자에 의하여 설립된 옵션만을 거래하는 세계 최대 옵션거래소입니다. VIX 지수를 생성하는 데 사용하는 S&P500 지수의 옵션을 포함하여 S&P DJI 지수의 옵션을 상장하고 있습니다. CBOE는 옵션, 선물, 주식, ETP, FX, 변동성 상품을 포함하여 다양한 자산 군과 지역에서 광범위한 상품 거래를 제공합니다.

ⓩ 변동성 지수(VIX)

일명 '공포 지수'로 불리는 변동성지수(VIX, Volatility Index)는 미국 증시의 기대 변동성 지표입니다. S&P500 지수의 옵션 가격에 기초하며, 향후 30일간 지수의 풋옵션1과 콜옵션2 가 중 가격을 결합하여 산정합니다. 증시 지수와 반대로 움직이는 특징이 있습니다.

모닝 패트롤: 글로벌 투자 금융지표

모닝 패트롤은 가급적 상시 게시되는 실시간 시황(市況)을 반영합니다. 시장이 열리는 매일 오전 8시 <서Q의 모닝 패트롤>, 오전 8시 50분 <황Q의 개장매매+1%>에서 밤사이 미국시장의 흐름과 이슈와 특징을 짚고, 주요 금융지표를 통해 오늘 시장에 대한 대응과 전략을 안내합니다.

소개된 모닝 패트롤의 표와 차트를 보면서, 시황을 전체적으로 들여다보는 힘을 길러야 합니다. 쉽지 않겠지만, 조금만 인내를 가지고 읽으면 가능해집니다.

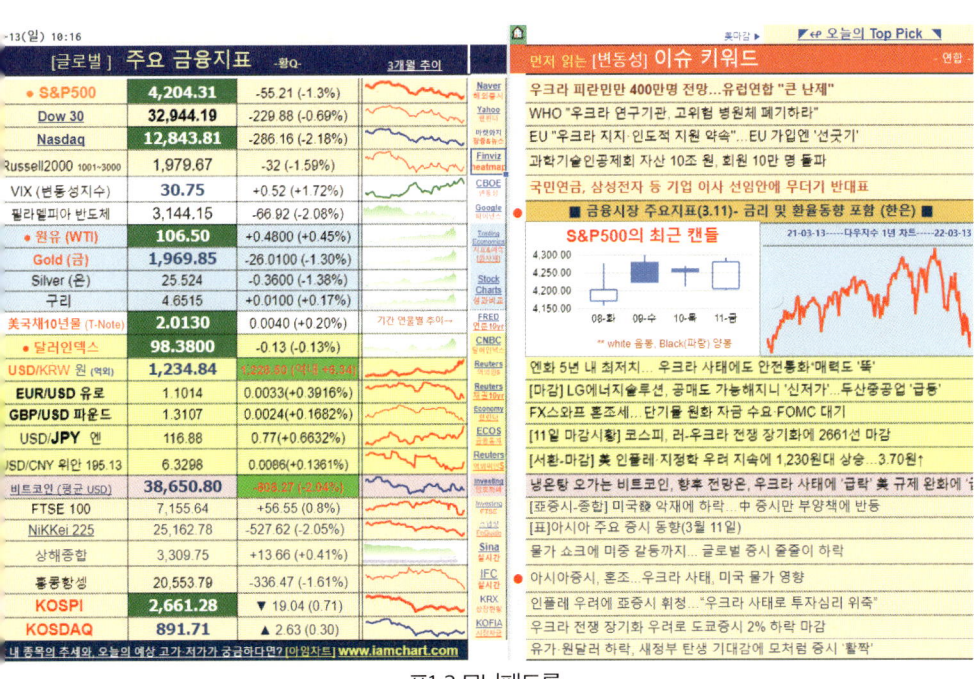

표1-2 모닝패트롤

KOSPI를 예로 들어 보겠습니다. 우리나라 주식시장을 상징하는 KOSPI(Korea Composite Stock Price Index)지수는 1980년 1월 4일의 시가총액을 분모로 하고, 산출시점의 시가총액을 분자로 하여 지수화한 것으로 그 산식은, [비교시점 시총(산출시점 시가총액)/기준시점 시총 × 100]입니다. 당연히 시가총액의 1위이면서 우선주를 포함하여 전체 지수 비중의 5분의 1 정도를 차지하는 삼성전자의 가격과 발행주식 등의 변동은 대단히 중요할 수밖에 없습니다. 시장이 열리면(개장하면) 거의 실시간으로 KOSPI 지수를 발표하고 있습니다. 이때의 업종과 주요 종목의 움직임은 해외(특히 미국)시장에서의 앞선 변동을 반영하고, KOSDAQ과 같은 관련시장과 영향을 주고받게 됩니다.

아래 표를 참고해 보면 우리나라 주식시장의 규모나 기업의 규모 같은 것을 비교해볼 수 있습니다. 한편 산출된 지수의 연속성과 비교를 유지하기 위하여 구성종목의 유·무상증자, 주식배당, 합병 등에 의해 주가에 '낙(落)'(권리락, 배당락)이 발생하거나 상장 주식 수에 변동이 있는 경우에는 기준시가 총액과 비교시가 총액을 수정하게 됩니다.

상장종목 현황			2022년 2월 26일 기준
구분	KOSPI	KOSDAQ	KONEX
회사수	821	1,544	130
종목수	940	1,548	130
상장주식수(백만주)	62,142	46,204	859
시가총액(십억원)	2,103,963	382,234	4,855
신규 상장 기업수*	1	16	1

*신규 상장 기업수: 당일 기준 연누적 데이터

표1-3 상장종목 현황

모닝 패트롤의 주요 금융지표 항목들만 잘 이해하고 전달할 수 있다면 이미 주위에서는 '프로!'라고 엄지를 세워줄 것입니다.

제2장 싸게 사는 기술, 비싸게 파는 예술

경제는 심리, 심리는 수급, 수급은 가격, 가격은 원가와 손익!

경제 흐름 속에서 투자심리를 읽는 기술!

심리의 순환(폭탄이 터질 때까지 돌린다)!

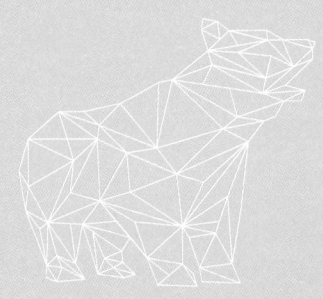

BLASH-매수의 심리 신호, 매도의 심리 신호

투자의 수익은 쉽게 계산됩니다. 살(buy) 때 낮은 가격으로(low) 사고, 그 다음에(and) 팔(sell) 때 높은 가격으로(high) 팔면 수익이 납니다. 줄여서 BLASH라고 합니다. 재주가 된다면 (빌려서) 비싸게 먼저 팔고, 싸게 다시 사들여 (갚으면) 또 수익이 납니다. 이러한 방법을 공매도후 환매수라고 합니다. 투자는 결과를 놓고 보기 때문에 지나고 나서 '아~ 그 종목!' 하며 매수나 매도 기회를 놓친 종목이 선명하게 떠올라 소리죽여 '이불 킥!'을 하게 되는 경우가 다반사입니다. 적어도 주식시장에서는 말입니다.

주식시장과 투자에서 당황과 황당함의 차이

그림은 글보다 직관적입니다. 수영, 자전거 타기, 심지어 사랑을 TMI(too much information) 글로 배우고 익히면 고뇌 가득한 현실 사바세계에서 충분히 대응할 수 있다고 믿지는 않을 겁니다.

다음의 표는 2020년 3월하고도 십삼일의 금요일 오전 11시. 코스피와 코스닥의 대부분 종목이 순간 두 자리의 하락률로 피 칠갑을 한 HTS의 화면입니다. 엄지척의 멘탈과 지식을 가진 한 증권 전문가가 처음 본다면서 보내준 캡쳐 화면입니다. 연간 하락률이 아니라 전일 대비 %를 표시한 것입니다. 인간지능(인공지능이 아닌)은 당혹스럽습니다. 6%가 상·하한가이던 시절을 떠올리면 거의 전 종목 하한가이기 때문입니다. 당황을 넘어선 황당함의 순간이 됩니다.

다우지수의 역사적 등락을 가끔 살펴보지만, 이 표는 그 역사의 한 페이지 같은 화면이 눈앞에 펼쳐지고 있음을 보여준다고 하겠습니다. 좀 경험이 많은 지인

표2-1 COVID 폭락장 관심주 현황 2020. 3. 13.

은 전날 증권사를 방문해서 주식담보 대출을 신청했다고 합니다. 투자의 기회임을 촉으로 판단한 것입니다.

(주식을 더 사기 위해서이기도 하지만, 혹시나 해서 유동성을 확보하기 위해서였다고 합니다. 어떠한 일이 벌어지든 생활 '존버*'의 힘은 가치와 현금에서 나오기 때문입니다.)

생사와 천국을 지향하는 신앙만큼 현금은 강합니다. 이마저도 하이퍼인플레이션이 오면 독일에서처럼 지폐 다발이 벽돌놀이용으로 쓰이기도 하지만 말입니다.

그리고 다음날 새벽 출근길에 9.99%가 하락한 다우지수를 보고 나서, "그래~ 결심했어!" 하고 아침 동시호가에 힘닿는 데까지 5종목의 매수 주문을 낮게, 낮게… 저공으로 매수 주문을 넣는 것이었습니다. 개장이 되기 전까지는 제출한 매수 주문가보다 5~7% 높게 사자 주문이 형성되는 것 같았는데, 웬걸 개장 단일가에 네 종목이 체결되었습니다. 이 가격에서 한 번 더 비슷한 날이 반복된다면, 그건 개인 문제가 아니고 국가적 문제가 될 테니…하고 막장까지 '호들러**'(비속어이지만 많이 입에 올립니다)가 되자 마음을 다잡았다고 합니다.

*존버: '존재하기 때문에 버틴다'. '존경받을 때까지 버틴다'의 줄임말.
함께 끝까지 버틴다는 의미(속어)
**호들러: 보유자(holder의 한국식 속어)

사태로부터 불과 한 달 전인 2020년 2월 21일 28,992.41pt 이후의 캔들(일봉)을 보면 그 이전의 것은 밋밋하기 그지없습니다. 그 변동성에 얹어진 거래량 또한 기존의 평균 수준을 훌쩍 뛰어넘고 있는 것을 확인할 수 있습니다. 혹여 반등이 있더라도 층층이 저항 매물대가 두텁게 쌓여가고 있는 것입니다.

2020. 3. 16 (월)의 DJIA 마감지수 20,188.52pt는 전일 대비 2,997.1 pt하락이라는 전대미문의 낙폭을 보여주고 있습니다. 팬데믹 선언에 이어진 무절제한 공포심은 집단적 도피심리, 즉 패닉을 유발하고 있으며, 그것을 변동성이 보여주고 있는 것입니다. 일봉의 위아래에 달린 수염(leg, shadow)은 시장이 얼마나 우왕좌

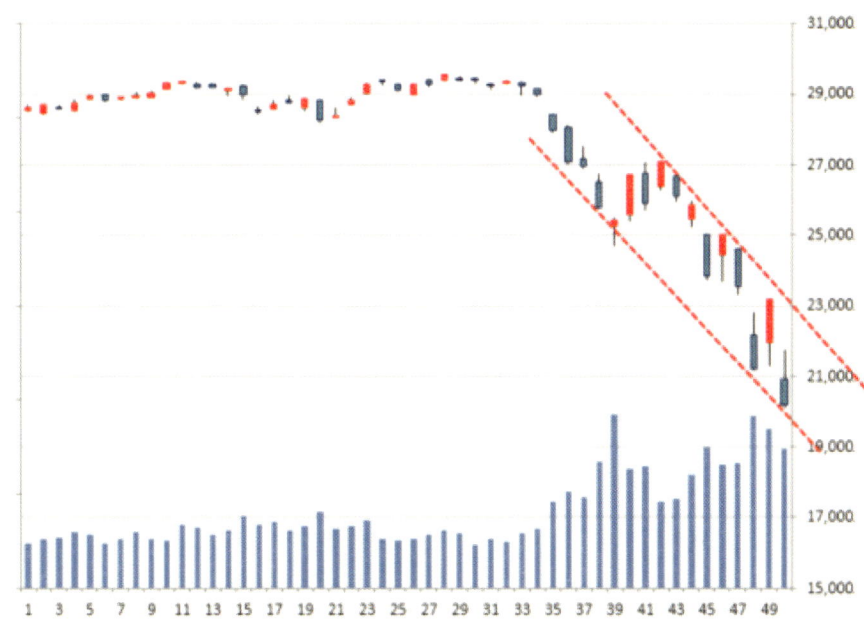

차트2-1 다우존스 지수: 2020. 3. 16.(마감) 20,188.52 (▼ -12.94%, 전일대비)

왕하는 쏠림현상(herd behavior)이 있는지 반증하고 있습니다.

14세기 전후 유럽인 3분의 1의 목숨을 앗아간 (7,500만~2억 명) 최악의 전염병인 흑사병은 중세 유럽의 붕괴를 가져온 동시에, 인본주의와 르네상스, 자본주의를 낳는 산파 역할을 했습니다. 트럼프가 즐겨 썼던 "Let's see what happens(먼일이 일어나는지 보이시더~)."가 떠오르는 대목입니다.

우리나라 팬데믹의 시작인 COVID-19 31번 환자에서 자각한 두려움이 웃픈 현실이 되었습니다. 팬데믹 선언에 몇 년 몇 달이 걸리지 않았다는 것이 세계화와 글로벌화 된 지구촌이 반증하고 있습니다. 빗장을 무조건 걸고 무조건 봉쇄하라는 이기적 주문은 모든 것의 자급자족이 가능한 지역에만 가능한 것입니다.

"여기는 어디? 나는 누구?"를 탐욕보다는 공포에 짓눌릴 때 보게 되는 공포지수가 있습니다. 이 지수, 즉 변동성지수(VIX)에 대해서 일 단위, 주 단위, 월 단위로 캡쳐한 다음의 두 그림을 연속으로 보도록 하겠습니다.

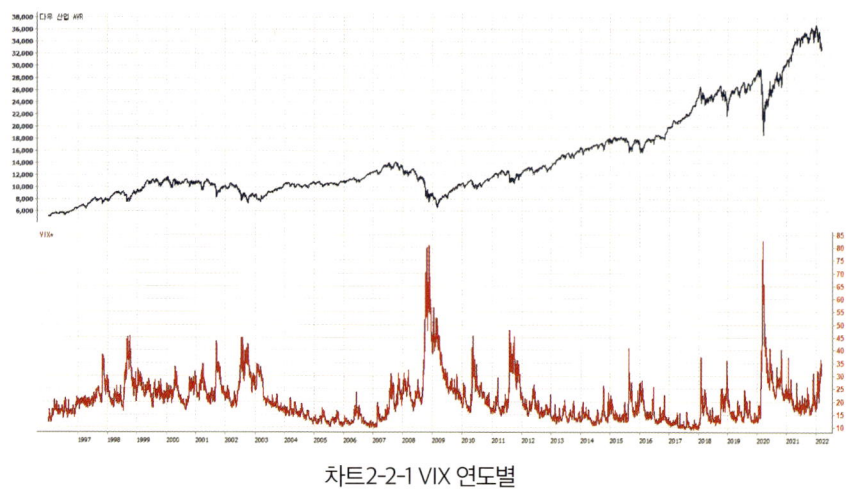

차트2-2-1 VIX 연도별

일간으로 2~3년 치를 보아도, 더 길게 30년 치를 보아도 어디 빠지지 않는 어지러운 상승의 공포지수 그림을 보여주고 있습니다. 세상은 등락을 반복하면서 장기적으로는 성장합니다. 부가가치를 만들어놓고 세상을 떠나는 이들은 계속 이어져 가고, 그 결과물은 쌓여만 가는 것입니다. 레밍처럼 절벽을 향해 달려가며 몰살되는 전쟁 속에서도 폐허는 남고 다시 그 폐허는 관광 유적이 되기도 합니다. 그렇게 세상은 성장하고 투자자는 성패의 한 부분으로 남게 되는 것입니다.

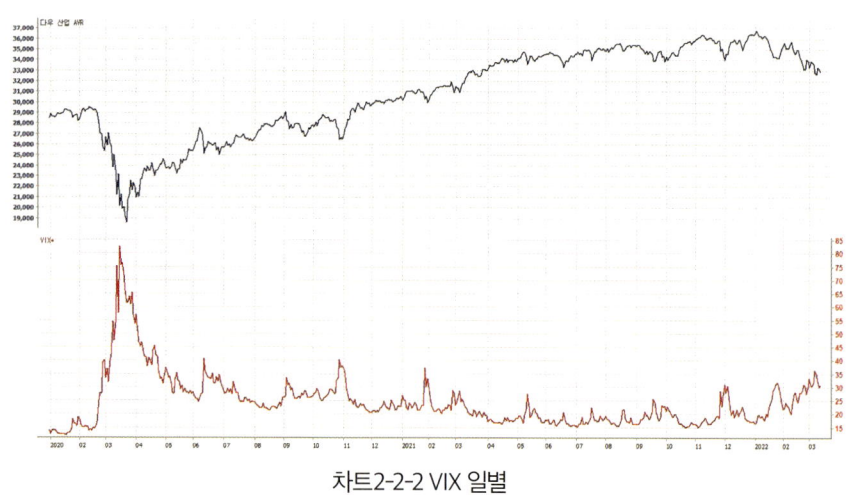

차트2-2-2 VIX 일별

그림 두 개를 몇 차례 줌인 줌아웃을 하며 살펴보다 보면 '역병의 시절을 겪으며, 이러한 시기의 금융시장 중심에 내가 있었구나.' 할 때가 올 것입니다. 지금 당장은 생각에만 머물게 하지 말고 투자의 기회로 삼아야 합니다. 싫어도 패닉에 휘둘린 투자자들이 피를 토하는 심정으로 반대 매도에 참여하고(임의 시장가로 헐값에 팔리게 됩니다.) → 가격 하락에 따라 '돈을 빌려 주식을 산 경우' 담보 부족이나 담보비율이 또 낮아집니다. → 이를 염려한 부정적인 밴드 웨건 효과로 우선 매도하고자 하는 투자자가 늘어납니다. 이러한 악순환이 계속되는 것입니다.

즐겼으면 좋겠지만, 남의 불행이 역설적으로 돌고 돌아 나의 불행이 될 수도 있습니다. 그래서 마음은 일단 곱게 써야 합니다. 아니 이때를 대비해서라도 현금 비중은 꼭 반드시 필수적으로 필요한 것입니다.

경마장에 있는 말은 모두 차안대를 하고 있습니다. 딴 생각, 주위 환경에 흔들리지 말고 앞만 보고 가라는 뜻입니다. 터널 시야 현상이라는 것도 있습니다. 일단 터널에 들어서면 터널 벽이나 다른 것은 눈에 들어오지 않는 것입니다. 오로지 밝게 빛나는 (탈)출구만을 향해 달려가는 것입니다. 이것은 어두운 극장에 들어설 때의 '깜깜이'만큼이나, 출구를 나서면서 세상이 하얘지는 '눈부심 현상'도 경험하게 되는 것입니다.

처음 극장을 경험하는 아이는 돌아서서 나가거나 웁니다. 하지만 과거에 비슷한 상황을 겪어본 성인들은 극장 안에 들어서서 잠시 멈추었다가 서서히 주위가 익숙해진 다음 내 좌석을 찾아가면 된다는 것을 압니다. 그리고 영화를 즐기게 됩니다. 로코 영화가 되었든 공포 영화가 되었든. 시간이 지나 막이 내려지면 희로애락의 감정을 즐겁게 얘기하며 귀가하게 되는 것입니다. 당황과 황당에 대한 여러 우스개 소리가 있겠지만, •밤 길 주차된 트럭 뒤에서 일 볼 때, 차가 내게로 오면 당황, 떠나 버리면 황당. •증시 지수가 5% 빠지면 당황, 10% 빠지면 황당 그 자체라 할 것입니다.

급락의 장에서 날개 없이 추락하는 I자가 될지, 반등하는 V자가 될지, L자가 될지는 '아무도 모른다(Nobody knows.)'입니다. "지금 나는 휘어진 터널에서 저쪽 끝에 밝은 출구가 있다고 믿고 냅다 뛰고 있는가, 아니면 조금 기다려 터널 속 어둠에 익숙해지면 벽을 짚어가며 차분히 한 걸음 한 걸음 나가려고 하는가?" 이러한 질문을 스스로에게 던져 볼 가치가 있습니다.

급등락과 맞물리는 단어는 붐(boom) & 버스트(bust)로 압축되는 거품(버블)과 투기입니다. 광기의 투기 사례의 예로 튜울립 파동이 있습니다. 네덜란드의 튜울립 열풍과 버블은 1634년~1637년에 발생하였습니다. 부의 상징이었던 튜울립의 구근 한 개 가격이 약 1.2길더에서 시작하여 2년이 지났을 때는 50배인 60길더(지금의 1억 정도)까지 상승했고, 그 뒤 1년도 안 되어 0.01길더로 대폭락을 했습니다. 구매자 실종 사태이고, 투기적 관점에서의 위력적인 대폭락이라 할 것입니다. 집단적 광기와 패닉이 만들어내는 현상이라 하겠습니다.

주가가 오른 종목(advance) 수를 내린 종목(decline) 수로 나눈 비율(ratio)을 등락비율(ADR)이라고 합니다. 상승 종목 수에서 하락 종목 수를 차감하여 기준일에서부터 매일 더해 나간 선(line)은 등락주선(ADL)이 됩니다. 매수 세력과 매도 세력의 힘의 크기를 가늠하는 지표들입니다. 앞에서 본 전 종목이 폭락한 날 그 순간의 ADR은 '0'입니다. 과열과 침체를 120%, 75%로 경계선을 잡습니다만 그것 자체도 허망한 당황이 아닌 황당함의 하루가 연출되었던 것입니다.

패닉의 매매: 신용융자와 추격매도 그리고 줍줍

패닉은 공포에 의해 생기는 집단적 도주 심리입니다. 패닉에 앞서 민스키 모멘트(Minsky moment)를 먼저 소개하겠습니다. 이 용어는 과도한 부채로 인한 경기 호황이 끝나고, 채무자의 부채상환 능력 악화로 건전한 자산까지 팔기 시작하면서 자산가치가 폭락하고 금융위기가 시작되는 시기를 의미합니다.

미국의 경제학자인 하이먼 민스키가 주장한 '금융 불안정성 가설(financial instability hypothesis)'에 따른 이론입니다. 그는 금융시장이 내재적으로 불안정성을 내포하고 있으며, 금융시장에서 활동하는 경제 주체들은 비합리적인 심리와 기대에 의해 크게 좌우되므로 자산 가격과 거품의 붕괴를 주기적으로 겪게 된다는 내용입니다.

민스키의 이론은 주류 경제학계에서 주목받지 못했으나 2008년 글로벌 금융위기 이후 재조명받고 있습니다. 민스키의 시나리오에 따르면, 시장 성장기에 경제 주체들은 투자 리스크를 저평가해 위험자산으로 자금을 이동합니다. 이후 무리한 투자로 부채가 급증하는데 이는 금융시장의 규모 확대와 자산 가격 상승을 동반합니다. 하지만 실물경제와 괴리가 커지면서 투자 주체들이 기대했던 수익을 얻지 못하면 시장에는 불안심리가 급속히 퍼지며 부채상환 우려도 증가하게 됩니다. 불안에 금융시장이 긴축으로 돌아서면 이는 금리 급등과 자산 가격 급락으로 이어진다는 것입니다.

이러한 과정이 집단적이고 급진적으로 이루어질 때 패닉이라 하고, 이와 함께 자주 언급되는 말들도 같이 살펴보겠습니다.

capitulation 단계는 '투자자 항복'이라고 표현합니다. 투자자가 보유 자산의 가격 급락 장세에서 이를 부정(denial)하다가 공포(fear)를 느끼게 되면서 일어나는 현상입니다. 다시 말해 주가를 끌어내리는 부정적 요소에 (많은) 투자자들이 굴복하여 투자자들이 주가가 회복되리라는 기대를 버리고 포지션을 청산하여 보유 주식을 (빠르게) 파는 것을 뜻합니다.

매도 주문이 최고조에 달하기 때문에 대게 불안과 혼돈 속에 매도 압력이 정상 수준을 넘어 과매도 상태에 도달하는 경우가 많아 '패닉 셀링(또는 셀링 클라이맥스, 많은 거래량을 동반한 하락)'이 나타납니다.

'투자자 항복' 단계가 마무리되는 즈음에는 잠재적으로 강세 장세 시작을 나타내는 움직임이 나타나 가격 반등을 수반하게 됩니다. 투자자의 항복 단계가 바닥의 조짐을 찾을 수 있는 과정일 수 있습니다.

트레이더가 기술 분석의 일환으로 거래량과 미결재약정수를 활용할 때 언급해야 할 극적인 시장행동은 두 가지입니다. 먼저, 셀링 클라이맥스는 갑작스럽게 반전되는 대량거래를 동반한 하락이므로 이를 확인할 필요가 있습니다. 캔들스틱(일봉) 또한 셀링 클라이맥스를 확인하는 데 도움이 됩니다. 책의 초입이라 익숙치 않은 용어이지만, 기술적분석에 익숙한 차티스트는 높은 볼륨의 해머(hammers), 강세장악형 패턴(bullish engulfing), 그리고 관통형(piercing lines) 패턴을 주의 깊게 살펴보아야 합니다. 이런 패턴들을 발견하기에 앞서, 주식은 분명히 하락추세에 있고 현재의 움직임도 하락세입니다.

봉차트에서 해머(hammer)는 시그널 캔들 스틱으로 긴 아래 꼬리와 레인지(range, 고가와 저가의 폭)의 거의 꼭대기에 작은 몸통을 가집니다. 이 패턴은 매도자들이 하루 동안 주식을 급격하게 하락시켰지만, 매수자들이 강세 마감을 시키며 재차 확실한 지배력을 주장한 것을 의미합니다.

피크아웃(peak out)은 '정점에서 나오다. 또는 내려오다.'라는 말입니다. 경기가 호황일 때 경제기사들을 보다 보면 자주 접하게 되는데, '피크아웃 논란' '피크아웃 우려'와 같이 주로 부정적 표현이 이어집니다. 호경기의 실적에서 예상했던 범주(컨센서스)를 뛰어넘는 깜짝 지표들이 '서프라이즈(surprise)'라는 말과 함께 제시됩니다. 물론 기대치를 훨씬 하회하는 '쇼크(shock)'도 우려 대상이 됩니다. 사이클 상으로는 이미 호황이 끝났어야 하는데, 계속 올랐으니 고점 아닌가(?) 하는 불안 심리가 팽배해지는 것입니다. 반대의 경우 바텀아웃(bottom out)이라고 하게 됩니다.

고점에서는 불안한 행복감에 있게 됩니다. 먼저 터질지 모르는 폭탄에서의 손바꿈과, 언제 가라앉을지 모르는 배에서의 우선 탈출에 모든 신경을 집중하게 됩니다. 그래서 상승 시에는 계단으로 올라가듯 긴(long) 기간이 소요되고 하락 시에는 짧은(short) 시간에 창문과 배의 밖으로 뛰어내리는 것 같은 모양이 연출됩니다. 반대로 시장 상승의 정점에서 바람이 불면 오랜 상승 끝에 갑자기 가격이 급상승하며 거래활동도 크게 뛰게 됩니다. 이른바 블로우오프(blowoff)로 급작스럽게 정점을 찍습니다.

마켓 사이클에 따른 투자자 심리변화

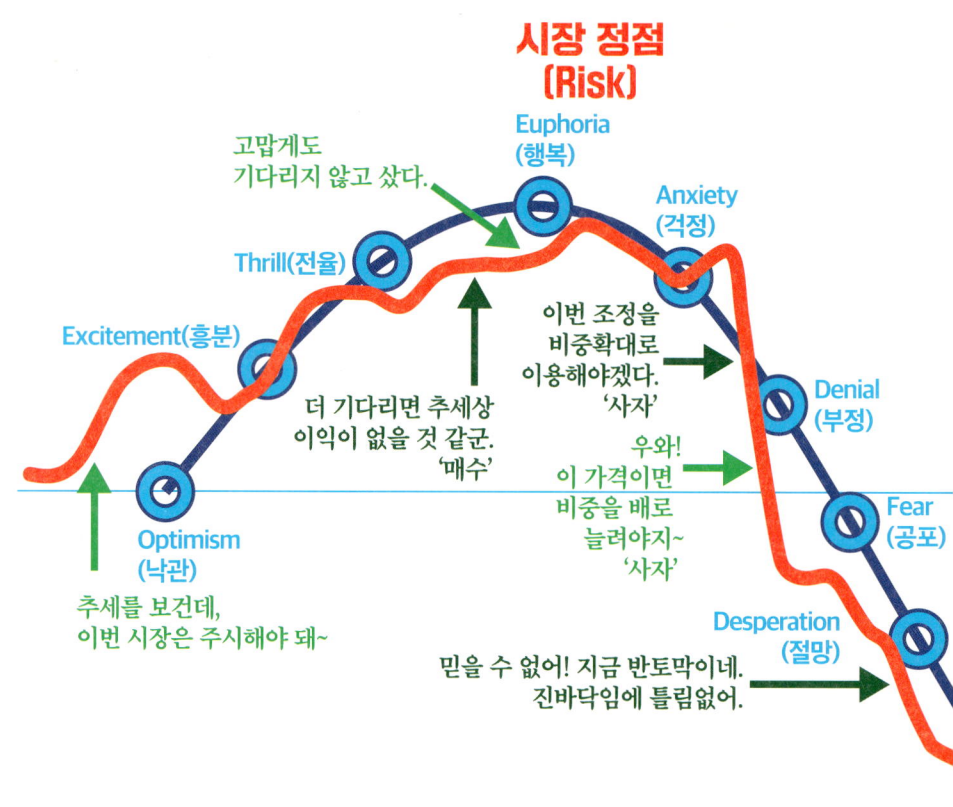

차트2-3 투자심리 사이클

투자자의 심리 변화에 숨어 있는 함정, 투자자들이 많이 저지르는 실수(1)

탐욕과 공포는 투자자들에게 과부족의 정도 차이가 있을지언정 모두가 갖고 있습니다. 태생적으로 또는 훈련을 통하여 멘탈 머슬(근육)이 성공적으로 만들어지면 누구나 건강한 투자자가 될 수 있습니다. 한 번의 투자 성공으로 자신의 성공률을 백퍼센트라고 얘기할 수 없습니다. 첨예하게 주문이 오가는 투자시장에서 투자자에게 요구되는 것은 '무식에서 나오는 용감함'보다 '오만함을 버린 담담하고 객관적인 시장 접근성'입니다. 여기서 '객관적'이라는 말에는 너무나 차분한 시장의 집단지성이나 이성을 상실하고 흥분한 집단 쏠림 현상을 한 발 떨어져서 바라볼 수 있는 시각을 의미합니다.

아래의 글은 시장에서 자주 언급되는, 투자자들이 많이 저지르는 실수입니다. 자신의 입장에 대입해서 거울처럼 자주 비교해 볼 만합니다.

- 포트폴리오 재조정에 익숙하지 않다.
- 처음 투자할 때의 목표를 쉽게 바꾸려 한다.
- 너무 높은 수익률을 기대한다.
- 이제까지 늘 해오던 방식대로 투자하려고 한다.
- 투자 대상의 특성을 이해하지 못한다.
- 분산 투자하지 않는다.
- 펀드, 지수, 종목의 수익률과 자신의 수익률을 혼동한다.
- 펀드, 지수, 종목의 성과에 무관심하다. 특히 손실이 클 때 더욱 그러하다.
- 과거 실패에 연연한다.
- 단기 시황에 연연한다.
- 현재 투자하고 있는 펀드, 지수, 종목의 유형(섹터/스타일)도 모른다.
- 수익률이 조금만 저조해도 펀드(종목)를 교체하려 한다.
- 현재 수익률이 높은 펀드(종목) 만을 고집한다.

많은 사람들이 투자의 '명인' '현인' '귀재' '투자 고수' '대박 신화'의 타이틀로 투자의 법칙이나 원칙을 이야기합니다만, 다양한 성공신화에 있어서 원칙이나 법칙은 없습니다. 다만 투자의 정석은 있습니다. 누구나 알고 공감하는 투자의 정석은 그래서 주목을 받지 못하고 오히려 그 반대의 상황에서 성공을 이룬 '역사'에 경외심을 보내는 경향이 생깁니다. 앞서의 투자자들의 실수에 대응하여 이를 극복하기 위한 방법론으로서, 또는 다양할 수밖에 없는 투자성향을 극복하기 위한 원칙 아닌 원칙을 소개합니다.

1. 감정보다는 시스템을 따르라. 시스템에서는 자신에게만 적용하는 일관성을 유지하라.
2. 시스템을 유지하기 위해 객관적인 금융자산 관리사나 조언자를 이용하라.
3. 역으로 생각하는 법을 배워라. 절대로 높은 가격에 사지 말고, 낮은 가격에 팔지 말라. (맞는 말인데 무책임합니다. 결국, 이 말은 과거의 흐름으로 판단할 수밖에 없습니다.)
4. 단지 실적에만 근거해 가장 인기 있는 종목을 쫓지 말라. 각 투자에 수반되었던 과거의 위험 요소들과 그들이 여러 다양한 경기순환 과정에서 어떤 차이점을 드러냈는지 이해하라.
5. 언제나 최소한 네 개의 서로 다른 분야에 분산 투자하라. 이 분야들은 시장의 순환과정에서 상대적으로 낮은 상관관계를 가졌던 분야라야만 한다.
6. 감내할 수 있는 리스크 수준과 목표 소득을 결정하라. 절대로 정해진 리스크 수준을 넘는 포트폴리오 전략에 집착하지 말라.
7. 정해진 기간 내에서 중장기 예측을 한 후, 수익이 예상되는 분야들에 대한 분산 투자에 집중하라.

자주 저지르는 실수든, 투자 원칙처럼 소개하는 말이든 간과하는 것이 있습니다. 투자 자금과 규모에 대한 것입니다. 과유불급이라는 말은 운용 능력에 비해 투자자금을 분에 넘치게 운용할 때는 맞는 말이지만, 수익이 제대로 나는 경우에는 전혀 '아니올시다.' 입니다. 조달된 자금의 성격과 운용 규모가 변하면 투자자는 그간의 투자목적과 성향, 기간을 잊어버리게 되기 때문입니다. 손실을 감내할 수 있는 수준에서의, 합리적 수익 목표 설정에 대해 진지하게 고민해야 합니다.

투자자의 심리 변화에 숨어 있는 함정, 투자자들이 많이 저지르는 실수(2)

이번에는 자금과 관련하여 조금 더 정리를 해보겠습니다. 주식시장에 관심을 갖거나 입문하려는 이들이 정석투자의 주식 고수로부터 반복적으로 듣는 조언을 정리해 보면 아래의 열 몇 가지 정도가 됩니다.

<실행의 영역>
- 여유자금, 자기자금으로 투자하여 이자와 상환에 쫓기지 말자.
- 기대하는 수익만큼 손실발생 가능성이 있음을 인정하자.
- 정기예금 이자율 수준을 생각하고 목표 수익률을 낮추자.
- 일상과 직장의 생활에 지장을 줄 정도이면 투자를 멈추자.
- 본전 의식, 매수 단가에 집착하지 말자.
- 원금 이상의 발생 수익은 다른 계좌로 옮겨 관리하자.
- 무턱대고 장기 보유, 판단 없는 뇌동-추격-충동 매매를 피하자.
- 스스로의 원칙과 기준을 정하고, 매매 기록을 남기자.
- 최소한의 기본 용어와 매매 규칙을 배우고 익히자.
- 귀와 눈과 생각을 열어 놓되, 자신의 책임임을 명심하자.

주식투자 입문자들이 갖는 일반적인 생각을 모아 보면 대개 아래와 같이 요약 정리됩니다. 결국 이 말들의 결론적인 압축 표현은 '매수한 가격을 잊고 지금 가격과 상황을 주관적으로도 보고 객관적으로 읽으라.'는 것입니다. 미래에 대한 망원경, 팩트에 대한 현미경, 수급에 대한 잠망경, 재무정보에 대한 확대경 등 모두 투자에 필요한 줌-아웃 줌-인의 수단이 될 것입니다. 한 번 마음에 심어진 어떤 것을 잊지 못하고 얽매이는 것을 앵커링(닻 내림) 효과라 합니다만, 이것이 바로 투자에서 가장 큰 장애가 되는 안경이 됩니다. 세상이 아무리 바뀌어도 내 눈앞의 안경은 제대로 보지 못하게 하거나, 왜곡된 색상으로 보게 만듭니다.

<실수의 영역>
- 정보 없이 쉽게 종목을 사거나, '정보'라고 생각하고 산다.

- 지인의 말에 휘둘린다. '너에게만' 알려주는 정보는 없다.
- 묻어두면 '언젠가는' 대박이 날 것이라 믿는다.
- '본전' 생각에 감정이 앞서고, 이익이 난 것부터 판다.
- '호재·수익'은 반복되고, '악재'는 모두 유리한 쪽으로 해석한다.
- 가장 큰 실수는 위의 5가지를 똑같이 반복한다는 것이다.

여기까지는 실수라는 이름으로 모두 버는 얘기만 했습니다. 높은 수익을 기대하려면 당연히 감내해야 하는 높은 위험들이 있습니다. 쉽게 가격이 움직이는 시장 위험, 회사가 망하는 신용 위험, 현금화가 안 되는 유동성 위험, 법규나 세제 위반의 제도 위험, 매수 주문하려다 매도 주문을 내는 운용 위험 등이 도처에 흩어져 있습니다.

엄밀하게는 금융투자에서의 위험이라는 단어는 리스크(risk)입니다. 관리·통제가 가능하다는 뜻을 갖고 있고, 일반적으로 생활에서 이야기하는 위험은 데인저(danger)입니다. 꼼꼼하게는 아니더라도 아래 표를 보면 '아~ 이런 위험이 있구나!' 하게 될 것입니다. 아마도 전혀 의미를 알 수 없는 위험도 보게 될 것입니다.

▶ **일반위험**

- 원본손실 위험
- 시장 위험
- 환율변동 위험
- 신용 위험
- 유동성 위험
- 채무불이행 위험
- 이자율변동 위험
- 재투자 위험
- 집합투자증권 가격변동 위험
- 정기예금 및 RP매입 위험
- 단기대출(콜론) 및 예금잔액 위험

- 증권대여 위험
- 증권차입매도 위험

▶ **특수위험**

- 장외파생상품거래 위험
- 롤오버 위험
- 추적대상지수 위험
- 세제 위험
- 포트폴리오 집중 위험
- 실물자산 고유의 위험
- 이자율 상승에 따른 레버리지 위험
- GP(General Partner) 위험
- 파생상품투자 위험
- 국가 위험
- 외국 세법에 의한 과세 위험
- 기회비용 및 수수료 위험
- 통화관련 장외파생 상품 위험
- 환매조건부 채권 매도 및 운용에 대한 위험
- 금리스왑투자 위험

▶ **기타 투자위험**

- 오퍼레이션 위험
- 환율제도에 따른 위험
- 환매대금 변동 위험
- 환매연기 위험

- 대량환매 위험
- 해지 위험
- 추가설정 위험
- 집합투자기구 규모 위험
- 공정가액산정 위험
- 예상배당 위험
- 권리행사 위험
- 거래중지 위험
- 운용실적 위험
- 기준가격 산정오류 위험
- 법률, 조세 및 규제 등 제도적 위험
- 운용프로세스 위험

다우존스 장기차트로 읽는 롤러코스터 장세

아래의 차트는 일천 포인트가 시작된 이래의 그림인데 1천 포인트가 3만을 깨네 마네 하는 데까지 반세기 정도 걸린 것 같습니다.

이 기간 중은 아니지만 그 이전의 데이터까지 뒤적거려 보니 한 사람의 인생보다 긴 시간에 걸쳐 궤적이 드러납니다.

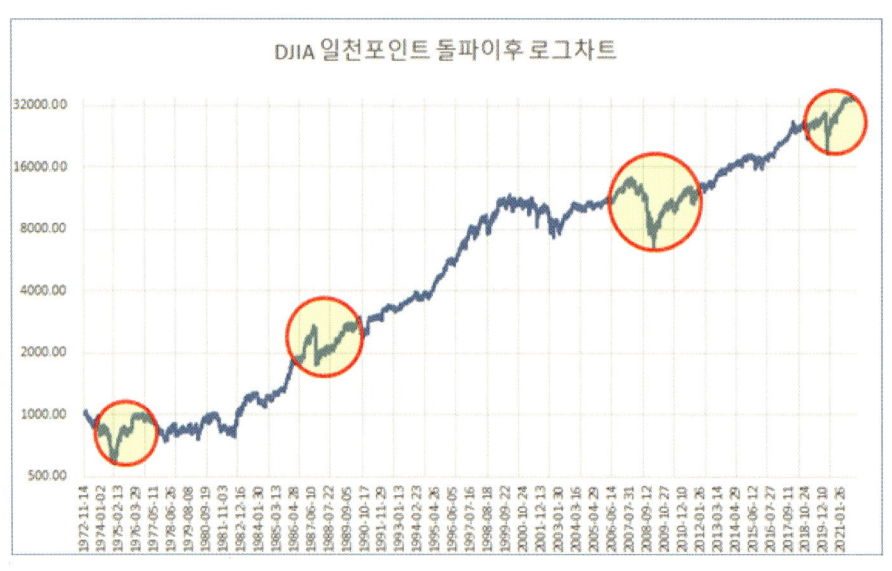

차트2-4 다우 1,000포인트 이후 장기 로그차트

롤러코스터 장세에 현기증을 느끼는 분들은 아래의 표를 참고하시기 바랍니다. 두 번째 행에 보이는 22%가 하락한 1987년 그 유명한 블랙먼데이의 하루 급락률을 볼 수 있습니다. 어제와 같은 해가 떴을 텐데 내가 뭐가 그리 잘못되었다고 지수(재산)의 5분의 1이 벌건 대낮에 날아간단 말일까요?

그런데… 그 이전의 날짜로 거슬러 올라가면(차트에는 안 보입니다만) 우리나라의 광복을 앞둔 시기인 1945년도에는 21.63%가 하루 만에 오른 데이터가 보입니다. 한 번 더 살펴보니, 아래와 같은 등락이 사흘 동안에 연출된 것이 확인됩니다. 이 정도의 롤러코스터는 내려가면서 대부분 내동댕이쳐질 것 같습니다. 당연히 올라갈 때는 탑승자가 없어 빈 차일 수도 있겠다 싶습니다.

최대등락률과 등락폭		종가 지수	일자	
21.63%	29.67	166.83	1945-06-08	금
-22.61%	-508.00	1,738.74	**1987-10-19**	월
2,112.98	11.37%	20,794.91	2020-03-24	화
-2,997.10	-12.93%	20,188.52	2020-03-16	월

표2-2 다우지수 역사적기록

1945-06-05	168.13	0.03%	0.05	화
1945-06-06	137.29	**-18.34%**	**-30.84**	수
1945-06-07	137.16	-0.09%	-0.13	목
1945-06-08	166.83	**21.63%**	**29.67**	금

표2-3 다우지수 하락과 회복 손익률

너무 먼 시점인 듯싶어 글로벌 금융위기 시점으로 줌(zoom)해 보았습니다. 2008년 9월 언저리. 2007년 서브프라임 모기지라는 잘 모르는 금융 상품인데, 시골 농군들도 소 팔아 가입했던 상품이 있었습니다. 여기에 등장하는 회사가 베어스턴스입니다.(서브-프라임 모기지 채권의 부실화 사태로 인하여 이 회사는 부도를 맞이하여 JP Morgan Chase 은행에 인수되었습니다.) 2007년 중반부터 삐걱대던 회사는 2008년 3월 구제 금융에 합의하면서 무려 47%라는 주가하락을 보여 주었습니다.

2008년의 최고점 다우지수와 어느 정도 폭풍 지나간 다음의 2009년 다우지수는 다음과 같습니다.

2008-04-02	13,058.20	-49.9%		아래 저점까지의 하락률
2009-03-09	6,547.05	99.5%		위의 13,058.20 회복시의 상승률
2010-12-29	11,585.38	77.0%		저점 6,547.05부터의 상승률

표2-4 다우지수 하락과 회복 손익률 2009

최근의 시점으로 다시 환기하자면 다우지수의 지수 상 최대 폭의 하락을 경험한 날의 낙폭은 2997.10입니다. '2020년 3월 7일 당시 지수는 25,864.78pt이었고, 3월 16일 마감의 지수는 20,188.52pt이었으니 이 기간동안 무려 5,676.26포인트가 증발하였습니다.

과거의 그림을 들추어 보는 까닭은 극심한 변동성을 처음 겪는 사람에게는 패닉 그 자체이겠지만, 과거 유사하게 경험한 이들에게는 이것이 기회로 보이기 때문입니다. 지금이 어떤 인생에서는 몇 번 있을까 말까한 기회의 시점으로 볼 수도 있어서입니다. 말을 더 보탤 필요 없이 앞의 표를 활용해서 설명하자면 1억이 고등어 반 토막 같이 되는 기간은 10개월이 소요되었고, 다시 얼추 9천이 되는데는 21개월이 걸렸습니다.

앞서 '바꿀수 없는 변화에는 적응을 하고, 급격한 변동에는 대응을 하라.'는 말씀을 전했습니다만, 앞의 두 기간을 합한 2년 반에는 1억을 투자한 세 유형이 나올 수 있습니다. 변화 없이 기다린 사람은 1억이 9천이 되었고, 급락의 바닥에서 처분한 사람은 5천이 되었으며, 팔고 저점에서 재매수한 사람은 1억 8천이 되었다는 의미가 됩니다. 5천과 1억 8천 사이에는 3.6배의 재산 차이가 형성됩니다. 지수 상으로 이 정도니 개별 종목은 더 큰 변동성을 겪었을 것입니다.

무조건적인 장기투자는 처음에 보여 준 다우존스지수의 장기차트처럼 (로그임에도) 우상향하는 경향을 보여줍니다. 그러나 그 긴 기간에는 '내 죽은 다음의 잔칫상'이 될 수도 있다는 엄연한 현실과, 그 기간 동안에 생기는 속병과 화병이 보상되는 지도 알 수가 없습니다. 전대미문의 팬데믹이 몰고 왔던 극적인 코스피의 하락과 9개월 만에 두 배가 되는 드라마틱한 상승의 변동성은 일정한 기간 후에는 또 재연될 것입니다. 안 봐도 비디오입니다. 폭등락을 경계하기보다는 그러한 급격한 변동성에 내가 어떻게 대응할 것인가 하는 것이 보다 현실적인 투자자의 자세라고 하겠습니다.

재차 환기시켜 드리는 투자의 기본이자 정석은 장기/ 정기/ 분할/ 분산/ 간접/ 자기자금 이상도 이하도 아닙니다. 대부분 이와 반대로 합니다. 단기간에/ 특정시점에서/ 한 종목에/ 몰아서/ 내가 직접/ 빌린 돈으로 투자하는 것입니다.
특히 장기라는 기간에는 복리효과와 함께 우상향하는 지수 흐름이 자잘한 변동성에 휩쓸리지 않게 한다는 뜻을 내포하고 있습니다. 하지만 이러한 정석도 취준생에게는 그림의 떡이고, 갓 취업한 직업인에게는 생활비 대기 빠듯하며, 은퇴하여 연금을 수령하며 곶감 빼먹는 실버에게는 투자가 언감생심이 될 뿐입니다.

부정적이고 비관적인 자세는 투자자에게 유용하지 않습니다.
'의인불용 용인불의(의심나는 사람 기용하지 말고, 쓰기로 결정했으면 의심하지 말라).'라는 말을 투자에 굳이 끌어다 쓴다면, 투자의 정석이라 하더라도 무턱대고 자신의 상황에 갖다 쓰지 말고 면밀히 검토하라는 말이 됩니다. 주도면밀하게 살피고 투자를 결정했으면 확신하면서 진득하고 소신 있게 이를 실천해 나가야 한다는 뜻입니다.

눈썰미 없는 사람이라도 우상향하는 다우존스 장기차트는 확인할 수 있습니다만, 분명한 것은 찻잔 속에서도 바람은 불고, 오물에도 파도가 이는 것처럼 차트의 안에 돋보기를 들이대면 여러 파동들을 살필 수 있다는 사실입니다. 그러한 파동의 리듬과 파도를 잘 타면 서핑이 되고, 휩쓸리면 익사하고 맙니다. 어떤 파동들이 숨어 있는지 압축해서 살펴보겠습니다.

뉴턴의 운동법칙:
관성, 가속도 그리고 작용과 반작용

독일의 철학자 라이프니츠가 "지금까지 인류 역사에서 수학을 놓고 볼 때 뉴턴이 이룬 업적이 반 이상"이라고 했습니다. 이 아이작 뉴턴의 『자연철학의 수학적 원리(줄여서 프린키피아)』에 기록한 운동 법칙이 있습니다. 1687년에 나온 세 권짜리 저작에 들어 있는 뉴턴의 세 가지 운동법칙은 관성의 법칙, 속도-가속도의 법칙, 작용-반작용의 법칙입니다.

관성의 법칙이란 일정한 속도로 운동하고 있는 물체는 언제까지나 같은 속도로 운동을 계속하려 하며, 정지하고 있는 물체는 언제까지나 정지해 있으려고 한다는 제1법칙입니다. 예를 들어 버스가 달리다가 멈추면 몸이 앞쪽으로 쏠리는 현상이 관성의 법칙에 의한 것입니다.

제2법칙은 속도와 가속도의 법칙입니다. 움직이는 물체에 힘을 더해주면 그 힘의 크기에 비례한 가속도를 받는다는 뜻입니다. 예를 들어 구르는 축구공을 세게 차면 속도가 더 빨라지는 이치와 같습니다.

제3법칙은 작용과 반작용의 법칙인데, 작용 반작용의 뜻은 두 개의 물체가 서로 영향을 미칠 때, 주고받는 힘의 크기는 같고 힘의 방향은 반대라는 것입니다. 예를 들어 한 눈 팔고 길을 가다가 전봇대에 박치기 하면, 전봇대도 똑같은 힘으로 내게 박치기를 한다는 뜻입니다.

주가의 움직임에 굳이 비유하자면, 박스권과 돌파를 관성에, 방향과 배열을 가속도에, 급락과 급등을 작용과 반작용으로 생각해 볼 수 있습니다. 결론적으로 뉴턴의 세 가지 운동 법칙이 주식시장의 다양한 현상 속에 존재한다고 표현할 수 있습니다.

위아래로 떨어진 두 지점 사이에서 어떤 경로를 따라 내려가는 것이 가장 빨리 내려갈 수 있는지를 찾는 문제에서, 최단거리를 찾아주는 것이 '사이클로이드'입니다. 흔히 생각하면 직선 경로가 최단 거리라 가장 빠를 것 같지만 실상은 사이클로이드 곡선을 따라 내려가는 것이 가장 빠르다고 합니다. 일상에 숨어 있는 '사이클로이드'는 물리학자들도 쉽게 풀지 못한 문제임에도 독수리는 먹이를 향해 낙하할 때 사이클로이드 곡선 형태에 가깝게 낙하한다고 합니다. 땅 위에 있는 들쥐나 토끼, 쥐, 뱀 등 먹이를 잡을 때 직선이 아니라 최단시간이 소요되는 '사이클로이드'와 가까운 곡선을 그리며 목표물로 향한다는 것입니다. 우리나라 전통 가옥의 기와도 사이클로이드 곡선 모양을 하고 있어 비로 인한 목조 건물의 부식을 막고 있다고 합니다.

모든 운동에 가격의 흐름을 포함시킨다면 뉴턴의 운동법칙과 사이클로이드의 움직임에 대한 새로운 접근일 성 싶습니다.
"내가 다른 사람보다 더 멀리 볼 수 있었던 것은 거인의 어깨 위에 서 있었기 때문이다."
"나는 천체의 운동은 계산할 수 있지만, 사람들의 광기는 측정할 수가 없다."
뉴턴이 남긴 말입니다. 이 말에 주목하는 까닭이 있습니다. 인류 최고의 천재 과학자 뉴턴은 활발한 투자자로서 1720년 주식시장 역사상 첫 번째 버블사태로 불리는 영국 남해주식회사(South Sea)의 주식에 투자해 전 재산의 약 90%를 날린 사람으로도 잘 알려져 있기 때문입니다. 폭망의 이유는 바로 군중 본능, 과다한 욕망, 앵커링, 확증편향(뒤에 개인의 심리에서 더 소개하겠습니다) 등 행동재무학에서 말하는 비이성적 행위가 총 망라되어 있습니다.

가장 명확한 판단과 차가운 머리가 절대적으로 필요한 주식시장에서 인류 역사상 최고의 과학적 사고능력을 지닌 뉴턴도 합리적으로 행동하지 못했다는 사실을 여실히 보여주면서 명언을 남기게 된 셈입니다.

피보나치 수열: 자연의 법칙과 우주의 비밀

수학시간에 머리 아프게 배운 등차나 등비수열 외에 이런 수열도 있습니다. 어미 토끼가 매달 한 쌍의 새끼를 낳는다고 가정합니다. 그리고 새끼 토끼는 태어난 지 두 달 후 어미가 되어 매달 한 쌍의 새끼를 또 낳을 때 1 - 1 - 2 - 3 - 5 - 8 - 13 - 21 …… 으로 표현한 수열입니다. '앞에 연 이은 두 항의 합이 다음 항과 같다.'로 요약됩니다. 단순해 보이고 어지간하면 속셈 계산이 가능합니다.

엮어서 얘기하는 또 다른 경우는 황금비 또는 황금분할이라고 하는 것입니다. 이것은 주어진 선의 양 끝을 A와 B라 하고, 그 중간의 한 점을 C라고 했을 때, A와 B의 길이를 가장 이상적으로 둘로 나누는 비를 뜻합니다. 선분AC : 선분CB = 선분AB : 선분AC가 될 때의 비율입니다. 근사값이 약 1.618인 무리수입니다. 기하학적으로 황금분할은 이미 유클리드가 정의를 내린 이래 예술분야, 특히 건축, 미술 등에서 즐겨 응용되었다고 합니다.

황금비율: 1.618034(a) 0.618034(b)
(a) × (b) = 1   (a) - (b) = 1   (a) + (b) = $\sqrt{5}$
(b)^2 = 1 - (b)   1 - (b) = 0.381966

피보나치(Fibonacci) 수열: 1, 1, 2, 3ⓐ, 5ⓑ, 8ⓒ, 13ⓓ, 21, 34 …
ⓐ + ⓑ = ⓒ   ⓑ^{2} = ⓐ × ⓒ - 1
ⓒ^{2} - ⓑ^{2} = ⓐ × ⓓ
ⓑ × 1.618034 = ⓒ   ⓑ × 2.618034 = ⓓ

엘리어트는 그의 두 번째 저서 『자연의 법칙(부제: 우주의 비밀)-Nature's Law

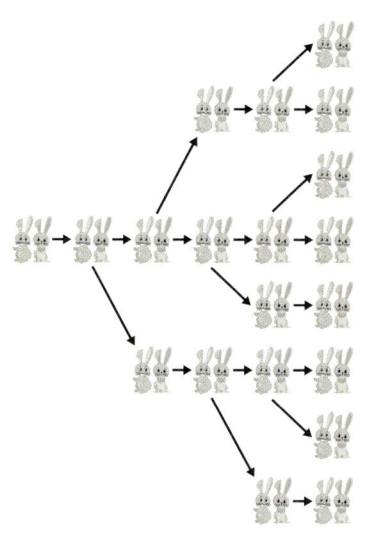

그림2-1-1 피보나치 토끼의 번식

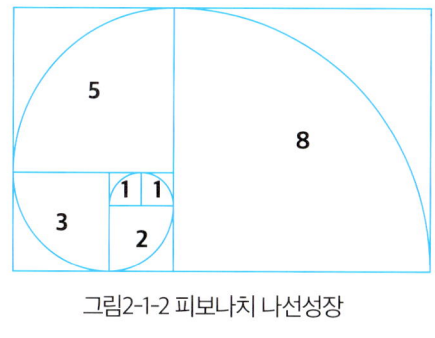

그림2-1-2 피보나치 나선성장

$$\varphi = \frac{\overline{AC}}{\overline{CB}} = \frac{\overline{AB}}{\overline{AC}} = 1.6180339887\cdots$$

그림2-1-3 피보나치 황금비

(the Secret of the Universe)』에서 황금분할의 법칙에 근거한 그의 파동이론을 생물, 수학, 미술, 심리학, 그 외 인간행동의 모든 분야에 적용해 보았습니다.

황금분할의 신비한 요소로 인해 고대 그리스 철학자 플라톤은 황금비율 파이(Ø, 1.618)를 '이 세상 삼라만상을 지배하는 힘의 비밀을 푸는 열쇠'라 했고, 시인 단테는 '신이 만든 예술품'이라 했으며, 16세기 천체 물리학의 거성 케플러는 '성(聖)스러운 분할(Divine Section)', 즉 '신의 형상을 따라 지어내진 신의 피조물'이라 했습니다. 참~말들도 많습니다만, 앞으로 주식투자를 하면서 62%와 38%는 정말 많이 등장합니다.

인간의 시각에서 볼 때 파이의 비율을 응용하여 만든 물건이나 건축물은 다른 비율을 사용해 만든 것에 비해 가장 안정감을 느낍니다. 앵무조개의 황금나선 모양과 귀 모양, 손을 주먹 쥐면 손가락 마디의 관계가 신기할 정도로 비슷한 것을 볼 수 있습니다. 황금비인 것입니다. 앵무조개의 황금나선뿐만 아니라 꽃의 꽃잎 수, 아름다운 화음에서도 이 비율이 적용된다고 합니다. 우리의 신체에서도 배꼽의 위치, 손가락 마디의 길이 등이 이러한 비율관계라고 합니다. 이런 숨겨진 현상을 자연적인 우연이라고 할 수도 있겠으나, 이러한 우연이 규칙성을 갖고 반복한다면 그 우연은 평범한 우연이 아닐 것입니다. 황금비에 적용된 비율은 인간의 심리에 영향을 미치는, 보이지 않는 질서라고 하겠습니다.

재미삼아 레오나르도 다빈치가 남긴 그림으로, 이탈리아 건축가의 이름을 딴 '비트루비안 맨(Vitruvian man)'을 소개합니다. 아마도 양손을 벌려 큰 원안에 표시된 그림을 본 적이 있을 겁니다. 여기에는 인체에 숨겨진 황금비가 들어 있습니다. 직접 자신의 몸을 보면서 비교해 보기 바랍니다.

사람의 몸인 인체에서 ① 손가락 관절은 8-5-3-2의 구성을 가집니다. 손등과 손가락, 손가락의 세 번째 마디와 두 번째 마디, 두 번째 마디와 첫 번째 마디의 비례가 황금비입니다. ② 머리에서 어깨까지 길이를 1로 놓으면 어깨에서 배꼽까지는 1.618, 배꼽에서 무릎까지가 1.618, 무릎에서 발바닥까지가 1이 됩니다. ③ 손목에서 손끝까지를 1로 하면 손목에서 팔꿈치까지는 1.618이 됩니다. ④ 가슴 사이즈에 1.618배를 하면 어깨 넓이가 됩니다. ⑤ 어깨에서 팔꿈치까지의 길이에 1.618을 하면 팔꿈치에서 손끝까지와 같습니다. ⑥ 늘어뜨린 손끝에서 발바닥까지의 길이에 1.618을 하면 머리끝에서 늘어뜨린 손끝까지의 길이가 됩니다. 살아가는 동안 1초도 떨어지지 않고 이러한 비율의 틀 안에서, 그리고 이용하면서 생활한다고 합니다. 같은 숫자를 여러 차례 반복한 것은 이러한 비율에 익숙해질 필요가 있어서입니다.

유사한 형태로 생각되는 법칙이 있습니다. '상위 20%가 전체 생산의 80%를 해낸다.' 또는 '원인의 20%가 결과의 80%를 만든다.'는 파레토의 법칙입니다. 2080 법칙이나 2대 8 법칙(머리 가르마 비례가 아닙니다.)은 별명입니다. 또한 경영과 상술에 뛰어난 유태인들의 78대 22라는 중심사상도 비슷해 보입니다. 세계 자원의 78%는 22%의 인구가 소비하고, 매출액의 78%는 22%의 고객으로부터 나온다는 예시를 합니다. 감내할 손실 22%와 목표하는 이익 78%, 무릎 2부 능선에서 사서 어깨 8부 능선에 파는 것 등도 갖다 붙이기 나름일 듯합니다.

주식시장에서도 황금분할의 법칙에 의해 등락의 과정에서 이러한 비율의 심리가 나타난다고 합니다. 개인적인 생각으로는, 태어나서 알게 모르게 이러한 자연의 질서 같은 환경과 비율에 익숙해졌기 때문일 듯합니다. 그런 비율일 때 마음이 안정을 찾는 컴포트존(comfort zone)에 자리하기 때문일 것으로 추측합니다. 이제 엘리어트의 파동으로 들어가 보도록 하겠습니다.

엘리어트 파동: 충격파동과 조정파동

우주만물은 자연의 법칙에 의해 일정한 패턴을 가지고 움직이며, 이는 자연의 일부분인 인간에게도 적용된다고 합니다. 다시 말해 인간의 행동이나 심리는 자연의 법칙에 따라 일정한 파동 형태로 반복되며, 이런 패턴을 계량화할 수 있다면 미래의 인간 행동을 예측할 수 있다는 것입니다.

엘리어트 파동이론의 창시자인 엘리어트(Ralph Nelson Elliott, 1871~1948)는 1871년 미국에서 태어나 젊은 시절부터 전신 오퍼레이터, 속기사, 배차원, 레스토랑의 회계담당 등 여러 직업을 경험했습니다. (세파를 많이 겪었을 것으로 이해됩니다.) 50대 중반에 들어 주식을 접하고, 주식시장의 움직임에 특정한 패턴이 있다고 생각하여, 5년 동안의 투병 생활 중에 연구를 통해 '파동이론'을 완성하였습니다. 그는 구독하던 증권사 일간지에 자신의 이론을 기고하였고, 기고문에서 '조만간 주식시장에 대폭락이 찾아올 것'이라고 예측했는데, 실제 1937년 주식시장은 고점 대비 50% 수준의 대폭락이 일어났습니다.

차트2-5 엘리어트 파동

엘리어트가 발견한 가격변동의 법칙은 '시장의 가격은 일정한 리듬을 반복한다.'는 것입니다. 다시 말해 5번의 상승파동과 3번의 하락파동으로 구성되어 한 번의 가격 등락에는 모두 8번의 상하 파동이 일어난다는 뜻입니다.

상승 국면의 5개의 파동은 각각 1번에서 5번까지의 파동으로 이름 붙여 분류할 수 있는데, 1번 3번 5번은 상승파동이며, 2번과 4번 파동은 하락파동이 됩니다. 상승 파동인 1, 3, 5번의 파동은 충격파동(impulse wave)이 되고, 하락하는 2, 4번 파동은 조정파동(corrective wave)이 됩니다. 하락 시에는 A, B, C로 이름을 붙이는데 A, C는 하락의 충격파동이 되고, B는 조정파동이 됩니다.

일봉으로 구성되었건, 분봉으로 구성되었건 이러한 가격변동의 파동은 그 질서를 지킨다고 보는 관점입니다. 다만 이러한 1-2-3-4-5-A-B-C는 줄 긋는 원작자의 마음먹기에 따라 다르게 그려질 수도 있습니다.

엘리어트 파동이론은 패턴(pattern), 비율(ratio), 시간(time)의 세 가지 요소를 포함합니다. 이를 이용하여 아래와 같은 분석이 이루어집니다.

- 추세 분석의 경우 주가는 일정 기간 일정한 추세를 보이며 움직인다.
- 패턴 분석의 경우 여러 가지 주가 변동 모형을 미리 정형화한다.
- 지표 분석의 경우 현재의 시장 수급 상태를 파악하여 매매시점을 판단한다.
- 시장구조이론은 오랜 기간 동안 시장의 움직임을 분석/연구, 시장의 변동 논리로 해석한다.

매우 정교해 보이지만, 이미 설명한 바와 같이 시작과 끝에 대한 부분과 수준이 코걸이 귀걸이식의 자의적인 해석이 이루어질 수 있습니다. 주관이 개입할 소지가 많다 보니 예외가 다수 발생하기도 합니다. 예외가 많다는 것은 적용도 쉽지 않다는 뜻입니다. 어찌 되었든 그 기본법칙은 그림에 달아 놓은 설명을 참고하면 될 듯합니다.

충격파동과 조정파동의 모습도 일정하지 않습니다. 2파와 4파는 보완하듯 급격함과 완만함이 서로 교차하고, 두 가지 패턴의 모습도 지그재그, 삼각형 등 엇갈리거나 다양하게 나타날 가능성이 크다고 합니다. 충격파동인 1, 3, 5파는 어느 파동이든 상승 구간이 길어질 수 있으며, 그 파동 외의 두 개는 서로 균등하거나 앞에서 설명한 피보나치 수열의 비율이 적용되어 나타나기도 합니다. '엿장수 맘대로' 같겠지만, 긴 안목으로 한 발짝 바깥쪽에서 시장을 들여다보면 결국 'N'자형의 상승과 '역N'자 형의 하락이, 시간이라는 균질적인 X축 위에 표현된다고 하겠습니다.

집단의 투자심리: 밴드 웨건, 쏠림과 몰림의 레밍 현상

올림픽 경기에서 관중은 어느 한 편을 응원합니다. 중립지대에서 심판처럼 보면 재미가 떨어집니다. 그리고 어느 한 편의 승리나 패배가 이어집니다. 무승부의 세계는 '다음에 두고 보자.'는 찜찜함을 남깁니다.

주식투자의 손익은 경기와 전쟁에서의 승패와 같습니다. 개별 투자인 것 같지만 시장은 집단적으로 움직입니다. 심리를 반영하는 투자에서의 집단 심리도 알아두면 유용합니다. 전쟁터의 피아 식별처럼 매도자와 매수자는 전투를 벌이는 것입니다. 여명에 보는 개와 늑대의 구분이 쉽지 않듯이, 지금의 매수자는 잠재적인 매도자이고, 지금의 공매도자는 잠재적인 매수자가 됩니다.

이런 경험을 떠올려 보기 바랍니다. 건널목에서 신호가 바뀌기 전에 내가 먼저 걸어 나가면 기다리던 다른 이들이 같이 따라 건너기 시작합니다. 누군가가 어련히 신호 따라 움직일 테니, 그것을 따라하면 안전하리라고 생각하는 것입니다. 하나 더. 여러 대의 엘리베이터를 운용하는 건물에서 내 앞쪽의 엘리베이터를 향해 도착한 듯 걸어 나가면 떨어져 기다리던 이들이 내 쪽으로 몰려옵니다. 이처럼 앞서 움직인 이의 선택과 처리가 여타의 사람들이나 그룹에게는 그 자체가 중요한 정보로서 작용하기 때문입니다. 그러한 사람이 점점 더 늘어날수록 각자가 수집한 정보를 무시하고 행동을 따라하게 됩니다.

군중심리, 밴드 웨건과 허드 비헤이비어

먼저 쏠림 현상(herd behavior)에 대해 한 번 생각해 보겠습니다. 무리지어 움직이는 '물소'나 '레밍' 떼가 보여주는 집단광기를 연상하게 되는 현상입니다. 밴드 웨건 효과나 레밍 효과는 심리학에서 인간의 군중심리에 따른 행동을 설명하는 데 사용됩니다. 짐승은 주로 '떼(herd)'로 표현되고, 사람은 '군중'이 됩니다.

잠시 샛길로 빠지겠습니다. 무리 군(群)은 '떼'나 '많음'을 뜻하며, 임금(君)이 지도하는 양(羊)의 떼와 같이 '君+羊'으로 이루어져 있습니다. 군중의 중(衆)도 무리나 많음을 의미하며, 血+亻亻人로 구성되어 있습니다. 본래는 사람 인(人)자 셋을 썼다고 합니다. 삼인(三人) 이상이 모인 '여럿'에 쯰(目)자를 덧댔다가, 血(혈)자로 변했다고 하니 눈이 되었든 피가 되었든 이를 가진 무리라는 뜻이 됩니다. 군(群)은 임금 아래 착한 무리가 우왕좌왕하는 것이 연상되고, 중(衆)은 핏발 선 눈을 부릅뜬 무리를 생각나게 합니다. 장수의 명령대로 따라가는 병졸의 '떼'는 대(隊)라고 합니다.

레밍 효과와 밴드 웨건 효과를 말씀드리고자 몇 마디 더하겠습니다. 레밍은 북유럽에 서식하는 엄청난 번식력의 들쥐인데, 3년 내지 4년마다 주기적으로 바닷가 절벽에서 집단 자살을 하는 현상을 보인다고 합니다. 집단의 개체 수를 스스로 줄이기 위해서라든지, 근시여서 집단 이동 중 강이나 호수인 줄 알고 뛰어내렸다든지, 너무 빠르게 움직이다 보니 속도조절이 안 되어서 그렇다든지('누가 내 등 떠다 밀었냐는…') 여러 이유가 제시됩니다. 어찌 되었든 결국 '맹목적으로 남을 따라 행동하는 것'을 레밍 효과(lemming effect)라 부릅니다.

밴드 웨건(bandwagon)은 서커스나 축제 등의 행렬에서 선두에 서는 악대차를 뜻합니다. 맨 앞의 악단에 의해 군중들이 하나둘씩 밴드 왜건을 뒤따라가게 되면서 긴 행렬이 이어집니다. 네트워크 효과의 일종으로 어떤 사람의 수요가 다른 사람들의 수요에 의해 영향을 받는 효과입니다. 편승효과라고도 하는데, 많은 사람들은 자신의 신념이나 소신을 내세우기보다는 대세에 편승하여 대중들이 지지하는 것을 무비판적으로 수용한다는 이론입니다.

앞서의 두 효과는 비슷합니다. 선천적인 심리적 현상으로 생존본능이 작동하여 집단에서 이탈하지 않으려는 심리와도 관련이 있습니다. 어떤 한 마리의 레밍이 이동하면 이어 다른 레밍이 맹목적으로 따라붙고, 또 다른 녀석들도 무리에서 떨어지지 않으려고 계속 무조건적으로 뒤따르는 현상입니다.

경기를 보거나/마치거나 관람을 하거나/마친 후 집단으로 출/입구를 향해 이동할 때를 연상해 보시면, 다 같이 움직이니 그 쪽이 맞는 방향이라고 생각합니다. 가장 앞에 있던 사람이 넘어지기라도 하면 줄줄이 넘어지고 계속 떠밀리며 심지어 사망하기도 합니다.

이슬람교도들은 무하마드의 출생지인 사우디아라비아의 메카를 향해 매일 5번씩 기도하고 일생에 1번 이상은 이곳 성지를 순례(하지)합니다. 신도들이 몰린 곳에서 수백 명이 압사를 당했다는 참사 소식을 들은 적이 있으실 겁니다. 우리나라에서도 2015년 2월 11일 인천국제공항고속도로 영종대교에서 해무로 인해 가시거리가 낮은 상태에서 사고가 있었습니다. 과속으로 발생한 이 사고로 총 106대가 추돌하였고 당시 사상자 수는 사망 2명, 부상 130명이었다고 합니다.

세상일을 뻔히 알고, 늘 다니던 길에 익숙하지만, 우리는 유명 연예인이 들르는 맛집이나 셀럽이 사용하는 제품, 유명 증권 전문가나 분석가가 선호하는 투자 종목에 주목하고 또 이들이 인기를 끄는 것도 자주 봅니다.

맛집의 경우는 상징적으로 미리 주차를 많이 해놓거나, 가게 앞의 대기 줄에 사람을 세워 놓기도 하는 상술을 발휘하기도 합니다. 유명 맛집이나 전문가들도 자신의 명성을 위해 이른바 허수 '대기 줄'이나 '바람잡이 문자' 같은 술수를 많이 활용합니다.

사회에서는 집단의 전형적인 관심 현상이 '유행'이라는 이름으로 붐을 이룹니다. 투자는 손익을 넣고 생존 사활을 건 한편의 경기이므로 무턱대고 도외시할 것은 아닙니다. 다만 맹목적인 추종으로 중요한 판단을 해서도 안 된다는 것입니다. '테마주' '주도주'를 따라 같이 따라 흐르되, 적절한 때에 거기에서 나오는 지혜가 필요합니다. 너무 열광할 것도 아니지만, 도외시해서도 안 됩니다.

주어진 환경과 수집된 정보, 그리고 선택사항이 서로 비슷한 조건에 놓인 사람들이 의사결정에 직면하게 되면 주위의 사람과 의사소통하거나 다른 사람들의 행위를 관찰하게 마련입니다.

자기 판단과 결정에 대한 확신을 얻기 위해서입니다. '쏠림 현상'은 개인들이 상호간의 조정 없이도 비슷한 행동을 취하면서 자신에게 형성된 행동패턴이나 수집한 정보에 의하지 않고 타인의 행동을 좇는 현상입니다. 타인의 선택에 의해 나의 선택이 결정되고, 이러한 선택이 더 확산되면 쏠림 현상이 됩니다. 가끔 집단지성이라는 이름으로 포장된 집단광기도 보게 됩니다.

비슷한 듯 다른 관점으로 투자자가 익숙하게 듣는 케인즈의 미인대회(beauty contest)가 있습니다. 특정 투자 대상의 내재가치(intrinsic value)보다 다른 투자자들의 예상과 기대에 더 관심을 맞추어 판단하는 경우입니다. '제 눈에 안경'은 필요 없고, 투표권이 있는 심사위원의 판단이 '미스코리아'를 탄생시키는 것입니다.

이러한 투자판단의 쏠림 현상은 투자기간(investment horizon)과 관계가 깊을 수밖에 없습니다. 기간이 짧을수록 분석을 통한 옳고 그름보다 그 기대를 얼마나 많은 사람들이 믿느냐가 수익률에 더 중요하게 작동하기 때문입니다. 변동성이 큰 투자대상에서는 장기투자의 경우 그 자산의 내재가치가 실현되는 것을 기다리기 때문에 다른 투자자들의 주장에 별로 관심을 기울이지 않고 그럴 필요도 없습니다.

같은 듯 조금 다른 얘기로, 철새들은 이동할 때 수십 마리씩 V자 대형(안행모델이라고도 합니다)을 이룹니다. 새는 날갯짓을 하며 상하로 요동치는 난기류를 만든다고 하는데, V자 비행을 하면 앞선 새가 만드는 하강기류를 피해 상승기류를 탈 수 있어서 에너지 소모를 최소화하며 먼 여정을 갈 수 있다는 것입니다. 투자자의 관점으로 굳이 표현하자면 앞서가는 오피니언 리더 혹은 큰 손 들의 움직임을 주시하고 편승하자 정도가 됩니다만, 정작 누가 거기에 해당되는가를 포착하기란 쉽지 않습니다.

개인의 투자심리: 습관과 편향

"행복한 가정은 모두 비슷한 모습이지만, 불행한 가정은 모두 제 각각의 불행을 안고 있다." 소설 <안나카레리나>의 첫 문장은 이렇게 시작합니다. 이것은 "성공한 투자는 모두 비슷한 모습이지만, 실패한 투자는 모두 제 각각의 실패 이유를 안고 있다."는 말로 읽혀집니다.

이러한 각각의 실패 요인에서 출발하여 우리가 버려야 할 몇 가지 투자습관을 정리해 보았습니다. 결론적으로 말씀드리자면, 투자에서의 개인적인 심리 중에서 '나쁜 습관과 편향을 버려야 돈을 벌 수 있다.'고 요약하겠습니다. 공감과 비공감의 크기는 개인차가 있겠지만, 세 가지 정도로 정리합니다.

가장 먼저 버려야 할 것은 편향(bias)입니다. 체계적 잘못이라고 합니다. 같이 쓰이는 휴리스틱스(heuristics)라는 용어는 '고정관념에 기반을 둔 추론적 판단'이라고 합니다.

체계니 추론이니 어려운 단어가 동원되지만 현상은 이미 경험한 것들입니다. 이와 관련하여 다양하게 형성되는 바이어스는 잠시 뒤에 소개하겠습니다.

두 번째는 셀프 허딩(self-herding)입니다. 친구 따라 강남 간다는 말도 여기에 해당되고, 타지에 여행을 갔을 때 손님이 줄서서 기다리거나 주차장에 차들이 빼곡하면 어느 정도 안심하고 나도 덩달아 거기를 방문하는 것과 같습니다.

그런데 우리는 이와 같이 처음 얻은 정보에 의존해서 이후의 정보를 계속 거기에 꿰맞추고, 이미 했던 자신의 결정과 행동이 두고두고 다음의 의사결정을 끌어가도록 합니다.

아주 심한 경우에는 자신의 판단(예를 들어 특정 종목을 매수한 경우)의 합리성 보강과 위안을 위해 다른 정보도 계속 덧붙여 나가는 예도 있습니다. 금연에 실패한 사람이 가지는 자기합리화(금연으로 받는 스트레스보다 흡연하는 것이 낫다!)와 같은 인지부조화 현상 같은 것입니다.

떠 있는 배를 움직이지 못하게 붙들어두는 것이 닻입니다. 처음 얻은 정보에 의존하면서 생기는 셀프 허딩과도 연관이 있습니다. 닻의 영어 단어인 앵커를 이용해서 '앵커링 효과(anchoring effect)' 또는 '닻 내림 효과'라고도 합니다. 매수한 주식의 가격과 수량 그리고 당시의 판단이 매도할 때까지 끊임없이 생각 속에 자리하는 것도 앵커링 효과의 하나입니다.

마지막으로 말씀드리는 것은, 손이 익숙하고 눈이 편해서 변화를 거부하는 경우입니다. 조금의 변화가 이후에 크게 편할 수 있게 함에도 불구하고 우리는 최선을 다해 우직하게 자신의 방식을 유지하는 경향이 있습니다.

다리 하나 놓으면 그만인 것을 실개천을 돌아~ 돌아 출퇴근하고 등하교를 하는 지방 동네 얘기 시청한 경험을 떠올려 보면 되겠습니다. 나의 투자 습관도 마찬가지로 그럴 수 있습니다. 내 고집과 익숙해진 환경에 길들여지면 일단 편합니다. 바로 그것이 타성입니다. 나쁜 타성을 정말 성실히 지키는 적극적 타성(active inertia)은 결코 도움이 되지 않습니다.

고장난시계가 오히려 하루 두 번은 가장 정확하게 시각을 맞춥니다. 자신의 판단이 실수와 오류가 있어도 정확히 시장과 일치할 때가 있는 법입니다. 그럴 때 대개 어쩌다 요행으로 맞았음에도 그것을 자신하고 오만한 생각을 합니다. 시장에서는 탐욕과 공포, 팔자와 사자가 끊임없이 마주하고 있습니다. 나와 반대로 판단하는 사람은 못나서 그런 것이 아닙니다. 다 자신의 의사결정에 나름 최선을 다해서 임하고 있다는 것을 인식하고 겸손하게 투자에 임해야 합니다.

처음에 말씀드렸던 우리의 체계화된 잘못, 즉 편향의 여러 사례는 다음과 같습니다. 예닐곱 개의 편향을 보면서 투자자로서의 자신의 편향을 살펴 보았으면 합니다.

먼저 현상유지 편향(status quo bias)입니다.

타성과 관련해 생각해볼 수 있는 이것은 자연철학의 수학적 원리를 쓴 뉴턴의 세 가지 운동법칙을 생각하게 합니다. 이미 설명했지만, 뉴턴의 운동법칙은 관성의 법칙, 힘과 가속도 법칙, 작용과 반작용의 법칙 등 세 가지 법칙을 말합니다. 올라가든 내려가든 '가는' 주식은 계속 가고 꿈쩍도 하지 않는 주식은 어지간해서 그 가격대를 벗어나지 않습니다. 급등 뒤에 급락과 같은 투자의 흐름이 생기는 것도 비슷합니다. 특히 우리는 '사자'와 '팔자'만 투자가 아니고 '쉬는 것도 투자'라는 것을 잊어서는 안 됩니다.

다음은 기정 편향(default bias)입니다.

기정 편향은 회원가입이나 서류 작성할 때 클릭 한 번이 귀찮아서 그냥 패스 통과시킨 경험들이 있으시죠? 이러한 '귀차니즘'을 버리고, 이를 테면 늘 쓰는 에이치티에스(HTS)에서 늘 보는 화면의 구성과 배치를 바꾸거나 새 화면을 한두 개 끼워만 놓아도 큰 변화가 생깁니다. 슬쩍 투자 패턴의 변화를 주는 것이 바로 넛지*의 한 형태가 될 것입니다.

*넛지는 타인의 선택을 유도하는 부드러운 개입을 의미합니다.

요즘은 해외주식 투자에 익숙하긴 합니다. 여기에 반대되는 것이 국내자산이나 국내주식에 투자하는 편향, 즉 홈바이어스(Home bias)입니다. '우리나라 사람은 우리나라에, 영국 사람은 영국에'처럼 자기 나라에 대부분 투자합니다. 국내자산-주식-편향과 같이 자기 나라에 대부분 투자하는 까닭은 언어, 세제, 환율, 시차 등 다양한 이유도 있겠지만, 사는 곳에서의 뉴스와 종목에 익숙하기 때문에 잘 안다고 생각하기 때문이기도 합니다. 시뮬레이션 결과로는 국내에 60% 정도를 투자하는 것이 가장 효익이 크게 나타났다고 하니 참고가 될 듯합니다.

다음은 이기심 편향, 즉 셀프 서빙 바이어스입니다. 이기심 편향(self-serving bias)은 '내게 이익을 주는 것이 공정한 것'이라고 하는, 즉 수익을 준 정보가 공정하고 좋은 정보라는 믿음입니다. 줄여서 어떤 일에 대해 '그래서 그것이 나한 테는 무슨 이득이 있는데?'라고 하는 입장과 같습니다. WIIFM(What's in it for me?) 언뜻 '강한 자의 주장이 정의'라는 말처럼 들리긴 합니다. 자기 이득만 차린다는 이기적 편향, 즉 자기 위주 편향이라는 심리학적 용어와도 관계됩니다. 이 말에 딱 맞는 속담이 바로 '잘 되면 제 탓, 못되면 조상 탓'이 아닐까 싶습니다. 수익을 준 정보가 공정하고 좋은 정보라는 믿음으로 인해, 손실을 주면 엉터리 루머에 선행 매매용 작전이라고 갖다 붙이기도 합니다.

이제 확증편향 또는 확인 편향(confirmation bias)에 대해 말씀드려 보겠습니다. 흔히 하는 얘기로 "사람은 보고 싶은 것만 보고, 듣고 싶은 것만 듣는다."는 말과 일맥상통합니다. 옛말의 지즉위진간(知卽爲眞看), 즉 '알면 보이나니~~'와 같은 표현도 방향이 다를 뿐 비슷하게 받아들일 수 있겠습니다. 사람들은 자신이 원하는 결과를 간절히 바랄 때, 또는 어떤 사건을 접하고 감정이 앞설 때, 그리고 저마다 뿌리 깊은 생각이나 신념을 지키고자 할 때 이런 편향을 보입니다.

따라서 확증편향은 원하는 정보만 선택적으로 모으거나, 어떤 것을 설명하거나 주장할 때 편향된 방법을 동원합니다. 터널에 들어서면 주위 상황을 모두 무시하고 오로지 밝게 빛을 내는 터널 출구만을 향해 달려가게 됩니다. 이러한 편향을 버리기 위해 일부러라도 반대의 논리를 가져다 들이대는 '악마의 변론(advocatus diabolic)'은 그래서 필요하다고 합니다. 또한 과도한 확신은 기침을 확대 해석해서 감기에서 폐렴으로, 그리고 결핵이나 폐암까지 발전시켜 '죽을병'까지 가도록 합니다.

사후판단 편향(hindsight bias)은 개인적으로 참 싫어하는 편향 중 하나입니다. "내가 뭐랬어? 내 말이 맞았지! 내 그럴 줄 알았다니까." 이런 식으로 벌어진 결과에 대해 이미 알고 있었다는 듯이 제한적 합리성을 보여주는 것으로 의사결정 오류의 대표적인 경우이며, '사후설명 편향'이라고도 합니다. 이는 어떤 일이 벌어진 이후 그 일이 결국에는 일어날 수밖에 없었다고 이전부터 알고 있었던 것처럼 설명하거나 행동하는 것을 일컫습니다. 우리 주위의 떠벌이 천재나 사이비 전문가나 자칭 귀재들이 다 이런 식입니다. 사실은 그 일이 일어날지 잘 모르고 있었거나 실제로 우연한 사건일지라도 필연적으로 그렇게 벌어질 수밖에 없었던 것처럼 여기는 편향된 태도를 말합니다.

차라리 "두고 봐~!"라는 사전설명판단 편향을 가졌으면 하지만, 이것 또한 틀릴 때를 대비해 주로 부정적으로 언급한 다음, 좋은 결과가 나오면 미리 경고해서 대처했기 때문이라고 하거나, 나쁜 결과가 나오면 "거봐~ 내 말이 맞았지." 식으로 표현하는 경우가 많습니다. 어쨌건 부정적 언어와 표현은 부정적인 실천을 낳기 때문에 좋은 결과를 기대하기 힘들 것입니다.

끝으로 우리는 늘 똑같은 일상을 반복하면서 일상성의 편향(normalcy bias)이 생깁니다. "설마가 사람 잡는다!" "별일 있겠어?" 하는 식입니다. 시장이 재앙적 폭락을 해도 내 주식은 좋은 주식이라 관계 없을 거라 생각하며 소홀하게 대처하는 것도 마찬가지 편향입니다. "설마 우리 집에 불이 나겠어?"라고 하며 따로 화재보험에 들지 않는 것도 같은 현상입니다. 낙관주의적 편견, 호의적인 결과 과대 추정하기, 나쁜 일보다 좋은 일이 더 많이 일어날 것이라고 스스로를 부추겨 기대하게 하는 용기 효과나 사람들이 불쾌해하는 것을 피하는 경향인 타조 효과 등도 일상성의 편향과 관계가 있겠습니다.

수익과 평가에 대한 편향과 착각

이제 주식투자나 펀드 투자 등 실전 투자와 관련해서 생기는 수익과 평가에 대한 편향과 착각을 몇 가지 알아보겠습니다. 앞서의 편향이 사람에 관한 것이라면, 이제부터는 투자대상이나 성과에 대한 편향입니다. 수익 종목, 성과가 좋은 펀드 등을 볼 때의 편향성입니다.

첫째, 생존자 편향(survivorship bias, 손절종목으로 인해 부각되는 성과)입니다. 전투에서 살아돌아온 비행기에서 발견한 총탄 자국으로 어디가 중요한 부위인지 판단하는 데서 유래했다고 합니다. 정작 중요한 것은 치명적인 곳을 맞아 추락한 비행기의 부위이지만, 생환하지 못한 비행기는 당연히 분석하기가 어렵습니다. 투자와 사업에서 '대박을 낸' 성공한 종목과 사람에게만 초점을 맞추는 것도 마찬가지입니다. 운용사가 오래 살아남은 수익률 좋은 펀드나 종목이라고 제시하는 데 초점을 맞추는 대신, 손절하고 나서 성과를 부각시키는 것은 없는지 살펴보아야 합니다.

둘째, 사후편입 오차(backfill bias, 신규매수 편입한 종목의 성과)입니다. 앞의 생존자 편향과 비슷한 현상으로 성공한 투자만 인덱스에 반영되고, 신규 매수로 편입된 종목이나 펀드에 대해 과거의 좋은 성과를 새로 반영하면서 생기는 현상입니다. 우리는 편향된 시각으로 이를 좋게 보기 때문에 도덕성을 무시한 운용자의 경우, 운용한 종목이나 펀드에서 성과 좋은 것들만 골라 자신의 성과에 반영하고 계산해서 홍보까지 하게 되는 것입니다.

이쯤에서 부작위 편향(omission bias, 방치해서 중간쯤 하는 종목의 성과)을 소개하겠습니다. 산전수전 공중전까지 겪으면서 우리는 '가만히 있으면 중간은 간다.'는 믿음을 갖게 됩니다. 이것은 변동성이 심한 시장에서 소극적 운용을 하면 상대적으로 수익이 더 나아 보일 수도 있게 합니다. 투자해서 마이너스가 나올 수 있기 때문에 의도적으로 아무것도 하지 않음으로써 이후에 혹시라도 생기는 부진과 비난을 피하고자 선호하는 편향성입니다. 모난 돌이 정을 맞긴 합니다만, 손뼉을 쳐야 소리가 나지요.

마지막으로 '성과평가 편향(관심을 받는 대상 종목의 성과)'을 소개합니다. 공식적으로 트랙레코드를 인정받는 종목이나 평가를 받는 펀드에만 투자에 관심이 쏠리면서 그렇지 못하는 것에 대비하여 상대적으로 우월한 운용성과를 보여줄 수 있다는 의미입니다.

초기 투자의 경우 상대적으로 투자자나 금액이 적기 때문에 투자 운용의 실패 시에 보유자산 전체에 미치는 영향은 작고 실적 악화에 따른 부담은 크지 않으며 평가와 평판은 아직 이루어질 수 없어서 생기는 편향입니다.

지금까지 기억에 넘칠 정도로 다양한 편향을 말씀드렸습니다. 사실 TMI(too

much information)가 되어 버렸습니다만, 이쯤에서 마무리하겠습니다. 성공 투자의 지름길은 없습니다. 투자 습관은 이미 오랜 기간과 경험에 걸쳐 이루어졌기 때문에 편하고 익숙해서 쉽게 버려지지 않습니다. 버려야 돈이 됩니다. 투자자의 습관과 편향을 돌아보는 시간이 되셨으면 하는 마음으로, 버려야 할 편향들에 대해 조금은 지루하게 소개했습니다.

버려야 돈 버는 투자 습관:
'매수 시의 판단과 가격을 버려야 한다.'

더 큰 이익에 대한 탐욕과 확대되는 손실의 공포보다 투자자가 경계해야 하는 것은 '내가 맞다.'는 의사결정의 오만함과 '이번에는 다르다(This time is different).'는 맹목적인 믿음이 더 위험합니다. 주식투자에 있어 명심할 것은 "잘 사는 것(buying)이 잘 사는(living) 길!"이라는 짧은 문장입니다.

초보 투자자로서 한두 번의 초기 투자 성공은 대부분 경험합니다. 그러면 대개는 스스로를 마이다스의 손을 가진 워렌 버핏이나 피터린치로 자리 매김하거나, '돈이 붙는 사람'이라는 자기최면에 걸립니다. 오만에서 벗어나 겸손한 투자자의 입장을 견지해야 합니다. 한두 번의 성공이 계속 이어질 것이라는 확신과 일반화(승률이나 수익금이 앞으로 계속 반복될 것으로 생각하고 곱하기하는 버릇)하는 생각을 버려야 합니다. 이것은 파리를 새라 생각하고, 벼룩을 공룡이라 여기는 것과 같습니다.

앞에서 이미 말씀드린 내용이지만 한 번 더 반복하겠습니다. 행동경제학이나 심리학에서 자주 인용하는 '휴리스틱(Heuristics)'이라는 용어입니다. 고정관념에 따른 추론적 판단으로, 경험적 발견법이라고 합니다. 시간이 충분하지 않거나 정보가 부족하여 합리적인 판단을 할 수 없을 때, 또 체계적인 판단이 굳이 필요하지 않은 상황에서 사람들이 빠르게 사용할 수 있도록 구성된 간편 추론의 방법이라고 합니다.

주식투자는 정보에 신속히 접근하고, 빠르게 판단하는 것을 요구합니다. 의외로 우리는 신속한 판단을 위해 어림잡는 주먹구구식 판단을 하는 경우가 많습니다. 자주 언급하는 것이 대표성 휴리스틱스와 가용성 휴리스틱스입니다.

먼저 대표성 휴리스틱(representativeness heuristic)을 반영하는 대표적인 표현을 찾는다면 '남자는 원래 다 그래.' '군인은 모두 머리가 짧다.' 같은 것이 있고, 가용성 휴리스틱(Availability heuristic)에서는 '(눈앞의 내 차선만 보면서) 차선을 변경하기만 하면 꼭 내 차선만 막혀~' 하는 경우를 생각해보시면 됩니다.

개인적으로는 가장 합리적인 의사결정이지만 전체로 보면 합리적이지 않은 결론에 도달하게 될 때도 있습니다. 구성의 오류라고도 하는데, '콘서트 장에서 앞사람이 일어나거나 누군가 큰 소리로 대화하면 이어서 일어서거나 큰소리로 대화하는 연쇄현상이 생기는 것'이나 '가사를 분담하는 부부의 각자가 주장하는 역할 비중의 합이 전체 가사노동의 양을 넘어서는 것'과 같은 현상이 일어납니다. 투자자는 기본적으로 외롭습니다. 아군과 적군의 피아 식별이 되지 않고 '어제의 적이 오늘은 동지가 되는' 전쟁터이기 때문입니다.

시험을 앞둔 수험생이나, 경기에 나선 선수나, 매매를 시작한 투자자는 간혹 시험, 경기, 투자를 제대로 완수하지 못했을 경우에 핑계를 댈 수 있도록 사전에 핸디캡을 만들어 두기도 합니다. 자기불구화(self-handicapping)라고 하는데, 시험 전날 밤새워 게임을 했다거나, 경기 전에 심한 음주가무를 했다거나, 투자 타이밍 때문에 준비시간이 부족했다거나 하며 사전에 '미래의 실패에 대한 변명의 여지'를 남겨두는 행동이나 사고입니다.

반복하지만 '비겁한 변명'은 '개나 줘 버려야' 합니다. 요행을 바라고 남에게 기대며 수익을 기대하는 것은 칼집을 쥐고 상대와 싸우는 것입니다. 차라리 수업료 차원에서 소액 투자를 선택하는 것이 합리적이라고 하겠습니다.

'승리하기 위해' 제한된 정보 내에서 빠르게 판단하려다 보니 쉽게 추론하는 경향도 생깁니다. 대표성 휴리스틱에 의한 의사결정은 편향된 의사결정이나 선택을 초래할 가능성이 많습니다. 주식투자를 준비하거나 현재 하고 있는 분들은 다음 여섯 가지 경우를 경계심을 갖고 찬찬이 읽어 보시기 바랍니다.

- 내가 선택한 종목이 해당 업종의 특성을 잘 반영하고 있다.
- 종목의 어떤 한 특징이 소수의 법칙에 기반을 두지만 해당 업종의 속성을 대표한다.
- 우연으로 경험한 어떤 종목의 높은 수익률과 패턴이 계속되리라고 믿는다.
- 과거를 바탕으로 현재의 모습이 미래에도 계속될 것이라는 의사결정을 한다.
- 주가는 이동평균으로 회귀하므로 이를 잘 활용한다.
- 정보의 중복 사용으로 예측이나 판단의 정확성이 떨어질 수 있음에도 결과에 대한 확신은 증가한다.

가용성 휴리스틱은 일어날 가능성을 기억에서 쉽게 떠오르는 대상에 대하여 상대적으로 높은 평가를 내리는 현상을 말합니다. 방송 등에서 자주 언급되는 종목을 연상해보면 됩니다. 단순하게 (또는 의도적이고) 반복적으로 노출된 종목에 대하여 친숙한 느낌이 들고, 이러한 느낌은 그 대상 자체에 장점이 많은 것이라고 잘못 해석하게 됩니다. 어떤 사건의 사례가 친숙할수록, 편안하고 쉬울수록, 그리고 최근의 것일수록 떠올리기가 쉽기 때문에 그 종목의 등락이 발생할 가능성이 높은 것으로 믿는 편향된 판단이 일어날 수 있습니다. 투자자들은 특히 경계해야 할 부분입니다.

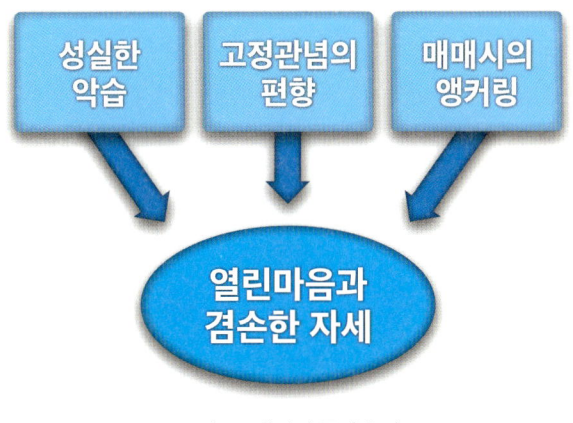

그림2-2 개인의 투자습관

【 잠깐 상식 】서학개미를 위한 용어 5-2

용어	APPLE	설명(영문)	설명(국문)
P/E	30.38	Price-to-Earnings (ttm)	PER로 표현. 주가수익비율로, 시가총액을 순이익으로 나눈 값(=주가/주당순이익=P/eps)임.
Forward P/E	27.49	Forward Price-to-Earnings (next fiscal year)	다음 회계연도에 예상되는 (주당)순이익으로 현재의 주가를 나눔. PER의 전망임.
PEG	1.92	Price-to-Earnings-to-Growth	순이익 성장률. PER을 EPS 성장률로 나눈 값.
P/S	7.7	Price-to-Sales (ttm)	PSR로 표현. 시가총액을 매출액으로 나눈 값(= 주가 / 주당순매출액 = P/sps). 동일 섹터(업종)과 비교하는 데 사용.
P/B	44.47	Price-to-Book (mrq)	PBR로 표현. 주가순자산비율로, 시가총액을 순자산으로 나눈 값(= 주가 / 주당순자산 = P/bps)임.
P/C	44.99	Price to cash per share (mrq)	PCR로 표현. 주가현금흐름비율은 현 주가가 기업의 자금조달능력이나 순수영업 성과를 평가할 때 사용.
P/FCF	35.91	Price to Free Cash Flow (ttm)	시가총액을 잉여현금흐름으로 나눈 값. 동일 섹터(업종)과 비교하는 데 사용. 잉여현금흐름(Free cash flow) = 영업현금흐름(Operating cash flow) - 자본적 지출(CAPEX, Capital expenditures) = 순이익 + 감가상각비 - 자본적지출 - 순운전자본증감. 운전자본의 증가는 '받을 돈 아직인 상태이고 줄 돈은 이미 준 상태'로 부정적 의미임.
Quick Ratio	1	Quick Ratio (mrq)	당좌비율. 회사의 유동성 평가 지표로 당좌비율(%) = (당좌자산/유동부채) × 100
Current Ratio	1.1	Current Ratio (mrq)	유동비율. 채무 상환능력을 점검하는 지표로, 1년 내에 현금화 할 수 있는 유동자산을 1년 내에 갚아야 하는 부채인 유동부채로 나눔.
Debt/Eq	1.99	Total Debt to Equity (mrq)	자본대비 총 부채 비율. 보통 1을 기준으로 판단함.
LT Debt/Eq	1.74	Long Term Debt to Equity (mrq)	자본대비 장기 부채비율로 낮을 수록 재무건전성이 좋다고 볼 수 있음.
SMA20	-0.04%	Distance from 20-Day Simple Moving Average	주가의 20일 단순 이동 평균값과의 이격 정도를 의미함.

표0-2 FinViz Dictionary 서학개미 용어사전 2

제3장 실전이 최고의 학습

백문(百聞)이 불여일주문(不如一注文)

현재가 화면에 녹아있는 종합 정보

손 끝의 실전능력이 곧 실력

Form Follows Function: 화면번호가 외워질 때까지…

'형태(폼)는 기능을 따른다(Form follows function).'*는 말이 있습니다. 주식 투자 실전 분석, 매매 주문, 호가 체크 등과 같은 얘기가 아닌 웬 뚱딴지같은 문장인가 할 것입니다. 건물이나 물체의 모양은 의도된 기능이나 목적에 관련되어야 한다는 뜻으로 건축이나 산업디자인과 관련된 디자인 원리를 얘기할 때 등장하는 말입니다.

*Form, Function & Design by Paul Jacques Grillo, 형(shape)은 2차원(삼각형 사각형 등), 형태(form)는 3차원(구, 원통, 원뿔, 직육면체 등)

HTS(Home Trading System)와 MTS(Mobile Trading System)에는 내가 주로 필요로 하는 수백 개의 메뉴(화면)들이 있습니다. 메뉴별로 일일이 소개한다면 수백 페이지가 필요할 것입니다.

HTS에서는 메뉴 트리를 확인할 수 있습니다. [보기] 메뉴를 통해 관련된 내용의 변화를 파악하고 내 스타일에 맞는 것을 결정해야 합니다. 어떻게 보면 굉장히 귀찮습니다. 일단 대부분의 HTS 왼쪽 위에는 작은 콤보박스(화살표가 있어 목록을 불러올 수 있음)가 있습니다. 마우스로 빈 공간을 클릭하거나 키보드에서 [Home] 키를 누르면 입력이 가능한 상태가 됩니다. 원하는 기능을 입력하거나 이미 알고 있는 화면번호(대개 네 자리)를 입력하면 됩니다. 필요에 따라 불러들이는 화면은, PC일 경우에는 모니터가 1개에서 많게는 6개까지 사용할 수 있습니다. 노트북일 경우는 달랑 한 개이고 확장하면 3개 까지도 가능합니다. 휴대폰이나 태블릿은 손바닥이나 무릎 위에서 오직 한 개의 화면만을 사용할 수 있습니다.

투자자는 모두 같은 투자자이지만, 다른 투자자하고는 다른 투자자입니다. 예시된 화면은 '투자자'라고 입력한 경우에 나타난 리스트이고, 두 번째에 위치한 [0781] '미니투자자매매종합화면'을 선택한 경우입니다.

모든 투자자들이 가

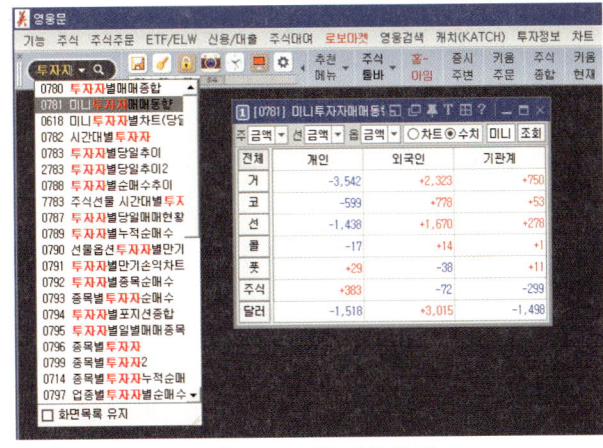

그림3-1 HTS 메뉴호출 화면

장 많이 쓰는 화면은 통계적으로 일정합니다. 수백 개의 화면 메뉴가 있지만, 하루 종일 투자자의 눈은 관심 화면, 종합차트 화면, 현재가 화면, 매도 화면, 매수 화면… 등 십여 개를 넘어서지 않습니다. 결론적으로 자신의 투자 스타일에 따라 필요한 기능들로 화면 디자인을 해놓고 이를 불러들이면 매일 시간을 절약할 수 있다는 것입니다.

쉬운 처음은 없습니다. 일일이 생각나는 키워드로 검색을 하거나 제일 윗줄의 메뉴를 클릭해서 이어지는 하위 메뉴 화면을 불러들이면서 익숙해지는 과정이 필요합니다. 스케이트 신발을 신었다 벗었다 하는 동작만 반복해도 실력이 느는 것을 느낄 수 있다고 합니다. 그래도 뭔가 아쉽고 빠뜨리는 것이 있다 싶을 때는, 주위의 투자 기간이 좀 되는 경력자에게 도움을 청하는 것이 제일 쉽습니다. 화면 상단의 파란색 타이틀 바에는 언제라도 연락 달라는 연락처가 있습니다. 한가하다 싶을 때 전화하면 됩니다.

특정화면(메뉴)에 익숙해지고 일단 사용이 시작되면 내용은 불편해도 화면은 익숙해지기 시작합니다.

자주 사용하는 메뉴 화면들의 배치와 저장 그리고 호출, 툴바에 위치시키는 메뉴와 이동. 관심종목의 설정, 차트의 기본설정 등이 필요해집니다.

하나의 메뉴(화면)라 하더라도 설정에 따라 기능은 또 달라집니다. 특히 차트 화면 등에서는 각종 기술적 분석과 관련한 지표 설정을 하게 되고 참새 방앗간처럼 빼놓지 않고 매일 들르게 됩니다. 급한 마음에 대충 철저(?)하게 세팅하고 사용하다 보면 익숙함(타성)에서 벗어나기가 쉽지 않습니다.

시작할 때 말씀드린 '형태는 기능을 따른다.'는 말을 다시 한 번 상기했으면 합니다. 잘 배치된 화면 구성이 투자자의 역량입니다.

배치된 화면을 저장하거나, 자주 쓰는 메뉴들을 툴바로 저장하거나, 업종차트의 설정, 종목의 종합차트에 대한 지표설정 등에 조금 더 능동적으로 대처하는 것이 실전 투자의 첫 걸음입니다. 빨리 프로가 되고, 적어도 프로처럼 보이고 싶은 것이 입문 투자자의 심정일 것입니다.

한 스무 개 남짓 메뉴를 소개하겠습니다. 매일 반복적으로 사용하는 메뉴화면과 사용되는 시점에 대한 간단한 안내이지만, 입문하는 입장에서는 이것도 '뭔 일인가?' 싶을 것입니다. 팁을 드리자면 방송에서 유명세가 있는 증권전문가가 활용하는 화면을 유심히 보시고 참조하기를 권합니다. 전문가의 설명 속에서 화면이름을 추정할 수도 있고, 때로 동일한 HTS인 경우에는 화면번호도 좋은 눈썰미로 챙길 수가 있습니다.

*본 책은 키움증권의 HTS와 MTS를 예로 작성하였습니다.

시간대	휴대폰 (MTS)	PC (HTS) 주요화면 [메뉴번호]		웹페이지
	지수종합-미국/한국	종합뉴스, 개장전 이슈점검 [0700]-"개장전"검색		모닝패트롤 (**아임주식TV**, 유튜브)
	종합뉴스	해외차트 [0730]	종합차트 [0600] -주식/업종	헤드라인 (각종 포털, SNS)
	종목뉴스	일간증시전망 [0911]		국제금융속보 (KCIF)
	업종분류	증시주변자금 [0201]		나스닥100선물가격 (investing)
8:40	코스피 예상지수	시장종합(상품, 환율) [0200]		원자재, 경제지표 (TradingEconomics)
(개장전 매매)		개장전 이슈점검 [0700]	조건검색 [0150]	
(예약 주문)	종목분석	**관심종목 [0130]**	기업분석 [0919]	금융포털 (네이버, 구글, 야후 등)
9:00	국내-코스피지수	**업종관련**	**종목별**	iamchart.com - 추세매매, 데이 트레이딩 밴드
(개장)	매매종합	업종지수 [0212]	현재가 [0101]	
	당일추이	**주식종합 [2000]**	미니주식차트 [0611]	
9:05	국내-코스피/ 코스닥/선물	업종차트 [0602]	종합차트 [0600]	
	관심종목	미결제약정 [0441 / 0422]	대차거래 추이 [1061]	
		투자자별 매매동향 [0784]	신용매매 [0141]	
		투자자별 당일추이 [0783]	전일대비 상승률% [0181]	
		매매종합 [0780 / 0787]	공매도 [0142]	
9:15		환율시세 [0741]	공시 [0701]	
	매매종합		기업분석 [0919]	
	당일추이	프로그램매매-추이 [0765]	종목 지정일 프로그램추이 [0767]	
	환율	프로그램비차익순매수 [2781]	실시간수급 종합화면 [1835]	
		투자자 일별/누적 순매수 [0796]	종목 일별/투자자 순매수 [0799]	
9:20	종합뉴스, 주요뉴스	선물현재가 [0401]	종목/기간별 투자자 누적 [0714]	

표3-1 HTS 시간대별 사용 주요메뉴

하루에 한 번은 보게 되는 화면들, 교재는 [도움말]

뜸을 오래 들이면 밥맛이 좋다고 합니다. 그건 밥 얘기고, 절대 뜸들이지 않고 하루에 한 번은 보게 되는 화면들은 다음에 소개하는 표를 참고하면 좋겠습니다. 절대적인 것도 아니고, 개인적인 편차도 큽니다만 일반적으로 이 정도는 상식적으로라도 알아둘 필요가 있겠습니다. 사용하는 HTS나 MTS가 다를 경우에도 앞서 소개한 화면/키워드 입력창을 활용하면 됩니다.

'언제 어떻게 볼 것인가?' 하는 문제는 대동소이하지만, 전업이냐 부업이냐, 단기투자자냐 중장기투자자냐, 동학개미인가 서학개미인가 등에 따라 천태만상이라 하겠습니다. 투자자가 수익이라는 한 가지 목표를 놓고, 천변만화가 있는 증권시장의 시황을 주목하기 때문에 대부분 비슷하다고 보면 됩니다.

하지만 경쟁력 있고 차별화된 매의 눈으로 한 발 더 빠르게 '선수'를 치는 매매를 해야 하기 때문입니다.

투자자의 하루 일상 유형을 특정할 수 없기 때문에 일반적인 가정을 하면 다음과 같습니다. 기상과 함께 TV나 라디오 뉴스 시청, 데스크톱 PC에서 해외증시 조회, 출근길 자가 운전자는 라디오를/ BMW(버스-지하철-도보) 출근자는 휴대폰 SNS를 이용합니다. 근무 중에는 당연 업무용 PC를 통해 정보에 접근할 수 있으나 네트워크의 보안, 동료 간의 회의 등으로 공개적으로 이용하기에는 부담이 클 것입니다. 한참 주가나 가상화폐가 폭등하는 시절에는 화장실마다 빈 칸이 없는 현실적인 상황이 벌어지기도 합니다. 퇴근길과 귀가 후도 출근길과 출근 전의 모습과 같을 것입니다.

조회하고 사용하는 모든 화면을 일일이 설명하는 길라잡이는 HTS 안의 도움말이 최고의 방법입니다. 대개 메뉴-보기-[도움말] 등을 통해 접근할 수 있습니다. 처음부터 순서대로 읽거나, 관심 부문부터 읽거나 상관없지만 가급적 처음에 나오는 '기능'과 '설정' 부분은 먼저/ 필수적으로 읽어두는 것이 좋습니다. 키워드 또는 메뉴번호를 입력하면 쉽게 조회가 됩니다.

다음은 도움말 전체 목록 화면에서 예시적으로 [투자정보]-프로그램 매매-프로그램 매매 현황 [0765] 을 조회한 것입니다. 메뉴 하나하나에 대해서 이것보다 더 친절하고 상세하게 설명된 것을 찾기는 힘듭니다.

급하게 투자를 시작한 입문자들이 많이 간과하는 가장 중요한 메뉴는 [도움말]입니다. 다만, 지금부터는 도움말 화면에서도 도움을 받을 수 없는 몇 가지를 소개하도록 하겠습니다.

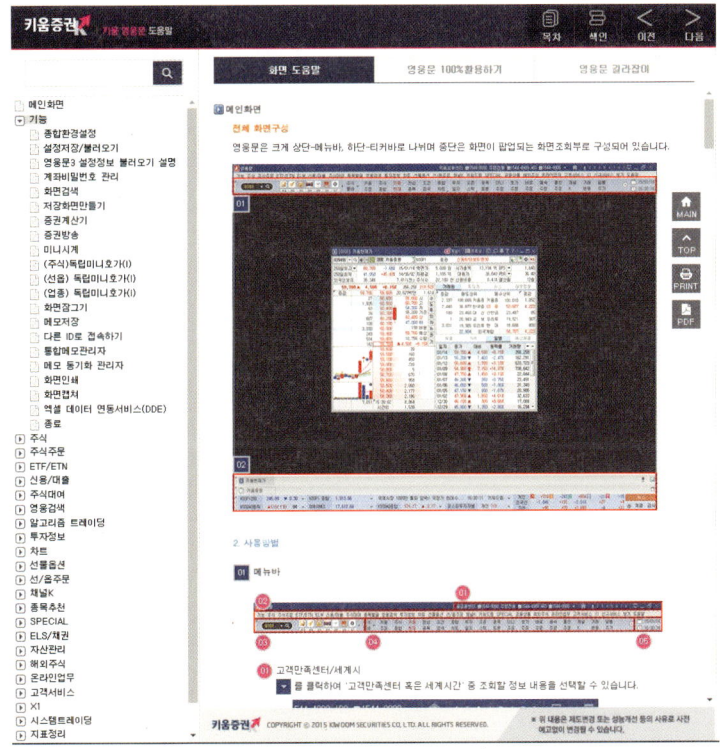

그림3-2-1 HTS 안의 도움말

그림3-2-2 [투자정보]-프로그램 매매-프로그램 매매 현황 [0765]

누구나 할 수 있지만 아무나 할 수 없는
주식투자 실전: 입문, 그리고 현재가 화면

현재가 화면에는 모든 것이 녹아 있습니다. 주식투자와 관련한 모든 것이 이 한 개의 화면에 들어있다고 보면 됩니다. 주식투자로 1회 정도의 매수와 매도를 하고 나면 더 이상 학습이 필요 없다고 생각하게 됩니다.

하지만 적어도 첫 매매 전에는 먼저 산(경기)을 보고, 그 다음 숲(업종)을 보고, 마지막에 나무(종목)를 보아야 합니다. 나무는 바로 투자하려고 하는 기업의 '주식'을 의미합니다. 숲에 불이 나면 아무리 좋은 나무라도 불타서 재가 될 수밖에 없습니다.

주식 가격의 구성요소는 보통 [(효용)가치+(시장)심리+(통계)해석]으로 요약됩니다. 투자 대상의 가치를 읽으려면 경제를 이해하고 해당 종목의 사업보고서, 재무정보, 공시자료를 면밀히 읽어야 합니다. 가격을 수급 또는 거래량의 결과물이라고 할 때, 수급의 주체인 투자자(개인, 외인, 기관)의 심리는 대단히 중요합니다. 투자손익이라는 굉장히 냉혹한 결과와 고도화된 시스템(빅데이터, 인공지능 등)을 기반으로 한다고 하더라도 그 운용 자체가 탐욕과 공포를 느끼는 사람이기 때문입니다. 통계를 전문적인 애널리스트처럼 들여다볼 수 없으므로 대개 뉴스나 공시를 통해 알게 됩니다. 같은 통계수치를 놓고도 팩트는 인정하되, 전망은 다르게 할 수 있습니다.

투자자들이 상당히 익숙하고 자주 듣는 투자 격언이 바로 '소문에 사고, 뉴스에 팔아라.' 하는 것입니다. 물론 뉴스의 팩트체크와 파괴력을 따져봐야 하는 부분이 있긴 합니다. 소문은 개별 단위로 퍼져 나가지만, 뉴스나 공시는 일시에 전달됩니다. 다시 말해 투자자의 입장에서는 '매입은 천천히, 매도는 신속히' 해야 하는 격언의 타당성이 있습니다.

"사고 팔고 쉬어라. 쉬는 것도 투자다." 쉬는 것이 왜 투자인지를 이해해야 합니다. 주식시장은 시황산업이기 때문에 자신이 투자한 종목을 매도한 시점에는 어지간하면 다른 종목도 팔 만한 가격에 있을 확률이 높습니다. 상대적으로 매도하고 난 시점에 덜 오른 종목을 매수 선택한다 하더라도, 분위기의 반전에 따라야 하기 때문에 매도 이후에는 기다리는 것이 맞습니다. 물론 상관관계가 역으로 움직이거나 (산업 연관에 따라 전방산업이나 후방산업이 되는 것처럼) 후행적으로 움직이는 종목일 수 있겠지만, 대개 투자 성향 상 매도한 종목과 유사한 성격의 종목일 가능성이 높습니다. 회전목마 처럼 업종이나 테마가 다음 다음으로 서로 연관되며 이어지는 순환매가 형성되기도 합니다.

다만 이러한 수급 주체가 갖는 탐욕과 공포의 심리는 각 시점에 가격과 수량으로 드러나게 되어 있고, 이것을 보기 편하게 표현한 것이 차트라고 하겠습니다. 차트는 시간과 가격과 거래량을 2차원에 표시한 시세의 길잡이입니다. 이러한 차트 여러 개를 입체적으로 볼 수 있는 눈이 필요합니다. 차트는 주가와 거래량을 시간의 흐름에 맞추어 꺾은선 그래프와 막대그래프로 표현합니다. 특히 시간의 단위를 실시간, 분/시간/일간, 주간, 월간으로 구분하게 되면 그 구간 단위마다 시가, 고가, 저가, 종가가 있습니다. 이것을 한 개의 점에 다 표현한 것이 봉(바, 캔들)차트라고 합니다.

개장 시의 시가보다 장 종료 시의 종가가 높으면 빨간색 양봉, 낮으면 파란색 음봉, 같은 경우 검은색 가로선 도지(―)로 표시하고, 거래량을 표시하는 막대그래프는 전 구간 단위보다 증가(상승)하였을 때 빨간색, 감소하였을 때 파랑색, 증감이 없을 경우 검은색으로 표시합니다. 대개 그렇습니다. 경영성과나 재산 상태를 표시하는 재무제표에서도 손실을 의미하는 적자(赤字)가 났을 경우 마이너스(-) 또는 △를 숫자 앞에 붙이거나 빨간 색으로 숫자를 표시하고, 이익의 경우는 흑자(黑字)라 하여 말 그대로 검은색을, 플러스(+) 또는 생략한 다음에 이용하여 표시하는 것입니다. 이것이 주가의 오르내림(등락)을 표시하는 부호나 숫자로 쓰일 때는 반대가 되는 아이러니를 접하게 됩니다.

한 가지 더 추가하자면, 기술적 분석의 캔들 분석에서 보다 상세히 설명하겠지만 차트의 색깔은 나라마다, 사용자의 설정에 따라 다른 색깔로 변경하여 표시할 수 있습니다. 동맥과 정맥을 의미하며 돌아가는 이용원(이발소)의 그 색깔이 바로 거래 시의 가격과 수량을 표시하는 그래프의 색깔이 되고, 기타 다양한 분석의 지표를 시각화하여 흐름을 직관적으로 판단할 수 있게 하는 것입니다. 흥분하면(또는 열 받으면) 피가 끓고 치솟는다고 표현하는 것처럼 빨간색(흑백만 사용할 경우 검은 바탕색)을 이용하고, 차갑게 식은 경우는 파란색(또는 녹색, 흑백만 사용할 경우 흰 바탕색)이 주로 눈에 들어오게 됩니다. 동서양이 바뀌게 되면 이 색깔이 반대로 사용되므로 해외주식에 투자를 하는 서학개미의 경우 차트 해석할 때 색깔에 대한 심리가 반대로 이어져야 합니다.

지금 이 순간에 대해 2주 뒤에는 읽은 것의 10%, 들은 것의 20%, 본 것의 30%, 보고 들은 것의 50%, 말한 것의 70%, 말하고 행동한 것의 90%가 내 기억 속에 남는다고 합니다. 게다가 독일의 심리학자 헤르만 에빙하우스(1850~1909)가 실시한 기억 측정 실험에 의하면, 학습 후 20분이 경과하면 58%를 기억하고, 1시간 뒤에는 44%, 하루가 지나면 33%, 한 달이 지나면 21%밖에 기억하지 못했다고 합니다. 손끝으로 실제 익히는 실전이 가장 빠르고 확실하고 잊지 않는 학습방법인 셈입니다. 이제 실제의 매매 주문을 보도록/하도록 하겠습니다.

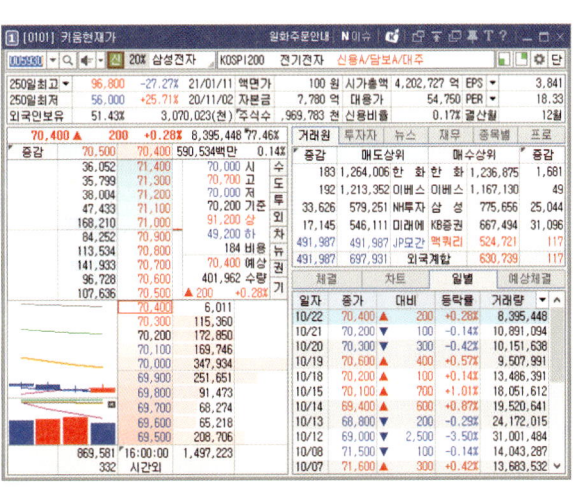

그림3-3 HTS 현재가 화면

주문유형과 주식거래 시간

주문은 매수나 매도를 결정하고 나서 가격과 수량을 입력하는 것입니다. 실질적인 주문에서 취할 수 있는 여러 주문 유형을 간단히 소개하겠습니다. 여기에 주문 수량이 상대적으로 큰 기관투자가들이 취하는 VWAP(거래량가중평균가격), TWAP(시간가중평균가격) 등도 주문과 연계되는 중요한 용어입니다만 기관투자가 중심으로 활용되므로 굳이 파고들 필요는 없을 것 같습니다.

- 지정가/ 보통: 투자자가 원하는 수량과 가격을 지정하여 주문을 내는 방식
- 시장가: 즉시 사거나 팔 수 있는 주문방식, 수량만 입력
- 조건부 지정가: 장중에는 지정가로, 마감 단일가에는 시장가로 전환하는 조건
- 최유리 지정가: 상대방 매도호가(매수호가) 중 가장 낮은(높은) 가격으로(에) 매수(매도), 수량만 입력
- 최우선 지정가: 매수(매도)의 입장에서 매수(매도) 쪽의 최우선 매수(매도)가로 주문, 수량만 입력
- 선택1: IOC(Immediate or Cancel): 주문 즉시 체결 가능한 양만 체결하고 나머지 수량은 취소
- 선택2: FOK(Fill or Kill): 주문 즉시 전부 체결할 수 있는 경우만 체결하고 그렇지 않으면 전량 취소

구분	장전 동시호가 08:30~09:00	정 규 장 09:00~15:20	장마감 동시호가 15:20~15:30	IOC, FOK 조건
보통 / 지정가	○	○	○	○
시장가	○	○	○	○
조건부지정가	○	○	×	×
최유리지정가	×	○	×	○
최우선지정가	×	○	×	×

표3-2 주문종류와 유효시간

위의 주문유형이 모든 거래시장에 유효한 것은 아닙니다. 주문유형별 주문가능 시간은 아래와 같습니다. 주문유형 중 조건부 지정가는 정규장 15:20까지 지정가로 체결이 되지 않았을 경우 시장가로 주문유형이 전환됩니다. 주식거래가 가능한 시간을 다시 정리하면 다음과 같습니다.

그림3-4 주문의 종류

- 일반 매매(정규장) 09:00~15:30 (동시호가 매매 08:30~09:00/ 15:20~15:30)
- 장전 시간외 매매 08:30~08:40 (전일종가로 거래)
- 장후 시간외 매매 15:40~16:00 (당일종가로 거래)
- 시간외 단일가 매매 16:00~18:00

'시간외 단일가 매매'는 투자자에게 추가적인 매매 거래 기회를 제공하기 위하여 장 종료 후 일정시간 동안 10분 단위 단일가 매매를 통하여 당일종가±10% 이내(다만, 당일 상하한가 이내)의 가격으로 매매 거래를 성립시키는 제도입니다. 동시 호가처럼 단일가로 동시에 체결이 되기 때문에 단일가 매매라고 부릅니다. 매매의 수량 단위는 1주이고, 주문 유형은 지정가 주문입니다.

- 거래대상 주권, ETF, ETN, 외국 주식 예탁증권(당일 거래 미형성 종목 제외)
- 거래시간 16:00~18:00(120분, 총 12번)
- 매매방법 10분 단위 주기적 단일가 매매
- 가격변동범위 당일종가±10%(다만, 당일 상하한가 이내)

시간외 단일가 매매에서 왕성한 거래량과 등락률을 보인 종목은 다음날의 개장 동시 호가에서도 그 영향력이 있습니다. 서너 번 정도 시간외 상한가를 안 풀어주다가 바로 '밑장빼기'해 버리는 물량 털기 매매도 유념해야 할 정보입니다. '내일 상한가 예상종목'이라는 뜬금없는 현혹 광고 문자도 여기서부터 시작되는 경우가 많기 때문입니다.

반복하지만 HTS에서 제공하는 모든 메뉴에 대해서는 [도움말]이 확실하게 학습하는 지름길이자 왕도입니다. 돈과 손익이 걸린 투자 행위에서 화면의 항목 하나하나를 확실하게 이해하고 넘어가야 합니다.

정규장 외의 시간외 매매(장전 종가, 장후 종가, 단일가)가 이어지는 장의 시세 시황에 영향을 미치기도 하므로 관심종목 등은 모니터링의 끈을 계속 붙들고 있어야 합니다. 미국 주식의 정규장 거래 시간은 미국 현지시간을 기준으로 오전 9시 반~오후 4시까지입니다.

이는 우리나라 시간으로 보면 서머타임이 적용되지 않을 경우 밤 11시 반~아침 6시에 해당합니다. 미국 주식시장에서도 기존 정규장에 더해 개장 전 프리마켓(pre-market) 90분, 장 종료 후 애프터마켓(after-market) 60분이 이루어집니다. 특히 우리나라 시장의 개장 전에는 미국의 애프터마켓에서 종목별 시세 급변 종목에 관심을 가져야 하고, 이어 열리는 나스닥100선물 시세 등의 영향 정도를 살펴야 합니다.

미국시장에 관심이 있다면 다음 시간을 잘 기억해 두어야 합니다.
나스닥100 선물지수 거래시간은 미 동부 뉴욕 시간 기준(ET)*으로 일요일 오후 6:00부터 금요일 오후 5:00이고, 매일의 휴장시간은 오후 4:15~ 4:30, 유지보수 시간은 월요일부터 목요일까지 오후 5:00~ 오후 6:00입니다.
서학개미의 경우 정규장 개장부터 거래시간의 이어짐을 한국시간으로 이어서 생각해 본다면, 미국의 ①정규장 프리마켓은 오늘 오후 10:00~ 오후 11:30(90분) ②정규장은 금일 오후 11:30~ 내일 오전 06:00(6시간 반) ③애프터마켓은 내일 오전 06:00~ 오전 07:00(1시간)이 됩니다. 이어지는 시장의 관점에서 나스닥100선물 거래는『내일 오전 08:00~ 모레 오전 06:15(22시간 15분)』→『휴장(15분)』→『모레 오전 06:30~ 모레 오전 07:00(삼십분)』→『유지보수(한 시간)』의 시간 흐름을 기억해 놓을 필요가 있습니다. 이마저도 서머타임이 적용될 경우 한 시간씩 앞당겨지므로, 투자자로서는 시간과 생활 리듬이 범벅이 될 수도 있습니다.

*동부 표준시(Eastern Time Zone, ET)는 미국 동부와 캐나다, 멕시코의 일부에서 사용되는 표준시입니다. 여름의 서머타임, 즉 일광절약시간제(DST) 중에는 협정세계시(UTC)-04시간(13시간), 그 이외에는 UTC-05시간(14시간)으로 계산하면 되겠습니다. 낮 시간이 평소보다 길어지는 봄부터 시간을 1시간 앞당겼다가 가을에 원래대로 시간을 되돌리는 제도입니다. DST의 적용과 해제는 3월 두 번째 일요일과 11월 첫 번째 일요일 오전 두 시입니다. <u>2022년의 경우 3월 13일과 11월 6일이 적용과 해제일이 됩니다. 서머타임이 해제되는 11월 6일 이후 미국 정규장은 우리나라 시간 11:30~06:00, 애프터마켓은 06:00~07:00이 되는 것입니다.</u>

주문! 결국은 시점과 호가와 수량

복습해 보겠습니다. '[0101]○○현재가' HTS 화면을 불러내는 방법은 간단합니다. 키보드의 [Home]키를 누르거나 마우스로 HTS 좌측 상단의 박스를 클릭하고 메뉴 번호를 손으로 입력하거나, '현재가'라고 입력하여 나타나는 여러 메뉴 목록에서 선택하면 됩니다. 물론 그보다 더 위에 메뉴화면이나 툴바의 메뉴를 이용할 수도 있습니다. 나아가 중수나 고수의 반열로 올라가거나 스캘핑 매매를 하게 되면 신속한 주문 자체가 손익과 직결되기도 합니다. '[8282] 주식호가주문', '[8080] 주식호가주문플러스'등의 호가화면을 이용하면 마우스의 움직임만으로 신규주문 및 정정, 취소를 할 수 있고, 보유잔고 및 미체결 주문의 상태를 호가상에 보여줌으로써 직관적으로 주문상황을 파악할 수 있습니다.

복습과 실전을 겸해서 시뮬레이션 주문을 한 번 내 보겠습니다.
"투자자가 장이 열린 다음 10시쯤 되어 삼성전자 주식 15주를 70,200원에 사고자 합니다. 오늘 꼭 사고 싶어서 장 마감 때까지 체결이 안 되면 마감 때 종가(단일가)로라도 살 수 있었으면 합니다."

현재가 화면에서 [수]는 매수를 [도]는 매도입니다. [수]를 선택하면 아래와 같은 화면이 나옵니다. 매수일 경우에는 배경색이 빨강색으로, 매도일 경우에는 파란색이 됩니다. 무신경하게 주문 넣고 나서 반대로 주문이 들어가는 것은 경력이 길어져도 한두 번씩은 꼭 경험하게 되는 실수입니다.

이미 설명하였지만, 시장가를 선택하면 당

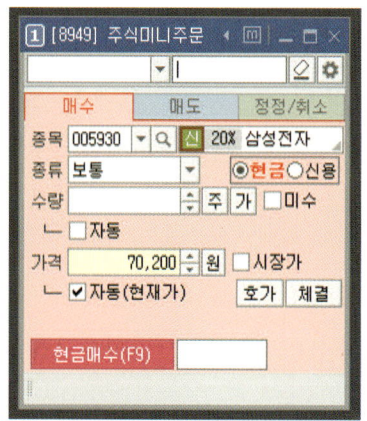

그림3-5 매수주문 미니화면

연히 매수나 매도의 가격을 입력하지 않습니다. 이미 5단계나 10단계의 매수 호가 상황을 보고 판단하였겠지만, 주가가 호가가격 단위의 경계선에 위치하면 아래에 예시한 호가와 같이 10원 단위가 갑자기 50원 단위로 바뀌는 큰 변동률을 만나게 되므로 조금 조심할 필요가 있고, 단위가 맞지 않으면 주문 입력이 들어가지 않습니다. 기준가의 호가 가격 단위 표를 참조하기 바랍니다.

매도 잔량	매도 호가	매수 호가	매수 잔량
3,030	10,150	10,100	2,447
2,377	10,200	10,050	5,464
3,036	10,250	10,000	15,924
1,072	10,300	9,990	3,585
1,224	10,350	9,980	1,958
3,553	10,400	9,970	964
1,334	10,450	9,960	857
2,811	10,500	9,950	3,993
2,483	10,550	9,940	1,402
5,410	10,600	9,930	1,164
26,330	잔량합계		37,758

표3-3 매수매도 호가와 호가별 매수잔량

기준가	호가 가격 단위	
	코스피	코스닥
1,000 원 미만	1 원	1 원
1,000~ 5,000 원 미만	5 원	5 원
5,000~ 10,000 원 미만	10 원	10 원
10,000~ 50,000 원 미만	50 원	50 원
50,000~ 100,000 원 미만	100 원	100 원
100,000~ 500,000 원 미만	500 원	
500,000 원 이상	1,000 원	

※ETF, ELW는 가격과 무관하게 단일 호가 단위 5원을 적용함

표3-4 기준가별 호가가격단위

고객예탁금과 미수금으로 파악하는 증시 주변 자금

흔히 얘기하는 증시 주변 자금이란 투자자들이 증권사에 넣어둔 '투자자예탁금'이나 개인이 주식을 사려고 증권사에서 대출받은 신용융자 등 주식 매수에 바로 사용될 수 있는 돈을 의미합니다.

고객예탁금은 증시 주변 자금 중에서도 가장 현실적인 매수 에너지를 의미합니다. 간단한 산식으로는 [실질고객예탁금=예탁금-미수금-융자잔고-개인순매수]와 같습니다. 이를 좀 더 세분화하면 아래와 같습니다.

- (고객)예탁금: 증권회사가 유가증권 매매 등과 관련하여 고객으로부터 받아 일시 보관 중인 현금(위탁자 예수금, 선물/옵션거래 예수금, 저축자예수금, 수익자 예수금, 조건부 예수금 등).
- 미수금: 보통 거래 및 신용거래와 관련하여 고객이 증권회사에 납부하여야 할 현금, 주식 매수 대금의 미납금, 신용상환의 결제 부족금, 무상주에 대한 제세금 미납분 및 유상증자 청약대금 미납액.
- 융자잔고=신용잔고: 즉 신용거래를 한 투자자가 증권회사에 갚아야 할 기한부 부채. 잠재적 매도세력.

시장의 잠재력을 의미하는 예탁금의 양적 증감뿐만 아니라 미수금의 규모와 동향, 신용잔고의 규모와 추이를 살펴서 질적인 시장의 유동성 규모를 점검해보는 것은 대단히 의미가 있습니다.

작년 이맘때의 주식시장과 지금의 주식시장…무엇이 좋아졌고 무엇이 더 나빠졌는지를 자꾸 돌아보게 됩니다. 각 증권사는 상장한 주식 종목에 대해 일정한 (매매) 증거금률을 지정하는데, 이 증거금률에 따라 미수거래를 할 수 있는 레버리지 배수가 달라집니다. 증거금률이 낮으면 낮을수록 더 적은 예수금(증거금)으로 많은 주식을 살 수 있습니다.

고객이 결제일(T+2)일까지 결제대금을 증권회사에 납입하지 않으면 미수금이 발생합니다. 미수거래를 발생시킨 고객은 미수 발생일 이후 30일 동안 주식을 매수할 때 위탁증거금을 100% 현금으로 납입해야 합니다. 이러한 불이익을 주는 제도를 동결계좌제도라고 합니다. 이는 결제불이행 위험을 방지하고 합리적인 투자관행을 정착시키기 위하여 2007년 5월 도입되었습니다.

미수 거래 시 (1)당일 매매, (2)당일매수 - 익일 또는 익익일 매도, (3)당일매수 - T + 2일까지 예수금 입금, 주식 매도로 변제하지 못한 경우 중 하나가 발생하게 됩니다.

- **당일 매매**

미수 거래를 사용한다고 했을 때, 가장 이상적인 방법입니다. 특정 종목을 당일 매수하여 당일 매도한다면 미수 거래에 대한 수수료도 발생되지 않을 뿐더러, 변제하여야 할 미수 금액이 남아있지 않기 때문에(매도한 예수금에서 상계 처리) 미수 거래를 사용한 사람도 그 이후부터는 미수 거래에 대한 신경을 쓰지 않아도 됩니다.

- **당일 매수 - 익일, 또는 익익일 매도**

미수금 이상으로 매도하였다면 반대 매매는 되지 않지만, 미수금이 10만 원 이상이라면 미수 동결계좌에 적용되고 매도 대금이 결제되어 입금되기 전까지 연체가 된 것으로 판단합니다. 따라서 미수 연체이자로 높은 이율이 부과됩니다. 또한 미수 동결 상태에서 남은 미수금이 있다면 현금 매수도 제한됩니다. 참고로 미수 동결계좌로 지정이 되면 해당 증권사뿐 아니라 전 증권사의 미수 사용이 30일 제한됩니다.

- **당일 매수하여 D+2까지 예수금 입금, 주식 매도로 변제하지 못한 경우**

D+3일 아침에 반대 매매 접수가 됩니다. 미수로 인한 반대 매도는 장전 동시

호가 때, 8시 30분 시장가 주문으로 접수되며, 9시 개장 동시 호가 이후에 체결됩니다. 시장가 주문이기 때문에 시초가로 체결되며 반대 매매 수량은 하한가로 계산되므로 미수금보다 더 많은 수량이 반대 매도됩니다. 반대 매도 시에는 증권사별로 수수료도 별도로 징수합니다.

미수 거래는 신용거래 융자로 매수하는 것보다 기간의 압박이 큽니다. 이것은 매매 심리에 있어서도 변제를 위한 매도 압박을 받을 수 있으므로 가급적 피하는 것이 옳고, 여유를 두고 매도를 할 수 있어야 합니다.

증시 주변뿐만 아니라 금융시장에 있는 자금은 증시나 부동산이 호황이거나 낮은 금리가 지속될 때, 은행 예·적금 등 위험성이 낮지만 금리도 낮은 저(低)위험·저(低)수익 자산에서 부동산, 주식, 채권 등 고위험·고수익 자산으로 자금이 이동하는 현상인 머니 무브(money move)가 이루어집니다.

대규모 예금 인출 사태를 의미하는 뱅크런(bank run)은 파산의 위험이 높은 부실은행에서 파산 후에 돈을 받지 못할 위험을 없애기 위해 자신의 돈을 확보하고자 하는 예금주들의 집단적인 태도에서 비롯됩니다. 이것은 크레딧 크런치(credit crunch, 신용경색)라 하여 금융시장에 자금의 양이 적거나 자금 통로가 막혀 있을 때도 발생합니다. 공급하는 입장인 금융회사들이 돈을 제대로 공급하지 못해 기업이나 개인이 외부자금을 차입함에 있어서 어려움을 겪게 됩니다.

기사를 읽다 보면 통화량에 대한 얘기가 자주 등장합니다. 풍부한 시중 유동성이라는 단어와 함께 말입니다. 통화라고 하면 흔히 지폐나 동전 같은 현금을 떠올리게 되지만 통화의 범주를 더 넓혀 생각할 수도 있습니다. 예를 들어 현금이 없어도 은행에 예금이 있고 신용카드나 직불카드를 이용하면 필요한 물건을 사는 데 불편함이 없으므로 예금도 통화로 볼 수 있습니다. 더욱이 금융이 발전하면서 손쉽게 현금화할 수 있는 금융상품이 많이 개발되고 있어 어느 상품까지 통화로 보느냐에 따라 통화의 개념과 통화량의 크기가 달라집니다.

몇 가지 구분으로, 우리나라에서는 M1(협의통화)과 M2(광의통화)를 통화지표로, Lf(금융기관 유동성)와 L(광의 유동성)을 유동성 지표로 이용하고 있습니다. 복잡한 얘기는 다 거두고, 한국은행법의 "①매년 2회 이상 통화신용정책의 수행상황과 거시 금융안정 상황에 대한 평가보고서를 작성하여 국회에 제출하여야 하고, ②총재는 국회 또는 그 위원회가 관련하여 출석을 요구하는 경우에는 출석하여 답변하여야 한다."에 따라 '통화신용정책보고서'가 작성 발표되고 있습니다. 매년 8차례 한은(한국은행)은 금융통화위원회를 열어서 통화정책 특히 기준금리와 관련한 결정을 합니다.

이 부분은 주식시장의 유동성과 밀접하게 연결되어 직접적인 영향을 주므로 해당 일정 등을 미리 잘 체크해 두어야 합니다.

수급의 주체, 신용공여와 공매도 그리고 따라 하기

투자를 시작하면 가장 쉽게 접하는 단어가 작전, 세력, 주포입니다. 거래가 일어나면 누군가는 매수하고 그 상대는 매도하는 것입니다. 주된 매매세력(보통 '주포'라고 표현하는)의 힘의 방향성에 우리는 촉각을 세웁니다. 실시간으로 또는 일간 단위로 이 주체 세력들의 순매수(매도 총액 - 매수 총액) 현황을 파악하며 매매에 임하게 됩니다. 뉴스에서는 시장이나 종목 등에 대해 연속 순매수가 몇 회에 걸쳐 이루어지고, 특정 기간 동안 순매수 규모가 얼마에 이르고 있는지를 지속적으로 쏟아냅니다.

이것은 '돈'이 어디로 유입되고, 그 '실탄'이 어느 시장, 어느 업종, 어느 종목, 어느 기간에 집중되고 있는지를 여실히 보여주기 때문입니다. 이어지는 표는 특정 시점에서 휴대폰 MTS에서 수급을 보여주는 표입니다. 특정 기간이나 개장 이후의 순매수 추이를 보여주는 화면도 있으므로 이를 참고하면 되겠습니다. 그렇지만 일반적으로 얘기하는 주포는 그 실체를 파악하기 힘들고 그 세력이 의도하는 목표가와 기간을 추론하는 것도 쉽지 않습니다. 이러한 부분 때문에 주요 세력들의 순매수 동향을 추적하고 모니터링을 하는 것입니다.

다음으로 살펴보는 것이 정석투자의 원칙인 자기자금과 여유자금에 대한 부분에서, 현실적으로 투자자는 부채(레버리지)를 영혼까지 끌어 모은다는 '영끌'이나 빚을 내어 투자하는 '빚투'를 시도하게 됩니다. 자신의 신용으로 매수자금을 빌려 '신용매수'를 하거나, 주식을 빌려(대주) '공매도'하는 규모와 평균 단가를 살펴보는 것입니다. 신용거래 또는 신용공여라고 하는 것은 돈을 빌려 주식을 사거나(신용거래융자), 주식을 빌려 팔거나(신용거래대주)하는 경우입니다.

신용공여 중 신용거래 융자는 한 마디로 주식을 빚으로 사는 것입니다. '신용거래계좌설정약정서'로 신용공여를 받은 투자자는 140%(또는 회사가 정한 비율) 이상의 담보비율을 유지하여야 하고 담보부족 발생일로부터 +2영업일에는 반대매매 처리가 됩니다. 신용공여는 예탁한 주식, 채권, 수익증권이나 현금 및 매수/매도되는 주식을 담보로 현금 융자하는 것이고, 투자자는 주식 매수금액의 50~97%를 현금 융자받는 것입니다. 그러므로 A라는 주식(종목별로 다릅니다만)을 100만 원어치 매수하면서 40은 자기자금으로 60은 신용융자로 처리한 경우라면, 담보비율은 100/60= 166.67%가 되므로 결제 이후 주가가 16% 하락하면 담보부족에 직면하게 되는 것입니다. 반대의 경우 주가가 10% 올랐다면 자기자금 40만 원에 대비할 경우 수익률은 25%가 되는 것입니다. '하이 리스크, 하이 리턴'이 됩니다.

투자자는 종목별로 표현되는 신용공여율도 주의 깊게 살펴보아야 합니다. [(당일 신규 신용거래량 ÷ 2일 전 거래량) × 100]으로 계산됩니다. 좀 더 엄밀하게는, 공여율은 오늘 [신용을 통해서 매수한 주식의 수 ÷ 총 거래량]을 의미합니다. 즉 [신용으로 신규 투자(매수)한 주식 수 ÷ 결제일 기준 거래량]입니다. 공여율이 높다는 것은 신용으로 매매된 거래량이 많다는 것을 뜻합니다. 신용잔고가 '없는 것이 더 안전하다.'라고 생각할 수도 있으나, 없으면 시장의 관심도가 없다는 뜻으로 주가가 올라갈 확률이 낮습니다. 보다 더 중요한 신용잔고율은 2~6%가 매수하기 적당하다고 합니다. 이틀 뒤에 수치가 나오므로 8%가 나오면 주의 단계로 보고 매수에 유념하여야 합니다. 조금만 악재가 나와도 반대매매(거래의 결제를 못 하거나, 주식을 담보로 한 평가액의 저하로 인해서 임의 시장가로 주문이 나가는 것)로 주가가 폭락하는 악순환이 발생할 수 있기 때문입니다. 급매물 → 주가하락 → 담보부족 → 반대매매 → 급매물의 악순환과 반복을 의미합니다.

여하튼 중요한 것은 공여율이 아닌 잔고율, 즉 일별 신용비율입니다. 신용잔고율을 유동주식비율에 비추어 비중을 계산하면 보다 의미가 있습니다. (유동주식비율은 총 발행 주식 수에서 최대주주 지분을 제외한, 현재 유통되고 있는 주식의 비율입니다.) 시장에서 전체 주식수로 계산된 신용비율은 유동주식 수에 대비하여 계산하면 더 상승하게 됩니다.

　투자자의 순매수 동향, 신용 규모, 공매도 규모를 살피는 것은 어느 쪽의 힘이 센가를 파악하는 것입니다. 힘 센 편이 '내 편'이 됩니다. 세력의 돈과 정보가 힘입니다. 그 세력보다 한 발 앞서 들어가고, 한 발 먼저 빠져 나오려는 것은 모든 투자자의 희망사항이기도 합니다만, 대개 그와 반대의 상황에 놓이는 것이 일반적입니다. 정보를 먼저 알 수 있는 입장에 있는 주체로부터 공시가 아닌 수단으로 그 정보를 입수하여 투자에 활용하게 되면 '내부자 거래'가 되어 엄격한 심판을 받습니다. 불공정거래의 한 유형이 됩니다.

그림3-6-1 매매종합

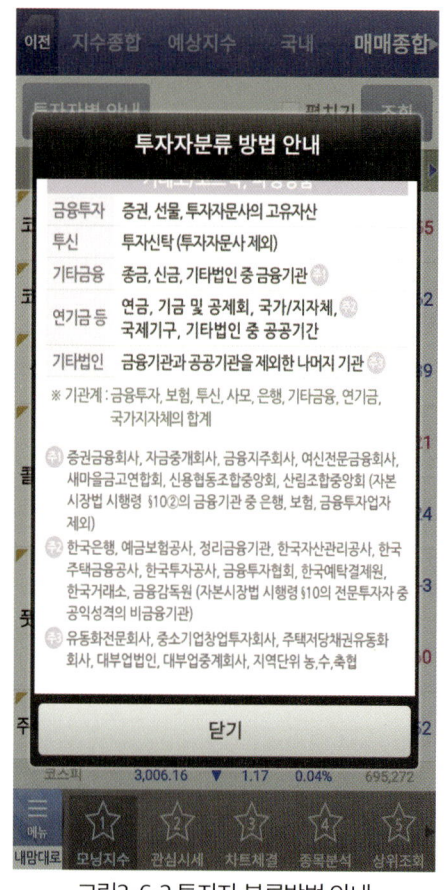

그림3-6-2 투자자 분류방법 안내

이성적인 프로그램 매매: 차익 거래? 비(非)차익 거래?

주식의 현물가격과 선물가격이 만기 전에는 일치하지 않는 경우가 많은데, 선물에 참여하는 투자자들이 현물보다 선물을 더 많이 사면 선물은 상대적으로 고평가되기도 하고, 반대의 현상도 일어납니다. 이때 현물과 선물 주식을 동시에 매매하려면 컴퓨터 프로그램을 통해 한꺼번에 주문을 내야 하기 때문에 '프로그램 매매'라고 합니다. 시스템이 수행한다는 의미입니다.

주식의 현물가격과 선물가격, 옵션가격은 이론상 같은 방향으로 움직여야 하지만, 실제로는 그렇지 않은 경우가 많습니다. 만기 시 정산처리가 되는 등 장기적으로는 당연히 일치하게 됩니다. 이때 주식시장과 선물·옵션시장을 오가면서 비싼 쪽을 팔고 싼 쪽을 사면서 무위험 차익거래를 하는 것입니다. 앞서 HTS의 도움말 화면을 안내하면서 예시를 든 '프로그램 매매'에 아래 내용의 일부가 소개되어 있습니다.

현물과 선물의 가격 차이를 베이시스(basis)라고 하는데, 주식 투자자들의 경우 현선 간 베이시스(말은 어렵지만 거래되는 선물가격의 지수와 현물의 가격을 기본으로 계산한 지수의 차이라고 생각하면 됩니다.)의 움직임과 이를 이용한 차익거래 잔액에 유념하여야 합니다. 베이시스가 커진다는 것은 이를 이용한 차익거래가 활발해질 것을 예고하고, 차익거래 잔액이 많다는 것은 선물 만기일이 돌아올 때 차익거래를 청산하기 위해 프로그램 매매가 활발히 일어날 것이라는 뜻이 되기 때문입니다.

베이시스가 양(+)인 상태는 선물시장가격이 현물 가격보다 높은 상태이므로 선물을 팔고 현물을 사는 프로그램 매수(매수 차익거래)가 유리합니다. 음(-)인 경우 선물시장가격이 현물 가격보다 낮은 상태이므로 선물을 사고 현물을 파는 프로그램 매도(매도차익거래)가 유리할 것입니다. 차익 거래의 프로그램 매매는 대부분 기관투자가나 외국인 투자자들에 의해 이루어지며, 프로그램 매수(매수 차익거래)는 현물을 매수하고 선물을 매도합니다. 프로그램 매도(매도 차익거래)는 현물을 매도하고 선물을 매수하는 것을 의미합니다.

이러한 경우 시장 본부(즉 유가증권시장과 코스닥시장을 다르게 취급함)에 프로그램 매매로 신고해야 한다는 규정이 있습니다. 옵션 만기일이나 쿼드러플 위칭 데이 등에는 이 프로그램 매매 잔고가 대량 청산되면서 장 막판 동시 호가 때 주가지수를 급등락시키는 경우가 많습니다.

• 차익 거래와 비(非)차익 거래

프로그램 매매의 일종으로 선물과 연계하여 현물과 선물을 동시에 주문할 때의 경우를 차익거래라고 합니다. 동일한 상품에 대하여 서로 다른 시장 간에 가격 차이가 발생하거나, 관련 상품 간에 가격 차이가 불균형상태에 있을 때 개입하여 상대적으로 싼 시장에서는 매입을 하는 동시에 비싼 시장에서는 매도를 하여 거의 무위험으로 차익을 얻으려는 거래를 말합니다.

프로그램 매매 중 차익 거래를 제외한 모든 거래를 비(非)차익 거래로 통칭합니다. 주로 인덱스 매매, 포트폴리오 매매, 자산 배분 매매 등에 이용하는 거래로 현물·선물 간 가격차를 이용한 거래가 아니라 선물과 무관하게 코스피200 구성 종목 중 15개 종목 이상으로 바스켓을 구성해 바스켓 전체를 일시에 매매하는 거래를 의미합니다.

- 시장 베이시스 = 선물가격지수 408.85 - 현물가격지수 409.95 = -1.1
- 이론 베이시스 = 이론 가격지수 410.58 - 현물 가격지수 409.95 = 0.63
- 괴리도 = 시장 베이시스 - 이론 베이시스 = -1.1 - 0.63 = -1.73
- 괴리율 = (선물 시장가격-선물 이론가격)/ 선물 이론가격 × 100

선물거래 가격은 일반적으로 이자와 창고료, 보험료 등 현물의 보유비용 등을 포함하기 때문에 현물가격보다 높은 것이 정상적입니다. 같은 원리로 결제월이 먼 선물의 가격은 결제월이 가까운 선물가격보다 높을 수밖에 없습니다. 이렇게 선물가격이 현물가격보다 높은 것(선물고평가)을 콘탱고(contango)라 하고 정상시장이라고 일컫습니다.

현물가격이 선물가격보다 높아지는 것을 현물 고평가라고 할 수 있는데, 일시적인 영향으로 공급물량이 부족하거나 계절적 수요 탓으로 수요와 공급이 불균형인 상태를 백워데이션(back-wardation)이라 하고 역조시장이라 합니다.

현선 비율은 선물시장의 거래대금을 현물시장의 거래대금으로 나누어서 계산합니다. 대부분의 선진국 금융시장은 선물시장이 현물시장보다 1.5~2배 수준의 현선 비율을 보입니다.

베이시스에는 시장 베이시스와 이론 베이시스가 있는데, 베이시스가 큰 양수의 값을 가질 때 '높다', 낮은 음수의 값을 가질 때 '낮다'라고 하며, 일반적으로 베이시스라 함은 시장 베이스를 의미합니다. 만기까지의 금융비용(금리)과 현물의 보관비용에 따라 이를 감안한 베이시스의 폭이 이를 (어림 0.3~0.5) 초과하게 되면 차익거래 욕구가 자연스럽게 (시스템적으로) 발생하는 것입니다.

내재변동성(implied volatility)이라는 용어를 마주하게 될 때가 있습니다. 이것은 옵션의 시장가격에 내재된 변동성을 의미하는 말로, 투자자들이 예상하는, 앞으로 1년간의 주가 변동 폭을 말합니다. 내재 변동성이 30%라는 것은 이 옵션을 거래하는 투자자들이 앞으로 1년 동안 KOSPI200이 30% 변할 것이라고 생각하고 옵션을 매매하고 있다는 것을 말합니다. 내가 선택한 그 가격에 (싸게) 살 권리를 콜옵션(call option)이라 하고, (비싸게) 팔 권리를 풋옵션(put option)이라 하여 거래를 하는 것입니다. 권리를 판 사람은 프리미엄을 받고 비용을 지급한 산 사람은 권리를 갖게 되는 것입니다.

코스피200 지수와 미결제 약정에 대한 이해

일반적으로 현물시장(코스피, 코스닥 주식 현물 거래시장)에서 거래량이 가지는 의미는 상승추세일 경우 거래량이 증가하고, 하락추세일 경우 거래량이 감소합니다. 상승장이나 하락장의 추세에서 평소보다 훨씬 많은 거래량이 수반되는 경우는 추세가 전환될 가능성이 높습니다. 상승과 하락 양 방향에서 이익 기회를 가질 수 있는 선물시장에서는 제로섬(누군가의 이익은 누군가의 손실로 둘의 손익 합은 제로가 된다)이 이루어집니다. 따라서 주식시장 투자자는 선물시장의 이러한 부분을 현물시장과는 다른 관점에서 이들을 분석할 필요가 있습니다.

현물 주식(종목)은 일정한 조건을 갖추면 코스피200 지수에 편입이 됩니다. '주가지수운영위원회'는 주가지수 선물·옵션 등의 거래대상이 되는 주가지수의 산출 및 관리에 관한 사항의 심의를 목적으로 합니다. 지수 변경은 지난 2019년부터 연간 2회(6월, 12월)로 확대되었습니다.

정기변경에 편입되는 종목들은 패시브 자금 유입 효과를 기대할 수 있는 만큼 지수 편입 예상 종목을 주목하는 투자자들이 많습니다. 예시하자면, 하반기 코스피200 구성종목에 대한 정기변경은 12월 선물 만기일 익일에 이루어집니다. 심사기간은 올해 5~10월이며, 심사기준일은 10월말 영업일로, 4월말 기준으로 상장된 보통주를 대상으로 심사하고, 해당기간 일평균 시가총액과 일평균 거래대금을 기준으로 대상종목을 선별합니다.

이렇게 편입된 종목들이 기초자산이 되어 해당 지수를 산출하는 데 반영됩니다. 그리고 이 지수를 추종하는 3, 6, 9, 12월이 만기인 선물이 상장되고 거래가 됩니다. 만기일은 만기 월의 두 번째 목요일이 될 때까지 신규 매수·신규 매도, 전매도, 환매수가 이루어집니다. 매매는 '계약' 단위로 이루어지고, 코스피200 선물 1계약의 경우 지수에 25만 원을 곱한 금액으로 산정됩니다. 예를 들어 코스피200지수가 현재 430이면 선물 1계약은 1억 750만 원이고, 증거금은 상품별로 거래소가 정한 위탁증거금률(8.7%)과 유지증거금률(5.8%)을 적용하게 됩니다.

2022년 1월 3일(월) 기준

상품명	위탁증거금률(%)	유지증거금률(%)
코스피 200 선물	8.700	5.800
코스피 200 옵션	8.700	5.800
코스피 200 위클리 옵션	8.700	5.800
미니코스피 200 선물	8.700	5.800
미니코스피 200 옵션	8.700	5.800
코스닥 150 선물	10.800	7.200
코스닥 150 옵션	10.800	7.200
변동성지수선물	51.000	34.000

표3-5 위탁증거금률(8.7%)과 유지증거금률(5.8%)

코스피200의 종목 200개를 시가총액 비중별로 일일이 매매하는 것보다 선물이나 옵션을 매매하는 것이 레버리지 효과도 높고 분잡함을 덜 수 있습니다. 그러다 보니 주인과 손님이 뒤바뀌는 주객전도(主客顚倒)가 되어 흔들어 대는 개꼬리가 개 몸체를 움직이는 웩더독(wag the dog) 현상이 벌어지기도 합니다. 현물이 거래되는 주식시장에서 기초자산으로 생성되는 주가지수 선물이나 채권시장에서 파생되는 CDS(신용부도스왑)과 같은 것이 사례로 나타나는 것입니다. 이들이 차익거래를 위해 동원된 매도·매수(꼬리)가 레버리지 효과로 현물시장(몸통)의 주가지수나 채권시장의 금리를 거꾸로 요동치게 할 때 금융시장에서 자주 동원되어 사용됩니다.

선물시장에서 선물 거래량이나 미결제약정(open interest)이 증가한다는 것은 신규 매도와 신규 매수가 지속되고 있다는 뜻이므로, 추세가 지속되는 것으로 판단할 수 있습니다. 다시 말해 가격이 상승하고 거래량과 미결제 약정이 증가한다면 상승추세로, 가격이 하락하고 거래량과 미결제 약정이 증가한다면 하락추세로 해석하는 것입니다.

반대로 상승추세 진행 중에 선물 거래량과 미결제 약정이 감소한다면 상승추세의 약화, 즉 신규 매수했던 물량은 전매도(liquidation)를 하여 이익을 확정하고, 신규 매도로 대응했던 물량은 환매수(recovering)를 하여 손실을 확정하는 것입니다. 따라서 상승추세는 주춤하거나 약화하는 것으로 파악합니다. 하락추세 진행 중에 거래량과 미결제 약정이 감소한다면 반대의 경우이므로 하락추세 약화로 이해하면 됩니다.

투자자는 선물 거래량과 미결제 약정이 함께 증가하고 있다면 강세이든 약세이든 추세에 순응하는 적극적인 매매 전략을 구사합니다. 반면 거래량과 미결제 약정이 상반된 움직임을 보인다면 추세에 순응하되 무리한 추격 매매를 자제해야 한다는 것입니다. 선물 거래량과 미결제 약정이 함께 감소한다면 기존 추세에 의해 취한 포지션의 청산을 고려해야 하고, 동시에 추세 전환에 대비하는 매매 자세를 견지해야 합니다.

명확한 기준은 아니지만 미결제 약정이 10% 변하면 시황을 예의 주시해야 하고, 25% 내외로 변동하면 중대한 매매 신호로 받아들여야 한다고 합니다. 미결제 약정의 상승, 하락, 횡보는 그때 가격이 어떤 움직임을 보이느냐에 따라 의미가 달라집니다.

불공정거래와 시세조종 행위

증권 불공정거래는 '자본시장과 금융투자업에 관한 법률'에서 요구하는 각종 의무를 이행하지 않고 주식을 거래하거나 상대방을 속여 부당한 이득을 취하는 일체의 증권거래 행위로서 구체적으로는 •시세조정 •미공개정보이용(내부자거래) •부정거래 •신고공시 의무 위반 •단기매매 차익거래 •주식소유/대량보유 보고의무 위반 •시장질서 교란행위 등을 일컫습니다.

특히 첫 번째로 표현한 시세조정(주가조작)은 '공정한 게임의 법칙을 어기는 인위적인 주가조작'으로 증권시장의 자유로운 수급상황에 의해 정상적으로 형성되어야 할 주가를 특정세력이 인위적으로 상승·하락시키는 행위를 말합니다.

예를 들자면 특정 종목의 주식 거래량이 크게 증가하고 있는 것처럼 보이거나 주식을 정상적인 가격보다 높은 가격으로 사들이는 방법 또는 허위사실을 퍼뜨리는 등의 방법으로 특정주식의 주가를 조작하여 이를 모르는 선의의 일반 투자자들이 자신들이 조작해 놓은 높은 가격에 주식을 매입할 때 사전에 낮은 가격으로 사들인 주식을 팔아 이익을 챙기는 주식 매매 행위입니다.

주가를 의도적으로 변동시키는 시세 조종 행위는 주로 다음과 같은 비경제적이거나 비합리적인 주문·매매 형태로 이루어집니다.

• **통정매매·가장매매**
특정 주식의 거래가 성황을 이루고 있는 듯이 잘못 알게 하기 위하여 상대방과 사전에 약속하고 주식을 매매하거나(통정매매), 불필요한 매매 수수료까지 부담하면서 자기계산 계좌에서 주식을 사고파는 행위(가장매매)

• **고가주문**

주가를 상승시키기 위하여 매수 가능한 가격보다 높은 가격으로 주문을 내는 행위

- **저가주문**

주가를 하락시키기 위하여 매도할 수 있는 가격보다 낮은 가격으로 주문을 내는 행위

- **허수주문**

실제 매수 또는 매도할 의사 없이 거래가 성황을 이루고 있는 것처럼 보이기 위해 시세보다 현저히 낮은 매수주문 또는 현저히 높은 매도주문을 하는 행위

- **허위사실 유포**

사실과 다른 내용을 시장에 퍼뜨려 주가를 상승시키거나 하락시키는 행위

소위 '주가조작' 또는 '작전'이라 불리는 시세 조종 행위는 사기적·불법적 방법으로 주가를 조작하여 많은 일반 투자자들에게 큰 피해를 끼치는 행위로서 최고 무기징역과 함께 주식매매 이익 또는 손실회피 금액의 5배에 해당하는 벌금형을 받게 됩니다. 금융감독원 불공정거래 해설(https://www.fss.or.kr/fss/scop/sub01_unfair01.jsp) 페이지를 참고하기 바랍니다.

복기, 매매에 임하는 우리의 자세:
이성적 판단, 감성적 실행

싸게 사는 것은 파는 것보다 기계적으로 쉽게 적용하고 적응할 수 있는 부분입니다. 하워드막스는 "잘 사면 반은 이미 판 것과 같다."고 했습니다. 다니엘 카네만은 "손절의 아픔은 익절보다 1.5~2.5배 더 크다."고 하면서 '손실혐오'를 주장하였습니다. 특히 선물의 매도나 현물의 공매도를 주도적이고 용이하게 활용할 수 없는 개인 투자자의 입장에서는 사는 것은 대단히 중요합니다.

잘 사는(buy) 것이 잘 사는(live) 길입니다. 투자의 성공은 '좋은 자산을 사는 것'이 아니라, '자산을 잘 사는 것'에서 나온다는 말이 있습니다. 그렇게 하기 위한 방법론 아닌 방법론이 몇 가지 있습니다.

• 게으르게 매수하거나, 느리게 매수하거나, 마지못해 받쳐 놓거나 합니다. 주식을 보유하고 있는 사람은 '돈' 또는 '현금화'가 필요하다는 뜻입니다. 매수하려고 하는 사람은 이미 그 현금=돈을 갖고 있습니다. 느긋해야 합니다. 아쉬움, 조바심, 초조함, 결제 현실화가 필요한 보유자는 대개 시간이 상대적으로 부족합니다.

• 반대매매를 진득하게 기다릴 수 있어야 합니다. 3일 이상 연속적인 하락이 이어지면 대개 매도자의 매도심리가 강해집니다. 미수금 결제와 해소를 위한 반대매매로 임의매매(시장가매도)가 진행될 수도 있습니다. 3주 가까이 추세적 하락이 이어지면 신용공여 주식의 담보부족으로 동일한 현상이 일어납니다.

• 집단적 도피(panic)는 1년에 한두 번, 민스키 모멘트는 십년에 1번 정도 일어납니다. 비싸게 파는 것은 고사하고 '제 값'을 못 받는 지경보다 더 심한 이른바 '똥값'이 되는 때입니다. 매물이 매물을 부르는 악순환(가격이 떨어짐에 따라 추

격매도가 나오고, 자동 손절매물이 나오고 하는……)의 단계를 넘어서기 때문에 '가치평가'라는 단어가 무색해집니다.

- 분할매수는 피라미딩에도 적용할 수 있습니다. 지금 이후에 가격이 올라간다는 것은 '양봉'을 의미합니다. 다시 말해 투자자는 양봉의 저가(≒시가)에 매수해야 합니다. 음봉의 저가(≒종가)도 매수의 한 방법이 됩니다. 다만 시점이 다르기 때문에 가장 좋은 매수는 음봉의 저가에 매수하여 양봉의 고가에 매도하는 것이 됩니다. 이것은 적어도 당일의 경우, 1차 양봉의 저가와 2차 음봉의 저가라는 최소 2번 정도의 분할매수를 염두에 두어야 함을 의미합니다. 음봉의 상태에서 순간적 매물 쇄도를 챙기는 경우까지 총 세 번을 분할매수 관점에서 보는 것입니다.

탐욕(greed)과 공포(fear)는 투자심리에서는 늘 반복되는 것입니다. 익절의 트레일링 스톱(trailing stop)과 손절의 로스컷(loss-cut)은 항상 미련과 후회가 따릅니다. 앞서 잠깐 손절의 아픔에 대해 말씀드렸지만, 2002년 노벨경제학상을 수상한 대니얼 카너먼과 아모스 트버스키의 프로스펙트 이론(Prospect theory)에서는 인간은 손실에서 오는 슬픔에 더 민감하게 반응한다고 하였습니다.

프로스펙트 이론은 ①손실 회피성 ②민감도 체감성 ③준거 의존성이라는 3가지 성질을 뼈대로 삼아 이루어져 있습니다.
- 손실 회피성: 이익에서 얻는 기쁨보다 손실로 인한 고통을 더 크게(1.5~2.5배) 느낀다는 것입니다. 손실을 회피하려 하는 욕구가 생성되고 이로 인해 사람들은 불확실한 선택보다 확실함을 선택하게 됩니다.
- 민감도 체감성: 이익이나 손실의 액수가 커짐에 따라 변화에 따른 민감도가 감소하는 것입니다. 콩나물 가격에 연연하다가 주택을 매매할 때는 오히려 쉽게 통 큰 판단을 하는 것입니다.
- 준거 의존성: 기준점에 따라 그 평가가 달라진다는 점은, 동일한 수익을 본 경우라 하더라도 처음 투자금액(백만 원인가, 천만 원인가)에 따라 만족감이 다르다는 뜻입니다.

'잘 파는(digging) 것이 잘 파는(selling) 길'입니다. 매수보다 매도가 훨씬 어렵습니다. 매수는 기술, 매도는 예술이라는 표현을 상기하고 아래 매도 방법론도 챙겨 기억해 놓으면 도움이 될 듯합니다. 본론이자 결과적으로 볼 때 가급적 기계적으로 적용하는 것이 바람직하다고 하겠습니다.

• 매도의 판단은 매수보다 신속해야 합니다. 파는 가격은 가급적 매수가에 맞추어 결정하되 결정된 가격은 그 촉과 감성을 믿고 일단 체결될 때까지 기다릴 수 있어야 합니다. 다만 시가에서의 반대매도(금융투자사의 임의매매에 따른 시장가 매도)는 최대한 장중 매도가 될 수 있도록 하는 것이 반등국면을 활용하는 데 당연 유리합니다.

• 음봉의 고가(≒시가)는 장의 초반에 이루어지는 것이고, 양봉의 고가(≒종가)은 마감 무렵에 형성되므로 속도감이 다르고 인내가 필요합니다. 투자자의 손실 감내 수준은 장 초반에서 팔 것인지, 장 마감까지 기다려서 매도할 것인지를 결정합니다. 막연한 기다림은 불안감을 오히려 키우게 됩니다.

• 롱숏이라는 표현대로 하락은 급락의 모습을 취하는 것이고, 이것은 변동성이 시간의 뒤쪽으로 갈수록 투자심리가 약화된다는 뜻입니다. 매도는 거래 초기에 후회하지 않을 정도의 가격(이익이 나지 않더라도)에 반 정도를 매도하고, 시장과 자신의 상황 접점에서 나머지 반을 정리하는, 즉 2회에 걸쳐 파는 분할 매도의 관점에서 실행하는 것을 권고합니다.

전문가의 말: 조언과 자문 그리고 리딩

손익 앞에서 투자자는 일단 모두 팔랑귀가 되는 것이 일반적입니다. 같은 팩트를 놓고도 시각차는 반대가 됩니다. 그렇게 해서 '팔자'와 '사자'가 형성되는 것입니다. 모두가 일희일비하되 흔들림 없이 가급적 냉철하게 시장을 보려고 합니다.

그런데 말입니다. 현금을 들고 매수를 하려는 입장일 때는 안티가 되고, (물린) 보유 종목을 부여잡고 있는 입장일 때는 찬티가 되는 것이 손바닥 뒤집듯 바뀌는 투자자의 마음입니다. 디지털의 화면은 거짓 없이 모든 것을 보여주고 있지만, 투자자는 상대의 입장을 모두 페이크와 속임수로 읽습니다.

하지만 투자자들은 의외로 듣고 싶은 것만 듣고/ 들리며, 보고 싶은 것만 보고/ 보입니다. 자신은 냉철하다고 하지만 하루하루 휘둘리다가 어느덧 비자발적 장기 투자자가 되기도 합니다. 열에 아홉은 공익 투자자가 되어 자신의 손실분을 고수들에게 희사하는 것이 투자시장입니다. 돈이라는 섶을 지고, 바람과 불길이 가득한 시장에 들어가 장렬히 산화하는 이들이 어디 한둘이겠습니까. 무대뽀, 주린이(주식투자 + 어린이)가 양산되는 현실에서 실제 중고등-대학 시절에 얼마만큼 (생활)금융경제 교육이 이루어졌는지를 돌아보면 아쉬움이 한둘이 아닙니다.

'믿음', '신뢰'라는 단어가 부정적인 것은 당연히 아닙니다. 고수 또는 그루로 불리는 전문가들은 믿음과 신뢰가 기본 자산입니다. 일반적인 투자자들은 경험과 지식의 부족을 이들을 통해 컨설팅, 조언, 자문, 리딩(leading)이라는 이름으로 보충을 받고 지원받고자 합니다.

하지만 이를 악용하는 사이비들이 또한 난무하고 있어서 시장을 어지럽히고 혹자는 사기를 당하게 됩니다. 사이비는 말 그대로 '유사하지만 아닌 것'입니다. 실제 전문가라 하더라도, 경험과 지식, 연륜에 대한 자기 과신도 고의 아닌 사기의 현상을 만들어내곤 합니다.

전문가들도 자신의 확신에 찬 '언사'는 쉽게 철회하지 않습니다. 수십 개의 종목을 난사하듯이 추천하고 한두 개 상한가 종목이 나오면 "봤지?!" 하는 이들도 있습니다. 종목 추천 등도 마찬가지입니다. 때로는 자기몰입이 되어 뱉은 말이 맞을 때까지(비 올 때까지 기우제를 올리는 인디언처럼) 우기기도 합니다. 케인즈의 말처럼 "우리는 결국 모두 죽습니다."를 떠올리게 하는 것입니다.

아래에 소개하는 검색 키워드나 링크는 자타가 인정하는 고수들의 말을 정리한 것입니다. 그냥 지나가는 마음으로 읽더라도 '그래 나도 그 말에 공감했었지~.' 하는 한두 개는 있지 않을까 싶습니다. 출처 없이 굴러다니는 내용임을 먼저 밝힙니다. 구글에서 해볼 만한 검색 키워드로 다음을 추천합니다.
'세계의 주식고수' '투자의 귀재들' '투자명인' '시장 읽는 남자' 정도입니다. 황Q의 블로그도 소개합니다. (https://blog.naver.com/inan1105/221779999298)

금융 포털이나 투자 전문 사이트의 토론방 등에서 흔하게 대할 수 있는 급락 시황에 대한 '조언'과 '멘트'도 같이 소개하겠습니다.

급락 장에서 발견되는 멘트
- 이 종목 오후에 날아갑니다. 미리 말씀드렸습니다. (오전용)
- 2시에 말아 올립니다. (점심용)
- 막판에 말아 올립니다. (오후용)
- 안티가 많은 걸 보니 내일 날아가겠네요. (야간용)
- 세력 매집 구간입니다. 매집용 흔들기입니다. (하락용)
- 의도적으로 누르고 있네요. (하락용)
- 아직 장기 지지선 이탈 안 했습니다. (하락용)
- 지수보다 덜 빠지죠? 그래서 좋다는 겁니다. (하락용)
- 개미 터는 중입니다. (급락용)
- 물량 뺏기지 마세요. (급락용)

- 흔들리면 안 됩니다. 고수의 영역입니다. (급락용)
- 골이 깊어야 산이 높습니다. (급락용)
- 하락 정적기(VI) 기회 아무 때나 있는 것 아닙니다. (급락용)
- 심약한 개미들만 털립니다. 물량 뺏기지 마세요. (폭락용)
- 아름다운 조정입니다. (수습용)
- 지금이 바닥입니다. 드디어 매수 기회 주네요. (수습용)
- 주식은 공포에 사야 합니다. (수습용)
- 동트기 전이 가장 어둡습니다. (수습용)
- 주포 운전 잘하네요. (보합용)
- 가격조정 기간조정이 있어야 오를 수 있습니다. (립 서비스)

회원 모집을 위해 밑밥용으로 쓰이는 멘트
- 어제 말씀드린 정보. 결국 뉴스 공시 떴네요. (급등 종목 공시 확인 시)
- 제가 뭐라고 했습니까? 제 말이 맞죠? (비언급 추천 종목)
- 안내 공지 등록했습니다. 종목A: 3%↑ 종목B: 11%↑ 종목C: 7%↑ (오른 종목 중심)
- 그건 추천 종목이 아니라 자율대응 종목이었습니다. (추천 후 하락 시)
- 여러분을 위해 봉사하는 마음으로 운영하는 겁니다.
- 선착순으로 VIP방 모십니다. 마지막 기회입니다. 개인적으로 연락 주세요.

제4장 데이 트레이더의 자기점검

이것만 알아도 이미 프로!

종목발굴은 열정과 노력의 소산

기본기를 갖추고 해야 하는 도전

데이 트레이딩과 데이 트레이더

[황Q]는 아임차트 트레이딩 솔루션(웨이브차트+ES팬-티스+모멘텀차트)을 활용하는 데이 트레이더입니다. 트레이딩(trading)은 '돈을 주고 물건을 받는' 것입니다. 비율로 환산해서 맞바꾸는 교환(exchange)의 한 방법입니다. 하루 중 시장이 시작할 때부터 마감될 때까지의 시간 동안 거래를 개시하고 포지션을 원점으로 돌리는 것입니다. 거래 시간만 상수이고 나머지는 모두 변수라 할 것이고, 끊임없이 투자활동이 이루어진다고 하겠습니다.

대개 '투자'라고 번역하거나 말하는 영어 단어는 '트레이딩' 또는 '인베스트먼트'입니다. 데이 트레이더로서 이 둘의 차이를 먼저 설명하고 전제하여야 앞으로의 실전 전략 수립이 가능해집니다. 간략히 실전에서 트레이딩(trading)은 '수익'을 목적으로 싸게 사든 비싸게 사든 산 가격보다 비싸게 팔면(결과적으로는 싸게 산 것입니다) 됩니다. 공매도는 순서가 반대, 즉 비싸게 팔고 판 가격보다 더 싸게 사서 갚으면 '수익'이 나는 것입니다.

투자(investment)는 가치투자, 성장투자, 배당투자라고 표현하는 것처럼 공정가치의 평가가 우선됩니다. 시간과 노력을 들여 가치(절대가치 또는 상대가치)를 평가하고 저평가되었으면 매수하고 평가수준을 넘어서면 매도하여 '수익'을 내는 것입니다. 흔히 수익성 저PER, 안정성 저PBR, 성장성 고PER와 같은 관념으로 평가에 임하는 것은 투자활동입니다.

트레이딩이나 투자나 모두 수익을 내기 위해 매매를 하지만 주안점은 다릅니다. 특히 데이트레이딩은 주로 인트라데이(intraday)로서 일일 중 장중 거래가 주가 되며, 심하게는 스캘핑(scalping)으로, 더 심하게는 기계적인 도움으로 하루에도 수천 번 매매(고빈도매매=HFT, high frequency trading)를 하는 것입니다. 이러한 트레이딩의 기본은 충분한 유동성과 변동성입니다.

유동성(liquidity)은 풍부한 거래량을 의미하는 것이고, 변동성(volatility)은 노이즈와 패턴 장중 재료로서 만들어지는 등락을 의미합니다. 이러한 유동성과 변동성은 추세의 지속과 반전이 반복되면서 패턴이 만들어집니다. 기후 '변화'와 같은 큰 추세에서는 적응하여야 살아남지만, 개장-장중-마감의 시세 '변동'에서는 신속하고 탄력적으로 대응을 해야 합니다.

데이 트레이더는 '지나치게 분석하면 무능력해진다.'는 표현에 익숙해져야 합니다. 거의 자동화된 기계적 판단을 하거나 이에 의존하지 않고 지극히 동물적인 판단에 의존해서 트레이딩에 임해야 하는 것입니다. 특히 패닉성 변동에는 습관처럼 대응의 원칙이 있어야 합니다. 그래야 흔히 애기하는 '강한 자가 살아남는 것이 아니고, 살아남은 자가 강한 것이다.'라는 현실에 걸맞게 되는 것입니다. '승자의 역사'라거나 '가장 강한 자의 주장이 정의'라거나 하는 정치적 표현과는 거리가 멉니다. 트레이더가 되었건 인베스터가 되었건 이미 말씀드린 바 있는 리스크 관리 40%에 자기관리 60%라는 원칙을 새겨 둘 필요가 있습니다.

매매 심리의 편향성, 기술적 분석과 기본적 분석, 경제와 경기의 순환 등에 대한 기본기가 필요합니다. 이러한 학습 과정을 하루 거래에다 쏟아 부어 집중해야 하는 것이 '데이트레이딩'(day-trading)입니다. 직업으로 하는 전업투자든, 부수입을 위해 하는 부업투자든 차별과 구분은 없습니다. 개인적 차원에서 할애할 수 있는 시간대가 다른 만큼 휴식시간을 가지거나 그 시간조차도 기계(시스템)에 맡기거나 하는 것은 운용자의 한 방식이라 하겠습니다.

데이 트레이더는 매일 상·하한가라는 오늘의 기준주가(보통 전일종가)를 중심으로 상단 30%, 하단 30%라는 변동 가능한 밴드에 현실적으로 노출됩니다. (레버리지가 작동하는 ETF 등의 경우는 변동폭이 더 커지게 됩니다.) 날아다니는 '하루살이'는 하루가 삶과 죽음의 전 기간인 것처럼 데이 트레이더도 하루가 전부입니다. '내일은 없다.'가 원론적이지만, 갭업이나 갭다운이 다반사로 일어나는 '밤새 안녕' 때문에 가끔 다음날 아침까지를 데이 트레이더의 주기라고 얘기하기도 합니다.

데이 트레이더는 하루라는 짧은 기간에 매수 매도를 실행하는 투자자입니다. 하지만 그 매매에는 다양한 제도가 있습니다. 시장별로 상세히 안내한 페이지가 운용되고 있으므로 '반드시, 꼭' 읽으시기를 권합니다. 허투루 읽을 내용은 하나도 없을 만큼 중요한 내용을 담고 있습니다.

예로 드는 화면은 종목의 상-하한가 만큼 크게 다가오는 용어인 VI(변동성완화장치)입니다. '한국거래소(krx.co.kr) > 규정/제도 > 매매거래제도 > 시장운영 및 관리 > 종목별 변동성완화장치'의 메뉴선택 순서를 따르면 확인할 수 있습니다.(http://regulation.krx.co.kr/contents/RGL/03/03020407/RGL03020407.jsp) 재차 말씀드리지만, 붙임의 그림에서 확인되는 다양한 제도는 어렵고 귀찮은 과정이 될 지라도 '꼭' 학습하기를 권합니다.

말이 나온 김에, 예시한 VI는 순간적인 가격급변을 완화하는 장치라 하겠습니다. 특정 종목의 주가가 급등/급락하여 일정수준의 가격변동시 투자자들의 과열된 분위기를 잠시 식히기 위해 2분 동안 단일가로만 매매할 수 있게 하는 단기간의 냉각기간을 주는 제도를 말합니다. 주가지수가 급락시 발동하는 '서킷브레이커'와 유사하게 종목에 적용하

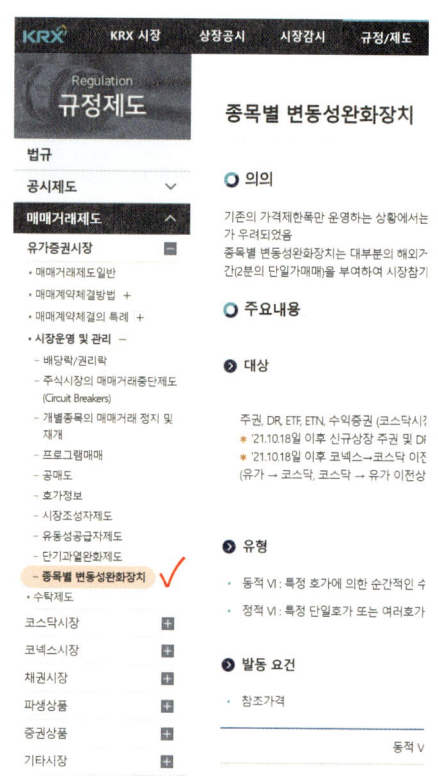

그림4-1 매매거래제도 - 변동성완화장치

는데, 정적 VI는 호가제출직전 단일가격 (단순화하여 전날 종가)에 비해 10% 이상 변동하면 발동되고, 동적 VI는 참조가격(호가제출직전 체결가격)에 ±발동가격율(2~6%,예:장중 접속매매시 코스피200과 일반적인 ETF/ETN은 3%, 그 외 종목과 레버리지, 해외지수 ETF/ETN 등은 6% 등)을 적용합니다.

변동성이 심하다는 것은 데이 트레이더로서는 매매의 대상이 됨을 의미합니다. 모멘텀으로 상하한가 30%를 지향한다면 반드시 VI를 거쳐야 하므로 동적기(동적VI)나 정적기가 막 발생한 종목을 트래킹하여 공격적이고 기술적으로 접근하는 것도 한 방법이 되겠습니다.

데이트레이딩을 하겠다는 결정이 이루어졌다면, 다음은 데이 트레이더가 되기 위한 자기 점검과 방향성 결정이 따라야 합니다.
다음의 목록을 읽어보기 바랍니다.

- 시장 수준의 성과를 추구하는 베타 그레이저가 될 것인지, 추가적인 성과를 노리는 알파 헌터가 될 것인지 먼저 결정한다.
- 추세에 올라타는 트렌드 팔로우어와, 모두의 생각을 역발상으로 활용하는 마켓 컨트래리안 어느 것을 성향으로 하는지 결정한다.
- 시스템 기반의 기술로 할지, 자기 경험(데이터)에 기반을 둔 인적 판단으로 할지 결정한다.
- 돌파(breakout)전략의 추격 매수 방식과, 풀백(pullback) 전략의 악어 입 매수 방식을 선택해야 한다.
- 일일 일종목 일회의 목표가격이나 수익률을 목표로 할 것인지, 고빈도 매매(HFT)를 할 것인지 결정한다. 이것은 적용할 플랫폼이 바뀌는 중요한 결정이다.
- 적용한 트레이딩 전략과 성과(익절과 손절)에 대해 적정 금액 또는 비율로 고정화/유동화를 결정해야 한다.
- 사전에 검증된 매매 풀(pool)이나 투자대상 군(universe)의 유무를 체크하고 지속 관리할지, 그때그때 시그널에 따라 선택할지 결정한다.

위의 점검 포인트를 무난히 넘어 왔다면 마지막으로, 지금까지 나만의 전략 전술로 성공한 매매 패턴을 기록/점검/모니터링한 적이 있는지 체크해 보아야 합니다. 그런 사실이 없이 곧장 데이 트레이더가 되겠다고 한다면 일단 그리고 무조건 데이 트레이더로서는 결격입니다. 보기 좋은 고가의 신발을 샀다고 해도, 맞지 않는 신발은 신을 수 없고, 신는다고 해도 뒤꿈치가 까지는 (아픈) 경험을 반드시 하게 마련이기 때문입니다. 데이 트레이더인 사람은 착각을 하고, 망각이 이루어지며, 자기 고집과 주관이 있지만, 감정과 감각의 부침 속에 피로를 느끼는 '가장 합리적이면서 가장 비합리적인' 존재임을 잊지 말아야 합니다.

덧붙인다면, 개인적 소견일 수도 있겠지만 재료나 신호에 입각한 추천 주를 사서 당일에 익절이나 손절로 마무리하는 것은 스캘퍼 또는 단타매매라고 주로 부릅니다. 데이 트레이더는 타깃 투자상품(종목)에 대해 가격과 수량에 대해 일정하게 수립된 매매전략을 일관되게 적용하는 것을 의미합니다. 지금부터 데이트레이딩에 대해 차근차근 짚고 들여다보도록 하겠습니다. 다소 익숙하지 않은 용어가 있더라도, 포기하지 않고 읽기를 권합니다.

데이 트레이딩의 기본 환경과 얼개

• 누가 하는가?
운용자금의 성격: 펀드 약정
목적과 규모: 위험관리 규정, 펀드 매니저별 일일 가용자금 한도

• 얼마 정도가 적정한가?
당일 진입과 청산이 가능한 종목별 한도와 합산액
투자허용 규제상 규모와 단위, 최대 자본 인하액(MDD) 반영
진입과 청산의 프로그램 매매 가능 유니버스

• 어떤 주문수단을 이용하는가?
개인, 소수종목 등 집중화의 경우에는 HTS의 복합/특수주문 등 이용
기관, 다수종목의 경우 API와 별도의 자동주문 시스템

• 전략수립에 필요한 환경과 기본 데이터와 수집수단은 무엇인가?
환경: PC/모바일, HTS/MTS/별도의 솔루션, 솔루션을 위한 데이터 송수신 프로그램(API, DDE 등)
데이터: 주가/지수(시고저종), 거래량, 미결제약정, 개인/외인/기관매매 동향, 체결동향과 강도, 호가와 호가잔량, 신고가/신저가/상한가/하한가/VI 관련 시장 판단 정보, 비연속적 뉴스/공시정보, 시장심리와 이벤트

• 매매전략은 어떻게 적용하는가?
캔들 모멘텀과 변동성으로 시그널을 탐색하여 돌파에 따라 진입-청산 반복
개장 후 1시간, 마감 전 1시간의 변동성과 유동성에 집중

• 추적청산(trailing stop)과 손절(stoploss, loss-cut)의 허용범위와 방법은 결정되어 있는가?

    1안) 절대금액(원)이나 포인트(pt)로 결정
    2안) 수익률(%)이나 손실률(%)
    3안) 진입과 청산에 따른 가변적 결정

• 주요 전략은 무엇인가?

    -이어지는 '데이 트레이딩 전략의 이해'에서 요약 설명
    (오프닝) 레인지 브레이크아웃 전략(Opening Range Breakout Strategy)/ 풀백 트레이딩 전략(Pullback Trading Strategy)/ VWAP(브이왑)과 TWAP(티왑) 전략/ 기술적 지표 시그널 돌파전략/ 분 단위 단기 이동평균선/ 종가매수전략/ ES팬-티스 양봉(예상) 저가전략, 음봉(예상) 저가전략

• 주로 적용(선호)하는 기술적 분석

    볼린저 밴드, DMI, 매물대(VWAP병행), 체결강도, MACD, Stochastics, LRS, 이동평균

• 시스템 트레이딩과 한계성은?

    시스템 트레이딩: 시그널 매매, 인간감지 늦음, (직관, 직감, 감정 배제)
    알고리듬 범용성(robust), 변수 최대 단순화: 로스 컷과 트레일링 스톱

• 성과분석과 위험관리

평가 항목	최소기준	수익 위험 분석 기준
총 손익 (net profit)	> 0	초기 자본금 및 현재 포지션이 있을 경우 손익 제외
평균 손익	> 0	총 손익 ÷ 매매 건수 (= 1회 매매의 기대수익)
최대 손실	최소	1회 매매에서의 손실 발생 최대치
총 매매수	> 30건	통계적 유의성 확보, 데이 트레이딩은 100건 이상 권장 표준오차 = 1 ÷ (매매회수)$^{1/2}$
연속이익 매매수	최대 선호	연속적 익절매 발생, 많아지면 드로다운이 커짐
연속손실(드로다운) 매매수	최소 선호	드로다운(drawdown): 매매기준으로 연속 손절매 계산 추세추종적인 전략일 경우는 많아져도 유용할 수 있음
최대 자본 인하액 (A) (≒ 최대 일중 드로다운) 최초 필요자본금(B) = A × 2(1.5~3) + 증거금	최소	일중(intraday) 드로다운: 매매간 최대 미실현손실 폭을 포함 최대(maximum) 드로다운 : 드로다운 중 최대값 최대 일중 드로다운(=최대 자본인하액): 일중 드로다운 중 최대값 *(B): 기초자본금(initial capital)
수익/위험 분석		
승률 (hit-ratio)	> 30%	이긴 매매횟수 ÷ 총 매매횟수, 기초승률 = 33%, 50% 이상 요구
손익비	> 1	총이익 ÷ 총손실
평균 손익비	> 1	평균이익 ÷ 평균손실 한번 수익을 낼 때 많은 수익구조 요구 단기매매에서는 1.5이상, 추세추종적 매매에서는 2이상
보상 비율	> 1	총손익 ÷ 최대자본인하액(A) • 오버나잇하는 추세 추종적 매매전략의 경우 보상비율이 10을 초과하기 힘듦

표4-1 참고자료:「7th감각, 시스템트레이딩 with CybosTrader」,
이승용外, 대신경제연구소, 2004년 3월, 품절

변동성과 유동성에 대한 인식

쉽지만 대단히 어려운 것이 미래에 대한 예측입니다. 경부고속도로를 예로 들어볼까요? 도로 노선번호 1번인 416킬로미터로, 서울~대전 구간은 1번국도, 대전~경주 구간은 4번국도, 경주~부산 구간은 35번국도 등을 대체 도로로 이용할 수 있습니다. 국도는 차선과 폭이 좁을 뿐더러 좀 더 구불구불해지고 곳곳에 신호등도 있습니다. 당연히 네다섯 시간 정도 걸려 거뜬히 도착할 목적지가 종일 걸려야 도착하게 됩니다. 길의 폭과 구부러짐 그리고 신호등과 같은 것이 변동성입니다. 주가의 하루 변동성을 캔들 하나에 시고저종과 캔들 몸통의 색깔로 표시합니다. 그러나 이것을 분 단위로 그려 넣으면 대부분 복잡한 상하 운동이 반복되며 하루 종일 진행된 것을 확인할 수 있습니다. (황Q의 캔들인 모멘텀 차트는 고가와 저가 중 어느 것이 먼저 발생했는지도 알 수 있게 되어 있습니다.)

300원이던 물건 값이 400원으로 올랐다가 200원이 되거나, 300원이던 물건 값이 500원으로 올랐다가 100원이 되면 평균값은 둘 다 동일하게 300원이지만 값의 '변동성'은 뒤의 것이 훨씬 크다는 것을 느낍니다. 이러한 변동성은 대개 표준편차를 통해 측정되고, 펀드 등 투자자산에서는 '위험'이라는 단어로 표시합니다. (황Q의 데이트레이딩 솔루션에서는 종목의 변동성 의미로 코어 레인지 변동성 2%를 매매대상으로 하는 전략을 취합니다.)

주가에서의 변동성은 정해 놓은 시간 단위(분, 하루, 주 등)에서의 제일 높은 가격을 고가, 낮은 것을 저가라 하며 이를 레인지(range)라고 표현합니다. 이 레인지는 직전에서의 종가와 이번 레인지의 고가와 저가를 비교(금일고가 - 금일저가, 금일고가 - 전일종가, 금일저가 - 전일종가)한 후 가장 큰 폭을 보여주는 것을 트루 레인지(true range, TR)라고 합니다. TR을 비롯하여 가격의 평균들을 이용한 표준화, 고저 간의 변동 폭 정규화 등의 과정을 거쳐 매매신호를 만들고 매매욕구를 자극하게 됩니다.

다음은 유동성입니다. 유동성은 '무언가를 큰 희생 없이 즉시 바꿀 수 있는 상태'를 의미합니다. 갖고 있는 주식을 현금화하거나, 현금으로 주식을 사게 되면 몇 가지 문제가 발생합니다. 첫 번째는 거래비용입니다. 거래에 따른 세금과 수수료가 달라붙습니다. 두 번째는 매매 규모가 커지면 내가 원하는 가격으로 사거나 파는 것이 아니라 그것보다는 보다 더 비싼 값에 사야 되고, 더 낮은 값에 팔아야 되는 슬리피지(slippage)가 발생합니다. 매도 시에 붙는 거래비용은 최소 0.25%가 넘고, 주식의 호가단위는 0.1~0.5% 됩니다. 눈대중으로 이러한 매매 비용을 감안한 초과 수익이 필요함을 알 수 있습니다.

세금과 거래수수료 등의 비용에서 좀 더 자유로워지고자 투자자가 선택하는 종목인 EMP(ETF Managed Portfolio)가 있습니다. ETF나 ETN, 그 중에서도 충분한 변동성과 유동성이 확보된 레버리지, 인버스2X는 거래 규모가 증가 일로에 있습니다.

5천만 원 정도 투자 규모일 때의 변동성 유동성에 대한 인식과, 5천 억 원이 넘어가는 규모일 때의 인식은 천양지차로 달라집니다. 천만 원으로 내던 성과가 운용 규모가 백배로 커지면 성과(손익률)는 오히려 반비례할 수 있습니다. 다만, 투자 규모가 커져야만 가능해지는 비즈니스로의 진입은 가능해질 테고, 규모의 경제로 인건비 등 고정비를 줄이는 효과가 생겨 수익을 증대시킬 수는 있습니다. 물론 손익액의 절대 규모는 커질 것입니다.

종목발굴과 선정 시의 기술적 요소들

　일반적으로 자산배분->종목선정->타이밍 결정의 순으로 인식되는 투자 프로세스에서 자산배분이 성과의 91.5%를 차지한다는 실증 연구가 있습니다. '맞는 얘기이지만 현실적으로 실감하기 어려운' 얘기입니다. 초단기에서부터 장기에 이르기까지 종목발굴을 위해 많이 체크하는 항목들은 아래와 같습니다. 종목발굴은 HTS의 '조건검색'이나 별도의 콘텐츠(메뉴)를 통해 어렵지 않게 찾을 수 있습니다. 이에 대한 부분은 금융포털, 전문사이트, HTS 등의 기술적 분석과 기본적 분석의 '스크리너(screener)'를 이용하면 생각보다 쉽게 검색할 수 있습니다.

- 신고가 / 신저가 종목
- 거래량 급증 종목
- 연속 상한가 / 하한가 종목
- 이격률 등 괴리율이 큰 종목
- 특정 회원사 집중 매매 종목
- 재료 보유 종목
- 자전거래 종목
- 기관·외국인 투자자의 매매 상위 종목(거래량, 거래대금)
- 기술적 분석에서의 유망종목
- 스윙 차원의 눌림목* 돌파 종목
- 이동평균 5일, 5일 20일을 우상향 돌파하며 정배열된 종목
- 컨센서스의 목표가격(TP) 상향 및 현재가와의 괴리율이 높은 종목

*앞으로 상당히 자주 눌림목이라는 단어가 등장하게 됩니다. 주가가 설정한 기간의 평균 거래량보다 두 세배 높은 거래량을 수반하며 한 차례 평균 변동폭보다 높게 상승한 후 숨 고르기 하

듯 하락하는 과정 즉 급등 후 조정국면으로 주된 매집 세력이 의도한 대로의 가격 하향흐름을 끌어가는 과정입니다. 생명선인 20일(또는 10일) 이평선을 훼손하지 않으며 거래량이 평균보다 적어야 하고, 양봉 시 거래량이 음봉 시 때보다 많아야 한다고 일반적으로 얘기합니다.

트레이딩과 관련한 종목선정 방법은 변동성과 유동성이 대부분을 차지합니다. 시장의 중심에 있는 종목이 중심이 되기 때문에 미디어에 사후적으로라도 많이 다루어집니다.

이것을 반영하여 많이 언급되는 방법을 요약하면 다음과 같습니다.

- 거래량 상위 40위 이내에 해당되는 종목(중형주로 분류되는 정도라도 주포가 함부로 시세를 건드릴 수 없는 종목)
- 하루 등락폭이 큰 종목을 매매할 것(ES팬-티스에서는 코어 레인지가 2% 이상인 종목)
- 재료주, 테마주, 대장주, 주도주(ES팬-티스에서는 별도의 관심그룹 종목군)
- 회전율이 높은 종목
- 5일 이동평균선이 10일이나 20일선을 통과한(통과하려는) 종목
- 기관·외국인 투자자의 수급이 좋은 종목(연속 순매수, 기간 순매수 등)
- 시장의 움직임보다 탄력성이 더 큰 종목(최근 단기 베타가 높게 형성된 것)
- 기술적으로 과열상태 진입 지표로 되어 있는 종목
- 신문이나 매스컴에 기사화되는(기사화된) 종목
- 인터넷, 통신상에 뜨는 실시간 정보 중 아직 반영되지 않은 정보
- 포털 사이트 등의 종목토론방(줄여 '종토방')에 노출되지 않은 종목 정보
- 지속 양봉으로 마무리되는 종목
- 장중 지속적으로 우상향가격의 종목(ES팬-티스는 오버나잇 종목으로 별도 필터링함)
- 투자주의, 관리대상 종목은 가급적 배제
- 체결강도(대상기간 동안의 매수체결량을 매도체결량으로 나누어 계산)가 100 이상인 종목
- 전일 동 시간 대비 거래량 100% 이상인 종목(시간대에 따라 다를 수 있음)

- 최근 2주간 흐름상 눌림목의 후반에 이른 종목
- 시가총액 규모가 일 천억 이상인 종목(운용자금 규모와 유관함)
- 레인지의 폭이 크고, 캔들의 전환이 빠른 종목

　상승 가능성을 가진 종목은 거래량과 거래대금의 변화가 필연적으로 일어납니다. 주식유동비율 등과 대비하여 회전율까지를 살펴보아야 합니다. 상승의 신호인 것처럼 허위 정보를 생산하는 경우까지 감안해서 본다면 쉬운 듯 싶지만 쉽지 않은 내용들입니다.

- 거래량이 현재 지속되던 추세에서 점차 늘고 있는 경향의 종목
- 저항선을 돌파하면서 거래가 증가하는 종목
- 전장보다 후장의 거래가 늘면서 올라서 마감되는 종목
- 주가는 정체 상태지만 거래가 급증하는 종목
- 주가는 내려가면서 거래가 증가하는 등 다이버전스 현상을 보이고 있는 종목
  단, 주가가 (흘러)내리면서 거래량이 증가하는 경우도 있는데, 이런 경우는 향후 더 큰 하락과 폭락의 가능성이 있음을 예고
- V자 바닥 탈출 종목
- 거래량과 가격변동이 적던 주식이 거래량 급증을 보이는 종목
- 하락시(일)보다 상승시(일) 거래가 증가하는 종목
- 장대 양봉의 거래량(거래대금) 급증 후 풀백 가격조정의 마무리 시점 인식 종목
- 각종 기술적 지표에서 종목의 상승으로의 반전 및 상승추세 지속 신호가 나오는 종목

　위의 내용은 다음에 이어지는 '인트라데이 매수(진입) 매도(청산)의 전술적 접근과 관점'에서는 다루어지지 않는 내용입니다. 스윙 트레이딩의 요소로 이해하면 좋겠습니다.

인트라데이 매수(진입) 매도(청산)의 전술적 접근과 관점

매수 진입(entry)은 매도 청산(exit)을 염두에 두고 이루어집니다. 싸다고 인식되는 시점과 실제 저가는 다르고, 비싸다고 판단하는 시점도 실제 고가와는 다르다는 사실은 시장에서 다반사로 확인되는 일입니다. 신고가와 신저가의 원리는 저항선 돌파와 지지선 돌파 시의 추세선 역할이 반전되는 것과 같습니다. 데이트레이딩에 참고하는 변동성의 밴드 상단과 하단의 인식은 매매의 신호가 아니라 포지션의 유지 여부로 활용하는 것이 좋고, 밴드의 이동과 반전은 목표가의 이동과 같이 보고 접근하여야 합니다. 롱 포지션을 위한 매수관점과, 숏 포지션을 위한 매도관점에서 일반적으로 얘기하는 체크 항목을 열거하면 다음과 같습니다.

매수 관점

시작과 동시에 급등하는 종목은 한 번 매수시점을 놓쳤으면 포기하는 것이 바람직합니다. 이런 경우를 대비해 접근할 수 있는 종목을 미리 여러 종목 준비하는 것이 바람직합니다. 매수는 조급함과 조바심을 벗어나 '돈이 있으면 언제라도 살 수 있다.'는 느긋함과 인내를 필요로 합니다.

- 최소 2~3% 이상의 레인지(고가-저가)를 보이는 종목을 타겟팅한다.
- 매수는 신중히 한다. 매수가 안 되면 수익은 물론 없지만, 매도 걱정도 없다.
- 개장 초 지수 흐름에 역행하는 큰 폭 하락 종목에 주목한다.(뉴스와 공시 신속 체크)
- 오를 것을 전제하거나 추측해서는 안 된다. 확실하지 않으면 들어가지 않는다. 우연은 없다.
- 추세 하락기에는 줍줍 매수(반대매매 물량)를 시도해 볼 수 있다.

- 추격 매수는 하지 않는다. 추격하여 매수한 가격은 내 가격이 아니다.
- 원칙에 입각하지 않은 물 타기는 손실만 더 키운다.
- 매수 량을 일정하게 하면 평단가의 개념이 정립되어 현재가를 이해하게 된다.
- 분할 매수는 3:3:4를 제안한다. 매수 회수 만큼 시점도 고려해야 한다.
- 매매 기회를 억지로 만들지 않는다. 자연스러운 매매는 스트레스가 없다.
- 강세장 시작 후 큰 폭의 지수 조정은 매수의 기회다. 순매수와 그 규모를 살펴야 한다.
- 약세장의 패닉 셀링은 매수 기회다. 이때도 분할 매수의 자세는 유지해야 한다.
- 급등하려는 종목은 초기에 따라잡되, 처음에 따라잡지 못하면 첫 꺾임에서 따라잡는다.
- VI(변동성 완화장치)에 걸린 종목에 주목하라. 예전에는 상한가 종목에 주목했으나 제한폭이 더 커졌다.
- 첫 상한가 친 종목, 신고가 갱신 종목에 주목하고 재료·수급·패턴을 반드시 점검한다.
- 장 종료 마감 전 한 시간은 매매 욕구를 추스르고 사지 않는다.(종가매수 전략은 예외)
- 갑작스런 대량 매수에 휩쓸려 시도하는 고가 매수는 피해야 한다.
- 눌림목의 끝이 확인된 다음의 첫 조정이 매수시점이다.

매도 관점

매도 타이밍의 경우 전일 오버나이트 한 종목의 경우에는 아침 장이 열리는 때부터 곧바로 이익을 현실화시킬 타이밍을 노리는 것이 좋습니다. 당일 매매를 노리고 매수한 종목의 경우에는 당일 내에 처분하는 것을 원칙으로 하는 것이 좋습니다. 고빈도 매매의 경우에는 1틱도 목표로 할 수 있습니다.

- 개장 초 지수 흐름에 역행하는 큰 폭 상승 종목에 주목한다.(뉴스와 공시 신속 체크)
- 반대매매에 해당되는 경우 개장 시 적용되지 않도록 조치한 후 장중에 매도

하도록 한다.
- 매도는 매수보다 더 중요한 타이밍이 요구된다.
- 주식은 팔 수 있을 때 팔아야 한다. 한두 호가 더 비싸게 파는 것에 주력할 필요가 없다.
- 분할 매도는 5:5를 제안한다. 확인 사살 매도를 하듯 추가 매도한다.
- 매도를 마음먹으면 반드시 실행한다.
- 잔 파도에 매도가를 수정하지 않는다.
- 매수 즉시 승부를 보겠다고 결정하고 매매 외에 한 눈 팔면 안 된다
- 매도 주문은 수정해서 팔려 하지 않는다. 걸어 놓은 매도는 가급적 유지한다.
- 팔아야 할 것이 있으면 장 마감 30분~10분 이전에 팔도록 한다. 미수금 발생에 유의한다.
- 장 마감 단일가 돌입 직전의 호가 올리기 작업을 활용한다.
- 근거 없는 예상으로 오버나잇 하지 않는다.
- 장중 목표 매도가가 고가보다 과도한 경우 2차 재상승 시를 매도에 적용한다.(체결강도 체크)
- 음봉에서의 의도적 저가 또는 종가 매수는 익일 시초가 매도를 원칙으로 한다.(ES팬-티스, 모멘텀 차트를 이용하면 좋다)

스크리너(SCREENER)의 활용

'은막의 여왕' 같은 표현에서의 은막은 스크린입니다. 수천 개의 투자 대상종목을 촘촘한 조건의 그물에 쏟아 부으면 촘촘한 정도에 따라 걸러지는 것이 달라집니다. 어망(그물망)을 촘촘히 하면 잔챙이까지 걸러지는 것이고 느슨하게 하면 대부분 그물 밖으로 나가 버릴 것입니다.

스크리너는 어떤 물고기를 잡을 것인가 하는 통찰력이 우선입니다. 데이 트레이더도 그 많은 종목을 '모두' '매일같이' 매매하는 것은 불가능합니다. 기존에 정해진 대상으로서 자격 심사를 마친 종목들로('유니버스'라고 합니다), 다시 오늘의 조건에 맞는 지를 걸러('스크리닝'이라고 합니다)본 다음 마침내 할당된 규모 안에서 주문 집행이 이루어지는 것입니다.

간단히 HTS에서는 '조건검색'이라고 검색하여 등장하는 메뉴를 활용하면 됩니다. 문제는 어떻게 어떤 조건 항목에 어떤 수준을 요구하여 걸러낼 것인가 하는 점입니다. 지금까지 거쳐 온 투자심리, 기술적 분석, 기본적 분석, 경기순환 등이 모두 검색의 조건이 됩니다. 그런데 그 조건의 유효기간이 하루입니다. 하루살이 '조건검색'이 과제인 것입니다.

진행 과정으로 볼 때 (1)경기순환 차원과 최근의 형성된 테마주, 개인적인 성향의 관심그룹 선택 (2)투자 유의종목이나 관리종목 등 증거금이나 운용규정에서 벗어난 등급종목 배제 (3)투자가 허용된 포지션 범위와 감내할 수준(tolerance)을 시스템이 확인하는 것은 기본입니다.

다음에 이어지는 화면에서 투자자가 의도하는(허용되는) 업종과 종목을 미리 선별하고, 데이트레이딩 조건에 부합되는 것을 실시간으로 모니터링하면서 매매에 임하는 것이 데이트레이딩입니다. 예시로 표현되는 '조건검색' 화면에서의 각각 입력된 행은 다음과 같은 내용을 실제 적용했을 경우 표시되는 내용입니다. 기술적 분석과 기본적 분석에 대한 이해가 미흡할 경우 당연히 다른 결과가 나올 것이니 유념해야 합니다.

데이트레이딩의 관점에서는 기본적 분석보다는 당연 오늘 하루의 변동성에 영향을 주는 항목에 초점을 맞추게 됩니다. 시시각각으로 변하는 시황에서 투자자에게 실시간으로 지속 노출되는 것은 거래가격, 거래량, 거래주체, 거래단위이고 이를 통한 분봉 이동평균 등 각종 기술적 분석 지표, 체결강도, 매매주체의 순매수추이, 전일 대비 거래량/거래대금 수준 등이 초미의 관심사가 되고 보유·매수·매도의 신호(시그널)를 끊임없이 생산하게 됩니다.

매매 단위나 성향에 따라 기술적 분석에 적용되는 (주로) 분 단위가 바뀌므로 이미 소개한 다양한 기술적 분석을 감안하여 자신만의 지표를 조건으로 등록하고 '실시간 감시'를 진행하게 됩니다. 아래는 신호로 많이 사용되는 기법항목으로 기본적 분석에 비해 비교할 수 없을 정도로 다양하게 형성될 수 있습니다.

그림4-2 다양한 스크리너

국내 주식이든 해외 주식이든 대부분의 포털들이 제공하는 '스크리너'를 찾는 것은 어렵지 않습니다. 어려운 것은 어떤 항목이나 기법을 어떤 수준으로 설정하고 적용해서 실제 매매로 이어지게 하느냐 하는 것입니다. 안정된 수익이 지속될 수 있다면 하루에 한 번이 아니라 수천 번에 걸친 매매도 이루어지는 것이 데이트레이딩입니다.

다음은 대부분의 HTS에서 활용할 수 있는 '조건검색'을 이용한 종목의 스크리너를 통해 데이트레이딩 종목을 먼저 추출해야 합니다. 개장 전에 추출하여 매매에 임할 수도 있고, 장중의 틱/분 단위로 실시간 지표의 변화에 따라 신호를 감지하여 대응하는 것도 방법입니다. 거듭 강조하지만 변동성과 유동성이 확보되지 않은 데이트레이딩은 단순한 예측 매매이므로 지양해야 합니다.

아래의 예시 화면은 아주 단출하게 조건검색을 활용한 것입니다. ① 하락추세에서 추세가 반전될 것을 예고(캔들 두 개에서 설명드렸습니다.)하고, ② 현재의 거래량이 10만 주는 넘는 두 가지 조건만으로 추출해낸 종목들입니다. 여기서 '0봉전'이라는 의미는 현재 만들어가고 있는 봉을 의미합니다.

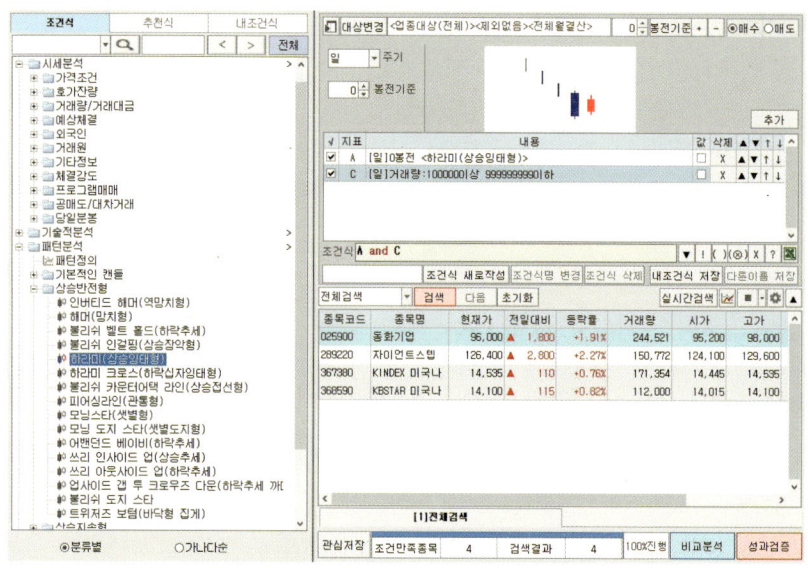

그림4-3 HTS 조건검색화면 캔들(하라미)

데이 트레이딩 용 차트 보기(예시)

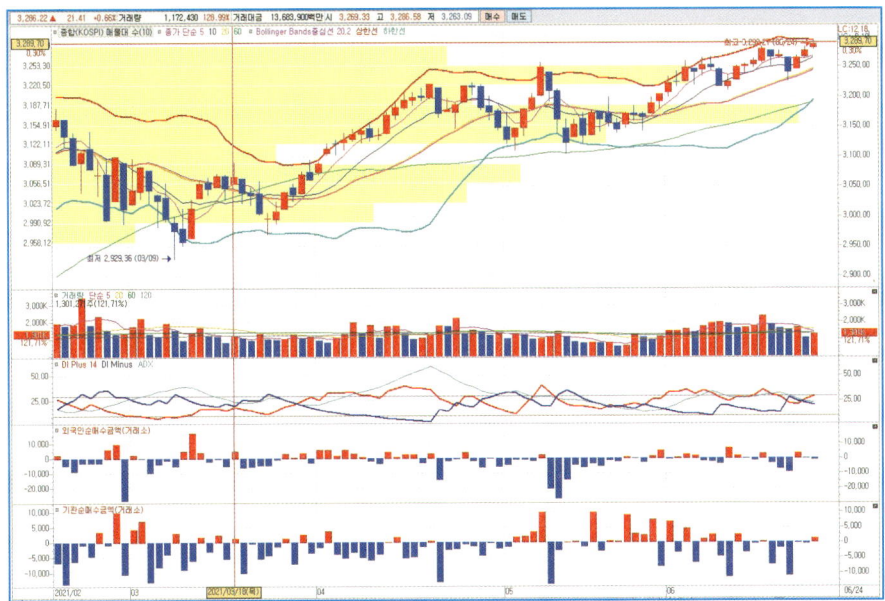

차트4-1 데이트레이딩용 일봉차트

차트4-2 데이트레이딩용 분봉차트

다양한 데이 트레이딩 전략의 이해와 선택

요즘 집 근처에는 어떤 가게들이 많은지 확인해 보기 바랍니다. 인형 뽑기, 아이스크림, 생과일주스, 브랜드 커피 등 다양하게 변화하는 것을 느낄 수 있습니다. 트렌드라는 단어로 추세를 얘기하지만, 투자에 있어서도 쏠림과 몰림이 생깁니다. 부동산, 가상화폐, 테마주 등등에 순환하기도 하고 동시 다발적으로 이루어지기도 합니다. 데이트레이딩 전략도 이러한 대상 자산의 변화와 더불어 투자를 위한 하드웨어와 소프트웨어의 급격한 발전에 맞물리며 유행을 타듯이 바뀝니다.

전통적인 데이트레이딩 전략을 살펴보면, 90년대에는 개장 후 첫 15분, 30분, 60분이나 장 종료 전 30분, 60분과 같은 변동성에 기반을 둔 전략을 많이 사용했습니다.

이들 중 ORB(opening range breakout)는 개장 후 15분 동안의 고가와 저가를 돌파할 경우에 적용하는 전략이었습니다. 2000년대 초반에는 시스템에 기반을 둔 페어트레이딩이 왕성하게 진행되었습니다. 두 개 종목의 일상적인 스프레드 범위를 넘어서면 고가 종목을 팔고, 동시에 저가 종목을 매수해서 거의 무위험 차익거래를 시도하는 방식입니다. 상장주식 BGF리테일과 GS리테일 종목을 연상하면 되겠습니다.

외인이나 기관들의 프로그램 매매와 공매도 시스템이 로봇 어드바이저에 기반을 둘 정도로 발전하는 과정에 고도화된 컴퓨터 환경(빅데이터 처리, AI알고리듬, 광케이블 네트워크 등)의 발전으로 알고리듬 트레이딩, 특히 고빈도 매매(HFT, high frequency trading)가 시장의 많은 비중을 차지하게 되었습니다.

데이트레이딩 전략 또한 이러한 추세에서 벗어나지 않습니다. 이러한 전략이 잘 먹혀들면 반대로 이를 이용하는 대응전략을 구사하는 시스템이 등장하게 되어 끊임없이 전략 로직은 수정에 반전을 거듭하고 심지어 매일 옵션을 달리 주어야 하는 경우도 발생합니다. 관련하여 고전적(conventional)인 데이트레이딩 전략을 예시적으로 몇 가지 소개해 보겠습니다.

- 종가매매(매수)전략: 오전보다는 오후 장에 추세가 확인된 종목을 위주로 하여 14:00 이후에 매수를 시도합니다. 오버나이트 할 종목이므로 기본적인 변동성과 유동성은 체크하여야 합니다.

- 급등락(VI) 대응형 전략: VI를 보인 종목의 장 마감 30분 전부터 급반전할 경우 대응하는 전략입니다. 상승 VI 이후의 경우에는 매도를, 하락 VI 이후라면 매수를 해야 하므로 몇 단계 낮거나 높은 호가 또는 시장가를 통해 물량을 처분하거나 확보합니다.

- 상한가 전략: 사전 분석상의 (첫)상한가 진입 예상종목의 상승폭(7%~10%)을 확인하고 추격 매수합니다. 개장부터의 매수보다는 장 마감 1~2시간 전 추세가 확인된 종목에 한해 접근하는 것이 바람직하고, 위험관리 차원의 손절매 원칙 준수가 중요합니다.

- 하한가 전략: 상한가 전략과 다소 반대되는 개념으로 급락 추세에서의 반발 매수세 유입을 노리고 초단기로 하한가 부근에서 매수합니다. 연속 하한가가 나올 수 있으므로(환금성도 제약됨) 조금 아래에 설명이 있는 추세상의 피보나치 풀백(38.2%~61.8%) 시 시도합니다. 위험관리 차원의 손절매 원칙 준수가 중요합니다. 하한가 재료나 수급상의 원인에 대한 복구 가능성을 사전에 확인할 필요가 있습니다.

- 시간외 단일가 매수 전략: 오후 4~6시의 시간외 단일가 시장에서 거래가 실린 상승세 종목을 추격 매수합니다. 익영업일 개장 초기의 강한 급등을 활용한 매도전략을 취합니다. 밑장 빼기 등의 페이크(위장) 거래일 가능성도 있고, 마케팅 전략으로 '내일 상한가 예상종목' 등으로 포장되어 추천되기도 하므로 각별

한 주의가 필요합니다.

- 레인지 브레이크(range break) 전략: 시가 대비 전일 변동 폭(range)의 일정 수준 이상 상승하면 종가가 시가 아래로 내려가기 힘들고, 반대의 경우 종가가 시가 이상이 되기 힘듭니다. 이러한 과정으로 시가 대비 전일 레인지의 일정수준 이상의 상향 돌파 시 매수하고, 시가 대비 전일 레인지의 일정수준 이하를 하향 돌파하면 매도합니다.

- 오프닝 레인지 브레이크 아웃(OBR) 전략: 오전 개장 후 15분 또는 30분 동안 형성된 고가와 저가 밴드에서 이를 상향 돌파(하향 돌파)할 경우 매수(매도)하는 전략입니다. 전통적인 단순 데이트레이딩 전략으로 높은 베타나 레버리지 투자대상일 경우 타임 프레임은 5~10분으로 줄이는 것을 제안하기도 하며, 지속 유지하는 것이 중요합니다. 이때 살펴야 할 룰로는 변동성, 상대강도, 거래량입니다. 시가 갭이 2% 내외이면 돌파 전략 회피가 바람직하다고 합니다.

- 풀백 트레이딩 전략(pullback trading strategy): 추세와 같은 방향의 매수를 하기 위해 조정받는 경우(retracement), 상승추세 지난 고점에서 하락하여 피보나치 가격수준(38.2%, 50%, 61.8%)에서 지지(support)되면 매수, 저점에서 상승하여 저항(resistance)받는 경우는 매도하는 형식입니다. 추세가 강할 경우 작은 조정수준(38.2%)을 적용하고, 피봇(pivot)을 이용하기도 합니다.

- VWAP(브이왑)과 TWAP(티왑) 전략: VWAP(거래량 가중 평균가격)은 시장에서의 중립지역입니다. 가격[=(고가+저가+종가)/3]이 VWAP 위에 있다면 수요가 있는 상태라는 의미로 매수를 진행하게 됩니다. 거래량에 대한 관점이 내포되어 있어 각 가격대에서의 거래 밀집구간을 살피는 것이 의미가 있습니다.

- 기술적 분석 시그널 돌파전략(breakout strategy): 기술적 분석은 변동성, 모멘텀, 추세, 다이버전스 등 다양한 기준에 따라 복합 이동평균선, 볼린저 밴드, DMI, MACD, Stochastics, LRS(Linear Regression Slope, 선형회귀선의 기울기

와 표준편차), ADR, RSI 등 수백 개의 기술적 지표를 이용합니다. 지지와 저항의 목표가(피봇 또는 디마크 등)도 또한 이용할 수 있습니다. 기술적 분석의 각종 기법 소개 페이지를 참고하면 됩니다.

- ES팬-티스 양봉(예상) 저가전략, 음봉(예상) 저가전략: 투자대상 종목의 최근 캔들 패턴과 레인지를 결합하여 분석하고, 실시간으로 현재가를 체크하여 예상되는 캔들 타입과 레인지(고가와 저가)를 제시하여 데이트레이딩에 임합니다. 예상되는 캔들을 통해 장중 가격 방향성이 인식되므로 다른 트레이딩과의 전략 접목이 용이합니다. 이어서 ES팬-티스와 관련하여 상세히 소개하므로 이를 참고하면 됩니다.

ES팬-티스 데이 트레이딩의 기본원리

　지금까지 데이트레이딩과 관계되는 다양한 부문에 대해 기본적인 에센스를 설명하였습니다. 보다 정밀하고, 실전적인 전략과 실행을 위한 내용은 또 다른 기회에 구체적이고 소상하게 제공하겠습니다. 지금부터는 데이트레이딩 용 솔루션인 ES팬-티스를 소개하고자 합니다. 앞당겨 솔루션을 설명하자면, 기술적 분석과 데이트레이딩 전략에서의 다양한 측면을 복합적으로 활용하여 매매를 위한 가격 타점(매수가격, 매도가격)을 결정하는 콘텐츠라고 요약될 것입니다.
　기본적인 솔루션의 콘텐츠 생산원리와 제공범위는 다음과 같습니다.

　① 기반 데이터는 지수나 종목의 과거 시고저종(OHLC) 데이터에서 양봉·음봉의 캔들 패턴과 레인지 생산 (쉬운 표현은 아니지만, 주가 평균과 표준편차 등의 표준화 방식과 고가 저가의 미니맥스 정규화 방식을 적용했습니다.)
　② 개별 투자대상 자산(지수 또는 종목)의 기본 캔들(스몰 데이터)로 실시간 시가 수신 시 당일 예상 캔들 추정 (양봉과 음봉, 해당 캔들에서의 상단 고가와 하단 저가 등)
　③ 장중에 캔들 전환 시의 레인지 변동성과 모멘텀 확인으로 브레이크아웃 전략을 구사하며, 장중에는 현재가의 위치에 따라 실시간 예상 캔들과 해당 캔들의 고가-저가 밴드를 제공
　④ 기타 예상범위를 벗어나는 경우의 피봇 포인트 방식의 추가 고점과 저점 예상 등의 목표가 수정

　실제 트레이딩에 접목하는 것은 간단합니다. 오늘 예상되는 캔들이 양봉이든 음봉이든 해당 캔들의 저가에 매수 진입을 하여 고가에 매도 청산을 하는 것입니다. 양봉일 경우는 종가가 고가 권역에 있을 것이므로 자연스럽게 매수 후 매

도 전략을 취할 수 있습니다.

하지만 음봉일 경우는 시가가 고가 권역에 있게 되기 때문에 이미 보유한 경우라면 선매도 후 저가 재매수를 하거나 매수 후 장중 반등을 이용한 매도를 하여야 할 것입니다. ES팬-티스의 전략 선택과 실행은 앞서 설명한 기술적 분석을 추가적 보조수단으로 활용하면 보다 효용성이 높아집니다.

매매 전략이 범용적(robust)이어야 함은 당연합니다. 해외시장이나 선물시장 등 다양한 시장에서, 각기 다른 시간대를 적용하여도, 전략에 사용된 변수 옵션 수치를 변경하여도 수익이 유지되어야 한다는 의미입니다. 많이 사용되는 범용성의 기준은 아래와 같습니다. 『7th 감각, 시스템 트레이딩 with CybosTrader』(대신경제연구소, 2004년 3월)를 참조하였습니다.

- 전략이 단순하면서도, 수익이 나는 전략이 범용적이다.
- 시장에 원칙적이고, 논리적인 접근방법으로 설계된 전략이 범용적이다.
- 많은 시장에서 수익이 나는 전략이 범용적이다.
- 최적 변수의 변화가 심하지 않은 전략이 범용적이고, 변수가 적고 사용된 지표의 수가 적은 전략이 범용적이다. (진입이나 청산 전략의 변수는 각 5개를 넘지 말라고 합니다. 변수 하나가 추가될수록 매매 전략의 자유도는 대폭 축소된다고 합니다.)
- 최적화를 할 경우, 많은 변수에서 수익이 발생한 전략이 범용적이다.

위 발간물에서는 '시스템 트레이딩에서 아이러니는 이동평균선이나 일정기간 고저를 돌파하는 아주 단순한 전략이, 복잡하고 깊은 이론적 지식으로 만들어진 전략보다 더 유용하다.'는 점을 이야기합니다. '미국의 경우 1년에 수만 가지의 시스템 트레이딩 전략들이 개발되고 사용되는데, 이중에 대부분의 전략들이 금세 사라진다. 사라지는 원인은 수익이 안 나기 때문이다.'라고 표현하고 있습니다. 이 책의 앞에 있는 '도전! 매일 1% 수익 내기'를 다시 참고해 볼 수 있습니다.

범용성을 갖춘 전략은 과거 데이터에 기반을 둔 백 테스트를 할 경우 대단한 수익률 성과를 보여 줍니다. 간혹 과최적화(over-fitting)된 경우도 있으나 대부분 전략의 백 테스트는 훌륭함 그 자체입니다. 따라서 이러한 전략은 과거와 현재에서 전진 테스트(walk forward test)를 통해 최적화 기간을 설정하게 됩니다. 이 테스트를 하는 까닭은 수익이 발생하는 변수 범위를 결정하거나, 현재부터 전진분석으로 반복 시행할 경우 수익 구조를 유지하는데 목적이 있습니다. 이 테스트는 일정 구간으로 기간을 세분화하여 최적화하고, 그 다음 기에 적용한 다음, 최적화를 하는 식의 반복적인 과정을 거칩니다. 여기에도 세 가지 방법이 있습니다만, 주제를 벗어나니 생략하도록 하겠습니다.

통상 총투자자산 대비 1회 매매에 노출되는 투자 위험 비율은 2%를 넘지 않도록 합니다. 이는 2%로 일곱 번 연속 손실 발생 시 총투자자산 대비 11.4% 손실이 발생함을 의미합니다. 투자원금이 줄어들어 생기는 현상입니다. 여기서 원금 수준으로 돌아가는 만회수익률은 12.9%이나, 그간의 수수료와 세금을 반영한다면 훨씬 더 높은 수익을 확보해야 할 것입니다.

ES팬-티스 솔루션(16613165.shop) 공개서비스 활용

 범용이라는 뜻의 pan, 트레이딩 인터페이스 솔루션의 TIS를 결합한 브랜드가 'ES팬-티스(pan-TIS)'입니다. 쉽고(easy) 간편한(simple) 솔루션이 설득력이 있고, 사용에 범용성이 있다는 투자 솔루션 철학에 기반을 두고 개발되었습니다. 실시간 데이터를 기본으로 시장을 반영하고, 트레이딩으로 대응할 수 있게 만든 서비스로 요약할 수 있겠습니다.
 데이트레이딩의 관점에서 사용 시점별로 이렇게 활용할 수 있습니다.

 ① 접속 시: 디폴트로 제공하는 종목은 오늘은 ES팬-티스 실제 트레이딩 적용 핀업(pinup) 종목입니다. 관심을 갖고 볼 만한 종목이라는 뜻이 되겠습니다.
 ② 개장 전 (단일가매매): 관심그룹에서 코어 레인지가 2% 이상인 종목을 추출하여, 사전에 주요 이벤트와 최근 시세와 시황을 체크합니다. 보유 중이거나 보유하고자 하는 종목에 대해 개장전 8:20분부터 주문예약을 하거나, 장전 시간외 매매 주문을 제출할 수도 있습니다.
 ③ 개장: 관심종목 외에 코스피, 코스닥, 코스피200, 코스닥150의 시가지수로 본 금일 예상 캔들과 상단, 하단 지수를 가늠합니다. 특히 캔들의 방향성에 포커스를 둡니다.
 ④ 개장 후 15~30분: 이미 결정한 종목의 캔들과 1분 봉차트를 비교하며 추이를 모니터링 합니다. 이때 사용하는 주요 기술적 지표는 매물대차트, 이동평균선, 볼린저 밴드, DMI, MACD, 스토캐스틱스, LRS, 외인·기관 순매수량 등입니다.
 ⑤ 장중: 지속적으로 캔들의 흐름을 관찰하고 캔들의 모멘텀이 강화되거나 반전이 이루어진 경우 기존 주문의 취소/변경, 추가 주문을 제출합니다. 매수의 경우는 3:3:4로 3회까지 분할매수하고, 매수 완료에 따른 매도의 경우는 5:5로 2회 분할 매도합니다. 매수는 보통 지정가로, 매도는 조건부 지정가로 합니다.

⑥ 장 마감 두 시간 전: 매수 주문 중 미체결 분은 취소합니다. 다만, 음봉 저가 전략의 경우 종가 매매의 차원에서 주문을 계속 유지하여도 무방합니다.

⑦ 장 마감 30분 전: 마감 가격 형성을 위한 순간적인 가격이나 호가 상승 시 세형성 시에 주문변경을 통해 대응 호가로 정정합니다. 조건부지정가 상태를 유지합니다.

⑧ 장 마감 10분 전 (단일가매매): 예상종가를 통한 당일 캔들이 추정되고 '모멘텀 차트'를 이용하여 내일의 시가 분포 확률 조회가 가능하므로, 매수한 수량의 보유 여부(지정가 매도주문 상태 유지) 등을 결정합니다.

홈페이지(iamchart.com)에서 아임차트솔루션 PC버젼과 모바일앱을 다운로드 받으면 일정기간 무료로 서비스를 이용할 수 있고, ES팬-티스(16613165.shop)는 모바일에서 언제든지 다운로드 받아 접속하여 조회할 수 있습니다.

[전략 요약] 개장과 동시에 예상되는 캔들과 상·하단 가격, 장이 마감될 때까지의 현재가를 반영한 실시간 예상 캔들과 상·하단 가격이 결국 실전 매매의 중심이 됩니다. 싸게 매수하고 비싸게 매도하려고 하는 것은 당연한 원리입니다.
• 양봉 계열의 캔들이 예상되는 경우: 조기 매수 후 장 종료 시까지 매도를 시도합니다.
• 음봉 계열의 캔들이 예상되는 경우: 장 종료까지 매수가 될 때까지 인내하고, 반등을 이용한 당일 매도와, 다음 날 변동성을 이용한 고점 매도를 시도합니다.

쉬어가는 얘기하나 전하겠습니다.

금융공학을 공부하는 사람이라면 대부분 아는 얘기입니다. 헤지펀드를 운용하는 르네상스 테크놀로지의 제임스 사이먼스는 조 단위(2017년 18억 달러, 2위)의 수입을 매년 벌어들였고, 벌어들이고 있습니다. 이 퀀트 헤지펀드 운용을 위해 금융인이 아닌 수학과 물리학을 전공한 박사들이 채워져 있고, 기업분석 업무나 주식시장을 분석하는 경영학과 출신자가 1명밖에 없다는 기사도 있었습니다. 나머지는 죄다 이공계 박사 출신들입니다. 1980년대 NASA 출신의 물리학자들이 월스트리트에 대거 진출하면서 화제가 되기도 했습니다. '월스트리트가 물리학 박사들의 가장 큰 고용주'라는 농담이 나올 정도로 물리학자들이 금융기관에서 일을 하는 경우가 많다고 합니다.

이제 ES팬-티스 솔루션을 이용한 두 가지 전략의 실전 사례를 알아 보도록 하겠습니다. 하나는 양봉이 예상되는 경우의 저가매수 전략이고, 또 다른 하나는 음봉이 예상되는 경우의 저가매수 전략입니다. 음봉이 예상되는 경우 기본적으로 매수에 임하지 않는 것이 원칙이지만, 이에 대한 사례부터 소개하겠습니다.

이제 주식 매매도 AI기술이 예측합니다. 빅 데이터를 활용한
아임차트는 추세와 주가, 캔들을 예측하는 트레이딩 솔루션 입니다.

음봉 저가매매전략: 화신(010690, 2021. 7. 14.)

[황Q] 당일 시가는 10,200원으로 시작되었고, ES팬-티스는 '약한음봉'이 예상되는 '관망DN' 캔들이 예측되면서 상단 고가는 10,328원 하단 저가는 9,991원으로 제시되었습니다.

투자자는 개장 전에 제공되는 양음 캔들 표로 반영하여 한 호가 낮은 <u>9,980원에 1차 매수(100주)</u>를 하였고, 이후 좀 더 음봉이 커질 것을 예고하는 '강세음봉'인 '음봉이동'에서는 상단 고가 10,328원은 유지하고 하단 저가가 9,880으로 나타나면서 네 호가가 높은 <u>9,920원에 2차 매수(250주)</u>를 하였습니다. 평균단가는 9,937원이 되었습니다.

양봉 저가 매수 시에는 양봉 저가에 1차 매수, 음봉 전환 시 저가에 2차 매수, 음봉 확장 시 3차 매수를 30:30:40로 분할매수하는 반면, 시가 예상 캔들이 음봉 계열일 경우의 '음봉 저가 매수 전략'에서는 1차 40% 음봉 확장 시 2차 60%로 분할 매수를 합니다. 정규적으로는 음봉 시에는 하락 모멘텀이 형성되기 때문에 매수를 하지 않는 것이 원론입니다.

음봉에서의 매매는 저가가 종가가 될 수 있기 때문에, 장중 아랫수염이 만들어지는 반등국면 또는 다음 날의 통상 전일보다 높은 수준의 호가가 나오는 것을 이용하여 매도에 임하게 됩니다.

'실시간 예상 캔들'이 '강세음봉'을 의미하는 '음봉이동'인 상태에서 저가매수를 완료하였으므로 본격 매도에 임합니다. 두 번에 걸친 매도를 실행하게 되는데 기본적인 틀은 예상 캔들의 상단 고가가 아닌 시가 10,200원보다 낮은 호가

가격 10,150에 절반 이상인 200주를 주문 체결하였습니다. 이것은 음봉이 만들어지는 기본 전제가 시가보다 낮은 종가가 되어야 하기 때문입니다. 체결 이후 가격은 전일종가보다 100원 높은 10,300원까지 상승하였으나 빠른 호가 움직임으로 이후 하락 시에 동일한 가격 10,150원에 나머지 잔량을 매도한 사례입니다.

매매의 최종 결과는 평균단가 9,937원에 350주를 매수하였고, 10,150원에 전량을 매도하여 2.1%의 수익률을 보였고, 세금과 수수료를 제한 실수익률은 1.88%로 마무리된 것입니다.

2021 / 07 / 14 (수)			
주가지수(KOSPI)		화 신 (010690)	
시 3,270.09	-1.29pt	시 10,200	-
고 3,270.09	-1.29pt	고 10,300	+100
저 3,250.45	-20.93pt	저 9,880	-220
종 3,264.81	-6.57pt -0.2%	종 10,100	-100 -0.98%

차트4-3-1 팬-티스 음봉저가전략 화신 시고저종표

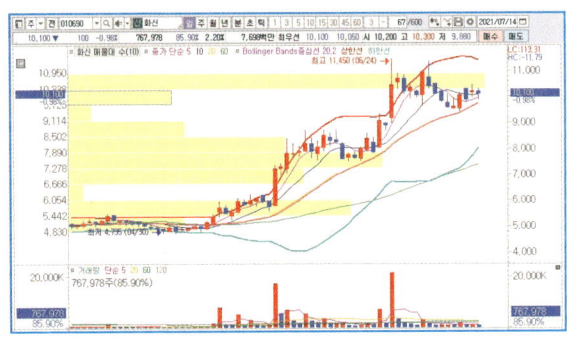

차트4-3-2 팬-티스 음봉저가전략 화신 일봉차트

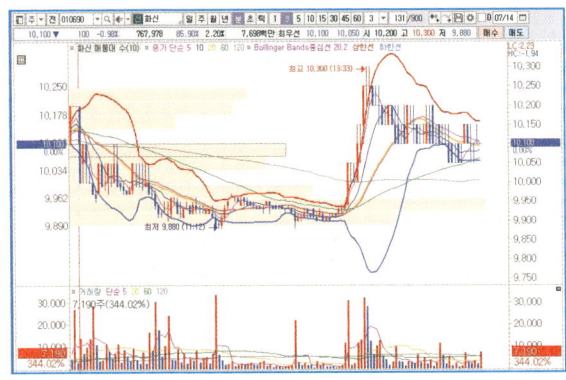

차트4-3-3 팬-티스 음봉저가전략 화신 3분봉차트

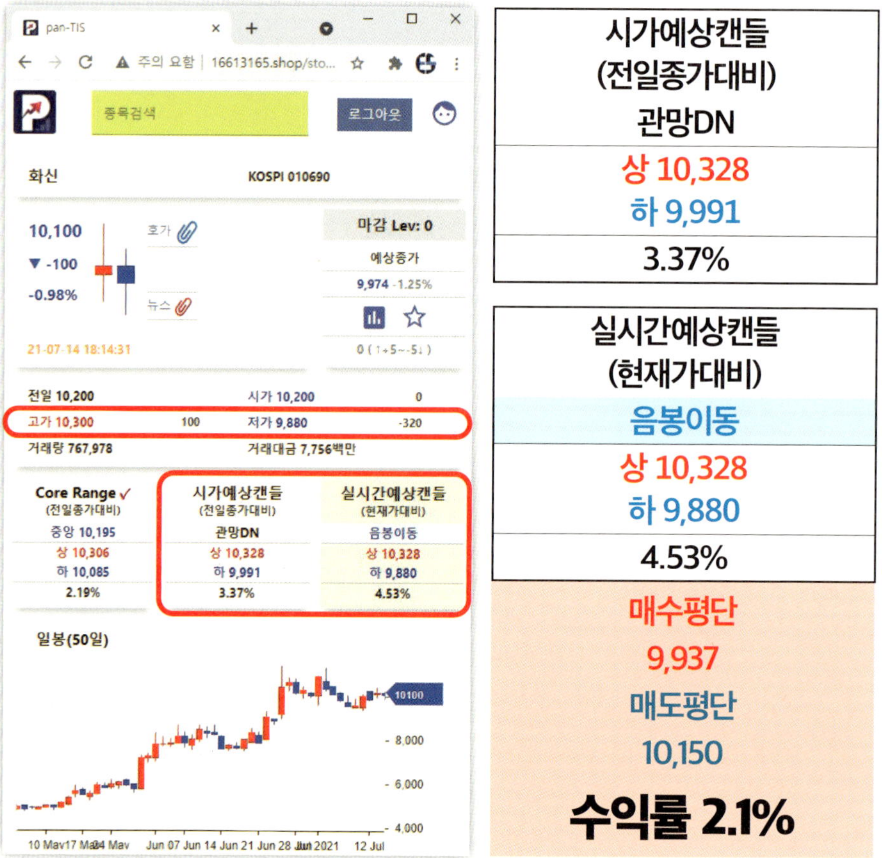

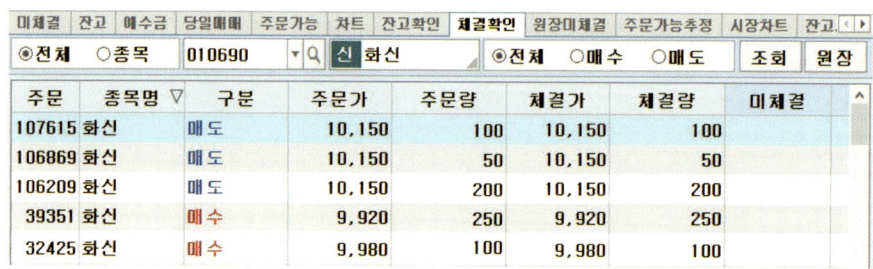

그림4-4-1 팬-티스 16613165 화면

미체결 | 잔고 | 예수금 | 당일매매 | 주문가능 | 차트 | 잔고확인 | 체결확인 | 원장미체결 | 주문가능추정 | 시장차트 | 잔고

◉전체 ○종목 010690 신 화신 ◉전체 ○매수 ○매도 조회 원장

주문	종목명	구분	주문가	주문량	체결가	체결량	미체결
107615	화신	매도	10,150	100	10,150	100	
106869	화신	매도	10,150	50	10,150	50	
106209	화신	매도	10,150	200	10,150	200	
39351	화신	매수	9,920	250	9,920	250	
32425	화신	매수	9,980	100	9,980	100	

그림4-4-2 팬-티스 체결화면

◉당일매수에 대한 당일 매도 ○당일매도전체 전체 조회 상세

매도금액	11,461,500	수수료+제세금	22,321	손익금액	65,280	
매수금액	5,628,000	정산금액	5,811,179	수익률	1.88%	거래내역

종목명	금일매수		금일매도		수수료+제세금	손익금액	수익률
	평균가	수량	평균가	수량			
화신	9,937	350	10,150	350	9,220	65,280	1.88%

그림4-4-3 팬-티스 당일매수 당일매도 화면

양봉 저가매매전략: 이랜텍(054210, 2021.10.22)

[황Q] 당일 시가는 10,550원으로 시작되었고, ES팬-티스는 '약한양봉'이 예상되는 '관망UP' 캔들이 예측되면서 상단 고가는 10,860원 하단 저가는 10,437원으로 제시되었습니다.

투자자는 개장 전에 제공되는 양음 캔들 '고가저가(하이로우) 예상테이블'을 반영하여 한 호가 높은 10,500원에 1차 매수(250주) 주문 처리를 하였고, 이후 예상 캔들이 음봉으로 전환되는 과정이 없어서 총 할당자금의 30% 수준의 1차 매수가 총 매수분이 되었습니다. 따라서 평균단가는 10,500원이 되었습니다.

정규적 해석으로는 양봉 시에는 장의 개장과 변동성이 가장 큰 오전 10시 전에 저가가 형성되므로 예상되는 저가보다 한 호가 높은 매수 주문을 넣은 것입니다. 양봉에서의 매매는 장의 후반(마감)으로 갈수록 고가가 종가가 될 수 있기 때문에 매수가 완료된 이후에는 즉시 예상 캔들의 상단 고가 10,860을 참조합니다. 제출 가능한 주문호가는 10,850원이 되지만 안전하고 보수적인 차원에서 코어 레인지의 상단 10,700원에 '조건부 지정가' 매도 주문을 하는 일상적인 방법을 택했습니다. 2회에 걸쳐 내는 매도 주문 시에는 절반 50% 125주는 10,700원에 나머지 125주는 10,850원을 제출하게 됩니다. 실제 당일 고가는 10,850원에 이르렀지만 이 가격에 가장 먼저 내 주문이 체결될 것이라는 보장은 없습니다. 이 종목의 소속시장인 코스닥 시장의 시황 자체가 보합국면의 +를 보이고 있음을 반영한 것입니다. 이어지는 코스닥시장의 ES팬-티스 화면을 참고하기 바랍니다.

매매의 최종 결과는 10,500원에 250주를 매수(2,625,000원)하였고, 10,700원에 전량을 매도(2,675,000원)하여 단가상 200원으로 총 50,000원의 수익이 났으며, 세금과 수수료를 제한 43,058원은 실수익률 1.64%로 마무리된 것입니다.

2021 / 10 / 22 (금)				
주가지수(KOSPI)		이랜텍 (054210)		
시 992.22	-1.48pt	시 10,550	-50	
고 1,000.15	+6.45pt	고 10,800	+200	
저 989.43	-4.27pt	저 10,400	-200	
종 995.07	+1.37pt +0.14%	종 10,800	+200 +1.88%	

차트4-4-1 팬-티스 양봉저가전략 이랜텍 시고저종표

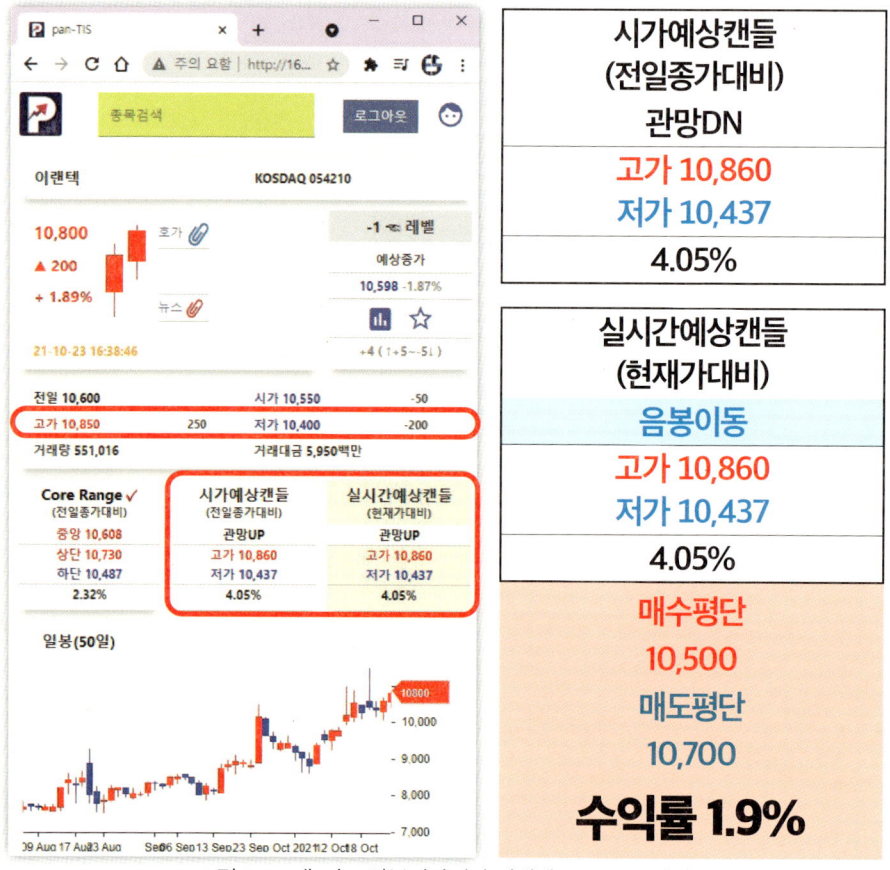

그림4-5-1 팬-티스 양봉저가전략 이랜텍 16613165 화면

차트4-4-2 팬-티스 양봉저가전략 이랜텍 3분봉차트

차트4-4-3 코스닥지수 미니업종차트

양봉 저가매매전략: 이랜텍(054210, 2021.10.22)　169

그림4-5-2 팬-티스 양봉저가전략
이랜텍 당일매수분매도

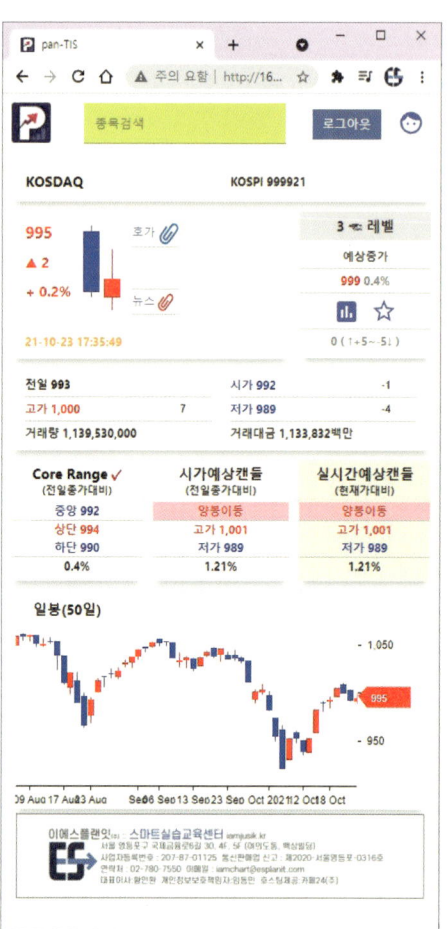
그림4-5-3 코스닥지수 16613165.shop 참조

추세매매 아임차트의 데이 트레이딩 활용

아임차트 솔루션에서는 WaveChart와 ES팬-티스를 같이 운용할 수 있습니다. 데이 트레이더에게 있어 추세의 상승반전과 상승강도가 강해지는 종목을 패턴으로 추출하고(WaveChart), 종목의 변동성과 유동성을 이용하고 오늘 예상되는 캔들의 방향성과 모멘텀 강도, 장중에 예상되는 매수 저점과 매도 고점을 활용하여(ES팬-티스) 속전속결로 매매를 마무리하는 것입니다.

iamchart.com에서 언제든지 다운로드 받아 설치할 수 있습니다. 잠깐! 추세와 패턴의 모니터링 필요상 PC에서 설치하는 것이 더 유용합니다.

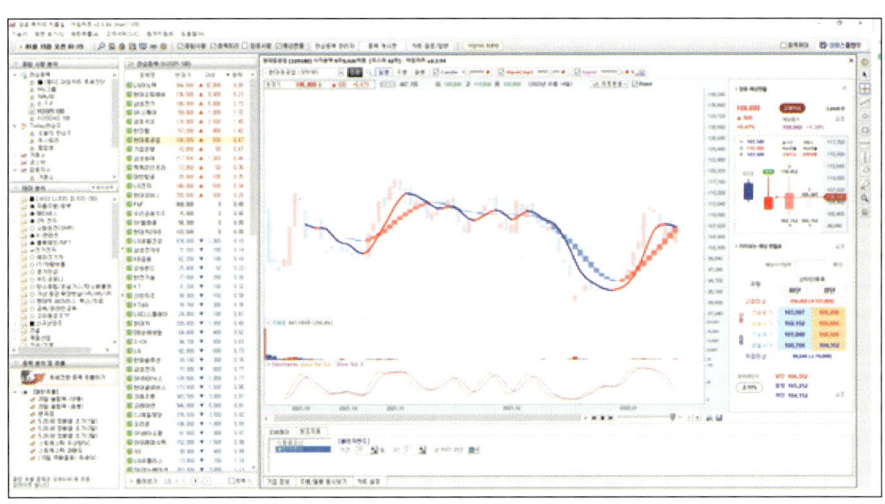

그림4-6 아임차트 트레이딩 솔루션 화면

웨이브차트는 지수 및 종목의 추세를 통해 강세/ 약세/ 보합/ 장에 대한 중장기 대응 전략을 구사합니다. 종목별로는 WaveChart를 통한 포지션 비중을 결정하고, 스윙투자를 위한 시그널 선을 이용하여 무릎보다 먼저 매수하고, 어깨

위에서 매도하여 수익을 최대화하려고 하는 단기매매를 실행합니다. 제일 우측 열에 보이는 것이 이미 설명한 ES팬-티스 차트입니다.

주도주와 대장주 또는 인기주에 대한 [테마]와 관심목록을 제공하므로 시장의 중심에 있는 Cool&Hot 종목을 일목요연하게 파악할 수 있습니다. 개별 종목의 추세에 대한 직관에 이어 단기적인 매매 시그널 선을 이용해 매수/매도에 임할 수 있게 되어 있습니다.

HTS와 같은 구조의 화면이므로 접근성에서의 어려움은 없습니다. 관심그룹/ 테마/ 추세전환 종목/ 등이 제공되므로 이용자의 취향이나 안목에 따라 더 좋은 종목을 발굴할 수 있을 것입니다.

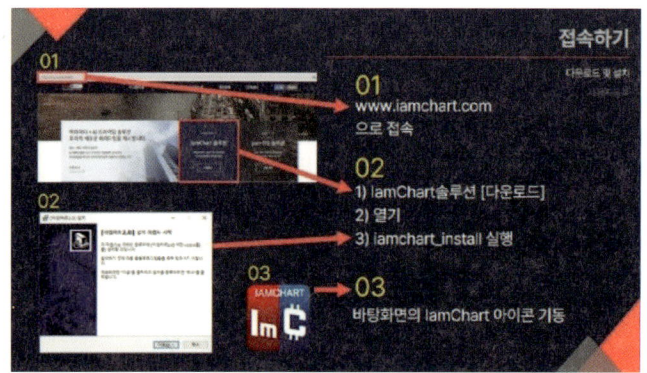

그림4-7-1 아임차트 설치와 실행 1

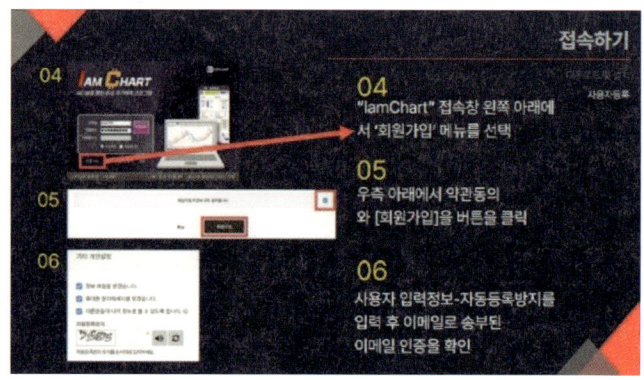

그림4-7-2 아임차트 설치와 실행 2

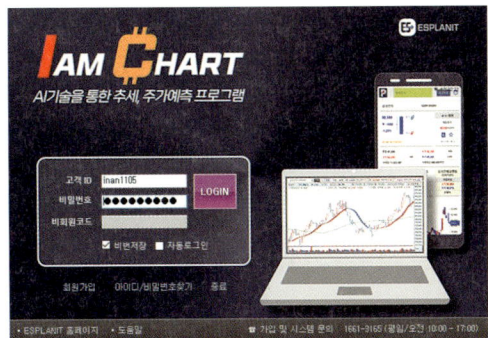

그림4-7-3 아임차트 설치와 실행 3

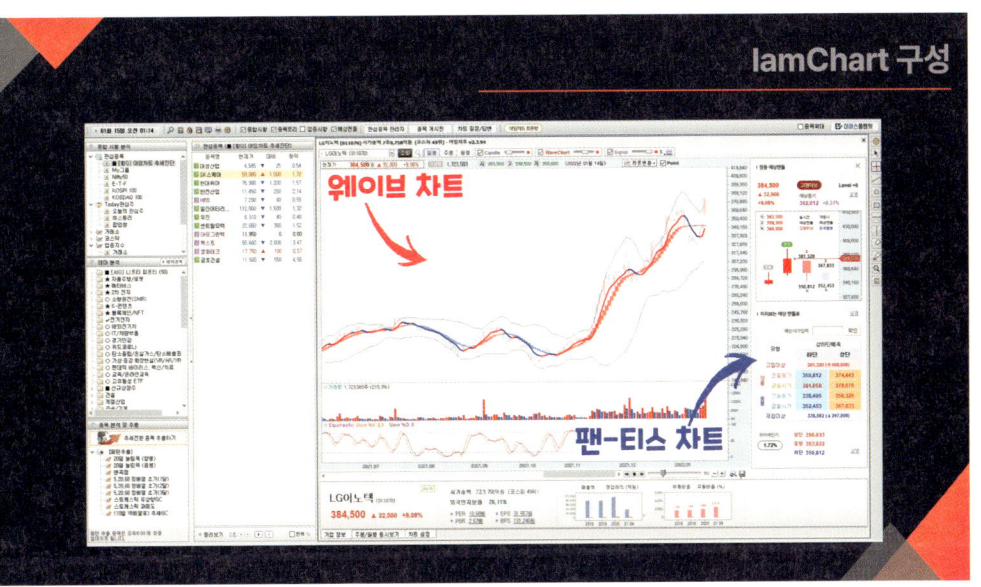

그림4-8-1 아임차트 구성 표는 [목록창]입니다.

목록 상단의 제목을 클릭하여 이름, 등락폭이나 등락률로 오름차순, 내림차순 등으로 정렬시킬 수 있습니다. 메뉴 바의 바로 아래에 있는 체크박스들을 직접 클릭하여 화면 크기와 구성을 조절할 수 있습니다. 순차적인 차트 돌려보기를 통해 편하게 전 종목의 조회도 가능합니다.

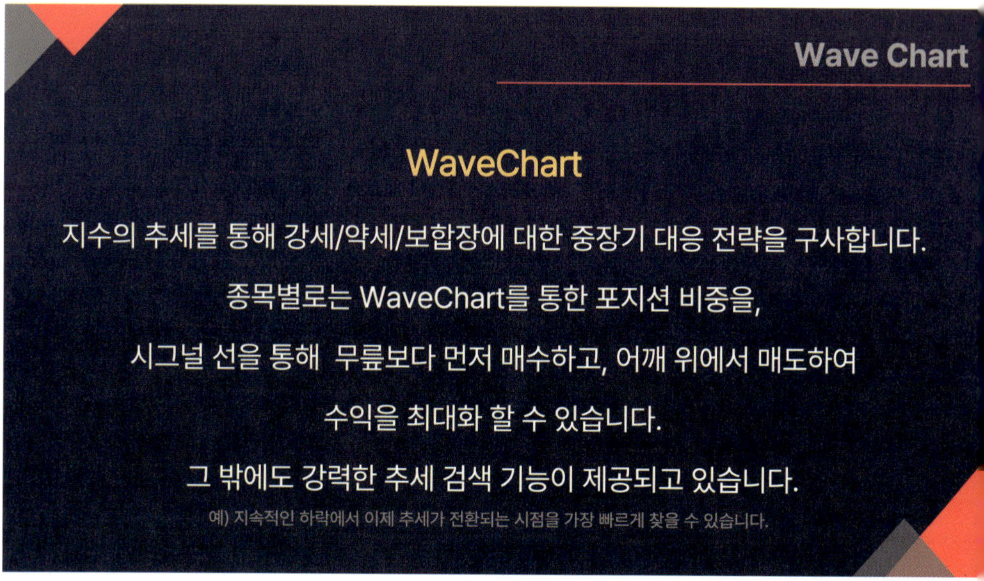

Wave Chart
WaveChart
지수의 추세를 통해 강세/약세/보합장에 대한 중장기 대응 전략을 구사합니다.
종목별로는 WaveChart를 통한 포지션 비중을,
시그널 선을 통해 무릎보다 먼저 매수하고, 어깨 위에서 매도하여
수익을 최대화 할 수 있습니다.
그 밖에도 강력한 추세 검색 기능이 제공되고 있습니다.
예) 지속적인 하락에서 이제 추세가 전환되는 시점을 가장 빠르게 찾을 수 있습니다.

그림4-8-2 웨이브 차트

Wave Chart
웨이브 차트 구성
1
2
3
4
5

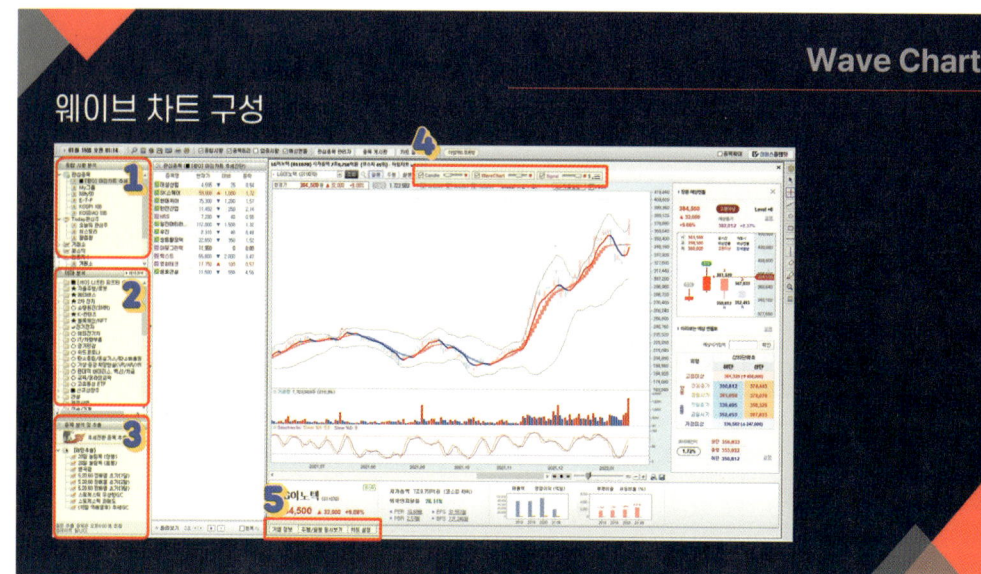

그림4-8-3 웨이브차트 구성

Wave Chart

1 종합시황 분석

관심종목, 최근조회, 거래소/코스닥 업종지수를 통합 트리 형태로 보여주는 종합 분석 창입니다.
오늘의 관심주 및 관심주 히스토리를 통해 관심종목을 공지합니다.

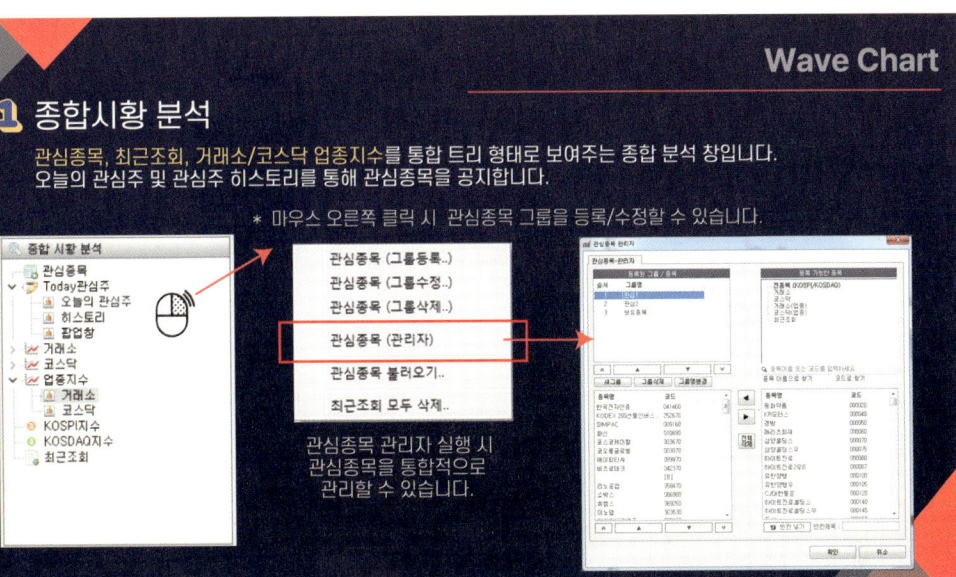

그림4-8-4 종합시황 분석

메뉴 바의 상단에서 [기능]→[관심종목 관리자]를 호출할 수 있습니다. 또는 좌측 상단의 '종합시황 분석' 박스에서 마우스 우측 키로도 가능합니다.

Wave Chart

2 테마 분석

분야별 테마를 그룹별로 보여주며, 테마 검색을 통해 원하는 테마/종목을 검색합니다.

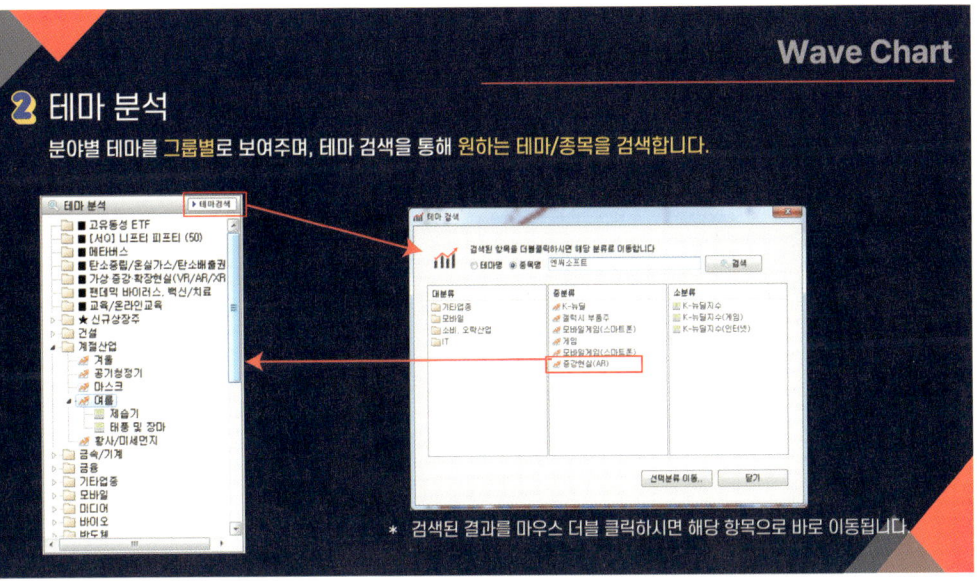

그림4-8-5 테마 분석

최신의 트렌드를 반영한 테마를 관심그룹과 같은 방식으로 조회할 수 있고, 수백 개의 테마에 대한 테마를 검색할 수 있습니다.

Wave Chart

❸ 추세전환 종목 추출하기

추세 지표인 **빨간**, **파란** 다이아몬드를 원하는 형태로 검색이 가능합니다.

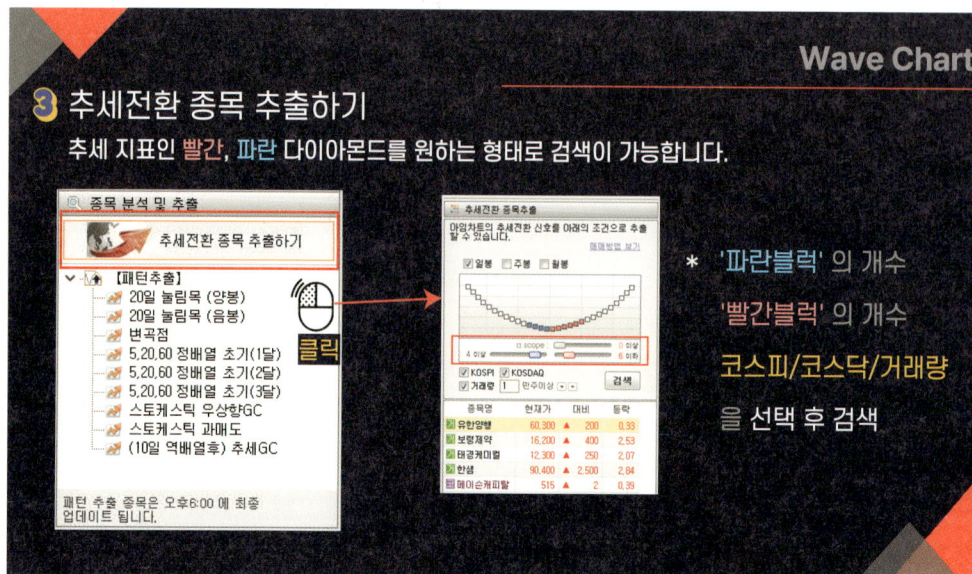

* '파란블럭'의 개수
  '빨간블럭'의 개수
  코스피/코스닥/거래량
  을 선택 후 검색

그림4-8-6 종목분석 및 추출

크게 두 개로 구성되어 있습니다. 하나는 '추세전환 종목 추출하기'로 직관적인 블루 레드 블록을 조합하여 추세전환 종목을 발굴하는 것입니다. 또 하나는 눌림목, 정배열, 기술적 분석의 보조지표 등을 통해 추출된 종목을 직접 조회하는 방법입니다.

Wave Chart

❹ 차트 오버레이 기능

차트에 표현되는 캔들, 다이아몬드, 시그널을 보이거나 감출 수 있으며 투명도를 조절 할 수 있습니다.

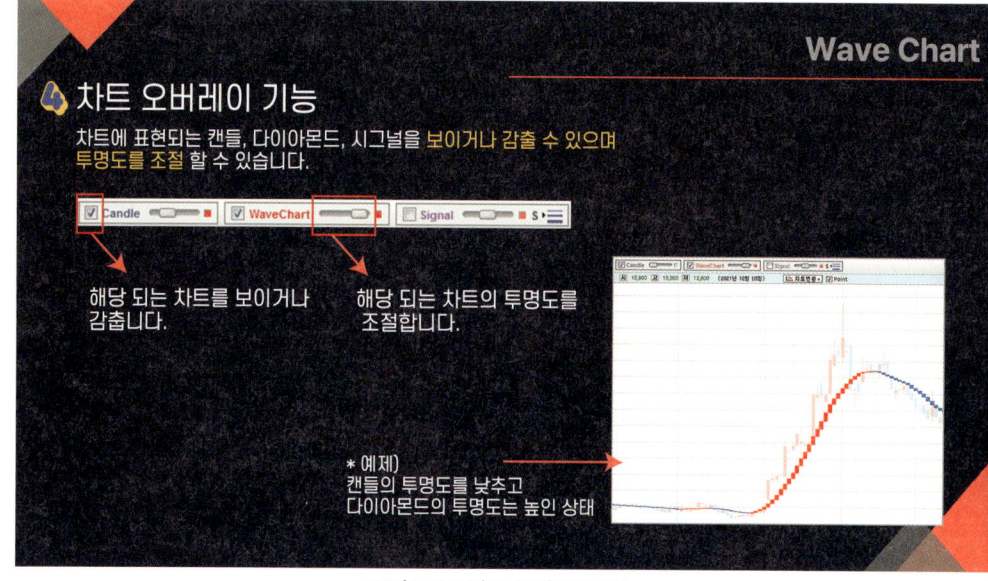

그림4-8-7 차트 오버레이 기능

Wave Chart
5 주봉/월봉 동시보기 및 차트설정
주봉/월봉 동시보기 클릭 시 현재 차트의 주봉과 월봉을 하단에 보여줍니다.
차트 설정 클릭 시 이동평균선 및 보조지표를 추가할 수 있습니다.
오버레이
보조지표
볼린저밴드
[이동평균선]
5일선
20일선
120일선
10일선
60일선
선굵기
기업 정보
주봉/월봉 동시보기
차트 설정
거래량
MACD
Stochastic1
Stochastic2
이지차트 Oscillator
[거래량]
상승
하락
비율(%)

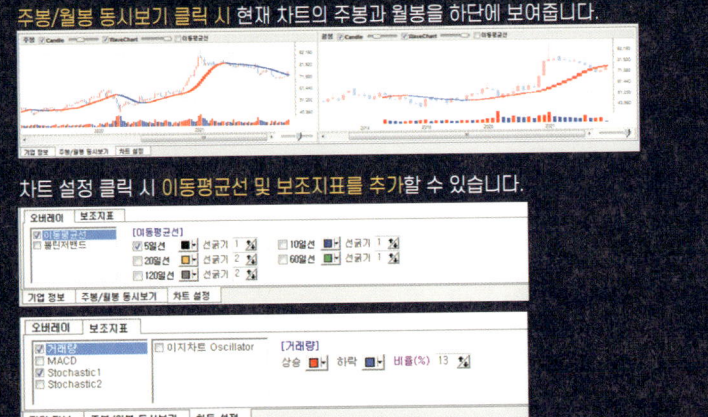

그림4-8-8 주봉/월봉 동시보기 및 차트설정

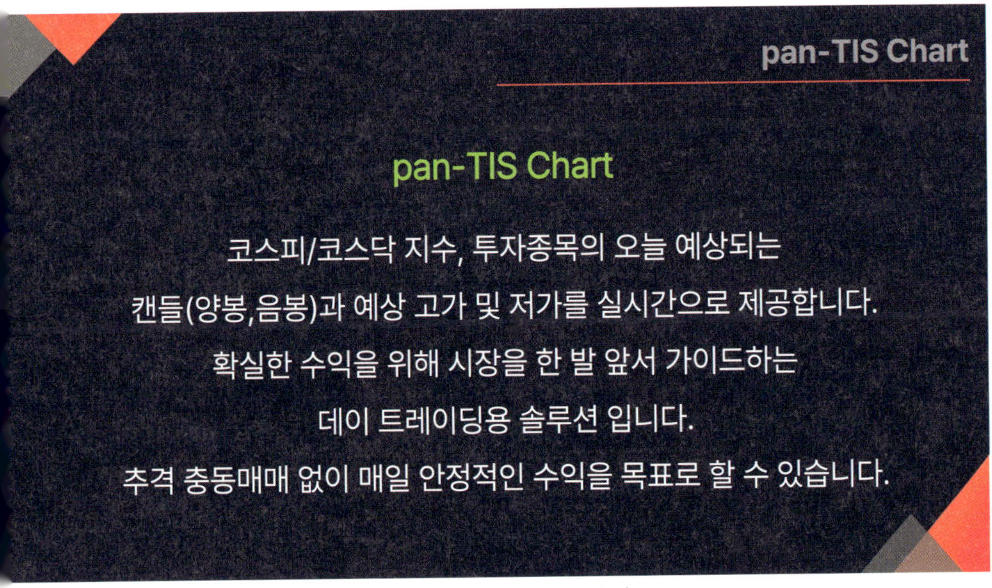

pan-TIS Chart
pan-TIS Chart
코스피/코스닥 지수, 투자종목의 오늘 예상되는
캔들(양봉,음봉)과 예상 고가 및 저가를 실시간으로 제공합니다.
확실한 수익을 위해 시장을 한 발 앞서 가이드하는
데이 트레이딩용 솔루션 입니다.
추격 충동매매 없이 매일 안정적인 수익을 목표로 할 수 있습니다.

그림4-8-9 팬-티스(pan-TIS) 차트

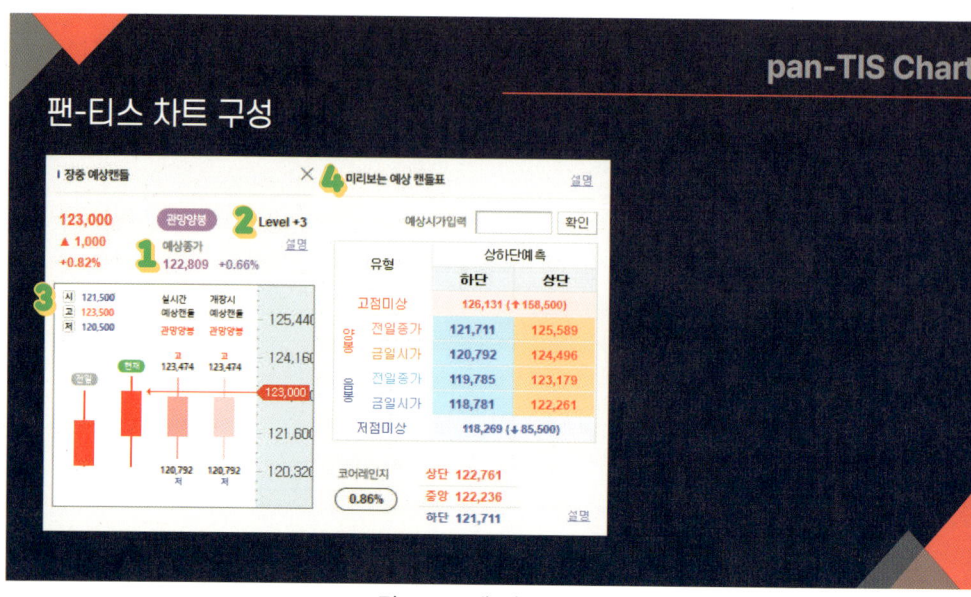

그림4-8-10 팬-티스 차트 구성

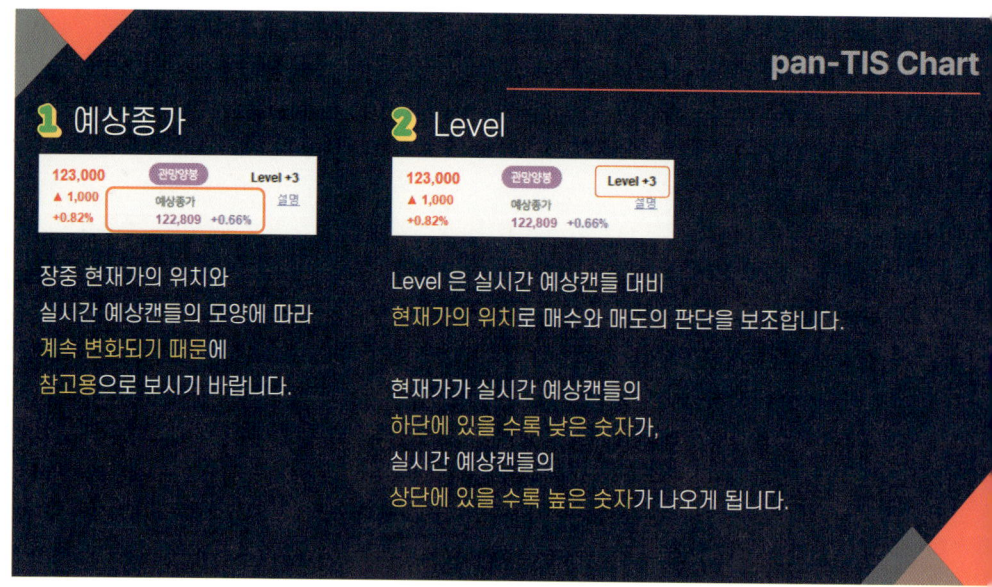

그림4-8-11 예상종가 & Level

pan-TIS Chart

❸ 개장 시 예상캔들과 실시간 예상캔들

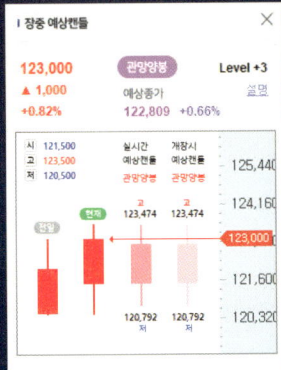

· 개장 시 예상캔들
금일 개장 시 시가를 기준으로,
금일의 고가와 저가, 캔들의 모양을 가이드합니다.

· 실시간 예상캔들
실시간 데이터를 반영한
금일의 고가와 저가, 캔들의 모양을 가이드합니다.

장 중에는 실시간 예상캔들에 비중을 실어 보는것을 권장드립니다.

그림4-8-12 개장 시 예상캔들과 실시간 예상캔들

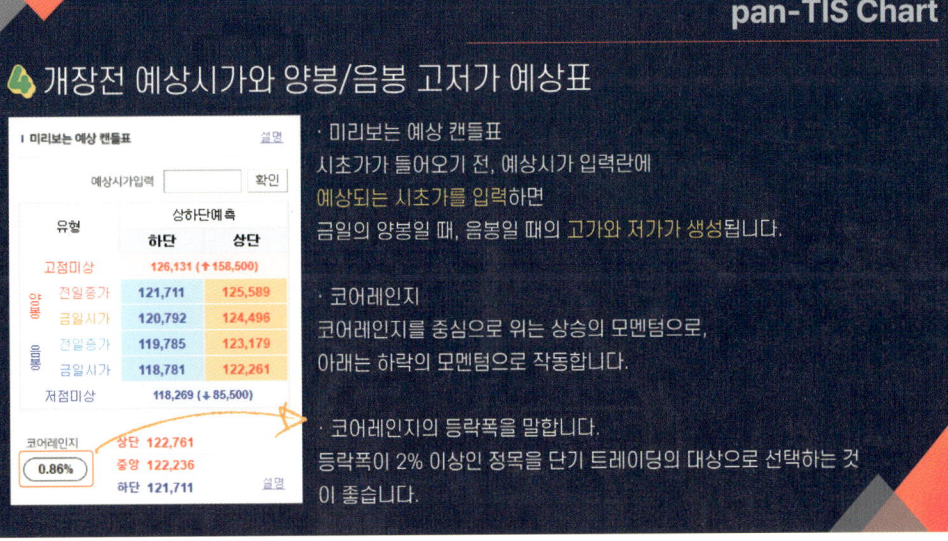

그림4-8-13 개장전 예상시가와 양봉/음봉 고저가 예상표

데이 트레이더 [황Q]의 아주 개인적인 조언

정석투자의 범주를 벗어나지는 않겠지만, 데이 트레이더와 가치투자 기반의 중장기 투자자와는 다른 자세와 태도가 필요합니다. 아래에 열거된 내용은 단기 투자자로서 유념해야 할 경험을 정리해 본 것입니다. 스스로에게 하는 얘기이기도 합니다. 이러한 과정에 대한 학습과 훈련을 통해 나온 성과가 바로 책의 앞에서 소개한 표에서 드러나고 있습니다.

• 자기만의 방식을 유지하는가?

각 투자자가 추세에 대응하는 방식은 모든 시황에서 동일하지 않습니다. "모든 것은 변한다는 사실만 변하지 않는다."는 점을 명심하되 나만의 방식을 유지해야 합니다. 반려동물의 개와 고양이, 여명기에 보이는 개와 늑대를 구분하는 것은 자신만의 방식이 필요하다는 것입니다. 하지만 선인장의 가시도 원래는 잎이었듯이 환경에 적응하여 자신의 고집과 주장을 탄력적으로 변화시켜야 합니다.

• 분할매수와 물타기/불타기는 다르다?

의도적 매수와 비자발적 매수는 싸게 보이거나 손실률이 낮아 보이는 착각으로 추가 매수를 진행하는 것은 아닌지 냉정하게 보아야 합니다. 피라미딩(추격 확대)과 마팅게일(코스트 에버리징) 어느 것에 해당하는지 늘 인식해야 합니다.

• 종목마다 매매(경험) 당사자의 패턴이 존재한다, 패턴을 존중하는가?

한 종목에 대하여 이익을 경험한 투자자(다시 수익을 즐기기 위하여)와, 손실을 경험한 투자자(손실을 보지 않을 것이라고 확신해서)가 매번 만나는 지점이 매매 체결시점입니다. 종목마다 패턴은 다르게 나타납니다. 그 종목을 선호하는 사람의 성향이 같기 때문입니다.

• 예단, 속단, 편견에서 벗어나야 하는가?

건전한 투자자로서 게임을 즐기듯 적정 수준의 스트레스만 허용하되, 도박으로 즐기지 말아야 합니다. 이번만큼은 다르다(This time is different.)는 시각과 시간에 승부를 걸어서는 안 됩니다. 내 죽은 뒤까지 생각하는 장기적인 관점은 "In the long run, we are all dead."라는 말로 족합니다. 솔루션의 결과물을 객관적으로 담담하게 받아 들이는 것이 좋습니다.

• 수수료와 세금은 조용한 하마다?

현물주식 매매, HFT 거래의 최대 난적은 상수로 작동하는 비용입니다. 일회 1%의 수익 뒤에는 최소 0.25% 정도의 상응하는 고정비용이 늘 있습니다. 책 앞의 표에서 확인되듯이 월간 단위로 정산해 보면 총수익 규모의 30% 이상이 수수료와 세금으로 비용을 차지합니다.

• 추매(추격매수/추종매매/추가매수)는 단타의 영역이고, 로직 일탈행위이다?

자기만의 방식을 벗어나고 로직을 배제한 순간의 매매 판단은 매매 타점에 대한 자신감을 결여시킵니다. 매매한 가격은 이미 자기의 것이 아니기 때문입니다. selling climax, blow-off peak out에서의 가격은 항상 로직의 범위 밖에서 일어납니다.

• 이동평균선을 포함한 기술적 지표는 줌인 줌아웃을 반복해야 한다?

각각의 이동평균선은 저항/지지, 수렴/발산, 방향/배열, 교차/이격을 반복합니다. 이 현상을 모든 투자자가 같이 보고 있음을 명심해야 합니다. 항공모함의 움직임과, 커브를 도는 차량, 권투선수의 스텝은 모두 기술적인 부분을 가지고 있으나 그 다음 움직임을 판단하는 사전 움직임은 다릅니다.

• 개인투자자 방향성으로 현물과 선물은 다르다?

장 종료 후의 시간외나 익일의 시장은 판이 다시 열리는 것입니다. 같은 재료도 다른 해석이 가능하고, 아침에 보는 해와 저녁에 보는 해의 느낌처럼 해석됩니다. 종가매매와 오버나잇은 다음날 갭업과 갭다운이 적용될 수 있으므로 동일

재료가 밤사이에 영향 받을 요소가 다릅니다.

• 시스템에 기반을 두고 기록을 남긴다?

진화 발전을 위한 첫 단추는 형식을 갖춘 기록입니다. 막연한 내일의 기대감이 아닌, 확률적 예측이 가능해야 합니다. 누적된 기록은 경험의 축적으로 진정한 인공지능의 역할을 합니다. 성공(수익)한 케이스와 패턴을 발굴 강화 확대해서 '이기는 습관'을 가져야 합니다.

제5장 기술적 분석의 기계적 이해

데이트레이딩을 위한 기술적분석 에센스

알아야 잡을 수 있는 추세

추세 + 패턴 + 지표 + 캔들 + 목표가

기술적 분석: 기계적 판단을 위한 과정

기본적 분석에서 다시 언급하겠지만, 극단적으로 요약하면 가격을 분석하면 기술적 분석이고, 가치를 분석하면 기본적 분석이 됩니다.

어떤 기계적인 기술로 기술된 과거를 계량화하고, 무엇을 단순화하여 기술할 것인가? 이것이 기술적 분석입니다. 매수와 매도의 모멘텀이 교차하고 이것이 반복되는 시장에서, 투자심리와 수급을 읽기 위해 추세/ 패턴/ 지표/ 캔들/ 목표치 등을 계량화(도표화)하는 것을 의미합니다. 시장 움직임의 원인에 대해서는 고려하지 않고 시장 움직임만 나타내는 것입니다. 그 다음은 분석자(투자자)의 몫이라고 하겠습니다.

다시 말해 지금 있는 그대로의 결과(the result of market movement)에 대하여만 분석하는 것을 의미합니다. 모멘텀은 주가 상승세나 하락세에서의 추세의 가속도를 뜻합니다. 즉 방향과 크기를 갖는 힘을 의미하므로 '상승 모멘텀이 강하다.' '하락 모멘텀이 강하다.'와 같이 표현하게 됩니다.

기본 가정
▶ 가격(시장가치)은 수요와 공급에 의해서만 결정된다.
▶ 수요와 공급은 합리적이든 비합리적이든 수 없이 많은 요인에 의해 결정된다.
▶ 미세한 변동을 제거하면 관성에 의한 움직임을 지속하려는 경향이 있다.
▶ 시장 동향은 수요와 공급의 변화에 의해서만 이루어 진다.
▶ 수급의 원인이 무엇이든 조만간 도표 상에 나타난다.
▶ 모든 형태의 가격 모형은 반복하려는 경향이 있다.
▶ 모든 형태의 가격 모형은 (장기)평균으로 회귀하려는 성질(RTM)이 있다.

투자 포트폴리오를 구성하면서 대개 탑다운의 방식을 택하면, 자산배분-종목

선택-매매시점(타이밍)의 포착과 순서가 이어집니다.

계량화된 데이터를 통해 가치평가를 중심으로 이루어지는 기본적 분석과 마찬가지로 동일하게 진행될 수 있습니다.

특히 공정가치(fair value)를 통한 절대평가와 상대평가를 하고 저평가와 고평가의 판단을 하려고 하는 기본적 분석은, 전문가들의 입을 통해 전달되기 때문에 때로는 어렵고, 때로는 이해가 되지 않는 경우가 많습니다. 그에 비해 직관적이고 감각적(시각적)인 요소가 많은 기술적 분석은 입문자부터 전문가에 이르기까지 광범위하게 선호되는 현상이 있습니다. (공정가치는 美SEC에서 정의한 회계적인 표현이긴 합니다.)

시간이 지나고 나서 살피는, 지나간 고심과 고생의 흔적들은 어지간하면 다 사소하게 또는 단순하게 보입니다. 그러한 부분에서 계량화된 부분만을 추출해서 다음의 비슷한 상황에서 조금 덜 고심하고 고생하고자 기술적 분석에 매달리게 됩니다. 천하무적의 비법이나 적토마나 청룡언월도를 전수받는 것은 아님을 새겨야 합니다.

기술적 분석의 원리를 먼저 살펴보겠습니다. 어려운 말로 효율적 시장 가설까지 들먹여야 되는 부분이 있긴 합니다만, 기본 원리 세 가지는 이렇습니다.

- 첫 번째는 '시장가격(주가)의 변동에는 모든 정보가 반영되어 있다.'는 것입니다. 실시간으로 트레이딩되면서 뉴스와 공시, 루머 등 모든 가격과 관련된 부분이 녹아 들어간다는 뜻입니다.
- 두 번째는 '가격은 상승, 하락, 보합의 추세를 가지고 움직인다.'는 것입니다. 등락이나 횡보의 흐름은 보면 누구나 이해하는 다 아는 얘기이고, 포커스를 맞추어야 하는 부분은 '추세를'의 부분입니다. 추세는 앞서 뉴턴의 운동 법칙을 떠올려 보기 바랍니다.
- 마지막 세 번째로, '과거의 가격 패턴(역사)은 반복된다.'는 부분입니다. 두 번째와 세 번째의 원리를 이용해서 다음에 이어지는 변동성을 예측하려고 하는

것이 기술적 분석의 요체가 되는 것입니다.

이러한 분석 과정이 갖는 장점을 먼저 살펴보겠습니다.
그것은 바로 기본적 분석방법으로는 매매시점을 포착하기가 어려우나 어떤 정보가 있을 때, 처음부터 주가의 장기적인 변화 추세까지는 모르더라도, 그것이 변화할 것이라는 사실과 변화의 방향은 알 수 있다는 것입니다.

단점은 세 가지입니다.
하나는, 실적이 확정된 후 상당기간이 경과된 후에야 이용이 가능하다는 점인데, 원리의 첫 번째에서 얘기한 모든 정보가 반영되어 있다는 부분에서 시차가 발생한다는 것입니다. 때로는 정보의 비대칭이 발생하기도 합니다. 이러한 점 때문에 가치 인식 후 시장 참여가 후행적일 수밖에 없는 현상이 벌어지기도 합니다. "뭐~ 좋은 정보 없어?" 하는 이유도 그 때문입니다.
또 하나는 경영자의 철학과 능력, 기업문화 등 비계량부문에 대해서는 분석가의 주관이 개입될 수밖에 없다는 점인데, 앞의 상황과 마찬가지로 모든 정보가 녹아들지 못한다는 반증이 됩니다. 아무리 정교한 기술적분석도 개별적인 이벤트 리스크에서 자유롭지 않습니다.
끝으로, 이것이 단점일 수도 있고 차별화의 영역일 수도 있습니다만, 동일하게 계량화된 부분이라고 하지만, 분석가에 따라 추세나 패턴 또는 강약의 정도를 다르게 분석하고 해석할 수 있는 여지가 있습니다. 추세선은 긋는 사람의 마음에 따라 다르게 그어진다는 뜻입니다.

얼핏 단점이 훨씬 많아 보이기는 합니다만, '주가의 실체는 거래량, 주체는 시간이고, 가격은 결과로서 거래량의 그림자이고, 거래량은 주가에 선행한다.'라는 문장(그랜빌)은 기술적 분석의 알파요 오메가라 하겠습니다. 부연하자면 '주식시장에서 주체는 시간이고, 가격은 그 결과'라고 할 것입니다.

반드시 거쳐 가야 하는 다우 이론(Dow Theory)

다우이론의 원형은 Dow Jones & Co.의 설립자인 찰스 다우(Charles H. Dow, 1850~1902)가 월스트리트저널(Wall Street Journal)에 게재한 연재물에서 발견됩니다. 찰스 다우는 금융서비스업계의 가장 영향력 있는 간행물 중 하나인 월스트리트저널의 창설자 중 한 사람이며 수십 년간 주식과 관련한 여러 논문을 집필했습니다. 자신이 고안한 방법으로, 1929년 대공황을 예언하여 유명세를 얻었고, 그가 집필한 논문들은 1930년대까지 그의 많은 후계자들이 연구·분석하여 체계화되고 정리되어 오늘날 정립된 이론으로 자리 잡게 되었습니다.

이 다우이론은 자신이 지은 것이 아니라 동료인 S. A. Nelson이 붙인 이름으로 이론 정립에 공헌하였습니다. 다우이론은 주가의 움직임과 주식시장의 반복되는 패턴 또는 추세를 분석하여 체계적으로 정리한 것으로, 주가 예측에 있어 기술적 분석의 시초가 된 이론입니다.

기본적으로 주가가 일단 어떤 방향을 잡으면 그 추세가 꺾여 반대 방향으로 전환하는 신호가 나타날 때까지는 관성적으로 그 방향을 유지한다는 가설로, 주식시장은 무작위로 움직이는 것이 아니라 주기적 추세에 의해 영향을 받고, '평균주가 개념은 전체적인 주가추세를 반영한다.'는 것이 그 핵심입니다.

다우이론의 원리

주식시장 추세를 매일 변동하는 단기추세, 수개월간 지속되는 중기추세, 1년에서 10년에 걸쳐 장기적으로 흐름을 보이는 장기추세로 구분하고, 새로운 중기추세의 최저점이 이전에 형성된 장기추세의 최저점보다 높으면 장기추세는 상승

국면으로 들어가고, 새로운 중기추세의 최고점이 이전에 형성된 장기추세의 최고점을 넘지 못하면 장기추세는 하향 국면으로 들어간다고 봅니다.

이 이론은 주식시장을 대상으로 삼긴 하지만, 그 대상을 개별 주식이 아닌 다수의 주식을 지수화 함으로써 전체 주식시장의 추세를 예측하기 위해 개발되었습니다. 오늘날 컴퓨터를 이용한 각종 기술적 분석 기법이 개발되고 있지만, 이러한 모든 기본과 원류는 다우이론에서 찾을 수 있으며 모든 차트 분석은 추세 추종적(trend following)인 것으로 주요 추세를 인식하는 데 역점을 두고 있다는 측면에서 앞으로도 계속 다우이론의 중요성은 간과되지 않을 것입니다.

또한 이 이론이 당초 주식시장을 대상으로 하고 있지만, 주식시장뿐만 아닌 선물시장, 외환시장에서도 유용하게 사용될 수 있습니다. 다시 말해 다우이론은 개별 주식의 가격은 전체의 동향에 따라 결정된다는 가정 아래 시장 전체의 동향을 파악하고자 하는 목적으로 완성된 것입니다.

앞선 장에서 뉴턴, 엘리어트 및 피보나치 등의 연구를 통해 나타난 여러 운동 법칙과 파동 그리고 수열 등에 녹아 있는 자연의 법칙을 다우이론에서도 발견할 수 있습니다.

다우이론의 개념

실제적으로 모든 기술적 분석은 다우이론을 이해하고 나서 시작하는 것이 순서이며, 다음의 6가지 기본원칙을 갖고 있습니다.

- 평균은 모든 것을 반영한다.
- 시장에는 동시에 세 가지의 변화 추세가 존재한다(단기, 중기, 장기).
- 가격추세에는 3가지 국면이 있다(강세, 약세, 보합).
- 평균들은 상호 밀접히 연관되어 있다.
- 거래량은 시장가격추세 변동의 유용한 정보를 제공한다.
- 일단 형성되어 있는 가격추세는 전환될 때까지 계속된다.

첫 번째, "평균은 모든 것을 반영한다."

시장에서 예상되고 있거나 이미 알려진 모든 정보는 시장 평균에 모두 반영되어 있으며, 예상치 못한 하나의 사건이 일어나면 이는 즉각적으로 시장에 반영됩니다. 이것의 의미는 흔히 우리는 어떤 상승 요인이 되는 재료가 발생하더라도 가격이 상승하지 않고 하락하는 것을 흔히 볼 수 있습니다. 이것은 미래 가격에 대한 '예상'에 따라 시장가격이 변동되므로 전혀 이상하거나 잘못된 것이 아니라 오히려 자연스러운 것입니다. 그러므로 다우이론에 따라 분석한다면 뉴스가 나오는 시점을 잡아 거래하는 방법보다는 앞으로 나올 예상 정보를 바탕으로 하는 통계 분석이 훨씬 신뢰도가 높을 것이라는 점을 제시해 줍니다.

두 번째, "시장에는 세 가지의 변화 추세가 있다."

시장에는 동시에 단기, 중기, 장기의 변화 추세가 항상 공존합니다.

- 장기추세(primary trend): 장기추세는 '조류'에 비교할 수 있는 장기적 추세 변동을 의미합니다. 이를 표준적인 예로 볼 때 1년에서 수년간 지속되며 이러한 장기추세에는 변동 추세로 볼 때 강세추세(bullish trend), 약세추세(bearish trend), 보합추세(sideway)가 반복됩니다. 강세추세는 저점과 고점이 점진적으로 직전 저점과 고점을 높여가는 것으로 이해하면 됩니다.

- 중기추세(intermediate trend): 중기추세는 장기추세 내에서의 조정 추세로 보통 3주에서 6개월 정도 지속됩니다. 중기추세의 조정 국면에서 이전 주요 추세에 따른 가격변동의 30~60%가 상쇄되어 조정되기도 합니다. 현재 움직임 동향을 반전하는 가격 운동을 되돌림(retracement)이라고 합니다.

- 단기추세(minor trend): 단기추세는 3주 미만으로 지속되며 중기추세 내에서의 가격 변동을 의미합니다. 단기추세는 장기추세에 대한 정보를 제공하지는 못하지만 추세 전환에 대한 최초의 정보를 제공하는 역할을 합니다.

세 번째, "가격추세에는 3가지 국면이 있다."

가격추세는 시장에 민감하게 받아들이며 시장을 주도하는 투자자들이 포지션을 축적하는 제1기, 가격 변동에 따라 추세 추종적으로 거래하는 투자자의 시장참여로 제1기에서 형성된 시장추세가 확대 발전하는 제2기, 확정된 가격추세와 이에 따라 신문 등의 공공매체의 발표 등에 따라 일반 대중 투자자가 참여하는 제3기의 3가지 국면으로 크게 나눌 수 있습니다.

위 국면은 부분적 낙관론-본격적 반영-대세적인 낙관론-투기에 기반을 둔 가격 상승이 이어지는 순서로 볼 수 있습니다. 강세추세와 마찬가지로 약세추세에서의 마지막 단계는 이후 이어질 강세추세와의 완충기적 성격을 갖습니다.

네 번째, "평균들은 상호 밀접히 연관되어 있다."

다우이론이 처음 소개되었을 때의 의미는 다우 산업지수와 철도지수 양자 간의 밀접한 상관관계를 표현한 것이었습니다. 즉, 주식시장이 강세추세에 있을 경우 산업지수와 철도지수의 양 지수에 공히 강세추세가 이어지며 만일 한 지수에서 강세가 나타나지만 나머지 한 지수에서 약세추세가 나타날 경우 시장은 여전히 강세추세로서 인식되지만, 기존 추세 유지에 대한 신중한 판단이 요구됩니다. 다우이론의 이러한 기본 원칙은 각각의 업종에 대한 상호 연관성을 잘 분석하면 유용한 정보를 얻을 수 있음을 의미합니다.

다섯 번째, "거래량은 시장가격추세 변동에 유용한 정보를 제공한다."

다우는 거래량과 가격추세 간에 밀접한 연관이 있음을 발견했습니다. 이를 테면 시장이 장기적으로 강세추세로 이어질 때 가격 상승 시 거래량은 늘어나고 단기 약세추세로 이어질 때 거래량은 감소합니다. 한편, 가격이 장기 약세추세로 이어질 때 가격하락 시 거래량이 늘어나고 단기적 가격 상승 시 거래량은 줄어듭니다. 만일 장기 가격 상승에서 가격 상승 시 거래량이 줄거나, 가격 하락추세에서 가격 하락 시 거래량이 줄어든다면 이는 기존 시장가격추세의 전환 가능성을 암시하는 정보로 이용될 수 있습니다. 하지만 이러한 거래량과 가격 간의 상관관계는 2차 정보로 이용되어야 합니다. 중요한 것은 가격 정보이며, 따라서 분석은 1차적으로 가격 분석에 기초해야 합니다.

여섯 번째, "기존의 가격추세는 전환될 때까지 계속된다."

위의 원칙은 문자 그대로의 의미로서 당연한 것이지만, 기술적 분석에 기반을 둔 투자의 대부분이 추세 추종적이라는 측면에서 매우 중요한 의미를 갖고 있습니다. 위의 원칙의 적용은 단순해 보일 수도 있지만 어떤 시점에서 추세 전환을 확인할 것인가의 문제에 대해 그 어려움이 있습니다. 다시 말해 추세선들, 저항선의 돌파 여부, 이동평균선의 추적 등 여러 가지 기법에 의해 기술적 분석가는 추세 전환을 확인하려 하겠지만 이는 전적으로 기술적 분석가의 경험과 주관에 달린 것으로서, 적절한 시점에서의 추세 전환을 정확하게 파악하는 것이야말로 투자의 성패를 좌우한다고 볼 수 있습니다.

다우이론에 대한 비판과 보완

다우이론이 그 유용성에도 불구하고 이 이론 자체의 성격으로 말미암아 몇 가지 한계가 지적되고 있습니다. 전술했듯이 다우이론은 어디까지나 현재 진행 중인 추세를 확인하는 데 그 목적이 있습니다. 이러한 측면에서 다우이론은 앞으로의 시장 동향에 대한 예상에 관한 정보를 제공해주지는 못하며 또한 진행 중인 가격추세가 얼마나 진행될 것인지에 대한 정보도 제공하지 못한다는 약점이 있습니다. 이러한 약점을 보완하기 위해서 요즘 많이 쓰이고 있는 오실레이터나 과매수/과매도 지표 등으로 보완할 수 있겠습니다.

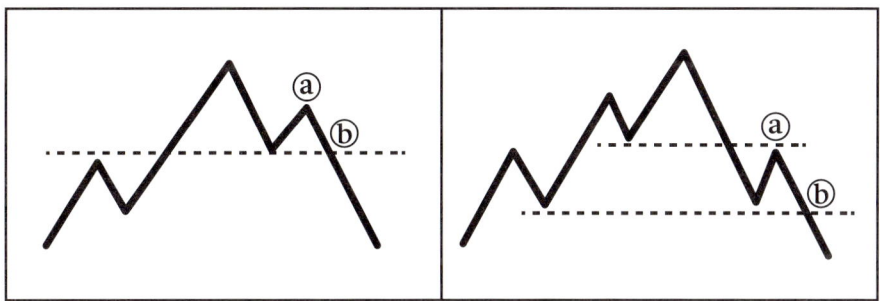

차트5-1 추세전환과정 차트

위의 그림은 기존의 강세추세의 전환과정을 보여주고 있습니다.

ⓐ시점은 최초로 기존추세의 전환 신호를 주고 있으며, 이후 ⓑ시점은 추세전환을 확정시켜 주고 있습니다. ⓐ시점과 ⓑ시점 중 어느 점을 매도시점으로 잡는가는 개별 투자가의 경험과 선호에 달려 있다고 할 수 있습니다.

다우이론의 (장기추세) 진행과정: 강세장 약세장의 국면 전환

주가 추세의 진행과정을 시장상황과 관련하여 보면 강세장은 매집국면, 상승국면, 과열국면으로 구분할 수 있습니다.

다우이론의 (장기추세) 진행과정-강세장

1. 매집국면-강세 1국면
강세시장의 초기단계에는 전체 경제 및 시장여건은 물론 기업환경이 회복되지 못하여 장래에 대한 전망이 어둡습니다. 장래에 대한 전망이 어두워 다수의 투자자들은 오랫동안 지속된 약세시장에 지쳐서 매입자만 있으면 매도에 나섭니다. 반면 전문 투자자들이 일반 투자자들의 실망매물을 매입해 거래량은 점차 증가합니다.

2. 상승(도약, 마크업)국면-강세 2국면
전반적인 경제여건과 기업의 영업수익이 호전됨으로써 일반 투자자들의 관심이 고조되어 주가가 상승하고 거래량도 증가합니다. 이 국면에서는 기술적 분석에 따라 주식투자를 하는 사람이 가장 많은 투자수익을 올릴 수 있습니다. 그러나 이 시기부터 전문 투자자는 점진적으로 차익 실현을 해 나갑니다.

3. 과열국면-강세 3국면
전체 경제여건과 기업수익 등이 호조를 보이고 증권시장도 과열 기미를 보입니다. 보통 주식투자에 경험이 없는 사람들은 이때 확신을 가지고 적극 매입에 나서게 되며, 언론에서도 장밋빛 미래만 넘치게 됩니다. 그러나 이 시기에 전문

투자자는 주가를 상승시키면서 물량을 개인 투자자에게 넘깁니다.

다우이론의 (장기추세) 진행과정-약세장

약세장은 분산국면, 공포국면, 침체국면으로 구분할 수 있습니다.

1. 분산국면-약세 1국면

시장이 과열된 것을 감지한 전문 투자자들이 투자수익을 취한 후 빠져나가는 단계입니다. 주가가 조금만 하락하여도 거래량이 증가하는데, 이는 주가가 단순 조정이라는 착각에 개인 투자자들이 매수를 하고 전문 투자자들은 본격적으로 매도 물량을 내놓기 때문입니다.

2. 공포(공황)국면-약세 2국면

경제여건과 기업수익 등이 나빠짐에 따라 주식을 매도하려는 일반 투자자들의 마음이 조급해지고, 주식의 매입세력이 상대적으로 크게 위축됩니다. 주가가 급전직하로 하락하며 거래량도 급격히 감소하는 양상을 보입니다.

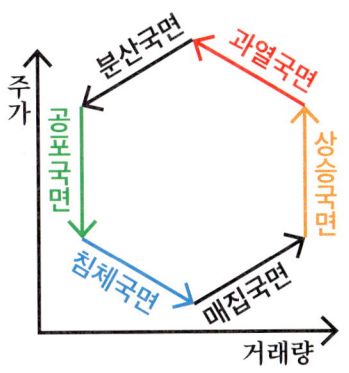

그림5-1 다우이론 6국면

3. 침체국면-약세 3국면

공포국면에서 미처 처분하지 못한 일반 투자자들의 실망매물이 출회됨으로써 (배에서 먼저 뛰어내리려는) 투매 양상이 나타납니다. 주가는 연일 하락하지만 시간이 경과할수록 주가의 낙폭이 줄어듭니다. 이 시기부터 전문 투자자는 점진적으로 매수에 돌입합니다.

다우이론의 활용

다우이론은 시장뿐만 아니라 종목에도 활용할 수 있을 정도로 이미 많이 알려진 이론이지만, 실제 정보가 부족한 개인 투자자가 주식투자를 할 때 접목시키기는 다소 어려운 면이 있습니다.

    그럼에도 불구하고 다우이론을 봐야 하는 이유는 주가의 근본적인 속성인 상승과 하락의 반복을 확실히 알려주기 때문입니다. 다시 말해 마치 파도와 같이 상승이 있으면 하락이 있고, 하락이 있으면 상승이 있는 주식시장에서 강세-약세-보합의 추세적 흐름을 염두에 두어야 합니다.

    또한 다우이론의 특징 중의 하나가 개인 투자자와 전문 투자자의 매매 패턴이 반대라는 것입니다. 시장에 대한 이해도를 반영하고 시스템과 객관적인 분석에 의거하여 전문 투자자가 매수를 할 때 개인 투자자는 매도를 하는데, 이때는 대개 주가가 상승합니다. 반대의 경우에는 주가가 하락을 합니다. 따라서 주식투자를 할 때는 외국인과 기관의 매매 동향, 다시 말해 수급을 반드시 살펴야 한다는 결론에 도달할 수 있습니다.

기술적 분석을 통해 얻으려는 것: 기술적 분석의 분석

아마도 이 책의 전 과정을 통해 독자가 얻으려고 하는 목적의 반은 다음과 같습니다. 내가 지금 어디에 있고, 어디를 향해 가고 있으며, 대략 그 최종 목적지는 어디쯤 될 것인가? 이것입니다. 결론적으로 기술적 분석은 다섯 가지 측면에서 이루어 집니다.

1. 추세(trend)분석은 세 가지 형태, 즉 상승추세·하락추세·보합(횡보)추세로 구분할 수 있습니다. 추세는 최소한의 두 지점을 연결합니다. 상승추세는 저점의 두 지점, 하락추세는 고점의 두 지점을 필요로 합니다. 추세를 하나의 추세대(밴드)로 파악하려면 상승이나 하락과 관계없이 고점을 연결한 추세선과 저점을 연결한 추세선을 동시에 파악해야 합니다.

추세선이나 추세대가 형성되면 회귀(regression)와 되돌림(retracement)을 이용한 지지(support)와 저항(resistance)의 국면 파악에 나섭니다. 이를 보조하기 위해 부채꼴 원리, 간 차트, 비율회귀, 반전일, 갭, 기타 볼린저 밴드와 같은 지표 분석을 활용하게 됩니다.

추세분석을 위해 만들어지는 추세선 외에 특정 기간 동안의 평균값을 잇는 각종 이동평균선(MA, moving average)으로, 심리(5일선)-세력·생명·금리(20일선)-수급(60일선)-추세(90일선)-경기(120일선)과 이들 간의 수렴과 발산, 저항과 지지, 방향과 배열, 교차와 이격을 살펴보게 됩니다.

2. 패턴(pattern)분석, 즉 유형분석은 추세분석을 위해 연결한 추세선 또는 추세밴드의 형태를 통해 현재의 흐름이 지속(continuation)될 것인지, 또는 반전(reversal)될 것인지 판단하는 것입니다.

대표적인 전환형태, 다시 표현하면 반전형으로 하락 반전의 헤드 앤 쇼울더, 상승 반전의 쌍바닥 더블 바텀, 원형, V형 등이 있고, 지속형으로는 상승(하락) 삼각형(또는 사각형), 상승(하락) 쐐기형 등이 있습니다.

3. 지표분석은 장세분석(market analysis)을 통해 가격과 거래량의 각종 이동평균값 등에 일정한 기간과 산식을 적용해서 산출한 값으로 현재 시장수급 상태, 추세나 패턴의 현황을 이해하는 것입니다. 시각적이고 감각적인 추세와 패턴의 형태를 값의 형태로 전환한 지표를 통해 현재의 수준과 강도를 이해하려는 노력입니다. 일반적으로 많이 사용되는 지표분석의 예는 이격도, 볼린저 밴드, MACD, Stochastics, (엘리어트 파동), 일목 균형표, ADX, DMI, RSI 등이 있습니다. 보통 0과 100 사이에서의 진자운동(오실레이터)의 값을 많이 이용하게 됩니다. 오실레이터(oscillators)는 일정 구간이나 기준선을 중심으로 순환 반복하는 지표로 쓰입니다.

4. 캔들(candle)분석은 익숙한 주가표현 방식인 일봉이나 주봉의 차트를 통해 이루어집니다. 하나의 캔들은 시가, 고가, 저가, 종가라는 네 개의 값을 통해 만들어지고, 시가와 종가의 방향과 크기로 음봉과 양봉의 몸통(바디)이 결정되며, 고가와 저가의 위치에 따라 수염(레그, 꼬리)이 그려지게 됩니다. 이제 각 캔들의 모양을 특정 시점의 한 개인가, 직전을 포함한 두 개인가, 더 나아가 세 개인가 등을 통해 시장 참가자의 심리, 예고, 타이밍을 이해하고 포착하려는 분석을 하게 됩니다. 수백 개의 다양한 캔들 패턴이 나오게 되는 까닭입니다. 이 책에서 소개하는 모멘텀 차트는 캔들에 고가와 저가의 방향성을 추가하여 다음 캔들을 이해하려는 수단이기도 합니다.

5. 목표가(counting) 찾기는 모든 투자자의 최종 목적지입니다. 언제, 어느 가격에서, 얼마의 수량으로 진입할 것인가 또는 청산할 것인가를 결정하는 것입니다. 제일 난이도가 어렵다 보니 오히려 아주 간단한 산식을 통해 추출하기도 합니다. 예를 들어 전일(또는 전주 등)의 시가 고가 저가 종가 등을 이용한 나름의 중심값(Pivot값, DeMark값)을 산출하고 여기에 고가와 저가의 갭 등을 이용하

여(더하거나 빼서) 다음의 목표가격을 산정해 보는 것입니다.

상승과 하락 시의 목표가의 예상은 패턴분석과도 연관성이 깊습니다. N, V, E, NT, 피보나치수열, 엘리어트 파동 등 다양한 방식으로 목표가가 제시되나, 코걸이 귀걸이 식의 프로크루스테스적인 잣대로 재단하는 현상도 다반사입니다. 또한 투자자의 성향, 투자기간, 투자목적에 따라 적용해야 하는 목표가도 다양해질 수밖에 없습니다.

이외에도 P&F 차트, 스윙 차트, 삼선 전환도, 역시계곡선과 같은 다양한 기법들이 있습니다. 이들은 각자의 특징적인 부분을 반영하기도 하지만, 합리적인 투자판단을 위해서는 추세와 패턴, 캔들과 목표가 등을 다양하게 결합하고 해석하여(필요시 비중과 가중치를 달리 할 수도 있겠습니다만) 실전적인 투자에서의 판단을 구하게 됩니다. 하나의 기법에 몰입하면 휩소(whipsaw)와 같은 지표의 실패현상(failure)에 대응하기가 힘들어 집니다.

이 장의 첫 머리에서 알파요 오메가라고 했던 "주가의 실체는 거래량, 주체는 시간이고, 가격은 결과로서 거래량의 그림자이며, 거래량은 주가에 선행한다."라는 문장을 다시 한 번 떠올려 보기 바랍니다.

추세분석: 추세를 잡아야 대박이 난다!

추세(trend)란 '가격이나 심리, 집단 등이 움직여 가는 (일정한) 방향'으로 간단하게 표현할 수 있습니다. 기술적 분석의 특징으로서 중요한 것은 주식시장에서 주가가 왜 변하는가 하는 것이 아니고 어떻게 변화하고 있으며, 앞으로 어떻게 변화할 것인가를 중시한다는 점입니다. 추세 분석은 대표적인 기술적 분석에 속하며 거의 모든 분석 방법이 이 추세 분석에서 파생 되었거나 또는 추세의 전환을 좀 더 빨리 포착하는 방법을 추구하고 있습니다. 추세의 움직임을 조기에 정확히 파악할 수 있다면 이후의 가격 움직임을 쉽게 예측할 수 있기 때문입니다.

무엇보다도 주가는 어느 방향이든지 간에 일직선으로 움직이지만은 않습니다. 연속되는 고점들이 높아지고 또한 연속하는 저점들도 높아지면 '상승추세'로 정의하고, 반대로 연속하는 고점들이 낮아지고 더불어 저점들이 연속하여 낮아지면 '하락추세'로 정의하며, 고점들과 저점들이 평행을 이루면 '횡보추세'로 정의합니다.

변동 추세에는 장기추세가 포함되며 이 변동 추세 안에는 강세추세(bullish trend), 약세추세(bearish trend), 횡보추세(보합추세, sideway)가 반복되며 흔히 강세추세에서는 가격 변동에 있어 가격 저점과 고점이 이전 가격 변동의 저점과 고점보다 지속적으로 높은 추세를 보이고, 약세추세에서는 가격저점과 고점이 이전의 저점과 고점보다 지속적으로 낮은 추세를 의미합니다.

'한번 형성된 추세는 반전되기보다 지속될 가능성이 높다(A price trend once established is more likely to continue than to reverse).'는 말은 앞서 소개한 뉴턴의 운동 법칙 중에서 관성의 법칙이 적용되는 것으로 이해할 수 있습니다.

마찬가지로, 추세의 전환을 재빨리 인식할 수만 있다면 상승추세에서는 초기에 신속하게 매입하고, 하락추세에서는 매도 전략만을, 또한 보합 횡보추세에서는 비켜서 있거나 추세대의 상단과 하단을 잘 활용하여 성공적인 수익을 기대할 수 있을 것입니다.

기술적 분석이 가능한 것은 시장이 추세에 따라 움직인다는 전제에 의거하기 때문이며, 아울러 기술적 분석의 방법이 패턴 분석이든 통계적 분석이든 그 방법에 관계없이 추세의 파악에 목적이 있습니다. 상승, 하락추세에는 다우이론과 동일하게 정의되며 횡보(보합)추세는 일정 기간 동안 일정한 가격 범위 내(price range)에서 제한적으로 상승, 하락을 계속하는 추세로 정의합니다.

기술적 분석의 핵심은 추세분석입니다. 추세의 파악이야말로 시장을 기술적으로 분석하는 데는 필수적이며 기본입니다. 지지와 저항 분석, 이동평균선의 사용, 추세선, 차트 패턴 등 기술적 분석가에 의해 사용되는 도구의 대부분은 시장의 추세를 측정하고자 하는 목표를 가지고 있습니다. 실전에서 '추세의 방향대로 거래를 하라.', '추세와 대항하지 말라.' 또는 '추세는 당신의 친구다.'라는 말을 자주 듣게 되는 까닭입니다.

추세(trend)의 방향으로, 시장을 상승추세, 하락추세 또는 횡보추세로 확실히 구분하여 상승추세에서는 사자 전략(go long)을, 하락추세에서는 팔자 전략(go short)을, 또한 횡보추세에서는 기다리는 전략(stand aside)을 취하는 것이 일반적입니다. 아래의 그림을 통해 충분히 이해가 가능할 것입니다.

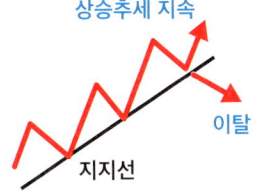

그림5-2-1 추세차트 상승지속

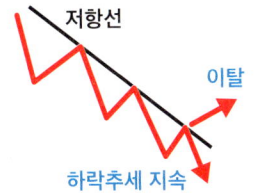

그림5-2-2 추세차트 하락지속

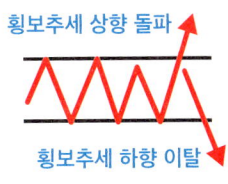

그림5-2-3 추세차트 횡보

다양한 추세선의 저항과 지지와 돌파, 그리고 되돌림

먼저 갠(William D. Gann)의 부채살 형태를 통해 추세선을 가늠해 볼 수 있습니다. 그의 이론은 전통적인 차트분석으로 역사적인 고점과 저점을 중요시 합니다. 정사각형 모눈종이에 좌측 세로선으로 '가격'을, 하단 가로선으로 '시간'을 표시하고 시간 1단위에 가격 4단위는 1 × 4로, 시간 2단위에 가격 1단위는 2 × 1과 같이 좌측하단 꼭지점에서 기하학적각도(geometric angles)로 선을 긋는 것입니다. 45도선이 기본적각도인데 비율, 가격, 시간, 추세분석에서의 추세선을 구성하게 됩니다. 사실 시간의 x축은 늘였다 줄였다가 가능하니 무의미해 집니다. 갠은 붕괴된 저항선은 지지선이 되고, 붕괴된 지지선은 저항선이 된다고 생각했습니다.

이 외에도 추세선을 생산하기 위한 다양한 방법이 있습니다. 상당히 낯선 용어들이지만 아~ 이런 것이 있나보다 정도로 이해하면 되겠습니다. HTS 등의 차트 툴에서 확인이 가능할 것입니다.

• Speed Line
Edson Gould에 의해서 개발되었고, 추세와 되돌림 비율을 결합하여 구성된 기법으로 추세를 삼등분한다는 개념을 이용하여 추세가 상승 또는 하락하는 비율 대 기간, 즉 그 속도를 측정하기 위한 것입니다. 강세형 속도선의 경우 현재 추세에서 가장 고점과 저점의 수직선상의 삼등분점, 즉 3분의 1, 3분의 2로 나누어지는 부분을 연결하는 선을 긋습니다.

• Andrews' Pitchfork
선택하는 왼쪽 세 지점에 기초를 둔 세 개의 평행 추세선으로 이루어지는 선형분석입니다. Dr. Alan Andrews에 의해 개발되었습니다. 쇠스랑(Pitchfork) 모양의 해석은 지지선과 저항선이라는 보편적인 추세선이 기초합니다.

• Cycle Zone

주가가 일정한 주기를 가지고 변화한다는 가정을 기초로, 추세 형성 기간을 등간격주기로 표시합니다. 저점-저점/ 고점-고점/ 저점-고점 등 의미 있는 주기는 그 다음 변화시점 형성에 영향을 주어 동일 기간이 경과된 뒤에 새로운 추세가 형성될 가능성이 크다는 것을 의미합니다. 선(line) 또는 호(arc)로 표현할 수 있습니다

• 피보나치수열 방식

Fibonacci 수열에 기반을 두고 그려진 호(arc), 타임존(timezone), 되돌림(retracement, 23.6% 38.2% 50% 61.8%)에 적용하여 차트로 표시합니다. 엘리어트 파동을 비롯해 많은 부분에서 이 수열이 적용되고 참고가 됩니다.

• Time Zone

피보나치 시간대는 수직선의 연속을 보여줍니다. 이 직선은 피보나치 간격 공간인 1, 2, 3, 5, 8, 13, 21, 34… 등으로 그려지는데, (일간이면 1일, 2일, 3일……144일…, 주간이면 1주, 2주, …144주…) 이 시간대에서 주가는 저점이나 고점을 형성할 가능성이 크다는 것을 의미합니다.

• 선형 회귀선을 활용한 채널(channel)기법

상/하한선의 결정 방법에 따라 (1) Raff 선형 회귀채널(regression channel)은 일정 기간 동안의 선형 회귀선을 중심선으로 상·하한선과 함께 3개의 선으로 구성됩니다. (2) 표준편차 채널(standard deviation channel)은 선형 회귀선을 중심선으로 상·하한선은 기간 동안의 표준편차(기본적으로 2표준편차) 값과 선형 회귀선의 거리를 기준으로 그립니다. (3) 표준 오차 채널(standard error channel)은 선형 회귀선을 중심선으로 그린 기간 동안의 표준오차 값으로 상·하한선을 그립니다.

'어느 정도' 가격이 변동할 것인가를 알아보고자 하는 '갠의 가격에 관한 이론'은 주로 기존추세가 진행되는 동안에 추세와는 반대방향으로 움직이는 가격의 반전 현상, 즉 되돌림 현상이 일어날 때 되돌림 비율이 어느 정도 될지를 구하는 것입니다.

되돌림 비율(retracement zone)로 얼마를 적용할 것인가는 분석가에 따라 중요하게 여기는 비율이 서로 다른데, 엘리어트 이론에서는 피보나치 수열의 61.8%와 38.2%를 가장 중요한 비율로 사용하고 있으며, 갠의 이론에서도 역시 피보나치 수열을 사용하고 있습니다. 갠은 여기에다 다우(Dow)이론에서 조정비율로 중요하게 여기는 3분의 1과 3분의 2를 추가하여 사용하고 있습니다.

갠의 이론은 실제매매에 있어 되돌림 영역이라는 일정한 범위를 정하는 방법이 많이 사용됩니다. 가격은 항상 어느 수준에서 반전하지 않을 수 있으며, 갠이 주장한 50%의 비율을 얼마간 상회하거나 또는 하회할 수 있습니다. 아래의 그림과 그어진 선들의 설명을 참조해 보기 바랍니다.

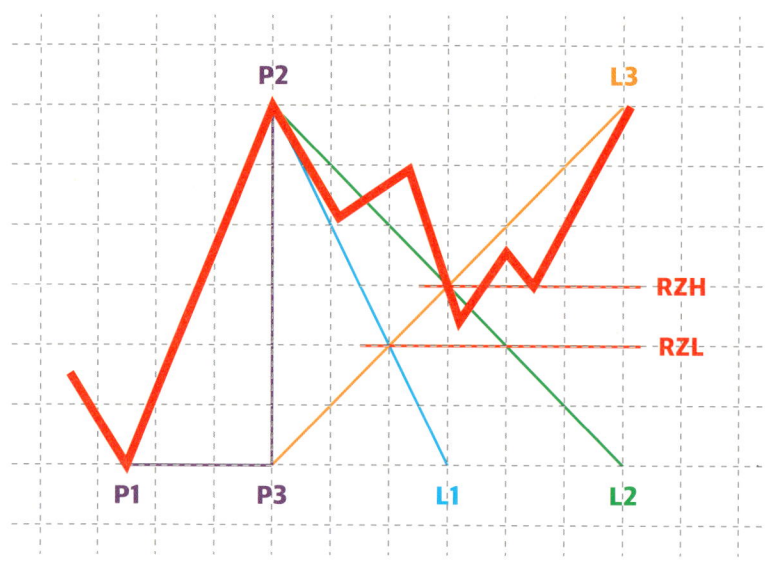

그림5-3 상승추세중의 하락조정 되돌림 영역

<상승추세 중의 하락조정 되돌림 영역>

P1: 역사적 의미의 저점
P2: P1이후의 의미있는 고점
P3: P1과 P2의 수직 교차점

L1: P2에서 63.4의 우하향선
L2: P2에서 45도의 우향향선
L3: P3에서 45도의 우상향선

> 갠이론의 가장 큰 문제는 X축(시간)의 간격을 조절하면 L1, L2, L3를 위한 각도가 임의로 바뀌기 때문에 무의미해질 수 있습니다. 예전에는 1×1 모눈종이라서 인정이 되었지만, 인터넷에서는 화면을 상하좌우로 늘였다 줄였다 하면 각도도 변하게 됩니다.

RZH(되돌림상한선, retracement zone high): L2선과 L3선의 교차점
RZL(되돌림하한선, retracement zone low): L1선과 L3선의 교차점

횡보(보합)추세를 의미하는 박스권은 2~3주 동안 5% 범위 내에서 움직이는 주가 흐름을 의미합니다. 지금까지의 저항과 지지, 박스권에서의 돌파는 해당 추세선을 3~4일 넘어서거나, 3~4% 이상 상승해서 계속 거래하는 경우를 의미한다고 하겠습니다.

추세분석에 대한 결론적인 맺음말로서, 추세분석에 전제되어야 할 것은 대상 품목이나 투자가의 투자성향에 따라 차트분석과 해석을 해 나가야 한다는 사실입니다. 투자의 목적이 아주 장기라면 월봉 차트를 보면서, 중기라면 주봉 차트를 보면서, 단기라면 일봉 거래를 보면서 각자 거래하는 기간에 따라 아주 다양한 거래 방법을 선택할 수 있을 것입니다.

이동평균선 분석: 주식투자 분석의 알파와 오메가

주가는 시시각각 변동합니다. 오를 때는 천장이 보이질 않고, 떨어질 때는 바닥이 없어 보입니다. 이러한 단기 변동의 자잘한 파동(ripple wave) 불규칙성을 제거하고 장기적인 변동추세를 파악하기 위하여 특정기간 동안의 주가를 이동평균(moving average)하여 산출합니다. 이동평균은 시간의 흐름에 따라 가장 오래된 변수를 빼고 새로운 변수를 추가하여 구하게 됩니다. 계속 최근 숫자로 교체되기 때문에 변수들의 움직임을 시계열로 나타냅니다. 00일선, 이평선, MA 모두 같은 의미입니다.

일반적으로 이동 평균값은 일정기간 동안 매일의 (대개) 종가를 산술 평균한 것으로 하루씩 이동하면서 이를 선으로 연결하면 이동평균선이 됩니다. 5일 이동평균선은 단기추세, 20일·60일 이동평균선은 중기추세, 120일·200일 이동평균선은 일반적으로 장기추세를 나타냅니다. 한 마디로 매일같이 종가로 일정량을 일정기간 동안 매수한 평균매입단가(평단가)로 기억하면 되겠습니다.

이것은 대단히 중요한 의미를 가집니다. 다시 말해 현재의 가격보다 이동평균선이 위에 있을 경우에는 이미 매수하여 평단가가 높은 세력의 입장에서는 원금회복 욕구로 인해 매도(팔자)가 형성되는 저항(resistance)의 역할을 하게 되고, 이동평균선이 현재의 가격 아래에 위치할 경우에는 하락 시 추가적으로 더 매수하려는 지지(support)의 역할을 하기 때문입니다.

이동평균을 계산하는 데 가장 중요한 요소는 기간 값이며, 사용하는 기간이 짧으면 짧을수록 시장의 움직임을 가장 빠르게 반영하지만 수많은 속임수를 발생시킵니다. 반대의 경우 속임수 발생이 적은 대신 큰 시차(time lag) 때문에 매매 타이밍의 포착에 별 도움을 주지 못합니다. 값을 산출하는 경우에 최근의 값이 평균에 미치는 영향이 크다고 해석하여 각각의 값에 가중치를 적용하는 가중이동평균 방식을 적용하기도 하고, 지수이동평균 방식을 적용하기도 합니다. 값을 구하는 방법에 따라 단순, 가중, 기하, 지수, 삼각가중 이동평균으로 나누어집니다. 일반적으로 많이 사용되는 세 가지를 설명하면 다음과 같습니다.

- 단순 이동평균(SMA, simple moving average)은 일정기간 동안의 종가를 모두 더한 다음 그 기간의 수로 나누어 계산하며, 대개 종가를 사용하는 것이 보통이지만 고가나 저가, 거래량 등 목적에 따라 얼마든지 대체할 수 있습니다.
- 가중 이동평균(weighted moving average)은 구하고자 하는 기간의 최근일 가격에 더 많은 가중치를 주어 최근의 시장가격 움직임을 평균에 많이 반영하는 것입니다. $MWn = (W_1 \times P_1 + W_2 \times P_2 + \cdots + Wn \times Pn) / (W_1 + W_2 + W_3 + \cdots + Wn)$
- 지수(식) 이동평균(exponential moving average)은 가장 최근의 값에 더 많은 가중치를 부여하고 오래된 값에는 적은 가중치를 부여하되, 비록 오래 된 값이라고 할지라도 완전히 무시하지는 않고 작게나마 반영시키는 계산방법입니다. EMA(지수 이동평균) = 전일지수 이동평균 + {c × (금일 종가지수 - 전일지수 이동평균)} ※여기서 $0 < c < 1$ (9일의 경우 0.2, 12일의 경우 0.15, 26일의 경우엔 가중치 0.075 사용) $c = 2/(n + 1)$

앞서 잠시 언급한 각종 이동평균값(또는 이동평균선)을 소개하면 다음과 같습니다. 물론 사용자의 필요나 인공지능 등 다양한 시뮬레이션을 통해 국가별, 업종별, 종목별, 국면별로 최적화된 적용기간을 찾을 수는 있겠지만, 여기서는 일반적으로 가장 많이 활용되는 것 위주로 설명하고자 합니다.

값의 간격(인터벌)과 주기가 분 단위일 경우는 3분, 5분, 10분 및 5의 배수 시간을 활용합니다. 가장 익숙하게 보는 일봉(캔들) 차트에서 적용되는 일자의 수는 5일, 20일, (50일), 60일, 120일, 200일, 250일 등입니다. 오래 전에는 토요일 오전 장이 열려서 많이 애매한 부분이 있었지만, 지금은 일주일 5일을 기준으로 파악하면 될 것입니다. 한 주간이 네 번 반복되어 월이 되면 20일 됩니다. 60일은 분기의 기간을 의미합니다. 120일은 당연 반년이 되고, 240일(혹은 200일이나 250일)은 연 단위가 됩니다. 만약 주봉을 통해 이동 평균값을 계산해야 할 경우 4주(한 달), 13주(석 달), 26주(반 년), 52주(1년)이 되겠습니다. 일봉을 기준으로 이들에 대해 지칭하는 이름은 다시 소개하도록 하겠습니다.

같은 면(麵) 음식이라도 잔치국수, 비빔국수, 칼국수, 쫄면, 우동, 라면, 모밀면, 파스타 등의 맛과 느낌과 분위기가 다릅니다. 마찬가지로 이동평균도 분봉, 일봉, 주봉, 월봉에 따라 그 이동평균선의 용도와 의미가 대단히 다릅니다. 자신만의 이동평균선 산출 방식(기간, 계산방식)을 선택하는 것은 스스로의 몫입니다. 대단히 의미 있는 것을 찾아낼 수도 있고, 경우에 따라 각 이동평균선 간의 거리(이격)를 통해 새로운 신호를 찾아낼 수도 있을 것입니다.

중요한 것은 아래의 심리(5)-생명(20)-수급(60)-추세(90)-경기(120)-대세(200/240)와 같이 예시된 이동평균선들은 일반적으로 알려져 있고 대부분의 투자자들이 동일한 것을 보면서 판단의 준거로 삼는다는 점을 기억해 두어야 할 것입니다.

이동평균선이 '더딘 예고자(tardy forecaster)'라고 불리는 것은 자잘한 파동을 평탄화(평평하게 하는)함으로써 앞으로의 방향성과 관성을 보여주긴 하지만, 어찌 되었든 이미 지나가서 확인된 과거 데이터를 기반으로 한다는 한계성이 있기 때문입니다.

- **5일선 심리선 (단기 생명선)**

보통 일주일의 영업일은 5일입니다. 주초인 월요일의 시장에 우호적인 효과나 토, 일요일에 대한 불확실성이 반영되는 주말효과가 반복되면서 5일 이동평균선은 주된 매매세력(보통 '주포'라고 표현하는)의 힘의 방향을 보여줍니다. 상승추세의 일간 거래시장 중 등락의 변동성이 있다 하더라도 '세력'은 가급적 5일선을 깨지 않고 가는 현상이 많이 확인됩니다. 반대의 경우도 그러합니다.

• 10일선 (단기 눌림목선)

2주간의 거래일은 열흘에 해당합니다. 양봉과 장대양봉(과거 5~10일 간의 몸통의 평균의 2~3배)의 흐름이 차익실현과 추가 매수 세력의 합류가 진행되는 동안의 시장흐름을 보여주는 것이 10일 선입니다. 특히, 가격과 기간의 조정(하락)이 이루어지는 경우 눌림목이라는 표현을 쓰게 됩니다.

상승추세에서 일봉이 이 10일선 아래로 내려서는(하향 돌파하는) 것과, 하락추세 시에 10일선 위로 일봉이 올라서는(상향돌파) 것은 당연 주목을 받게 됩니다. 스윙 트레이딩의 관점에서 5일선을 타고 강하게 오르던 주식이 통상 10일선과 15일선의 상승추세를 이탈할 경우 단기에 에너지를 보충하여 재상승을 할 것인가를 판별하는 선이기도 합니다.

• 20일선 세력선, 생명선, 금리선 (추세선)

이동평균선 중 가장 중심이 되는 것입니다. 어지간해서 이 선의 방향성이나 모멘텀은 관성의 법칙처럼 같은 방향으로 계속하려는 경향이 있기 때문에 다른 이동평균선과의 방향, 배열, 교차, 수렴을 통해 저항과 지지의 수준을 체크하게 됩니다. 금리선이라는 별칭을 갖는 것은 보통 정책적인 기준금리의 인상, 동결, 인하와 같은 발표에 밀접하게 반응하고, 연동된다는 의미입니다. 금리정책의 결정이 자산시장이나 외환·금리와 관련된 시장에서의 전파경로가 확인되는 기간과도 연결됩니다.

• 50일선 수급선 (해외주식), (2차 추세선)

미국의 주식시장 투자자들이 중기적인 측면에서 50일 이동평균선(주간 10주)과 장기적인 측면에서 200일 이평선(주간 40주)을 가장 많이 신뢰하고 활용합니다. 50일 이평선을 상향돌파(break out) 후 일정기간 거래 후 조정을 받으면서 50일 이평선 근처로 되돌림(pull back)하던 중 평균거래량의 1.5배 이상을 보이면서 오르면 매수하는 방법 등은 익히 알려져 있습니다. 반대로 만약 50이평선 아래로 거래량 증가와 함께 관통하는 경우라면 팔자신호(sell signal)로 인식하고 발 빠른 대응을 준비하여야 할 것입니다.

• 60일선 수급선 (국내주식), (2차 추세선)

미국, 유럽 등의 주식시장과 달리 우리나라에서는 60일선을 수급선이라고 부릅니다. 주가의 실체가 거래량이라 하고, 거래량의 그림자가 주가라고 하는 것처럼 수급선은 중장기 투자자에게는 대단히 의미가 큽니다. 60일선은 3개월이라는 기간이 갖는 신용공여(주식을 빌려주는 대주 또는 주식 매입자금을 빌려주는 신용·융자)의 기간과도 유관하다 하겠습니다. 활황 시 뒤늦은 끝물에 동참하는 투자자이거나 최고의 프로 투자자들은 신용공여를 통해 이익을 극대화하려고 노력하기 때문이고 보통 이때의 공여기간 만기는 3개월 뒤가 되기 때문입니다. 물론 연장이 되는 경우도 있습니다. 베이비붐 이후에 에코 세대가 형성되는 것과 같은 시각입니다.

• 90일선 (장기)추세선

주가가 상승추세인지 하락추세인지 또는 횡보추세인지를 나타냅니다. 통상 주가가 90일 이동평균선 위에 있으면 상승추세로, 아래에 있으면 하락추세로 인식합니다. 추세매매를 통해 중장기 투자전략을 구사하는 경우라면 의미 있게 챙겨야 할 이평선이기도 합니다.

• 120일선 경기선

종합주가지수(KOSPI)는 우리나라 통계청에서 발표하는 경기선행지수(순환변동치)를 산출하는 항목 중의 하나입니다. (기본적 분석에서 좀 더 상세하게 설명합니다.) 선행지수의 선행시차는 약 7개월로 정점에서 약 9개월, 저점에서 약 5개월 정도로 얘기합니다. 120일선은 6개월 정도의 기간을 의미하므로 자연스럽게 경기선으로 불리게 됩니다. 경기순환은 재고순환으로 불리는 40개월 내외의 키친파동부터 50년 내외의 주기를 보여주는 콘트라티에프 파동까지 다양하게 이해할 수 있으므로 투자자의 관점이 중요하게 됩니다.

• 200일선 대세선, 바닥선 (해외주식)

자본시장은 크게 주식과 채권으로 구성된다고 볼 때, FED모델의 공식은 FED모델= 주가 수익률-채권 수익률(10년 만기 국채 기준)과 같습니다. 채권 수익률과 주가 수익률 1/PER(=주가수익배수 PER의 역수)는 연간 몇 %식으로 표현됩니다. 안전자산인 채권과 위험자산인 주식은 자산배분과 퀀트의 포트폴리오 구성에 있어서 큰 대체관계를 형성합니다. 여러 논문과 주장에서 주가지수가 10개월 이동평균선(200일선)보다 높을 때는 매수, 그렇지 않을 때는 매도 및 현금보유를 통해 대규모 하락을 효율적으로 방어할 수 있다고 합니다. 다시 말해 (주가 > 200일 이동평균)일 경우는 주식을 매수하고, (주가 < 200일 이동평균)일 경우는 매도 및 현금보유를 추구하게 됩니다.

- **240일선 대세선, 바닥선 (국내주식)**

앞서의 200일 대세선을 국내에 적용하여 1년 기간으로 또는 추세선이자 생명선인 20일선의 12개월로 적용하는 개념입니다.

굳이 200일선을 투자자가 비중 있게 다룰 필요는 없으나, 연기금과 같이 장기적인 포트폴리오를 구성하고, 보다 안정적인 자산으로의 비중조절을 하는 기관의 경우에는 관심을 둘 수밖에 없습니다.

다양한 이동평균선 만큼이나 이를 투자전략에 적용하는 것 또한 다양합니다. 해당 이동평균선의 기울기와 다른 이동평균선과의 관계를 통해 방향, 배열, 교차, 이격, 수렴, 발산을 통해 다양한 판단을 내릴 수 있습니다. 이제 실질적인 투자 활용법을 알아보도록 하겠습니다.

이동평균값(선)의 투자 활용법

이동평균선을 이용하는 것은 당연히 시각적 효과가 가장 크다는 장점이 있습니다. 이동평균선들이 보여주는 여러 현상들을 직접 보는 것만큼 더 큰 설득력은 없습니다. 따라서 이러한 이동평균값이나 값을 연결한 이동평균선을 통해 국면의 이해, 시점의 판단, 매매가격의 결정 등 다양한 의사결정을 하게 됩니다. 반복되는 얘기지만 수렴과 발산, 저항과 지지, 방향과 배열, 교차와 이격, 크로스, 밀집도는 이동평균선의 생산 속성상 이들과 떼어놓고 볼 수 없는 것들입니다.

이동평균선은 주가의 변동 폭을 좀 더 유연하게 표현한 것이므로, 주가는 보통 이동평균선과 균형을 이루면서 변동하며, 아래와 같은 성질을 파악하고 있는 것이 중요합니다.

- 강세시장에서는 주가가 이동평균선 위에서 파동을 거듭하면서 상승한다.
- 약세시장에서는 주가가 이동평균선 밑에서 파동 운동을 하면서 하락한다.
- 보합 국면의 애매한 주가는 이동평균선과 밀착하여 파동 운동을 하다가 이동평균선을 이탈한다.
- 상승하고 있는 이동평균선을 주가가 하향 돌파할 때는 조만간 반전 하락할 가능성이 크다.
- 하락하고 있는 이동평균선을 주가가 상향 돌파할 때는 곧 반전할 가능성이 크다.
- 이동 평균하는 기간이 길면 길수록 이동평균선은 더욱 유연해진다.
- 주가가 이동평균선으로부터 지나치게 떨어져 있을 때는 이동평균선으로 되돌아오는 경향이 있다.
- 주가가 이동평균선을 밑에서 위로 상향 돌파할 때는 매입 신호이며, 위에서

밑으로 하향 돌파할 때는 매도 신호가 된다.

이동평균값과 관련하여 가장 익숙하게 접하게 되는 네 가지를 소개하면 다음과 같습니다.

첫째, 그랜빌의 8법칙

조셉 E. 그랜빌(Joseph Ensign Granville)은 흔히 기술적 분석의 원조, 주식시장의 대예언가로 불립니다. 『그랜빌 최후의 예언』은 그가 개발한 이론들로 1987년부터 1995년까지의 주식시장을 분석한 결과들을 정리한 책입니다.

그랜빌의 투자법칙, 그랜빌의 OBV이론, 그랜빌의 200일 이동평균선 이론 등과 앞서 반복하여 언급했던 "주가의 실체는 거래량이고, 주가는 거래량의 그림자에 불과하며 거래량은 주가를 선행한다."라는 그의 주장들이 실려 있습니다. 아울러 주가와 이동평균선을 이용하여 매수와 매도시점을 파악할 수 있는 8가지의 투자전략을 제시하였는데, 아래 소개하는 '그랜빌의 법칙'이 그것입니다. 이 법칙은 160일 (200일) 이동평균선과 매일의 주가 움직임을 이용하는 것인데, 다른 이동평균선들에도 투자기간의 장단기에 따라 원용될 수 있을 것입니다.

(1) 매수신호
① 이동평균선이 하락한 뒤 보합이나 상승국면으로 진입할 때 주가가 이를 상향 돌파하는 경우
② 이동평균선이 상승하고 있을 때 주가가 이동평균선 아래로 하락하는 경우
③ 주가가 이동평균선 위에 있을 때 이동평균선을 향해 하락하다가 다시 상승하는 경우
④ 주가가 이동평균선 아래에서 급속히 하락하다가 이동평균선에 다가갈 때

(2) 매도신호
① 이동평균선이 상승한 뒤 평행 또는 하락으로 전환되는 국면에서 주가가 하

향 돌파하는 경우
② 이동평균선이 계속 하락하고 있을 때 주가가 이를 뚫고 올라갈 때
③ 주가가 이동평균선의 아래에서 위를 향해 계속 상승하다가 뚫지 못하고 다

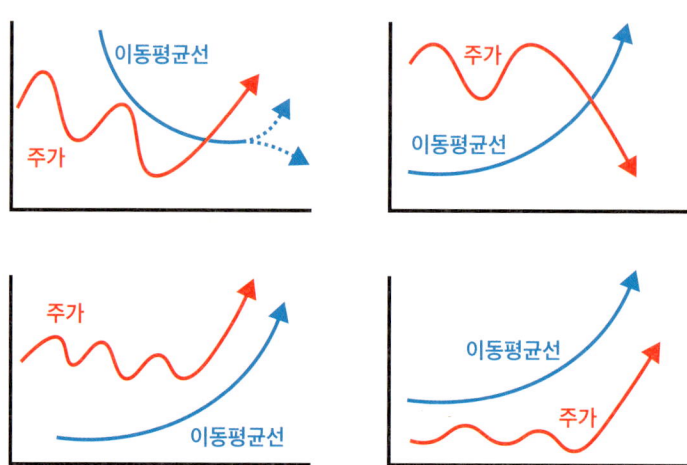

그림5-4-1 그랜빌 매수신호

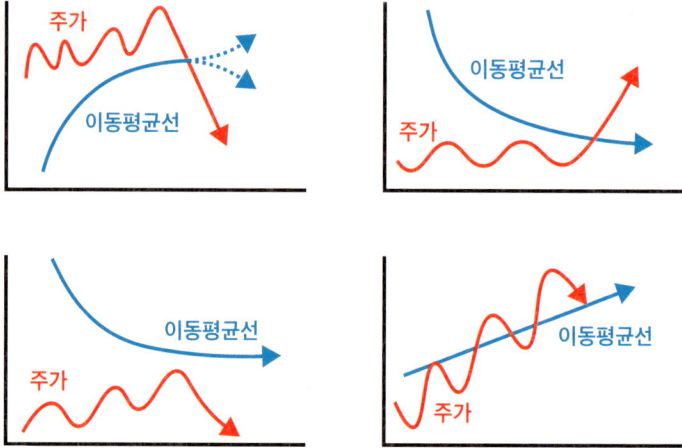

그림5-4-2 그랜빌 매도신호

시 하락하는 경우

④ 주가가 상승하고 있는 이동평균선을 넘어 급등하다가 다시 하락할 기미를 보이는 경우

둘째, 골든크로스(golden cross)와 데드크로스(dead cross)

골든크로스는 단기 이동평균선이 중기(또는 장기) 이동평균선을 밑에서 위로 돌파하면 주가상승의 확률이 높다는 의미입니다. 보통 현재 주가와 5일선(또는 20일선), 5일선과 20일선, 20일선과 60일선 같은 식으로 비교해서 봅니다. 반대의 경우인 데드크로스는 단기 이동평균선이 중장기 이동평균선을 위에서 밑으로 뚫고 내려오는 경우 주가 하락의 가능성이 높다는 의미를 가집니다. 앞서 소개한 그랜빌의 법칙에도 그러한 부분이 법칙의 일부로 표현되고 있습니다.

셋째, 이격도(disparity)는 주가와 이동평균선 간의 벌어진 정도, 즉 괴리도를 보여주는 지표

당일의 주가를 이동평균값으로 나눈 것으로 (가격(종가)/(이동평균) × 100 입니다. 100% 이상이면 당일의 주가가 이동평균선보다 위에 있는 것이고, 100% 이하면 주가가 아래에 위치한 상태를 의미합니다. 이격도를 차트 상에 표시해 일정 수준 이하의 변곡점이나 기준 값을 상향 돌파하는 시점에서 매입하고, 변곡점이나 기준 값을 하향 돌파하는 시점에서 매도하는 것도 고려할 수 있습니다. 엔빌로프(envelope) 분석 등에서 볼 수 있습니다.

넷째, MACD와 같은 지표분석에 활용할 수 있고, Bollinger 밴드 등의 중심선으로 활용 가능

용어가 무척 어려워 보이지만, MACD는 위의 이격도처럼 이동평균선 간(MA)에도 수렴(convergence)와 분기(divergence)가 지속적으로 이루어집니다. (단기이동 평균값-장기이동 평균값)을 추적하고 이 값을 다시 이동 평균한 시그

널 값으로 오실레이터 등을 만들어나가는 것입니다. 볼린저 밴드는 이동평균값을 산출한 기간에서 산출되는 변동성인 표준편차 값에 일정한 값(예를 들어 2)을 곱하여 이것을 이동평균값에 더하거나(= 상단값) 빼는(= 하단값) 것입니다. 이것은 앞으로 발생하는 주가가 이 상단과 하단값 사이에 있을 확률이 95%임을 통계적으로 보여주는 것입니다.

지금까지 말씀드린 내용을 여러 이동평균선(들)을 동시에 살펴보는 집단적인 패턴의 관점에서 보는 것도 투자전략 수립과 매매에 대단히 중요한 부분이 됩니다.

차트5-2 일봉차트와 이동평균선

① 방향과 배열

이동평균값이 역배열 하락세에서 상승세로 전환하는 경우, 단기, 중기, 장기 이동평균선 순서로 반영되는데 이러한 순서로 각 선들이 위치하는 것이 정배열 상태이며, 주식을 매수, 보유하는 것이 좋습니다. 지속적으로 또는 탄탄한 지지력으로 작동하기 때문입니다. 상승세에서 하락세로 전환하는 경우, 단기, 중기, 장기 이동평균선 순서로 하락하는데, 이 경우 역배열 상태가 만들어집니다. 이것은 반대로 모두 저항선의 역할을 하기 때문에 반등 시마다 매물이 출회되면 가격 하락의 요인으로 작동하므로 주식을 매도하거나 매수를 보류해야 합니다.

② 교차와 이격

주가 일봉 차트와 5/10/20/60/120일 이평선이 표현된 위 차트는 여러 차례에 걸쳐 주가와 이평선, 이평선들 간의 교차가 이루어지는 것이 보이고, 중기 이평선과의 이격이 커진 주가가 자연스럽게 이평선을 향해 되돌림(retracement)하는 것을 관찰할 수 있습니다. 이격이 커진 주가가 이동평균선으로 재반등이나 재반락이 이루어지는 현상을 '평균으로의 회귀(RTM, reversion to mean)'라고 합니다. 주가는 이동평균선으로, 단기 이동평균선은 장기 이동평균선으로 회귀하려는 속성이 있습니다.

③ 수렴과 발산

모든 이평선들은 이합집산이나 합종연횡과 같은 전술적인 모습을 취하게 됩니다. 이들은 모두 투자자들의 투자성향과 기간이 다르기 때문에 생기는 현상이라고 볼 수 있습니다. 3년 이상 꾸준하게 보유 투자할 수 있는 투자자가 있는 반면, 당일에 모든 포지션을 청산하는 투자자가 있기 때문입니다. 따라서 이평선들이 수렴하는 경우는 모든 투자자의 심리가 한 점에 모이는 것이므로 앞서 설명한 방향과 배열, 교차와 이격을 살펴 모멘텀이 어느 쪽으로 작동할 것인지를 살피는 것이 중요합니다. 예를 들어 상승추세의 60일 이평선을 중심으로 주가와 5일선, 20일선 등이 위쪽에서 하락하며 수렴하는 경우와, 추세가 꺾인 60일 이평선에 수렴하고 이후 발산하는 과정은 다르게 나타나게 됩니다.

패턴 분석: 반복의 역사를 겨냥하다

패턴(pattern)은 추세선이 변할 때, 나타나는 여러 가지 주가변동 패턴을 정형화해 놓고, 이를 분석해 향후 주가를 예측하는 방법입니다. 앞서 추세분석과 이동평균선에 대해 충분히 이해가 되었다면, 이제 과거 주가 흐름을 통해 여러 가지로 검증된 패턴을 현재의 주가 흐름에 대입해 주가의 등락을 예측해 보고 다음 추세를 가늠해 보는 것입니다.

일반적으로 정형화된 형태는 (나 이외의) 다른 매수자나 매도자 모두 어느 정도 이해하고 있음을 감안해야 합니다. 패턴 분석을 통해 합리적인 의사결정을 하는 투자자들은 대개 다음 모양이 어떻게 전개될 것이라는 점을 예상합니다. 어떤 숨겨진 패턴을 혼자만 몰래 보는 것이 아니라는 생각을 하다보면 '허허실실'이 정작 중요한 부분이고, 결국은 심리전에 돌입하게 됩니다.

주가 움직임의 동기를 유발하는 요인은 인간이며, 손익과 관련하여 사람은 탐욕과 공포의 감정을 나타내기 때문에 이것이 패턴이 된다고 보는 것입니다. 정형화된 패턴에 부합하는 경우 반드시 다음 행보가 확정되는 것은 아닙니다. 오히려 씨름의 되치기처럼 대부분이 이해하는 반대의 방향으로 시장이 움직일 수도 있습니다. 어찌 되었든 기본적인 패턴과 그 다음의 행보에 대한 정규적인 방향성을 이해하고 나서 다음을 얘기하도록 하겠습니다.

패턴 분석을 통해 파악하는 것은 두 가지입니다. 현재의 추세가 지속(continuation)될 것인가, 반전(reversal)될 것인가 하는 것입니다. 얼마든지 다양한 패턴을 그려 나갈 수 있습니다만, 일반적으로 대표적인 지속형 패턴과 반전형 패턴을 요약해서 살펴보고자 합니다.

추세지속형 패턴

지속형(continuation) 패턴은 삼각형, 깃발형, 패넌트형, 쐐기형, 직사각형, 다이아몬드형 등 다양합니다. 이 패턴은 유형이 완성되거나 저항선 또는 지지선을 돌파하는 경우 이동평균선의 위치와 방향, 볼린저 밴드 등의 상/하단 수렴과 이탈 등을 같이 살펴야 합니다.

• 삼각형 패턴(triangle pattern)

▶ 하락삼각형

고점을 연결한 선(저항선)은 하향하고 저점을 연결한 선(지지선)은 평행을 유지하는 형태로, (1)하락추세에서 지지선을 이탈하면 본격적인 하락추세로의 전환으로 보고 매도하게 됩니다. (2)지지선 하방에서 시작하여 패턴의 끝점에서 상향 돌파하면 일종의 눌림목 매수 자리로 인식합니다. (3)패턴을 이탈하는 경우 이동평균선이 반등하는 국면이면 매수 지점으로 판단합니다. (4)볼린저 밴드 변동성이 수렴되어(좁아져서) 확산되는 국면에서는 패턴을 벗어나는 방향으로 추세가 지속하는 것으로 해석합니다. 다시 말해 하락삼각형은 기본적으로 하락확률 70~60%, 상승확률 30~40%로 하는 지속형 패턴으로, '처음 패턴에 진입하여 들어오던 그 길로 가리라.'라고 이해하면 됩니다.

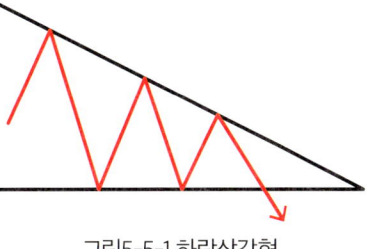

그림5-5-1 하락삼각형

▶ 상승삼각형

고점을 연결한 저항선은 수평, 저점을 연결한 지지선은 상향되는 형태로, 저항선을 돌파하면 상승추세로의 전환으로 보고 매수로 접근하게 됩니다. 위의 하락삼각형과 반대로 상승확률 70~60%, 하락확률 30~40%로 보되, 이동평균선과 볼린저 밴드의 방향성과 변동성을 살펴 패턴 돌파 시 판단하면 됩니다. 별명이 많은 패턴으로 '짝궁뎅이' '쌍바닥' '하이힐'형이라고도 합니다. 증권전문가로 명성을 떨치는 분들이 대단히 선호하는 패턴이기도 합니다.

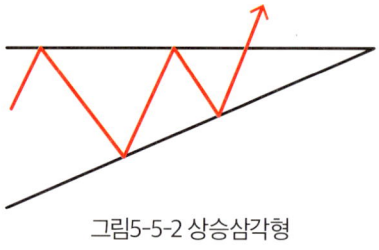

그림5-5-2 상승삼각형

▶ 대칭삼각형

상승대칭삼각형≒하락대칭삼각형. 두 삼각형 패턴은 점차 삼각형 우측 꼭짓점을 향해 저항선은 하향하고, 지지선은 상향하는 형태입니다. 다만 상승대칭은 패턴의 초입이 상향화 되어 진입하는 것이고, 하락대칭은 하향화 되어 저항선 위에서 지지선까지 하락하던 추세가 지속되는 패턴으로 보는 것입니다.

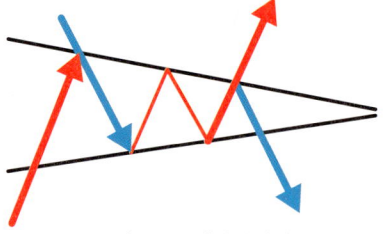

그림5-5-3 대칭삼각형

▶ 확대삼각형

상승확대삼각형≒하락확대삼각형. 두 삼각형 패턴은 점차 삼각형 오른쪽으로 저항선은 상승하고 지저선은 하락하는 형태입니다. 다만 상승확대는 패턴의 초입이 상향화 되어 진입하는 것이고, 하락확대는 하향화 되어 저항선 위에서 지지선으로 하락하던 추세가 지지선 아래 방향으로 지속되는 패턴으로 보는 것입니다.

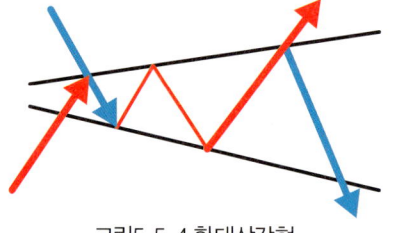

그림5-5-4 확대삼각형

• 사각형 패턴(rectangle pattern)

▶ 하락직사각형
고점을 연결한 저항선과 저점을 연결한 지지선이 서로 평행하고 범위 내에서 가격이 등락 반복하는 패턴입니다. 매수와 매도가 균형을 이루고 거래가 활발하지 못한 상태로, 박스권 장세에서 하단 지지선을 이탈하면 추가 하락 가능성이 높습니다.

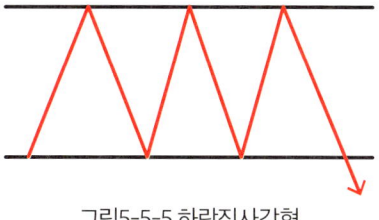

그림5-5-5 하락직사각형

▶ 상승직사각형
박스권에서 움직이던 가격이 저항선을 뚫고 상향 돌파하면 매수에 돌입하는 패턴으로, 강력한 상승세를 예상하기도 합니다.

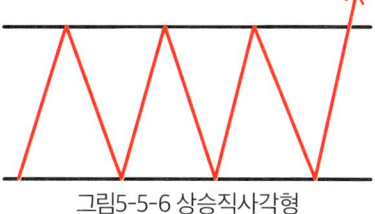

그림5-5-6 상승직사각형

• 쐐기형 패턴(wedge pattern)

▶ 하락쐐기형
삼각형 패턴과 달리 패턴을 형성하는 저항선과 지지선이 모두 하향화된 모습을 가집니다. 이 패턴이 완성되어 돌파되는 형태는 주로 상승의 국면을 지속하는 것입니다.

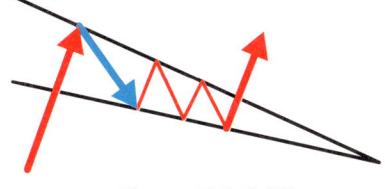

그림5-5-7 하락쐐기형

▶ 상승쐐기형
하락 쐐기형과 달리 하락추세를 지속하는 패턴으로 패턴을 형성하는 저항선과 지지선이 모두 상향하는 형태입니다. 이 패턴이 완성되어 돌파되는 형태는 주로 하락의 국면을 지속하는 것입니다.

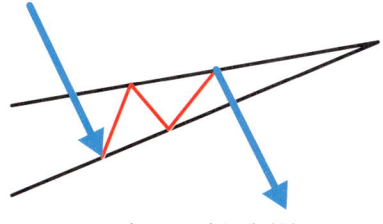

그림5-5-8 상승쐐기형

• 깃발형 패턴(flag pattern) & 페넌트형 패턴(pennant pattern)

가격의 변동성이 활발한 시장에서 자주 나타나며, 단기간의 조정 또는 휴식기간에 볼 수 있습니다. 가파른 가격 상승 후 차익 실현이나 가격조정에 대비한 매도 세력이 있고, 가파른 가격 하락 이후에는 저점 매수, 또는 급격한 하락에 따른 반등 기대세력의 매수가 나타납니다. 출현 빈도가 높은 편에 속하는 지속형 패턴으로, 모양과 특징이 유사합니다.

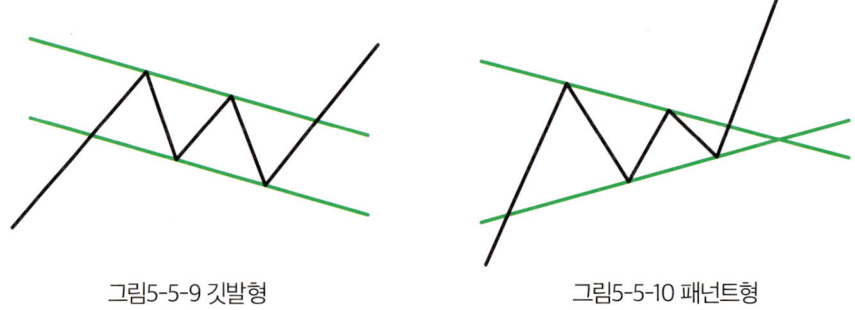

그림5-5-9 깃발형   그림5-5-10 패넌트형

• 컵과 손잡이형 패턴(cup with handle pattern)

컵과 핸들은 강세 신호로 간주되며 패턴의 오른쪽은 일반적으로 거래량이 감소합니다. 컵이 'u' 모양이고 손잡이(handle)가 약간 아래쪽에 위치합니다. 패턴의 형성은 (하나마나한 얘기지만) 일반적으로 7주에서 1년 이상이며, 짧게는 7주, 길게는 65주입니다.

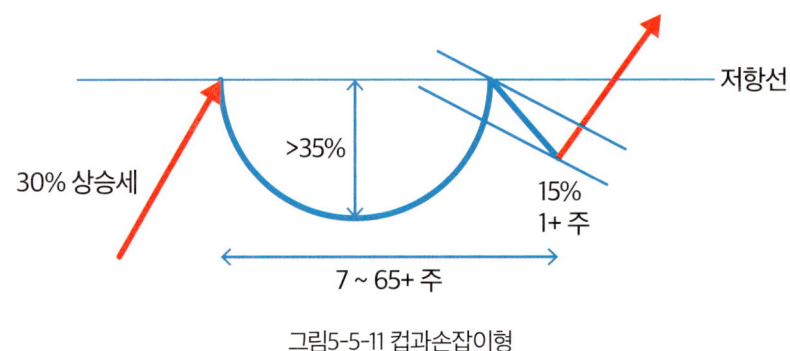

그림5-5-11 컵과손잡이형

미국의 기술적 분석가 William J. O'Neil은 『How to Make Money in Stocks』 (1988)에서 이 패턴을 정의했으며 네 개의 기본단계로 ①'컵' 패턴이 시작되기 약 1~3개월 전에 가격은 상승추세에서 새로운 고점에 도달 ②고점으로부터 일정 수준 이하로 하락하여 저점 형성 후 반등 ③이전 최고점으로 반등 후 하락하여 '핸들' 부분을 형성 ④컵의 낙폭 깊이 만큼의 최고점 돌파를 제시했습니다.

추세반전형 패턴

반전형(reversal) 패턴은 헤드 앤 쇼울더, 이중 천정/바닥형, 삼중 천정/바닥형, 원형 천정/바닥형, V형/역V형 등이 있습니다.

• 헤드 앤 쇼울더 패턴(head and shoulder pattern)

▶ 헤드 앤 쇼울더

세 개의 고점을 형성한 후 가격이 하락 반전하는 패턴으로, 중기적인 하락을 예상합니다. 최고 고점인 머리(head)의 오른쪽 어깨(shoulder)에서 추세를 하향 이탈할 경우 매도하게 됩니다. 일반적인 거래량은 왼쪽 어깨> 머리> 오른쪽 어깨이며, 거래량의 감소→ 매수 세력의 감소→ 추세 전환 가능성으로 이해됩니다.

그림5-5-12 헤드 앤 쇼울더

▶ 역 헤드 앤 쇼울더

세 개의 바닥을 형성한 후 반전하는 패턴으로, 오랜 하락 후 추세 전환 시(반전 시) 나타나게 됩니다. 일반적인 거래량은 왼쪽 어깨< 머리< 오른쪽 어깨의 순서가 됩니다.

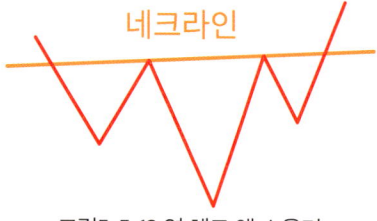

그림5-5-13 역 헤드 앤 쇼울더

• 이중천정/ 바닥형 패턴(double top/ double bottom pattern)

▶ 이중 천정형

강세장 말기에 빈번하게 형성되는 패턴으로, 두 천정은 골을 만드는 두 개의 점은 목선(neck line)을 형성합니다. 목선(네크라인) 아래로 떨어지면 형성이 완료되고 확인되어 추가 가격 하락이 임박했거나 가능성이 높음을 의미합니다. 두 천정(top=peak) 사이의 시간은 패턴의 결정 요소이기도 합니다. 상단이 동일한 수준에서 시간상 매우 가깝다면 연결의 일부이고 추세가 재개될 가능성이 높습니다. 거래량은 또 다른 지표로서 첫 번째 고점에서 다음 낮은 거래량으로 하락하고, 두 번째 고점 이후 더 적은 거래량에서 이루어져야 합니다.

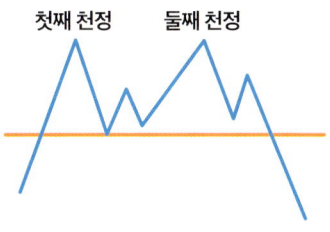

그림5-5-14 이중 천정형

▶ 이중 바닥형

하락하는 국면에서 최종 형성되는 패턴입니다. 가격의 반비례 관계를 제외하고는 이중 천정형(더블 탑)과 동일합니다. 패턴은 목선(네크라인)으로 정의하며, 가격이 목선(네크라인) 이상으로 상승하면 패턴 형성이 완료되고 확인되어 추가 가격상승이 임박하거나 가능성이 높음을 나타냅니다.

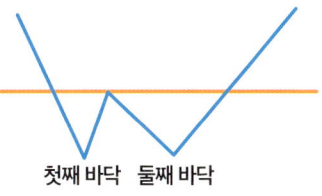

그림5-5-15 이중 바닥형

• 삼중천정/ 바닥형 패턴(triple top/ triple bottom pattern)

▶ 삼중 천정형

상승추세(uptrend) 이후에 형성되는 약세 반전 차트 패턴으로, 지지선과 목선(네크라인) 위의 세 개의 피크(peak, 천정)로 형성됩니다. 가격이 3개의 고점을 형성한 후 목선(네크라인) 또는 지지선을 돌파하

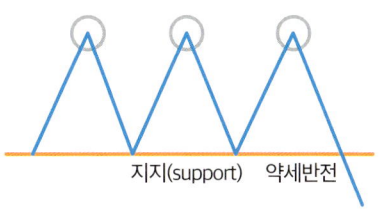

그림5-5-16 삼중 천정형

면 약세추세 반전이 확인됩니다.

▶ **삼중 바닥형**

하락세(downtrend) 이후에 형성되는 강세 반전 차트 패턴으로, 저항선과 목선(네크라인) 아래 3개의 트러프(trough, 바닥)로 형성됩니다. 가격이 3개의 저점을 형성한 후 목선(네크라인) 또는 저항 수준을 돌파하면 강세추세 반전이 확인됩니다.

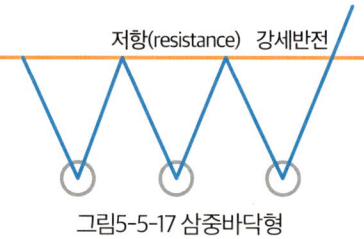

그림5-5-17 삼중바닥형

• 원형 천정/ 바닥형 패턴(rounding top/ rounding bottom pattern)

원형 패턴은 접시형이나 그릇형이라 부르기도 하며, 이 패턴이 나타난 다음 추세가 반전되는 반전 패턴의 일종입니다. 헤드 앤 쇼율더, 2중 천정/바닥, 3중 천정/바닥형보다는 발생 빈도가 적습니다. 어떤 형태이든 모두 추세가 평행 추세로 바뀜에 따라서 거래량이 감소하며 새로운 추세로 전환됨에 따라 다시 거래량이 증가한다는 특징이 있습니다. 진행의 시작과 완성의 파악이 어려우며 중간점에서 급등락한 가격수준을 돌파하거나 (간혹 패턴의 끝부분에) 형성되는 플랫폼을 상향 돌파할 때를 패턴의 완성으로 봅니다.

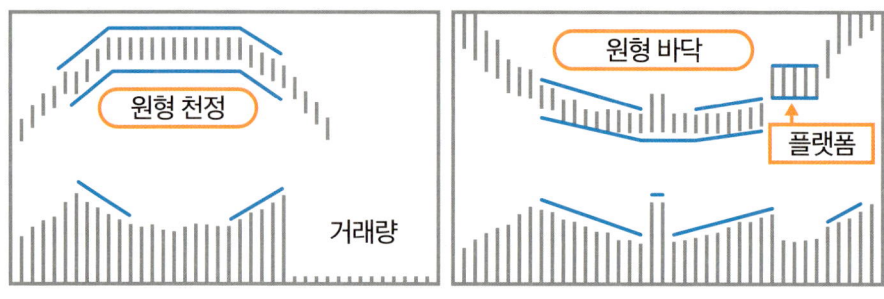

그림5-5-18 원형천정/ 바닥형

• V형/ 역V형 패턴(spike pattern)

▶ V형

하락 각도와 상승 각도가 동일한 대칭구조를 보이는 반전 형태로, 일시적인 급락에서 급격히 반전하는 패턴입니다. 뉴스나 이슈 등의 돌발 변수가 나타날 경우 종종 출현하며 급락한 만큼 빠른 속도로 급등 가능성이 있습니다.

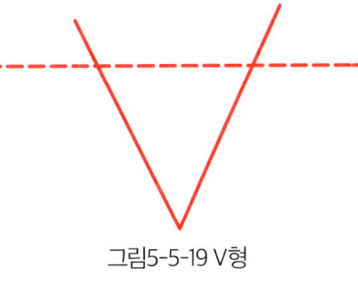

그림5-5-19 V형

▶ 역V형

상승 각도와 하락 각도가 동일한 대칭구조의 반전 패턴입니다. 가격이 급등하여 고점을 찍은 이후 자주 나타나는 패턴으로, 아주 짧게는 몇 십 분에서 한두 시간 사이에 모든 움직임이 나올 수도 있습니다.

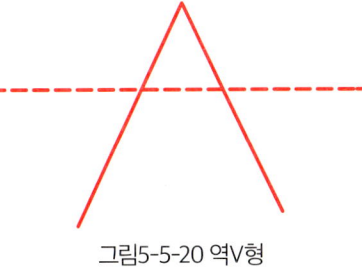

그림5-5-20 역V형

• 확산 수렴형 패턴(broading formation, diamond pattern)

상승장의 끝물에서 발견되는 패턴입니다. 확산 쐐기형+대칭 삼각형의 패턴이 결합된 형태를 취합니다. 통제되지 않은 매우 감정적인 시장의 흐름을 보여주는 패턴으로 거래량을 동반하며 약세장으로의 전환을 보여줍니다.

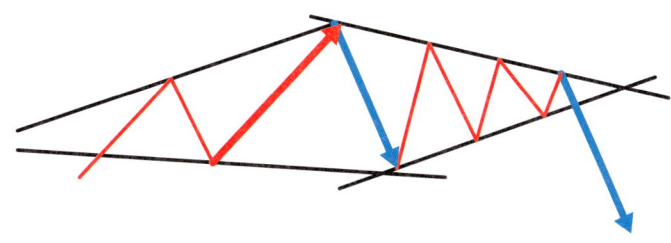

그림5-5-21 확산 수렴형

지표분석: 단순화시킨 수치와 그래프

지표/시장(indicator/market) 분석은 주식시장에 나타나는 각종 신호들을 파악하고, 그것을 시장 언어(language of the market)로 해석해서 장세(상승세, 하락세, 횡보) 국면을 판단하는 방법입니다. 증권시장의 흐름을 강세시장(bullish market)과 약세시장(bearish market)으로 나누고, 이들 시장의 순환과 사이클 상의 위치를 알고자 하는 것이 목적입니다.

하지만 하늘에 있는 구름도 내가 상상하는 대로 마음을 먹으면 토끼든 거북이든 그 모양처럼 보이게 되는 경험이 있듯이 추세(trend)와 패턴(pattern)에 대해서 인식이 되면 '아는 만큼 보인다.'면서 시장에 대한 겸손함이 사라지는 현상이 생깁니다. 세상 모든 가격 흐름에 선을 긋고 패턴을 결정하는 자신감이 형성되는 셈입니다. 탐욕과 공포보다 무서운 '오만함'을 버리는 것이 프로 투자자가 되는 지름길이라고 합니다.

지표분석은 판단을 돕는 보조지표입니다. 수백 가지의 다양한 기법이 분석가의 이름을 달고 나오기도 하고(볼린저, 디마크, 윌리엄 등), 축약어를 써서 뭔가 있어 보이는 명칭(MACD, CCI, stochastics, DMI, RSI 등)으로 등장합니다. 처음 대하는 이들은 뭔가 복잡하고 어렵다고 느끼게 마련입니다만, 앞서 추세분석, 이동평균선 분석, 패턴분석을 차분하게 들여다본 투자자라면 그다지 어려움 없이 활용할 수 있습니다. 원리의 기본과 기초는 같고, 추세와 패턴에 대한 판단을 돕는 수단이라는 뜻입니다.

[주의] 특정 지표 부문과 개별 기법에 몰입하여 해석과 판단을 집중하는 것은 유념해야 될 부분들입니다. 각 부문에서 도출되는 다양한 지표 값과 많은 시뮬레이션을 통해 획득한 비중을 감안

하여 최종 매수 매도의 시그널로 하여야 시행착오를 최소화할 수 있습니다.

개별 지표의 기법을 소개함에 있어서는 기본개념, 주요용도, 산출산식, 지표해석과 매매 활용법의 형식으로 단위 기법별로 이해하는 것이 좋습니다.

추세지표

이 지표와 관련된 보조지표들은 추세분석에서 이미 파악한 상승추세, 하락추세, 횡보추세에 대한 판단을 위한 것들입니다. 추세선과 이동평균선 외에도 ADX, CCI, DMI, MACD, ROC 등이 있습니다.

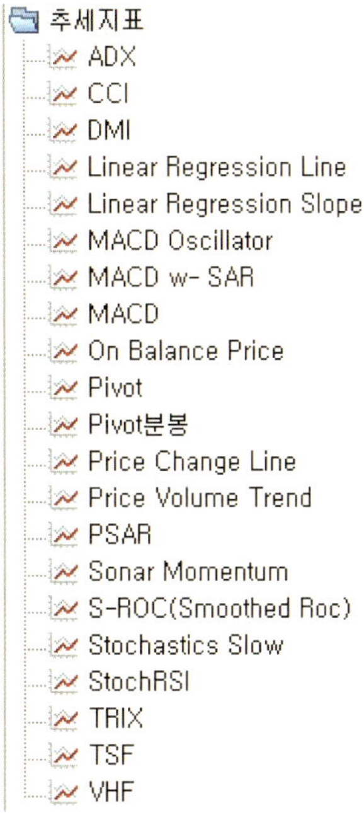

변동성 지표

주가의 변동성 또는 탄력성이란, 주가가 추세를 따라 움직일 때 그 각도가 가파르고(상승할 때는 상승 각도가 가파르고, 하락할 때는 하락 각도가 가파릅니다), 변동 폭이 큰 것을 말합니다. 한마디로 짧은 기간에 주가의 등락폭이 큰 것을 의미하며, 테마 관련 주나 저가 종목을 일반 투자자들이 선호하는 이유는, 이 변동성과 탄력성 때문이기도 합니다. 변동성 지표는 매매 타이밍을 잡는 데 유용하고, 단기매매에도 활용됩니다. 기법으로는 ATR, 볼린저 밴드(Bollinger bands), envelope, parabolic SAR, Keltner channels, Pivot line 등이 있습니다.

📁 추세지표
- ADX
- CCI
- DMI
- Linear Regression Line
- Linear Regression Slope
- MACD Oscillator
- MACD w- SAR
- MACD
- On Balance Price
- Pivot
- Pivot분봉
- Price Change Line
- Price Volume Trend
- PSAR
- Sonar Momentum
- S-ROC(Smoothed Roc)
- Stochastics Slow
- StochRSI
- TRIX
- TSF
- VHF

그림5-6-1 지표분석 추세지표

📁 변동성지표
- Average True Range
- BWI
- RVI(Relative Volatility Index)
- Sigma
- Standard Deviation
- True Range

그림5-6-2 지표분석 변동성지표

모멘텀 지표

모멘텀 지표는 투자심리나 운동에너지를 이용해서, 주가 추세의 변곡점을 찾아보는 지표를 의미합니다. 이 지표는 추세 진행을 확인시켜 주거나, 추세의 변곡점을 알아보는 데 이용합니다. 대표적인 것으로 ADR, 모멘텀(momentum), 이격도, 스토캐스틱스, 투자심리선, MACD oscillator, SONAR, TRIX, William's R 등이 있습니다.

시장강도 지표

시장강도 지표는 주가의 추세나 변동성이 얼마나 강한가를 나타내는 지표입니다. 주로 거래량을 포함시켜 주가 분석을 하는 것이 특징입니다. 다만, 종목별 액면가가 다양하기 때문에 시장 전체를 파악할 때는 거래량과 함께 거래대금을 반드시 반영하여야 합니다. 참고할 만한 지표로는 거래량(또는 거래대금) 이동평균, OBV, RSI, CO, Volume oscillator, VR, NVI / PVI, MFI 등이 있습니다.

그림5-6-3 지표분석 모멘텀지표

그림5-6-4 지표분석 시장강도지표

가격 지표

가격지표는 이미 익숙한 주가와 관련된 것이므로 대단히 많은 보조지표와 기법이 있습니다. 이미 소개한 기법들 중에서도 가격 밴드를 제시하는 것 등이 있으나 변동성의 상/하단, 가격의 예상 저항/지지가격 등을 파악하기 위한 목적이 대부분입니다. DeMark나 Pivot 또는 일목균형표를 이용하기도 합니다. 주가에 시간 개념을 포함시켜 만든 분석 지표로, 일정한 시간 단위로 주가 변동을 예측하는 지표로 일목균형표와 피보나치 수열 등을 이용하기도 합니다. 당연히 추세 확인과 변곡점 확인에도 이용할 수 있습니다.

그림5-6-5 지표분석 가격지표

시장동향 등 지표

시장동향 등 지표는 증시에 (또는 특정 종목에) 자금이 들어오는지, 나가는지를 파악하거나 투자 주체별 동향을 분석해서 시장의 강약을 알아보는 지표입니다. 아주 쉬운 예로는, 고객예탁금 추이/공매도 현황/신용융자 현황, 주식형 펀드/MMF 잔고 추이, 외국인/기관 매매동향(순매수) 등인데 그림으로 소개하는 이외에도 다양한 내용을 접할 수 있습니다. 주가 × 거래량 = 거래대금이 되듯이 거래량만으로도 종목별로는 의미 있는 시장 파악이 됩니다. 따라서 이와 관련한 체결강도, 전일 동시간 대비 거래량 비율(또는 전일 거래량 대비 현재

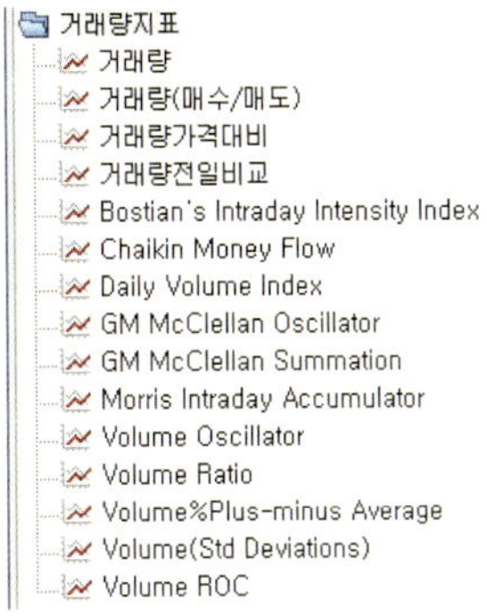

그림5-6-6 지표분석 거래량지표

거래량 비율)도 장중에는 중요한 지표가 되겠습니다. 먼저 말씀드린 시장 강도나 지금 시장동향이나 비슷하게 이해해도 될 듯합니다.

CNN에서 발표한 Fear & Greed Index(공포탐욕지수)를 통해 위험자산이나 안전자산에 대한 선호 현황을 파악하기도 하고, CME에서 발표하는 VIX(공포지수)는 우리나라의 VKOSPI 산파 역할도 했습니다. 미국시장 투자자들의 6개월 뒤 시장 전망을 취합하는 AAII의 Bull&Bear Ratio 자료들도 시장동향을 파악하는 데 좋은 보조지표가 되고 있습니다.

이제 다양하게 소개한 지표분석 기법 중 일반적으로 많이 사용되는 기법 중 두 개만 소개하겠습니다. 수백 개에 달하는 기법 중 감초처럼 발견할 수 있는 것이기도 합니다. 앞서 소개한 각종 지표들도 해당 도움말을 잘 참고하면 내공을 키워나갈 수 있을 것입니다.

Bollinger Bands

• 기본개념

주가는 상·하한선을 계기로 등락을 거듭하는 경향이 있다는 전제를 가집니다. 이동평균선을 기준으로 주가가 어느 범위까지 움직일 지를 표준편차(standard deviation)를 이용해 주가의 움직임 가능 범위를 표시하는데, 이는 이동평균선을 중심으로 표준편차의 ±2배내에 주가의 95%가 위치한다는 개념입니다. 존 볼린저가 1980년대에 개발한 기술적분석 도구로 '아임차트 트레이딩 솔루션'에서도 이용할 수 있습니다.

• 주요 용도

주가의 변동성을 활용하는 것으로 추세가 형성되어 있을 경우에는 변동성이 크고, 횡보일 경우에는 변동성이 축소됩니다. 표준편차의 두 배를 적용하는 것은 향후 주가의 95%가 상하단 밴드에 있게 됨을 의미하여 이를 활용합니다. 추세장과 횡보장에 모두 적용이 가능하고 효과적입니다.

• 산출산식

중심선(midle band) = 주가의 20 기간, 일반적으로 단순 이동평균선
상단선(upper band) = 중심선 + 주가의 20기간 표준편차 × 2
　　　　　　　　　(선물시장에서는 1을 적용)
하단선(lower band) = 중심선 − 주가의 20기간 표준편차 × 2
　　　　　　　　　(선물시장에서는 1을 적용)
%b = (주가 −하단선) ÷ (상단선 − 하단선)
대역폭 (bandwidth) = (상단선 − 하단선) ÷ 중심선

• **지표해석과 매매 활용법**

① 밴드폭과 주가: 거래량이 줄고 밴드가 좁아진 경우 격렬한 가격변화가 일어날 가능성 높습니다. 가격의 추세가 강하고 장중 변동폭이 클 때는 밴드의 폭이 확대되고 추세의 보합 또는 횡보국면에서는 밴드의 폭이 축소됩니다.

② 주가의 위치: 가격이 밴드 밖으로 움직일 때는 추세의 지속을 의미합니다. 가격이 밴드 밖으로 이탈한 뒤 다시 밴드 안으로 회귀할 경우, 상한 밴드 내로 진입시 매도신호, 하한 밴드 안으로 회귀 시 매수신호로 간주합니다. 상한 밴드 부근에서 음선이 많으면 매도신호, 하한 밴드에서 양선이 많으면 매수신호로 판단합니다.

③ 밴드 외부에서 형성된 바닥과 꼭지(골과 정점)에 이어 밴드 내부에서 바닥과 꼭지가 형성되면 추세의 반전이 기대됩니다.

④ 한쪽 밴드에서 생긴 움직임은 다른 쪽 밴드로 가려는 경향이 있습니다. (목표가격 산출에 유용)

⑤ 중심선과 저항선(지지선): 중간 밴드는 지지선 또는 저항선으로 작용합니다. 주가가 중심선 위에 있을 경우 상승추세로 보고 상한 밴드가 저항선이 됩니다. 주가가 중심선 아래에 있을 경우 하락추세로 보고 하한 밴드가 지지선이 됩니다.

매매전략을 구사함에 있어서, 횡보장인지 추세가 나타나는 형태장인지에 따라 다르게 대응할 필요가 있으며, 횡보장의 경우 밴드폭 상단은 과열을 의미하며 향후 하락할 수 있다는 신호가 됩니다. 밴드 하단은 침체되어 향후 상승할 수 있다는 신호입니다. 밴드폭이 축소되면 매매에 난점이 있습니다. 지속적 상승·하락의 추세일 경우 상승추세에서는 좁아진 상태의 밴드가 넓어지면 매수신호, 넓혀진 밴드가 좁아지면 매도신호이고, 하락추세에서는 넓혀진 밴드가 좁아지면 매수신호, 좁아진 밴드가 넓어지면 매도신호입니다. Envelope 기법의 매매 방식을 적용하면 손실폭이 커질 수 있습니다.

• **볼린저밴드의 22 가지 룰**

아래 자료는 John Bollinger가 직접 권고하는 볼린저밴드의 기준(rule)을 요약한 것으로, 사이트에서 직접 참조할 수 있습니다.

1. 볼린저밴드는 주가의 높고, 낮음을 상대적으로 정의한다. 밴드의 상한선에서는 주가가 높은 상태를 나타내고, 하한선에서는 낮은 상태를 나타낸다.
2. 주가를 상대적으로 정의하면, 매수/매도 결정을 위해 가격으로 판단하는 것이 유리한지, 지표로 판단하는 것이 유리한지 비교해볼 수 있다.
3. 적절한 지표들은 추세나 거래량, 시장의 심리, (옵션의 경우) 미결제약정 등 시장의 데이터로부터 추출해낼 수 있다.
4. 한 개 이상의 지표를 같이 사용할 경우, 서로 밀접한 관계가 있는 지표들을 같이 사용하는 것은 좋지 않다. 예를 들어, 추세 지표와 거래량 지표는 상호 보완 관계에 있는 지표로 같이 사용하면 좋지만, 두 개의 추세 지표를 같이 사용하는 것은 좋지 않다.
5. 볼린저밴드는 M자형 꼭지나, W자형 바닥을 확인하는 패턴 인식에도 적용될 수 있다.
6. 상한선과 하한선은 신호선이 아니다. 하한선이 매수 신호를 의미하거나, 상한선이 매도 신호를 의미하는 것은 아니다.
7. 상승 추세가 있는 경우에는 상한선을 따라 올라가고, 하락 추세가 있는 경우에는 하한선을 타고 내려간다.
8. 볼린저밴드를 벗어나는 경우는 현재의 추세가 지속되는 것이지, 추세가 꺾이는 것이 아니다.
9. 볼린저밴드의 기본설정은, 중심선인 이동평균선은 20기간, 상한선/하한선은 표준편차의 2배이다. 그러나 시장 환경에 따라 다르게 설정할 필요도 있다.
10. 중심선은 추세의 중간 지점에 해당하기 때문에, 중심선을 매매를 위한 교차 신호로 사용하지 않는다.
11. 이동평균 기간을 길게 하면, 표준편차 배수도 늘려 주어야 한다. 예를 들면, 20일 이동평균에 2배의 표준편차인 기본 설정에서, 이동평균 기간을 50기간으로 늘리면, 표준편차도 2.1배로 늘려주어야 한다. 반대의 경우도 마찬가지이다.
12. 전형적인 볼린저밴드는 단순이동평균을 사용한다. 이것은 표준편차와의 일관성 때문이다.
13. 지수이동평균을 사용하면, 밴드의 폭이 갑자기 변하는 것을 방지해 준다. 그러면 표준편차를 계산할 때에도 지수이동평균을 사용해야 한다.

14. 평균과 표준편차를 추정하기위한 표본의 크기가 작고, 실제 주가의 분포가 정규분포가 아니므로 (실제로는 로그정규분포임), 볼린저밴드에서는 분포에 대한 통계적 가정은 하지 않는다.

15. %b 는 스토캐스틱 지표와 마찬가지로 현재 주가가 볼린저밴드의 어느 지점에 위치하는지를 나타낸다.

16. %b는 발산, 패턴 인식이나, 볼린저밴드를 사용하는 시스템 트레이딩 등에 사용된다.

17. %b는 다른 지표들을 표준화하는데 사용될 수 있다. 어떤 지표의 50 기간이나, 그 이상의 기간으로 볼린저밴드를 그리고 %b를 이용하면, 그 지표의 현재 위치를 알 수 있다.

18. 대역폭(bandwidth)은 볼린저밴드의 폭을 나타낸다. 기본설정에서 대역폭은 변동계수(표준편차/평균)의 4배가 된다.

19. 대역폭은 변동성이 좁아지는 구간(squeeze)을 확인하는데 유용하며, 추세전환을 확인하는데도 유용하다.

20. 볼린저밴드는 주식, 지수, 외환, 상품, 선물, 옵션, 채권 등 대부분의 금융 시계열에 사용될 수 있다.

21. 볼린저밴드는 분봉, 시간봉, 일봉 등 다양한 크기의 차트에서 사용될 수 있다.

22. 볼린저밴드는 지속적으로 유용한 정보를 제공하지는 않는다. 이렇게 하는 것이 사용자가 자신에게 유리한 설정을 찾는데 도움이 될 것이다.

MACD (Moving Average Convergence Divergence)

• **기본개념**

이동평균선 이용의 한계성은 실제 주가보다 이동평균선이 늦게 움직이는 후행성(time-lag)을 갖기 때문입니다. 장기 이동평균선과 단기 이동평균선이 서로 멀어지게 되면(divergence) 결국 다시 가까워지는(convergence) 성질을 이용해 두개의 이동평균선이 멀어지는 시점과 가까워지는 시점을 포착하여 이를 매매신호로 활용하는 것입니다.

• 주요 용도

단기적 흐름보다는 중장기적 방향성 결정에 유용한 지표로서, 이동평균선기법의 단점인 시차 문제를 완화시켜 줍니다.

• 산출산식

통상 단기이평선 12일, 장기이평선 26일, 시그널 9일로 설정합니다.
MACD = 단기지수이동평균(12) −장기지수이동평균(26)
※ 지수이동평균 가중치 = 2 / (n+1)
Signal Line = MACD의 n일 지수이동평균(9)
MACD오실레이터(oscillator) = MACD − Signal Line

• 지표해석과 매매 활용법

① 장기 이동평균선과 단기이동평균선이 서로 멀어지게 되면 결국 다시 가까워 진다는 성질을 이용해 가장 큰 시점을 찾습니다.

② MACD곡선이 Signal Line을 아래에서 위로 교차할 때를 매수시점으로 간주하고, MACD곡선이 Signal Line을 위에서 아래로 교차할 때를 매도시점으로 간주합니다. signal을 상향 돌파시 매수하고, 하향 돌파시에는 매도합니다. 장점은 빠른 매수 매도 신호를 발생시키는 반면, 단점은 속임수 형태가 많다는 것입니다.

③ MACD-Oscillator가 '0'선을 상향돌파하는 경우가 상승추세로 전환되는 시점이고 하향돌파인 경우는 반대입니다. '0'선(제로라인)을 기준으로, 양(positive)의 일정 값을 상회시 매도시점으로, 음(negative)의 일정 값을 하회시 매수시점으로 판단합니다. 장점은 교차점 활용보다 속임이 적은 반면, 후행성이 존재하여 다른 지표와의 공조 활용이 필요하다는 것입니다. 한편으로는 시장가격과 MACD-Oscillator 사이에서 divergence(움직임이 일치하지 않는 현상)가 발견되면 추세 반전의 예고 신호로 인식합니다. 또한 MACD의 추세선은 MACD의 교차에 선행하는 경향이 있으므로 적극적으로는 MACD 추세선 붕괴시 매매하거나, 소극적으로는 추세선 붕괴 후 MACD 교차시 매매하는 것입니다.

④ 다이버젼스를 이용한 매매는 주가 진행과 MACD의 진행이 다른 방향일 경우 상승, 하락을 예견하여 매매에 임하는 것입니다.

• **유의사항**

① MACD는 추세추종형(trend following)전략에 가장 잘 활용될 수 있습니다.

② 기술적 지표의 한계성인 횡보시장(sideway market)에서는 잦은 속임수(whipsaw)를 발생시킵니다.

③ MACD의 교차가 1차 매매기준이므로 교차여부에 따라 매매판단을 한 뒤 과매도, 과매수, 추세선, 다이버젼스 등을 검토하여 매매합니다.

④ 주봉의 MACD를 먼저 확인한 뒤 주봉 상 판단된 추세방향에 따라 일봉 MACD를 이용합니다.

⑤ MACD는 추세는 확인할 수 있으나, 추세강도는 확인이 어려우므로 ADX 등을 병행 사용합니다.

⑥ MACD 오실레이터의 Failure는 이 지표가 '0'선 근처에서 '0'선을 돌파하지 못하거나, 일시적으로 돌파 후 다시 원래의 추세로 되돌아 가는 것으로, Failure가 발생하면 기존의 시장추세가 오히려 강화되어 더 강력한 추세를 형성할 것임을 암시합니다.

※ Failure는 가격의 흐름상 가격이 저항선, 또는 지지선에서 일정기간 횡보 또는 소폭조정을 거치면서 에너지를 축적한 후 다시 상승, 또는 하락세로 반전하는 경우에 발생합니다.

주요 지표분석 요약

지표분석 기법명	지표 구분	사용시기 및 용도	비고
볼린져밴드	가격지표/ 변동성지표	가격 등락의 변동성	매매시점 판단
MACD	추세지표	추세반전 및 고저판단	지연신호
Stochastics	모멘텀지표/ 추세지표	현재 가격수준	Whipsaw 빈발
RSI	모멘텀지표	매도 매수간의 우열	매매주체 우위
Parabolic SAR	추세지표	추세 매매에 활용	늦은 신호
DMI	추세지표	추세적 흐름	레인지 설정
CCI	추세지표	가격 수준의 판단	매매수위결정
VR	거래량지표	시장 및 종목의 에너지	추세적 흐름
체결강도	거래량지표	매매주체의 의도	우위시장판정
ROC	모멘텀지표	가격 전환점에 대한 인식	중장기전환

표5-1 주요지표분석 요약표

[다이버전스의 활용]

지표분석에서 자주 등장하는 말이 다이버전스(divergence)입니다. 이것은 주가의 흐름과 지표의 흐름이 다르게 나타나는 경우에 쓰는 표현으로, 추세반전의 가능성이 임박했음을 뜻합니다. 회자정리(會者定離) 거자필반(去者必反)이 이루어지는 인생과도 같다고 할 것입니다.

먼저 상승 포지티브(ascending positive) 다이버전스의 경우는 주가가 하락 내지는 횡보를 하는 국면에서 지표의 추세는 횡보 내지는 상승을 하는 국면으로 주가의 반등이 임박한 것입니다.

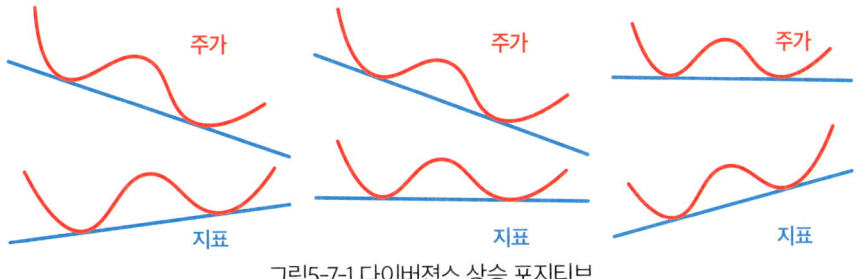

그림5-7-1 다이버젼스 상승 포지티브

하락 네거티브(descending negative) 다이버젼스의 경우는 주가가 상승 내지는 횡보를 하는 국면에서 지표의 추세는 횡보 내지는 하락을 하는 국면으로 주가의 조정이 임박했음을 표현합니다.

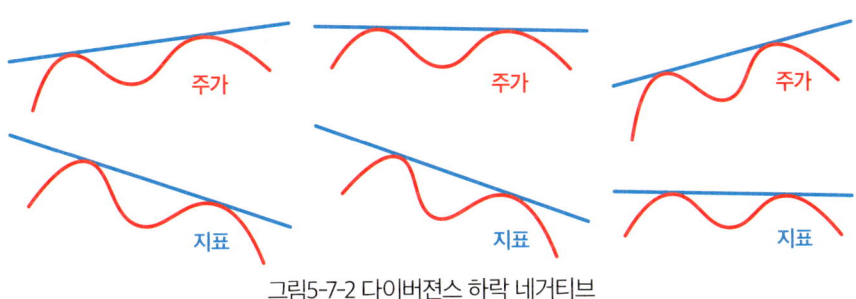

그림5-7-2 다이버젼스 하락 네거티브

캔들 분석: 하나만 알고, 둘은 모르고, 셋은?

기술적 분석의 백미는 캔들(candle)입니다. 캔들은 말 그대로 촛대처럼 보입니다. 미약하게 시작해서 화려하게 불꽃을 품는 양봉이 있고, 서서히 꺼져가는 음봉의 흐름도 있습니다. 시가(open), 고가(high), 저가(low), 종가(close), 즉 시고저종의 OHLC를 기본으로 합니다.

네 개의 가격을 하나씩 뜯어서 살펴보겠습니다. 먼저 시가(open price)입니다. 어제 마감된 최종가격이 마감 이후 벌어진 많은 일들, 예를 들어 뉴스, 공시, 해외에서의 거래충격 등이 아침 개장 시에 반영됩니다. 시가는 마감시장과 개장시장 사이에 벌어진 많은 재료를 수급으로 보여주는 첫 가격이므로 품고 있는 의미(함의)가 대단히 깊습니다.

다음은 종가입니다. 고가나 저가보다 먼저 종가를 얘기하는 것은 시장이 열린 동안의 모든 재료와 수급의 힘이 마무리되기 때문입니다. 다시 말해 시가와 종가가 확정되어야 그 날의 캔들이 확정됩니다. 이것이 바로 양봉과 음봉의 결정이 됩니다. 시가와 종가가 만들어내는 몸통(body)은 시장 심리를 반영합니다. 시가 > 종가이면 파란 몸통을, 시가 < 종가인 경우 빨간 몸통을 가지게 되며, 시가 = 종가일 경우는 '―'로 표시하게 됩니다.

주식시장이 종일 강한 매수의 힘이 작동한다면 장이 끝날 때의 종가는 고가가 될 것입니다. 반대라면 저가가 종가가 될 것임은 당연한 일입니다. 다시 들여다 본다면 고가나 저가는 가격의 위쪽에서의 저항(이동평균선 분석을 다시 보셔도 좋겠습니다)과 아래쪽에서의 지지를 보여 주는 것입니다. 고가와 저가가 몸통에 닿을 때까지 만들어내는 수염(shadow, leg, 꼬리)은 몸통 위쪽에 만들어지면 윗수염, 아래쪽에 만들어지면 아랫수염이 됩니다.

   캔들은 시장심리와 힘의 균형이 어디로 쏠려 있는지를 단 한 개의 봉으로 보여주는 아주 재미있는 차트입니다. 그래서 봉이 1개일 때와 2개일 때, 그리고 3개일 때를 유념해서 보는 분석이 나오게 됩니다. 아래 그림 중 오른쪽의 표현된 방식은 미국식의 캔들입니다. 몸통(바디)이 없이 표현되긴 하지만 선 자체가 붉은 색이냐, 푸른 색이냐로 양봉, 음봉을 대체하긴 합니다.

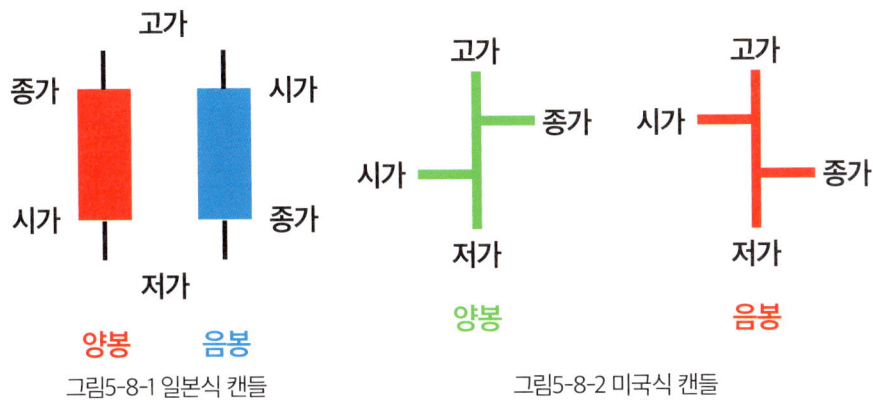

그림5-8-1 일본식 캔들   그림5-8-2 미국식 캔들

   조금 다르긴 한데… 글로벌화 된 자본시장이다 보니 별일이 다 벌어집니다. 다른 것이 아니라 색깔의 문제입니다. 우리는 오르면 빨간색, 떨어지면 파란색, 보합이면 검정색입니다. 서양에서는 오르면 녹색, 떨어지면 빨간색, 보합이면 검정입니다. 이것을 흑백으로 보게 되면 같은 색깔인데 반대로 읽어야 하는 현상이 벌어지는 것입니다. 서구식은 음봉처럼 보이는, 색깔이 가득 찬 봉이 양봉이 됩니다. 별것 아니지만 실제로는 대단히 혼란스럽게 하는 일입니다.

그림5-9 동서양 색상사용

캔들 한 개는 주어진(또는 설정한) 분, 일, 주, 월 동안의 시가, 고가, 저가, 종가를 이용해 만들어집니다.

주어진 기간 동안의 힘의 방향과 저항과 지지를 보여주는 것입니다. 이러한 캔들이 다음의 캔들과 연결이 되면 앞으로의 시장 움직임이 지속(continuation)될 것인지, 또는 반전(reversal)될 것인지 파악할 수 있게 해줍니다.

결론부터 얘기하자면 캔들 한 개는 OHLC를 통한 시장(종목)에 대한 심리를, 연속된 두 개의 캔들은 다음에 이어질 캔들에 대한 예고를, 세 개인 경우는 매수나 매도를 위한 마켓 타이밍을 포착하도록 합니다.

이와 관련한 다양한 캔들의 명칭과 해석방법 그리고 신뢰도와 실전적용 등에 대해서는 별도의 과정에서 소상하게 안내할 수 있도록 준비해 놓았습니다.

캔들 한 개로 읽는 시장: 심리

캔들 하나를 만들기 위해 사용되는 시가(O, open), 고가(H, high), 저가(L, low), 종가(C, close) 즉, 시고저종(OHLC)에서 고가와 저가는 시가와 종가를 통해 수염(shadow, leg, 꼬리)을 형성합니다.

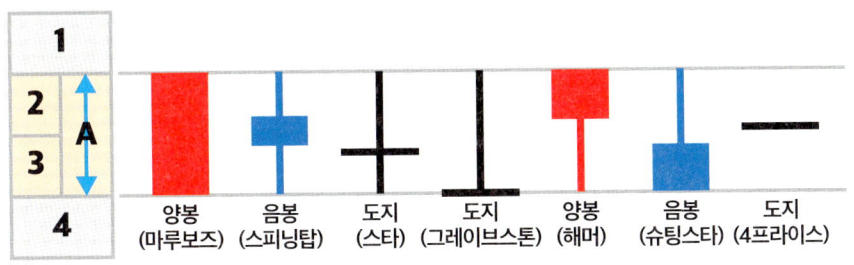

그림5-10 캔들 1개 구간나누기

캔들 한 개를 2, 3의 구간에 놓고 그 폭의 반을 위와 아래에 놓으면 위의 1, 2, 3, 4와 같이 표시할 수 있습니다. 동양권에서는 시가보다 종가가 높은 경우 몸통이 빨간색(때로는 흰색)인 양봉이고, 시가보다 종가가 낮은 경우 파란색(때로는 흑색)인 음봉이 되며, 시가와 종가가 같은 경우를 도지라고 칭합니다. '흑삼병 적삼병'과 같은 표현은 동양권에서의 색감이고, 미국식 등 서양의 경우 양봉은 녹색으로, 음봉은 적색으로 표현되므로 주의를 기울일 필요가 있습니다. 캔들은 총 12개의 형태 중 하나가 됩니다. 캔들 1개로는 심리를 읽습니다.

(1) 수염의 길이를 가장 예민하게 보아야 합니다. 이를 통해 저항과 지지의 힘이 확인되기 때문입니다. 일반적인 캔들은 수염이 몸통보다 짧습니다. 윗수염은 고가의 (가격) 저항의 힘을, 아랫수염은 저가에서의 (가격) 지지의 힘을 보여줍니다.

(2) 수염이 없다면 종가의 방향으로 시장을 읽어야 합니다. 양봉은 전일보다 올랐다는 뜻이 아니고, 오늘 시작한 가격보다 마감 시의 가격(종가)이 높다는 뜻입니다. 시장 심리가 어느 방향인지를 보여주는 것입니다. (이 책에서 소개하는 '이난 모멘텀 차트'는 양봉이라 하더라도 오르면서 종가를 만들었는지, 내려가면서 종가가 형성되었는지를 표현합니다. 다시 말해 고가와 저가의 발생 순서까지 표시합니다.)

(3) 몸통의 길이는 시장 정서의 강약을 보여줍니다. 마루보즈(marubozu)는 몸통보다 짧은 수염이 1개이거나 없습니다. 마루보즈 후 주가는 대개 3일을 쉰다는 것이 통설입니다. 몸통이 만들어지지 않는 캔들을 도지(doji)라고 합니다.

(4) 스피닝탑(spinning top)의 경우는 시가와 종가가 다르고 수염이 한 개 이상 만들어지며, 그 수염의 길이는 몸통보다 더 길어야 합니다. 시장 심리가 많이 흔들리는 변동성을 표현하는 것입니다.

(5) 몸통이 지난 5~10개의 몸통(시가와 종가의 폭)보다 3배 이상 길 경우 장대양봉 또는 장대음봉이라고 표현합니다. 보통 장대 캔들이 만들어지면 이후 2~3일은 가격 조정을 받습니다.

(6) 같은 모양의 캔들이라도 추세의 어느 위치에 나타났느냐에 따라 다르게 해석하고 이름도 다를 수 있습니다. 그림에서 보는 망치형(해머형)을 추세 하단에서는 라이징스타로, 추세상단에서 음봉일 때는 교수형(행잉맨)으로 부르게 됩니다. 스타라는 명칭의 캔들로는 이브닝스타, 모닝스타, 라이징스타, 슈팅스타 등이 있습니다.

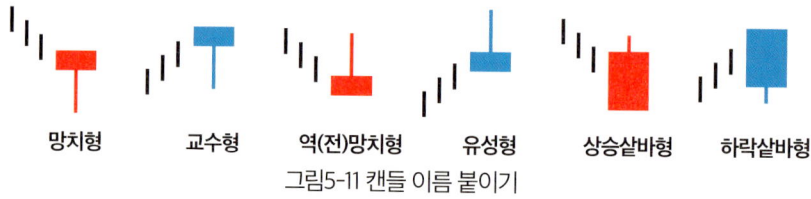

그림5-11 캔들 이름 붙이기

(7) 거래량은 가격을 확인시켜 주는 힘입니다. 가격의 상승과 거래량의 증가가 일반적이므로 서로 상응하는지 살펴야 합니다.

(8) 현재의 고점은 직전 고점과, 현재의 저점은 직전 저점과 비교하여 세력의 의도를 확인합니다. 고점이 지속적으로 내려가는 경우 하락추세, 저점이 지속적으로 올라가는 경우 상승추세라고 표현합니다.

다시 위의 그림에서 1, 2, 3, 4의 구간에서 12가지 형태의 하나인 캔들은 1, 2의 구간 안에 그려지게 됩니다. (시고저종이 모두 동일한 경우 예외) 이러한 형태에서는 고가와 저가의 폭 만큼을 반으로 나누어 위쪽 2구간과 아래쪽 3구간으로 명명하고, 익일의 주가가 어느 위치에 있게 되는가를 두고 익일의 주가 위치에 따라 다음과 같이 이해할 수 있습니다.

- **익일의 주가 위치가 1구간에 있을 때: 연속상승 가능시점**

연속상승이나 추가상승 가능성을 내포하고 있습니다. 갭 상승을 동반하면 신뢰성이 증대됩니다.

- **익일의 주가 위치가 2구간에 있을 때: A폭 만큼의 상승가능, 1구간 넘어설 때 매수가담**

전일의 봉을 감싸는 음봉일 경우는 고점일 가능성이 커집니다. 같은 유형의 봉이 며칠간 지속되면 눌림목 조정일 가능성이 있습니다. 2구간의 고점을 상향 돌파하며 상승 시 2~3구간만큼의 주가 상승이 가능합니다.

- **익일의 주가 위치가 3구간에 있을 때: 2구간 진입 실패 시 A폭 만큼의 하락 가능**

3구간의 저점을 하향돌파하며 하락 시 2~3구간만큼의 주가 하락이 가능합니다. 작은 하락 갭을 형성할 경우 추가 하락 가능성이 큽니다.

- **익일의 주가 위치가 4구간에 있을 때: 연속하락 가능시점**

며칠 이내에 2구간 이상으로 진입하지 못하면 재차 하락할 가능성이 큽니다.

사실 하나마나한 이야기로 치부할 수 있습니다. 가장 최근의 움직임(캔들)이 다음 날에도 가장 영향력이 클 수밖에 없습니다. 또한 개별 종목은 해당 종목에 매수 매도를 선호하는 투자자가 포진하고 있기 때문에 비슷한 진폭과 패턴의 캔들이 생성되는 경우가 많습니다. 주요 거래주체가 바뀌는(손이 바뀌는) 경우까지 지속하는 것입니다.

결국 최근의 캔들 하나하나를 4구간에 대입시켜 다음의 봉을 읽고 이해하는 노력이 경주된다면 당일의 등락폭과 고점 저점에 대한 이해도 가능해집니다. (이 책에서 소개하는 'ES팬-티스차트'도 이러한 속성을 최대한 알고리듬에 녹였음을 밝혀둡니다.)

캔들 두 개로 읽는 시장: 예고

양봉과 음봉 그리고 도지(3) × 윗수염 유무(2) × 아랫수염 유무(2)를 적용하게 되면 총 12개 형태의 캔들이 생성됩니다. 이것이 연속으로 두 개가 만들어지는 경우의 수는 12 × 12로 총 144개의 형태가 나오게 됩니다. 두 개의 캔들이 만들어내는 형태는 모두 다음에 무엇이 나타날 것인가를 표현하는 '예고' 형태라 하겠습니다. 두 개의 일반적인 캔들(위/ 아래 수염이 있는)이라 하더라도 그 위치에 따라 모두 의미 부여가 되어서 머리가 아플 정도로 많은 이름이 등장하게 됩니다.

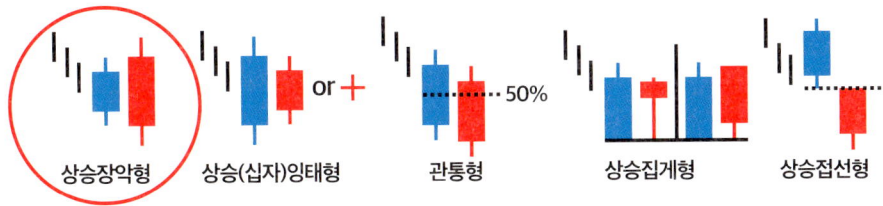

그림5-12 캔들 2개 다양한 이름들

위의 예시된 그림은 극히 일부입니다만, 첫 번째 사례의 원 내의 그림을 그대로 읽으면 '시세가 하락하는 과정에 ① 첫 번째 캔들(날)에는 전일보다 높게 시작하여 ②약간 가격이 올랐다가(고가) ③ 이후 계속 하락했으며 ④ 저점에서 약간 반등하며 마감되었고(물론 저가에서 먼저 나온 고가까지 급반등하였다가 다음 죽~ 밀리며 하락했을 수도 있습니다)'.

둘째 캔들(날)에는 '전날의 하락심리가 반영되어 ① 더 낮은 가격으로 시작하고 ② 이어 나오는 매도로 좀 더 가격이 내려 갔다가 ③ 이후 저가 매수심리로 매수가 유입되면서 분위기가 호전되어 ④ 지속적인 상승세를 보여 전일의 고가보다 더 높은 지점까지 상승한 다음 ⑤ 고가에 대한 부담과 차익매물이 출회되어 ⑥ 약간 가격이 내려오며 마감되었다(물론 고가까지 급상승후 되밀려서 저가까지 이르고 다시 반등하며 마감되었을 수도 있습니다.)'라고 읽을 수 있습니다.

이 둘을 연결하여 읽으면 전일의 약세 이후 저점 매수세가 매도 세력의 모든 물량을 받아내며 상승하는 장악력을 보여주었다고 할 것입니다. 내일의 장이 상승 무드일 것이라는 '예고편'으로 충분히 감지가 될 것입니다. 다만, 첫째 날의 거래량(거래대금)과 둘째 날의 거래량(거래대금)이 확인되지 않으므로 이 부분은 추가적인 확인이 필요할 것입니다.

위의 구술적인 표현을 다섯 번째에 있는 상승 접선형에 맞추어 말을 만들어 본다면, '전날의 약세에 겁먹은 매도세가 아침 개장 시에 갭 하락으로 매물을 쏟아냈고, 저점 매수 세력이 강하게 유입되면서 전날의 저점까지 매물을 다 받아냈으나, 그 가격은 전일보다는 하락한 수준이었다.'로 정리할 수 있겠습니다.

두 개의 캔들에서 볼 수 있는 것은 갭(gap)입니다. 갭은 전일 고가보다 시가가 높게 시작하는 상승 갭(gap-up, 갭업)과 전일 저가보다 시가가 낮게 시작하는 하락 갭(gap-down, 갭다운)이 있습니다. 가끔 부분 갭(partial gap)이라는 표현을 쓰는 경우가 있습니다. 이것은 전일 종가와 금일 시가의 차이를 이용해서 갭으로 인정하는 것을 의미하게 되어, 종가보다 어느 정도 이상 상승이나 하락을 해야 갭업이나 갭다운으로 인정하는지 결정해야 합니다. 추세의 흐름에서 나타나는 갭과 캔들에 의미를 부여하여 보통 갭, 돌파 갭, 진행 갭, 소멸 갭 등의 명칭을 사용하고 있습니다. 한 번 알아보겠습니다.

- **보통 갭**

갑자기 특정 방향으로 강력한 힘이 나타나서 힘에 불균형이 생기면 주가는 일정시간 그 추세를 따르게 되며, 그 힘이 다하거나 부족해서 본래의 자리로 돌아올 때 생깁니다. 가장 자주 발생하는 갭의 형태로 곧 다시 메워지는 특징이 있어서 매매에 이용할 수 있습니다.

• **돌파 갭**

갑작스레 생긴 힘의 불균형이 충분히 강해서 그 방향으로 추세가 이어질 때 생기는 갭입니다. 밀집국면이나 조정국면을 돌파할 때 나타납니다. 일반적으로 중요패턴이 완성되고 시장이 새로운 국면에 들어서는 초기에 나타나므로, 거래량이 급증하고 수일간 새로 생긴 추세방향으로 연속해서 신고가 또는 신저가를 기록하는 특징이 있습니다. 하락 반전해도 완전히 메워지지 않는 경향이 있습니다. 상승추세에서 갭의 상부는 지지선의 역할을, 하락추세에서 갭의 하부는 반등 시 저항선의 역할을 하는 경우가 많다고 합니다.

• **진행 갭**

돌파가 발생된 후 일정방향으로 움직이다가 중간에 가격이 급상승하거나 급하락하여 두 번째 갭이 발생한 후, 신고가나 신저가가 나타나며 추세 진행이 지속될 때 나타나는 갭입니다. 이는 추세가 점점 강화되고 있다는 신호입니다. 조정국면으로 진입할 때 지지로서 역할을 하고 갭은 채워지지 않는 경우가 대부분입니다.

• **소멸 갭**

신고가 또는 신저가를 수반하지 못하고 메워지는 갭으로 추세진행의 마지막 단계에서 가격이 추세방향으로 급상승 또는 급하락하여 생깁니다. 진행 갭과는 수일 내 다시 메워진다는 점에서 다를 뿐이어서 소멸 갭은 가격이 전환하여 갭을 메울 때 확인할 수 있습니다. 보통 소멸 갭이 출현하면 시세전환의 신호라고 볼 수 있습니다.

• **섬꼴 반전(island reversal)**

주가가 급격히 반전될 때, 즉 상승추세에서 하락세로 반전되며 발생한 소멸 갭에 이어 돌파 갭이 나타나면서 섬과 같은 모습이 연출되는, 강력한 신호의 반전 패턴입니다.

캔들 세 개로 읽는 시장: 시점

한 개의 캔들이 '심리'를, 두 개의 캔들이 다음 캔들에 대해 '예고'하는 것이라면, 세 개 이상의 캔들은 '마켓 타이밍'을 결정짓게 됩니다. 투자자들이 가장 경계하는 불확실성이 캔들이 더해질수록 감소된다고 할 것입니다. 좀 더 정교하게 매매 시점을 잡게 된다면 네 번째 해당 캔들에 대해 캔들 한 개일 때에 설명한 것처럼 변동 폭을 예상해 나갈 수 있습니다. 물론 다음에 이어지는 '목표가 찾기'에서 구체적인 계산법을 소개하겠습니다.

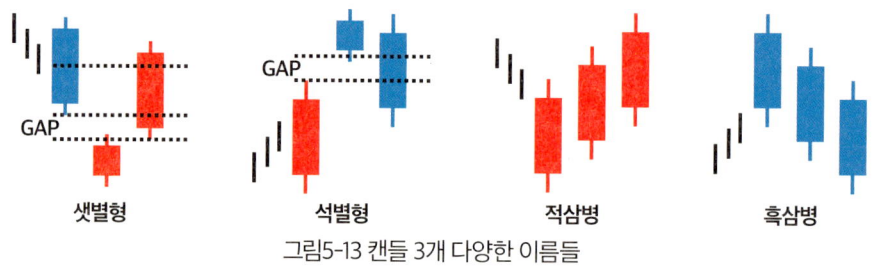

그림5-13 캔들 3개 다양한 이름들

캔들 세 개 이상이 만들어내는 패턴은 캔들 분석의 차원에서 패턴이라기보다는 추세에 가깝습니다. 이제 별도의 패턴 목록에서 소개하겠지만 지속형 패턴으로 상승타스키와 하락타스키를, 반전형 패턴으로 샛별형과 석별형을 소개하겠습니다. 이 예시는 캔들 해석에 대한 이해를 돕기 위해서 발췌한 것입니다.

• **상승 타스키(upside gap Tasuki)**
첫 양봉과 두 번째 양봉 사이에 상승 갭이 있고, 세 번째 나타나는 음봉의 종가가 첫 양봉의 고가보다 위에 있는 경우로서 상승지속형으로 해석합니다. 신뢰도는 중간 정도입니다.

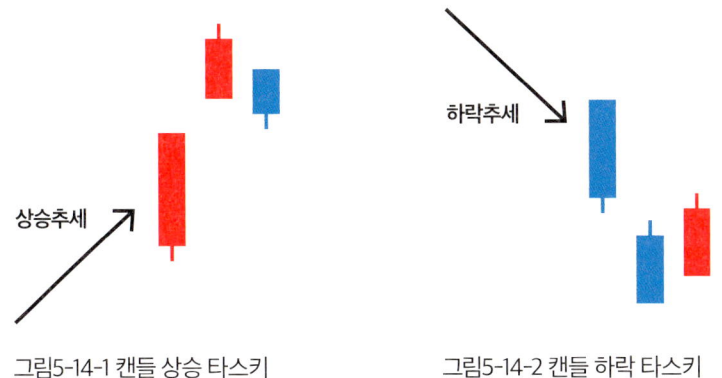

그림5-14-1 캔들 상승 타스키　　　　그림5-14-2 캔들 하락 타스키

- **하락 타스키(downside gap Tasuki)**

첫 음봉과 두 번째 음봉 사이에 하락 갭이 있고, 세 번째 나타나는 양봉의 종가가 첫 음봉의 저가보다 아래에 있는 경우로서 하락지속형으로 해석합니다. 신뢰도는 중간 정도입니다.

- **샛별형(morning star)**

첫 번째 긴 음봉이 나타나고, 두 번째 갭 하락이 (음봉 양봉 무관) 생기고, 세 번째 양봉이 첫 번째 음봉의 몸통 50%를 상향 돌파하는 경우입니다. 상승반전형으로 해석합니다.

- **석별형(evening star)**

첫 번째 긴 양봉이 나타나고, 두 번째 갭 상승이 (음봉 양봉 무관) 생기고, 세 번째 음봉이 첫 번째 양봉의 몸통 50%를 하향 돌파하는 경우입니다. 하락반전형으로 해석합니다.

목표가 찾기: 정답 없는 결론

모든 투자자는 기-승-전-수익이라는 최종 결과와 목표를 갖게 됩니다. 저가 매수가 이루어지는 순간(잠정된) 매도가를 갖게 되고, 고가 매도가 이루어지는 경우 또한 (잠정된) 매수가를 염두에 두는 것입니다. 상승시 차익실현 욕구로 고가 매도 심리가 강하게 일어나는 지점과 하락시 지지 및 저점 인식에 따른 저가매수 욕구가 촉발되는 지점이 됩니다.

목표가를 정하는 방식은 네 가지 정도로 나누어 볼 수 있습니다.
첫 번째, 추세분석과 패턴분석을 통해 나타나는 저항선과 지지선에 대한 접점과 (경험) 등락폭으로 계산하는 방식입니다. 저항선과 지지선에 대한 개념에 이동평균선의 주요 값들이 있는 것은 당연합니다.
두 번째, 엘리어트 파동, 피보나치 수열 등에서 제시되는 상승과 되돌림, 수렴시에 일정 비율을 적용하는 것입니다.
세 번째는, 피봇과 디마크 등 주가의 지난 흐름에서 나타난 변동성, 즉 시고저종의 폭과 중심점을 이용해서 다음의 목표 고가와 목표 저가를 연속적으로 산출해 나가는 방식입니다.
마지막으로는, 일목균형표의 가격론에서 언급되는 파동이나 추세에서의 변동폭을 적용해 나가는 것입니다.

• 추세분석과 패턴분석

추세선과 패턴이 완성되는 (예상)지점 그리고 이동평균선의 값 등은 언제라도 목표가로서 작동합니다. 특히 이동평균선의 해석에서 살펴본 바와 같이 평탄화된 중장기 이동평균선은 (해당 기간의 평균매입 단가로서의 역할을 하여) 어떤 전문가라도 무시할 수 없는 값들이 됩니다. 통계적인 단순 회귀분석을 통한 목표가 계산은 의미는 있으나 강하게 추천하지는 않습니다. 대부분의 기술적 분석에서는 ARIMA 분석(자기상관과 이동평균의 통합분석) 등 통계기법을 적용하여 향후 가격의 예상 흐름을 밴드 등으로 표현하기도 합니다. (tradingeconomics.com의 Forecast 등이 참고가 될 수 있습니다.)

• 엘리어트 파동과 피보나치 수열 방식

황금비와 피보나치 수열에서 자주 등장하는 비율은 상승 시 61.8%, 반락 시 38.2%입니다. 자연의 법칙이라는 표현을 자주 쓰듯이 인체에서 건축물에 이르기까지 이 비율에 익숙한 것은 인정해야 할 듯합니다. 만일 이 용어와 비율에 익숙하지 않다면 책의 앞쪽을 살펴보기 바랍니다. 중요한 것은 임의의 지점이 아니라, 의미 있는 저점과 의미 있는 고점에서 상승시의 고가와 하락 시의 저가를 살펴야 한다는 내용입니다. 저가 매수 시 해당가격x1.618을, 더 높게는 2.618배를 곱하는 것이고, (확인되거나 의미 있는) 고가가 있다면 (고가-저가)의 폭에 0.382 만큼을 고가에서 빼 나가는 것입니다.

• 피봇과 디마크의 목표가 계산

유혈이 낭자한 증권시장에서 종목의 하루는 시고저종(OHLC)이라는 네 개의 가격으로 간단하게 정리됩니다. 이 네 개의 가격에서 가장 중심이 되는 가격을 찾고, 그 상향으로의 폭과 하방으로의 폭을 계산하려는 시도가 피봇(Pivot)과 디마크(DeMark)입니다. 피봇은 문의 여닫음에서 중심 역할을 하는 축과 같은 뜻입니다.

▶ 피봇(Pivot, Pv) 값이 계산되고 나면 이후의 저항 값과 지지 값은 계속 반복되며 1차 2차 3차 4차로 그 목표 값을 산정할 수 있다는 것입니다.
3차 저항 = 2차 저항 + (Pv - 저가)
2차 저항 = 1차 저항 + (고가 - Pv)

1차 저항 = Pv + (Pv − 저가)
피봇(Pv) = (고가 + 저가 + 종가) ÷ 3
1차 지지 = Pv − (고가 − Pv)
2차 지지 = 1차 지지 − (Pv − 저가)
3차 지지 = 2차 지지 − (고가 − Pv)

▶디마크(DeMark)는 전일 캔들의 모양에 따라 기준가격(x)의 결정방식이 조금 달라집니다. 기준가격이 산출되면 이후에 전일 저가나 전일 고가를 차감하여 목표 고가나 저가를 산정하는 것입니다.

전일 캔들 유형	당일 기준가격(x)	당일 목표가격
양봉 (시가 < 종가)	(전일 고가 + 저가 + 종가 + **고가**) ÷ 2	• 당일 목표고가 = x − 전일저가 • 당일 목표저가 = x − 전일고가
음봉 (시가 > 종가)	(전일 고가 + 저가 + 종가 + **저가**) ÷ 2	
도지 (시가 = 종가)	(전일 고가 + 저가 + 종가 + **종가**) ÷ 2	

표5-2 디마크계산

▶피보나치 피봇(Pivot)은 피보나치 수열 방식과 피봇 방식이 결합된 형태라고 보면 됩니다. 산출 식을 통해서 직접 확인해 볼 수 있습니다. 의외로 많은 곳에서 이 목표 값들이 발견됩니다.

3차 저항 = 피봇 + 1 × (고가 − 저가)
2차 저항 = 피봇 + 0.618 × (고가 − 저가)
1차 저항 = 피봇 + 0.382 × (고가 − 저가)
피봇(Pv) = (고가 + 저가 + 종가) ÷ 3
1차 지지 = 피봇 − 0.382 × (고가 − 저가)
2차 지지 = 피봇 − 0.618 × (고가 − 저가)
3차 지지 = 피봇 − 1 × (고가 − 저가)

기본적인 피봇 저항과 지지 값 및 디마크의 목표 고가와 저가는 대부분의 HTS 현재가 화면에서 찾아 볼 수 있습니다.
피봇과 디마크는 중장기적인 추세 또는 주간이나 월간 단위의 목표가를 모색하기에는 무리가 있고, 일반적으로 전일 자료에 기반을 둔 익일의 고가와 저가를 가늠하는 수단으로 인식해야 할 것입니다.

• 일목균형표의 가격론에 따른 목표가 예상

통상적으로 'N'자형으로 상승이 이루어지는 경우가 많습니다. 이때 의미 있는 저점으로부터 고점까지, 이어서 (의미 있거나 확인된) 고점에서 저점까지의 폭들

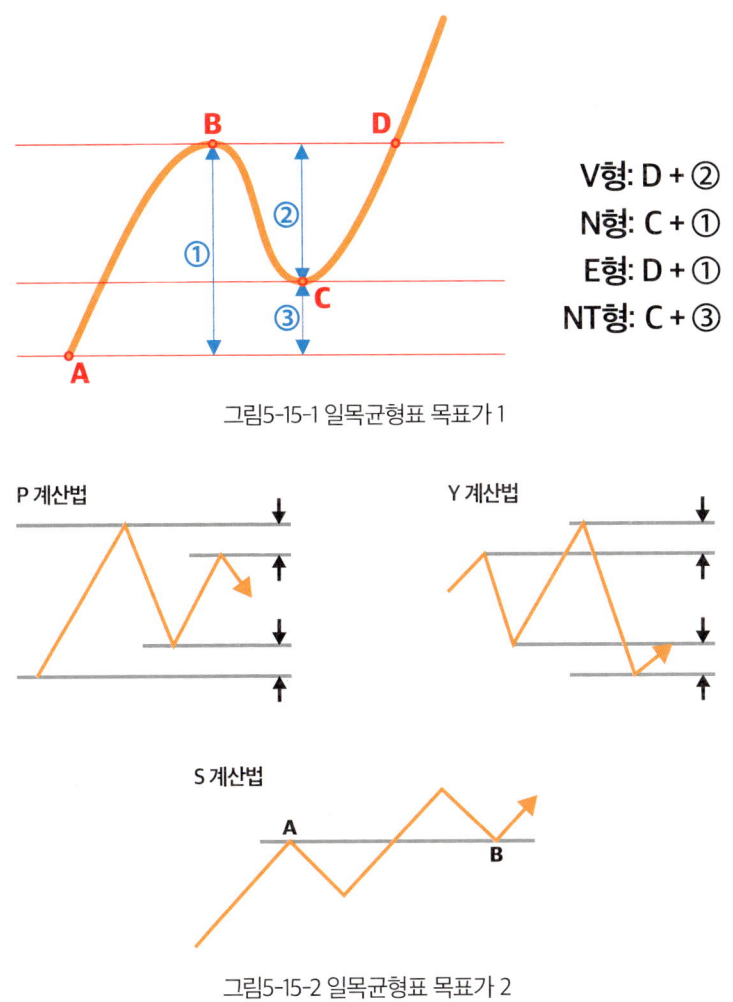

그림5-15-1 일목균형표 목표가 1

그림5-15-2 일목균형표 목표가 2

52주 최저가 대비 61.8% 상승
52주 최저가 대비 38.2% 상승
52주 최고가
13주 최고가
볼린저밴드 채널 상단
120일 이동평균
4주 최고가
60일 이동평균값
피봇 2차 저항값
20일 이동평균값
5일 이동평균값
3일 고가이동평균 채널 상단
피봇 1차 저항값
현재가
피봇포인트

표5-3 저항값으로 이용하는 주요 값들

이 다음 목표가의 산정에 활용되는 것입니다. 언뜻 보기에는 생각나는 대로(또는 막연하게) 더하기를 해나가는 과정으로도 비칠 수 있습니다만, 실제 매매에 참가하는 투자자로서는 어떤 식으로든 의미 부여가 되는 지점으로 인식하므로 도외시할 문제는 아닐 것입니다.

지금까지의 각종 목표가 산정과 이로부터 생기는 이격구조를 보면 아래와 같이 현재가를 기준으로 위쪽에서의 저항 목표가를 상정해 볼 수 있습니다. 아래쪽에서의 지지 목표가도 같은 방식으로 상정해 볼 수 있겠습니다. (반드시 이렇게 되는 것은 당연히 아닙니다.)

목표가는 사격에서의 영점 조준이 아니라 움직이는 무빙 타깃(moving target)입니다. 사격을 하는 사람도 같이 움직여 주어야 그 타깃이 눈에 잘 들어온다는 것이 기본입니다. 시장에 순응하고 대응하면서 잡아내야 하기 때문에 쉬워 보이지만 기실 대단히 어렵습니다.

기술적 분석 스크리닝(예시)

　기술적 분석의 과정을 마무리하면 이것을 실제 실전에 적용해야 하는 현실투자의 문제에 봉착하게 됩니다. 때로 뭔가를 공부한 것 같기는 한데 이것을 직접 투자에 접목하려는 과정에서는 현타(현실자각 타임)가 오는 것입니다. 금융투자와 관련된 (포털) 사이트나, 증권사의 HTS에는 '스크리너' 또는 '조건검색'이라는 이름을 발견할 수 있습니다. (이 문장은 기본적 분석 스크리닝에서도 똑같이 발견할 수 있습니다.)

　다음의 예시된 화면은 '단기적인 눌림목 종목'을 찾아내기 위한 기술적 분석의 조건검색 목록과 HTS '조건검색' 화면입니다. 대부분의 HTS에서 찾을 수 있는 메뉴이므로 지금까지 소개한 다양한 방법들을 잘 조합(동시에 조건을 만족해야 하는 AND와 하나라도 만족하면 되는 OR 등 조건)하는 것이 관건입니다. 특히 데이트레이딩과 같은 매매 판단의 속도전이 필요한 경우에는 그 대상 기간이 일간이 아닌 분 단위 이하로도 내려갈 수 있을 것입니다. 또한 필요시 실행하는 것이 아니라 실시간으로 감시를 하여 그 신호(시그널)가 매매로 이어지게 하여야 합니다.

　기본적 분석에서는 가치평가와 관련되다 보니 보통 안정성, 성장성, 수익성, 활동성을 가늠하는 재무적인 상황에서의 현 수준과 지속성에 주안점을 둡니다. 하지만, 기술적 분석에서는 이미 소개한 것처럼, 가격과 거래량 그리고 그 주체라는 몇 가지 안 되는 항목이 보여주는 수많은 현상을 통해서 가격 변동의 국면, 전환점과 속도 및 진폭을 측정할 수 있도록 합니다. 추세, 지표, 패턴, 캔들, 목표가를 놓고 HTS의 스크리너에 어떤 항목을 어떤 수준으로 놓는가 하는 것은 투자자의 역량이라고 할 수 있겠습니다.

지표	검색 내용
A	[일]0봉전 DI(14) +DI 1봉 연속 추세유지 후 상승반전
B	[일]0봉전 Band Width 변동률(10, 2) 5봉전대비 -30%이상 0%이하
C	[일]1봉전 MACD Osc(10, 20, 5) 3봉 연속 추세유지 후 상승반전
D	거래량이평돌파: [일]0봉전 1이평 10이평 골든크로스
E	상세이평돌파: [일]0봉전 단순(종가 1)이평이 단순(종가 5)이평을 1봉이내 골든크로스 1회이상
G	주가이평비교: [일]0봉전 (시가 1)이평 < (종가 5)이평 1회이상
I	주가이평비교(2): [일]0봉전 종가1 < 종가5, 종가1 < 종가20 1회이상
J	0봉전 3일중 2일이 프로그램순매수발생 최소매매수량 5000주
K	체결강도 102%이상 1000.0%이하
L	<40일> 베타계수 1 이상 10 이하
M	[일]1봉전 거래량 500000이상 9999999990이하
N	[일]0봉전 5봉중 신고거래량
O	전일동시간대 대비 거래량비율 80%이상
P	5일 매물대 상향 돌파
Q	주가등락률: [일]2봉전(중) 종가대비 1봉전 종가등락률 1.5%이하
R	주가등락률: [일]3봉전(중) 종가대비 2봉전 종가등락률 2%이하
S	기간내 등락률: [일]1봉전 4봉이내에서 전일종가대비종가 -4%이상 4%이하를 4회 이상
T	주가돌파: [일]1봉(전) 고가를 현재가가 상향돌파
W	캔들연속발생: [일]0봉전 1봉 연속 양봉발생
X	캔들연속발생: [일]1봉전 2봉 연속 음봉발생

표5-4 기술적분석 스크리닝 조건검색 (예시)

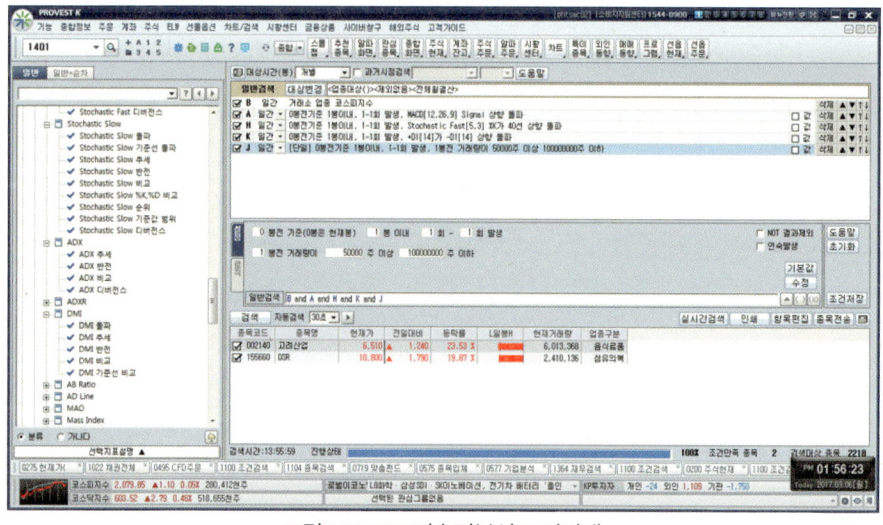

그림5-16 HTS 기술적분석 조건검색

제6장 투자분석의 기본, 기본적 분석-에센스

기업의 언어는 회계, 회계는 곧 재무제표

가치의 종류와 평가의 방법

투자자의 기본자세인 기본적 분석

아래의 문장은 많은 투자격언과 블로그 등에서 찾아볼 수 있는 John Templeton 경의 말씀을 인용한 것입니다. 템플턴 재단의 자문위원으로 활동하며 그를 가까이서 지켜 본 게리 무어가 지은 책『존 템플턴의 영혼이 있는 투자』에 있는 글로, 몇 번을 고쳐 읽어도 클래식을 듣고 읽는 것처럼 구구절절 맞는 말씀이라 옮겨 적는 것이 최선이라 생각이 듭니다.

"항상 최고의 수익률을 가져다 주는 투자 대상은 없다. 포트폴리오를 성공적으로 구성하기 위해서는 무엇보다 다양한 투자 대상을 열린 마음으로 대해야 한다. 우량주를 사야 할 때가 있는가 하면 경기순환에 민감한 주식을 사야 할 때가 있다. 회사채나 전환사채, 장기국채를 매수하는 게 좋을 때도 있다. 그런가 하면 현금이나 단기 국채를 보유한 채 가만히 있어야 할 때도 있는데, 그래야 괜찮은 투자 기회가 나타났을 때 붙잡을 수 있다.

어떤 유망 산업이나 특정한 종류의 증권이 투자자들의 관심을 사로잡으며 선풍적인 인기를 끌기도 한다. 그러나 이런 유행은 늘 잠깐의 바람으로 끝나버리고, 한번 가라앉으면 몇 년이 지나도 다시 돌아오지 않는다. 그러니 최고의 투자 기회를 찾겠다며 이런 유행과 대중적 인기에 편승해서는 절대 안된다. 그리고 투자의 진정한 안정성을 따질 때는 반드시 인플레이션을 감안한 구매력으로 평가해야 한다는 점을 기억해야 한다. 열린 마음과 개방적인 자세를 견지한다면 투자 대상을 특정한 종류로 한정하는 투자자에 비해 훨씬 더 훌륭한 성과를 거둘 수 있을 것이다."

『존 템플턴의 영혼이 있는 투자』 굿모닝북스. 게리 무어 지음. 박정태 옮김. 개정판. 2022년 1월

투자할 때는 반드시 좋은 주식 가운데서 주가가 낮은 종목을 찾아내야 합니다. 무조건 싸다고 해서 좋지도 않은 주식을 매수하는 것은 결코 싸게 사는 것이 아닙니다. 액면가가 다양하기 때문에 절대적인 가격으로 낮은 것을 싸다고 이해해서도 안됩니다.

(주식)투자의 분석은 크게 기본적 분석(fundamental analysis)과 기술적 분석(technical analysis)으로 구분합니다. '펀드멘탈(fundamental)'은 '근본(본질)적인(=basic)/ 핵심적인/ 필수적인 (=essential)'이라고 번역됩니다. 너무 단언적인 표현 같지만, 기본적 분석은 투자대상의 (절대·상대) 가치평가를 하고, 기술적 분석은 수급에 따른 투자대상의 가격평가를 하는 것으로 압축하여 정리할 수 있습니다. 투자자는 저평가된 종목을 발굴하여 진입하고, 제값 이상에서 청산하는 것이 기본입니다. 그러기 위해 위험자산(주식)과 안전자산(채권)에 대한 자산배분, 섹터(업종)와 스타일(대형/ 중형/ 소형주, 가치주/ 성장주/ 배당주) 배분, 종목선택, 마켓 타이밍을 끊임없이 모색하는 것입니다.

뭔가 대단히 복잡하고 어렵게 느껴지지만, 기본적 분석의 기본은 정석투자와 맞닿아 있습니다. 이 책의 처음에 말씀드렸던, 투자의 정석은 장기에 걸쳐서/ 자기자금으로/ 분산하고 분할하여/ 가치투자를 통해/ 전문가를 활용한 간접투자를 애기합니다. 그렇지만 현재 자신의 연령, 재산보유 상태, 직업, 소득 등을 반영한 투자성향, 투자기간, 투자목적 그리고 투자규모는 모두 다를 수밖에 없습니다.

기본적 분석은 공정가치(fair value) 평가(valuation)를 통해 가격은 가치에 수렴한다고 표현합니다. 그래서 정석투자 표현에 보다 가까이 자리 잡게 됩니다. 반면, 기술적 분석은 수급을 반영한 적정 가격(reasonable price) 평가(pricing)를 통해 평균가격에 수렴한다(RTM)고 표현합니다. 변화무쌍한 수급이다 보니 마켓 타이밍이 훨씬 더 강조가 됩니다.

'기다리면 그 가치에 가격이 수렴한다.'는 데 확신을 가지려면 가치평가에 대한 분석이 제대로 이루어져야 할 것입니다. 코스톨라니의 말을 빗대자면 주가는 주인(가치)과 산책을 하는 강아지와도 같습니다. 좀 앞질러 표현하지만, 공정한 가치평가도 문제는 있을 수 있습니다. 멈춘 기차는 처치 곤란한 고철 덩어리이듯이, 가동이 멈춘 공장의 고평가된 기계장치도 결국 고철에 불과하기 때문입니다. 그래서 투자대상(종목)에 대한 가치평가는 누가 해도 같은 결과가 나와야 할 텐데, 그렇지는 않습니다. 가치를 현재의 자산 가치와 미래의 수익가치, 때로는 청산가치로 나누어 그 예상과 비중이 변동되기 때문입니다.

주식시장에서 투자자의 입에 가장 많이 오르내리는 단어를 꼽으면 PER와 평단가(평균매입단가)가 아닐까 싶습니다. PER는 기본적 분석에서는 상대가치평가 용어 중의 하나입니다. 상대가치라는 것은 주가의 움직임에 따라 계속 변화하고, 같은 업종이나 시장 안에서 다른 종목과 비교가 가능하다는 뜻이 됩니다. 또 미래의 예상수익이나 예상가격으로 역산하기도 합니다. 반면 절대가치라는 것은 현재의 자산 가치와 수익가치 평가, 미래의 현금흐름이나 배당에 대해 동일한 판단을 하면 변함이 없다는 뜻이 됩니다.

나라를 보고 국민 개개인을 보거나, 개개인의 삶을 통해 국가를 바라보는 시각은, 기본적 분석에서도 마찬가지입니다. 우리나라의 경제규모와 산업구조를 통해 투자대상 기업을 분석하는 것이 탑다운(top-down) 방식이고, 기업분석 후 관련 업종과 경기흐름 전체를 분석하는 것이 바텀업(bottom-up) 방식입니다. 최종적으로 명심할 것은 투자자는 결국 특정종목(투자대상)에 대해 '이 때다' 싶은 때에, '이 가격이다' 싶은 가격으로, '이 만큼이다'하는 비중을 싣는 실행이 따라야 한다는 것입니다. 그것이 바로 투자의 의사결정이고 실행입니다.

먼저 한 보고서의 내용을 요약해 봅니다.
삼성자산운용이 발간한 보고서 『이기는 투자』(2018. 3)에 따르면 1980년부터 2016년까지 어떤 시점에서든 코스피 시장에 하루만 투자했다면 손해를 볼 확률은 48.7%에 달한다고 합니다. 하지만 투자기간이 길어질수록 손해를 볼 확률은 점점 줄어듭니다. 20년이 되면 손실 확률은 0%가 됐다고 합니다. 자료에서, 1980년부터 2019년 12월까지 KOSPI지수에 매달 10만원 투자 가정 시 누적 투자 원금은 4,800만 원이고, 평가액은 3.4억(원금이 7.0배로 증가)이 됩니다. 삼성자산운용 관계자는 "시장은 등락을 반복하지만 장기 적립식 투자를 한다면 감정을 배제한 투자를 통해 위험을 감수한 만큼 그에 대한 보상을 얻을 수 있다는 것을 보여준다."라고 얘기하고 있습니다.

하루살이 같은 투자와 장기에 걸친 진득한 투자의 차이점은 장기투자가 아래와 같은 장점과 효능이 있기 때문입니다.

- 복리의 마법: 산술급수가 아닌 기하급수로 투자 원리금이 급격히 증가합니다.
- 적립식 투자의 효과: 정기적으로 정액투자를 하는 경우 코스트 애버리징(가격이 높을 때는 적은 수량, 낮을 때는 많은 수량을 매입하게 됨) 효과가 발생합니다.
- 변동성의 완충: 동일한 금액으로 동일기간 투자가 되면 변동성의 표준오차가 저감됩니다.
- 심리적 기대감: 명목물가의 지속상승(주가지수 등의 역사적 우상향)으로 가격이 오릅니다.
- 빈번한 BLASH 거래 제어: 잦은 거래는 비용(세금과 수수료, 슬리피지)이 누적되며, 이를 방어하거나 회피하여 초과하는 수익을 내야 하는 부담을 덜게 합니다.
- 금융기관의 필요: 안정된 자금운용 수익원으로 유도하여 예대 마진 등에 활용합니다.

제러미 시겔 교수(펜실베이니아大, 와튼스쿨)은 주식 1년 보유 시의 변동성 18%가 10년 보유 시에는 5%로 낮아지고, 실제 투자수익률은 대략 연 1.5% 높아진다고 발표하였습니다. 존 템플턴의 평균보유기간은 5년이었고, 피터린치는 3~4년부터 수익을 냈다고 합니다. 이러한 투자기간을 조사해 본 결과 글로벌 투자자가 평균 2.6년, 한국 투자자는 3분의 2 수준으로 상대적으로 짧다고 합니다. 국가별로는 일본과 미국, 캐나다 투자자들이 최소 4년간 투자 포지션을 보유하는 것으로 조사되었다고 합니다.

단기투자에 대해 부정적이거나, 장기투자에 대해 무조건 긍정적일 필요는 없습니다. 반복되는 얘기가 되겠지만 하루라도 더 투자기간을 연장하려면 가치에 대한 분석이 앞서야 합니다. 또한 작은 파동이 되었건, 큰 파동이 되었건 경기순환 주기에 대한 인식과 섹터 결정을 했다 하더라도 하나의 기업(종목)이 성장하는 궤도와 궤적은 얼마든지 다르게 형성될 수 있기 때문입니다.

탑다운 식의 기본적 분석 과정으로 경기순환에 대한 얘기는 별도로 상세히 설명하겠습니다만, 경기순환 속에 있는 주도 섹터를 결정하고 다음으로 이에 속한 기업(종목)에 대한 분석을 이어가겠습니다.

섹터? 로테이션? 투자전략

투자자로서 상당히 어렵게 접근되는 전략 중에 '섹터 로테이션 전략(sector rotation strategy)'이 있습니다. 섹터는 주식시장에서 업종, 산업군의 의미로 사용되며 업종별로 기업을 구분하는 데 사용됩니다. 가장 널리 사용되는 섹터 구분 방법 GICS(The Global Industry Classification Standard)는 미국 S&P와 MSCI가 공동 개발한 것으로 11개 섹터(IT, 헬스케어, 금융, 커뮤니케이션, 서비스, 경기소비재, 산업재, 필수소비재, 에너지, 유틸리티, 부동산, 소재)로 구분됩니다.

코스피나 코스닥지수를 형성하는 산업별 업종지수는 다르게 구성되어 있으므로 필요시 참조하면 됩니다. 실제 시황에서는 이들 업종의 등락이 표현되고 이를 선택하여 해당 업종의 어느 종목이 시세를 주도하는지 살펴보게 됩니다.

코스피 지수는 주가지수 산출을 위한 산업분류와 통계산출을 위한 산업분류가 하나로 단일화되어 있으며, 산업 명칭도 일반 투자자가 알기 쉽도록 단순화하였습니다. 또한 34개로 세분화되어 있던 지수를 22개로 통합하였고, 해당 산업의 발전 추세가 크거나 투자자들의 관심이 높은 산업(통신, 전기가스, 의료정밀, 서비스)은 별도로 분류하여 산업별 지수를 산출하였습니다.

투자에 있어서 섹터의 결정은 재료나 수급의 기업(종목) 선택과 연결됩니다. 먼저 아래 그림에서처럼 투자할 자산 선택에서 성장과 물가는 경제구조와 경기순환이라는 주제에 보다 구체적으로 접근합니다. 그것은 '성장과 물가, 금리'라는 프레임 워크라 하겠습니다. 예시적으로 경기의 순환과정에서 경제가 성장하고, 이를 반영한 생산자 물가나 소비자 물가가 상승한 만큼을 동시에 만족시켜주는 자산 대상군은 주식과 원자재, 신흥국의 통화, 신흥국의 물가연동채(ILB)로 좁혀지게 됩니다.

(단위:원,%)

시장구분	산업분류	종목수	종목비중	시가총액	시가총액비중
코스피	농업, 임업 및 어업	4	0.43	1,334,750,637,900	0.06
코스피	광업	1	0.11	1,131,727,599,000	0.05
코스피	음식료품	47	5.01	28,350,660,348,967	1.32
코스피	섬유의복	27	2.88	12,728,238,337,392	0.59
코스피	종이목재	21	2.24	3,501,911,246,485	0.16
코스피	화학	122	13.01	234,132,431,292,265	10.89
코스피	의약품	52	5.54	136,092,967,488,255	6.33
코스피	비금속광물	27	2.88	23,639,156,935,145	1.10
코스피	철강금속	52	5.54	58,697,631,564,355	2.73
코스피	기계	43	4.58	36,109,444,806,473	1.68
코스피	전기전자	74	7.89	692,539,935,440,925	32.21
코스피	의료정밀	8	0.85	6,687,627,736,890	0.31
코스피	운수장비	65	6.93	159,113,796,812,549	7.40
코스피	기타제조업	15	1.60	15,784,476,906,235	0.73
코스피	유통업	66	7.04	73,643,567,790,020	3.43
코스피	전기가스업	11	1.17	23,268,338,774,500	1.08

표6-1 코스피 산업분류와 시가총액

자산선택	성장	물가	금리
주식	▲	▼	▼
채권	▼	▼	▼
원자재	▲	▲	▲
물가연동	▼	▲	▲

표6-2 성장 물가 금리와 자산선택

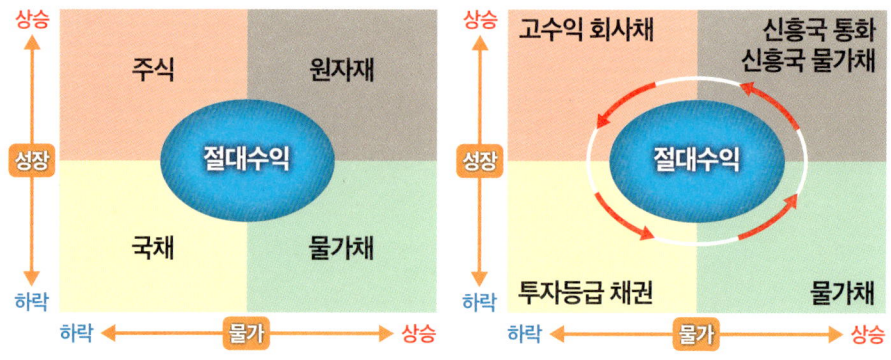

그림6-1 물가와 성장에서의 글로벌 자산 선택

경기와 업종: 슈퍼 섹터와 구성 섹터

'섹터 로테이션 전략'은 경기에 따른 유망업종에 순차적인 투자를 하는 것입니다. 다시 말해 경기, 물가, 금리의 주요 변수를 놓고 상승세를 이끄는 주도업종에 투자하고 일정 기간 후에 다시 다른 주도업종으로 투자 포트폴리오를 변경하는 전략입니다.

예를 들어 지금 2020년 초의 팬데믹 시기의 랜선, 언택트 문화는 비대면 관련 업종이 큰 상승세를 보였습니다. 관련 섹터에는 외부활동이 자제(억제)된 게임, 미디어 콘텐츠, 비대면 진료 등이 있습니다. 이러한 주도섹터를 선택하여 업종 위주의 섹터 ETF에 투자하거나 종목(기업)을 선택하는 전략을 의미합니다.

섹터 로테이션 투자전략은 상대적으로 경기순환에 따라 트렌드가 빠르게 움직이고 있기 때문에 중장기적으로 포지션을 구축하지는 않습니다. 그리고 경기 둔화와 침체의 수축기와 경기 회복과 활황의 확장기에 따라 업종이 달라질 수 있고, 섹터의 비중도 분산하거나 압축합니다.

한국거래소의 산업분류나 S&P의 산업분류(GICS)에 대해서는 앞에서 설명하였습니다. 이제 경기의 순환과 맞물리는 섹터(업종)를 경기순환 섹터, 경기방어 섹터, 경기민감 섹터라는 슈퍼섹터로 구분하는 '모닝스타'의 주식 섹터 구조를 알아보겠습니다. 모집단(시장)의 움직임에 비해 그 구성요소(종목)가 더 활발한지 여부를 판단하는 베타계수(β)를 활용하는 것입니다.

기준변수 시장수익률의 변동분에 대한 특정 투자자산 수익률의 변동분의 기울기를 반영하는 것입니다. 세부 섹터와 거기에 포함된 종목(업종)을 살피는 것은 로테이션 전략에서 반드시 챙겨야 할 덕목입니다. 물론 개별기업의 재료와 수급 그리고 실적이 반영되는 것은 섹터와는 다른 관점입니다.

보통 시장 지배력은 대형주로 구성되고, 시장 잠재력은 소형주에 있다고 표현하기도 합니다.

Clyclical (경기순환) 경기순환 고/저점에 매우 민감 $\beta > 1$	Defensive (경기방어) anti-경기순환 주식 종목 $\beta < 1$	Sensitive (경기민감) 경기순환에 알맞는(moderate) $\beta \fallingdotseq 1$
Basic Materials 기초 소재 화학, 건자재, 종이제품, 원자재 탐사 및 가공	**Consumer Defensive** 소비자 방어 음식, 음료, 가정/개인용품, 포장 또는 담배, 교육 및 훈련 서비스	**Communication Services** 통신 서비스 유무선 네트워크 서비스, 인터넷 서비스
Consumer Cyclical 경기 소비재 자동차 및 자동차 부품 제조업체, 소매점, 주거 건설, 숙박시설, 레스토랑, 엔터테인먼트	**Healthcare** 헬스케어 생명공학, 의약품, 연구 서비스, 가정의료, 병원, 장기요양시설, 의료 장비 등	**Energy** 에너지 석유/가스를 생산 정제, 유전 서비스 및 장비, 파이프라인, 석탄채굴 등
Financial Services 금융 서비스 금융 서비스, 은행, 저축 및 대출, 자산관리회사, 신용 서비스, 투자 중개회사, 보험사	**Utilities** 유틸리티 전기, 가스 및 수도 설비.	**Industrials** 산업재 기계류 제조, 휴대용 도구 및 공산품 제조, 항공우주, 방위산업, 수송물류사
Real Estate 부동산 모기지회사, 부동산관리, REIT사		**Technology** 기술주 디자인, 컴퓨터 (개발 및 지원, 장비, 데이터저장장치), 운영 체제 및 애플리케이션

표6-3 모닝스타의 섹터구분 표

경기순환 주도 섹터와 포트폴리오 구성

다음 페이지의 그림은 (경제)성장과 물가, 여기에 더해지는 금리라는 흐름에 선행적으로 반응하고 반영하는 증시를 중첩하여 살펴본 것입니다. 제I 국면을 읽어보겠습니다. 굵은 점선(증시)이 고점에서 이미 하락을 시작하는 선행적 움직임을 보일 때, 동행하는 경기도 뒤이어 둔화되기 시작하고, 아직 물가는 상승하는 국면에 있게 되며, 선제적으로 대응하기 위해 통화당국은 통화긴축 내지는 금리를 인상하기 시작합니다.

이때는 투자 손실을 방어하는 차원에서 현금성 자산의 비중을 늘리라는 것입니다. 금리상승이 멈추는 국면까지 서서히 채권의 투자비중도 고려하고 늘릴 준비를 해야 합니다. 물가상승 시기이므로 부동산이나 원자재 상품과 같은 실물자산의 비중이 가장 큰 상태이고, 반대로 줄일 준비를 해야 합니다.

다음 페이지의 하단에 보이는 그림은 '코스톨라니의 달걀'입니다. 금리 하나만을 떼어놓고 이 움직임에 맞추어 투자대상의 비중을 조절하는 과정입니다. 바로 위의 국면I에 대입해 보면 E에서 F로 가는 과정으로 이해하면 될 것입니다.

이때 투자하는 섹터를 살펴보면 경기순환의 정점에서 하강국면의 초입에 적절한 섹터가 선호되는 것을 볼 수 있습니다. 그리고 경기의 움직임과 관계없이 사람과 관련되어 꼭 필요한 헬스케어와 필수 소비재 및 이와 관련된 유통업을 상정해볼 수 있겠습니다. 투자자는 지금 어느 국면에 위치하고 어느 방향으로 진행하고 있는지 판단하고 투자 결정을 해야 합니다. 오늘 내일 하루하루가 숨가쁘게 바뀌어야 하는 상황은 아니지만, 큰 규모의 포트폴리오는 미리 준비하지 않으면 대응하기가 쉽지 않습니다.

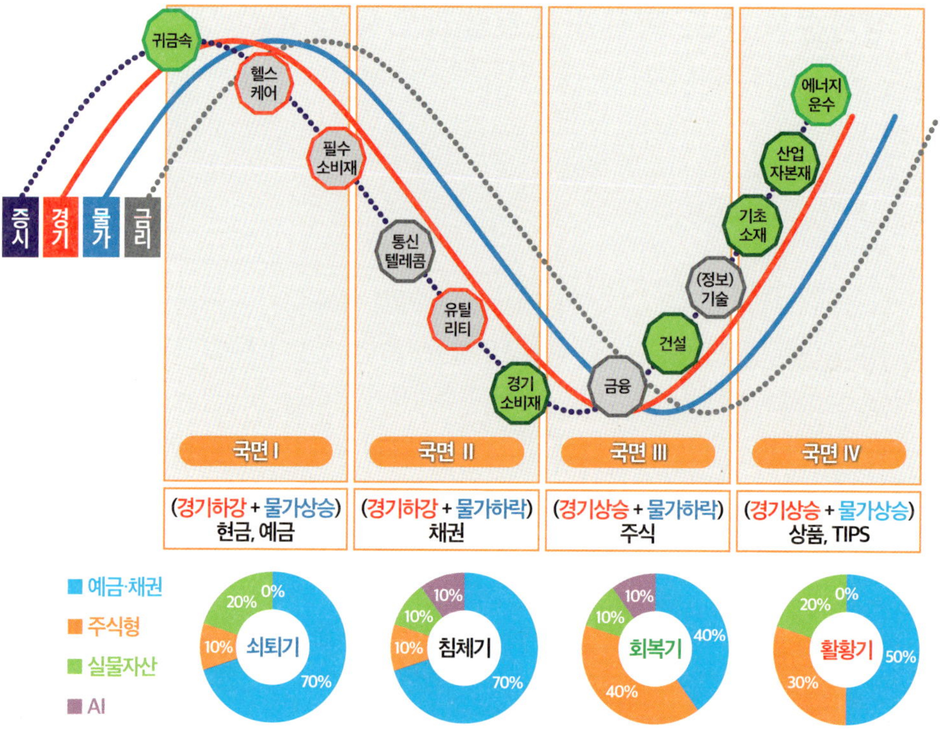

그림6-2 경기순환국면에 따른 섹터와 포트폴리오 구성

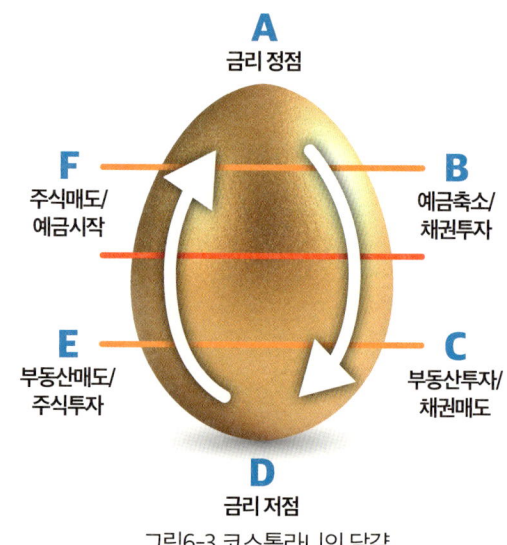

그림6-3 코스톨라니의 달걀

기본적 분석의 주요 항목과 투자시 적용기준

투자자의 성향과 목적, 투자기간, 나아가 투자금액의 규모에 따라 매우 다양하게 투자대상을 필터링할 수 있습니다. 주어진 필터링 조건에 따라 투자 유니버스에서 그 대상을 좁혀 나가는 과정을 '스크린(screen)한다'고 표현합니다. 이런 과정은 인터넷의 각종 사이트에서 '스크리너(screener)'라는 메뉴를 통해 실제 적용해 볼 수 있습니다.

이러한 콘텐츠를 활용하기 위해서는 조건에 대한 의미를 잘 이해하여야 하는 것은 당연합니다. 문제는 너무나 많은 항목과 기준이 난무하기 때문에 입문자나 '그때그때 다르게' 투자하는 스캘퍼 투자자들이 기본적 분석에 등을 돌리고 기술적 분석에 입각한다는 점입니다. 그냥 입맛에 맞는 시장 대응을 통해 수익만 나면 만사가 좋다는 식의 투자가 이루어진다는 것입니다.

그렇지만 가치평가에 입각하지 않은, 수급에 크게 영향을 받는 기술적 현상의 가격에만 매매의 기준을 맞추면 기본적으로 매매는 불안정해집니다. 매수가 이루어지는 순간부터(어찌 보면 매수할 때부터 추격매수를 하는 성급함이 생기기도 합니다.) 확신이 결여되기 때문에 오래 기다릴 수도, 현저히 하락했을 때의 손절이나 추가 매수에 대한 판단이 혼란스러워집니다. 마지막 판단은 성향과 주관이지만, 그 전까지는 최대한 냉정하게 시장을 읽어야 합니다. 그렇지 않으면 매수한 가격은 자신이 결정한 가격이 아니라 다른 투자자나 전문가가 찍어준 가격이 됩니다. 결국 남에게 나의 투자를 맡긴 것과 같아지기 때문입니다.

그러면 어떠한 관점으로 기본적 분석의 항목을 소화해낼 것인가 하는 문제로 귀착됩니다.

보통은 안정성, 성장성, 수익성, 활동성이라는 이름으로 종목(기업)을 평가하는 경향이 있습니다. 좋은 기업은 재무구조가 안정적이고, 시장과 판매는 성장하고, 적정한 수익을 확보하고, 기업의 활동력이 탄탄하기 때문에 모든 투자자의 입맛에 적합한 셈입니다. 보기에 좋은 떡이 먹기에도 좋다고 하고, 향기가 좋으면 맛도 좋다고 합니다. 하지만 플라스틱 모형 음식은 먹을 수가 없고, 시들지 않는 아름다운 조화에는 먼지가 앉을 따름입니다. 소개하는 두 개의 표에서 만나는 용어들은 처음 사 입는 옷처럼 어색하고 기본적으로 어렵습니다. 활용법에 앞서 눈에 익히는 정도로 받아 들이면 될 듯 합니다.

요즘은 '가성비'라는 표현을 많이 씁니다. 가격 대비 성능의 만족도를 얘기하는 말입니다. '중고나라'나 '당근마켓'을 이용하는 이들은 필요한 성능과 상태를 인식하고 저비용의 지출을 허용하는 것입니다.

투자자는 항상 가치와 가격 두 개의 잣대를 활용합니다. 기본적 분석에서는 가격보다는 가치라는 관점에서 접근합니다.

- 가치(value)는 수급에 의한 가격(price)과 다릅니다.
- 가치는 효용성과 만족도의 평가(valuation)가 우선하지만, 이 또한 장소와 상황에 따라 달라질 수 있습니다.
- 가치평가는 절대가치와 상대가치로 구분됩니다.

천 억이 넘게 들여 산 슈퍼컴퓨터를 수 천 만원 헐값에 팔았다는 등의 기사를 심심찮게 접하는 것과, PER와 수백 배에 이르는 빅테크 기술주의 주가에서도 거래가 왕성한 이유를 이해해야 할 것입니다. 피터린치는 수익의 성장률까지 감안하는 PEG를 선호하였습니다.

머니 머니 해도 돈(현금)이 최고라는 표현은 익히 들어온 얘기입니다. 기업은 매출과 영업이익이 아무리 좋아도 결제일에 자금을 맞추지 못하면 흑자 도산이 됩니다. 기업의 현금흐름은 재무 상태와 손익계산서에 거래와 사건이 발생한 시점에 작성되며, 크게 영업, 투자, 재무활동 등 세 가지에 의해 유입과 유출이 일어납니다.

투자자산(가치주 중심)	주요 용도
주가수익배수(PER)	수익성으로 현주가, 업종내 수준, 미래 PER와 비교
배당수익률(DY)	투자수익률과 투자 대체안인 정기예금 이율 상대비교
주가순자산배수(PBR)	기업의 주당 순자산 가치 대비
주가/순유동자산	M&A 관점 포함한 주가 수준평가
부채비율	자본의 안정성과 수익 레버리지 판단
유동비율	당좌비율과 함께 지급능력과 재무 안정성
자기자본이익률(ROE)	수익성의 자기자본 대비 비중
영업이익률	적정한 영업활동 마진의 확보 유지
재고자산회전율	제조업의 가동수준과 영업활동성 판단
매출채권회전율	영업성과에 대한 자금회수와 회전 수준
순유동자산	총부채를 차감후의 현금동원 능력의 기업가치
EV/ EBITDA	기업가치 대비 본질적인 영업이익의 배수
EPS 성장률(Fwd, TTM)	PEG 등과 함께 미래 수익의 성장성 기준
주가현금흐름배수(PCR)	주당 영업현금흐름(CFPS)의 주가 대비 배수
주가매출액배수(PSR)	매출액과 시가총액의 규모 대비
매출성장률	기업의 판매 활동 정도 판단, 시장점유율 참고

표6-4 투자자산의 용도

영업활동으로 인한 현금흐름은 기업의 기본적인 수익창출을 위해 발생되는 재화의 판매, 용역 제공, 원자재 및 상품 매입, 제조 및 관리활동 등에서 발생합니다. 영업활동에서 가장 중요한 부분은 매출채권, 매입채무, 재고자산이 될 것입니다.

투자활동으로 인한 현금흐름은 기업의 유형 자산 및 무형자산 등의 처분과 구입, 관계회사 지분 매입 및 매각, 금융상품에 대한 투자 및 회수 등에서 발생합니다. 유입금액보다 유출금액이 더 큰 순유출상태인 경우가 많습니다.

재무활동으로 인한 현금흐름은 유상증자 및 배당금 지급, 금융기관 또는 차입금에 대한 자금 조달 및 상환 등 주로 자본거래나 타인자본(부채)을 사용하고 갚을 때 발생합니다.

구분	비율명	산출 방법
안정성	유동비율	유동자산 ÷ 유동부채 × 100
	당좌비율	(유동자산 - 재고자산) ÷ 유동부채 × 100
	부채비율	부채총액 ÷ 자본총액 × 100
	유보율	사내유보금(= 이익잉여금 + 자본잉여금) / 납입자본금
	순차입금비율	• (장·단기차입금 + 회사채) / 자산 × 100 • (순차입금(= 총차입금 - 현금유동성) ÷ 자본총계) × 100
	이자보상배율	영업이익 ÷ 이자비용 × 100
	자기자본비율	자기자본 ÷ 총자본(= 타인자본 + 자기자본)
성장성	매출액 증가율	(당기매출액 - 전기매출액) / 전기매출액 × 100
	판매비와관리비 증가율	매출원가에 속하지 않는 모든 영업비용
	영업이익 증가율	(당기영업이익 - 전기영업이익) / 전기영업이익 × 100
	EBITDA 증가율	영업 본질에 집중한 수익
	순이익 증가율 (=EPS증가율)	(당기순이익-전기순이익) / 전기순이익 × 100
수익성	매출총이익율	매출총이익 / 매출액 × 100
	세전계속사업이익률	{경상이익(= 영업이익 - 영업외비용 + 영업외수익)} / 매출액
	영업이익율	영업이익 / 매출액 × 100
	EBITDA 마진율	EBITDA / 매출액 × 100
	ROA (총자산이익률)	당기순이익 / 총자산 × 100
	ROE (자기자본이익률)	당기순이익 / 자기자본 × 100
활동성	매출채권회전율	매출액 / (당기말 매출채권 + 전기말 매출채권) / 2 × 100 매출채권 회전기간(일) = 365 / 매출채권회전율
	재고자산회전율	매출원가 / (당기말 재고자산 + 전기말 재고자산) / 2 × 100 재고자산 회전기간(일) = 365/재고자산회전율
	매입채무회전율	매입액 / (당기말 매입채무+전기말 매입채무) / 2 × 100 매입채무회전기간(일) = 365 / 매입채무회전율
기타	순유동자산 NCAV	유동자산 - 부채 *주가 / 순유동자산
	운전자본	• 유동자산(현금제외) - 유동부채(차입금제외) • 운전자본(= 매출채권 + 재고자산) - 운전부채(= 매입채무)
	잉여현금흐름 (FCF) 가용현금흐름, 순현금흐름	세후순영업이익(NOPLAT = 영업이익 × (1 - 법인세율)} + 감가상각비 - 운전자본의증가 - 설비투자(= 자본적지출 or 현시설유지 자본투자) *운전자본의 증가 = (유동자산-현금) - (유동부채 - 차입금)
	ROIC 투하자본수익률	순이익 / (유형자산 + 운전자본) *예금과 현금은 생략

표6-5 투자시 재무비율 산출방법

재무제표와 공시: 기본적 분석의 기본 중의 기본

재무제표는 회계감사를 통해 확정됩니다. 상장기업뿐만 아니라 일정규모 요건이 되는 주식회사라면 '주식회사 등의 외부감사에 관한 법률'과 금융위원회의 '외부감사 및 회계 등에 관한 규정' 등을 준수해야 합니다. 상장기업과 외형 요건이 되는 비상장기업은 1년간의 경영 실적에 대해 연초에 회계감사를 진행하고, 통상 사업보고서(분기나 반기 보고서 등이 있음)에 첨부되는 식으로 금융감독원의 전자공시시스템에(DART, Data Analysis, Retrieval and Transfer System)에 공시하는 것입니다.

외부감사 전이라도 '내부결산시점 관리종목 지정 또는 상장폐지 사유 발생' 등과 같은 공시가 있을 수 있습니다. 또한 감사보고서 상의 감사 의견이 '적정'이 아닌 '부적정'이나 '의견거절'이 나오면 거래소 시장에서 퇴출됩니다. '한정'일 경우는 유가증권시장에서는 관리종목으로 되고, 코스닥시장에서는 퇴출됩니다. 만일 유가증권시장의 경우 감사가 아닌 반기 검토에서 부정적 또는 의견 거절이 나오면 관리종목으로 지정됩니다.

때로는 뉴스보다 더 중요하게 작동하는 공시도 있습니다. 상장법인 등이 공시 서류를 인터넷으로 제출하고, 투자자 등 이용자는 제출 즉시 인터넷을 통해 조회할 수 있도록 하는 종합적 기업공시 시스템입니다. 이를 위해 『기업공시실무』 등의 상당한 분량의 발간물도 제공합니다. ('내려받기'를 하면 됩니다.)

전자공시제도는 기업 내용 공시의 신속성 제고 및 상장기업의 편의성 도모를 위하여 2000년 4월부터 시행되었습니다. 상장법인은 '자본시장과 금융투자업에 관한 법률' 등에 의하여 금융감독원 및 한국거래소에 공통으로 신고해야 하는 사항을 금융감독원의 전자공시시스템을 통하여 제출하면, 자동으로 거래소에도 제출되어 양 기관에 대한 신고의무가 동시에 완료됩니다. 또한 공정 공시 및 거래소 고유 수시공시, 자율공시, 의결권행사공시 등은 한국거래소 고유 공시

한국거래소 전자공시 홈페이지
https://kind.krx.co.kr
(KIND, Korea Investor's Network for Disclosure System)

금융감독원 전자공시 홈페이지
http://dart.fss.or.kr
(DART, Data Analysis, Retrieval and Transfer System)

그림6-4 전자공시 홈페이지 안내

사항으로 한국거래소 전자공시시스템을 통하여 별도로 신고해야 합니다.

실질적인 실무에 있어서 이러한 시스템에 접속하고 활용하는 방법은 유튜브 채널 '아임주식TV'에 게시되어 "제6탄 MTS 기업공시 활용 DIY"(https://youtu.

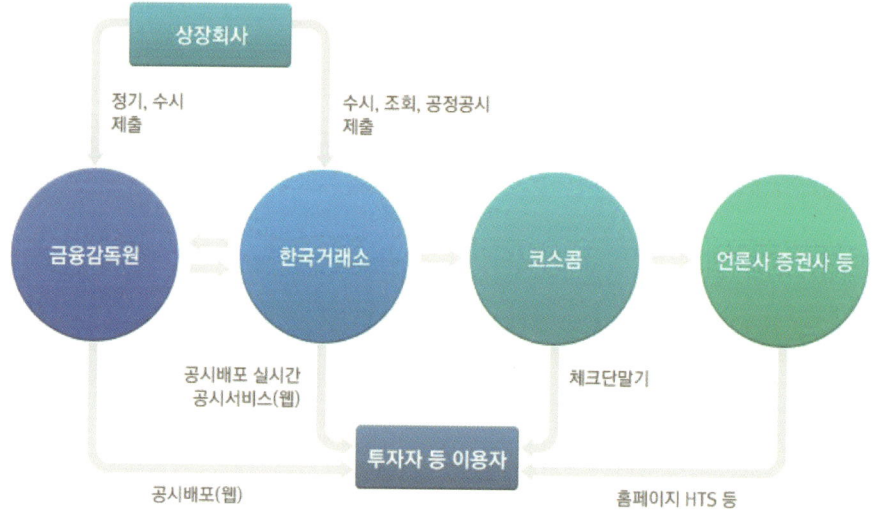

그림6-5 한국거래소 전자공시시스템 구조

be/9d02Tf1UU7k)를 참조하면 되겠습니다.

투자자의 입장에서라면 사업실적과 지분구조의 두 가지 부문이 가장 큰 관심사항입니다.

첫 번째, 분기 단위의 분기보고서도 많은 정보를 제공하지만, 12월 결산법인의 4분기 잠정실적 발표가 이어질 경우는 그 의미가 더욱 커집니다. 어닝 서프라이즈 또는 어닝 쇼크를 기록한 기업은 주가도 희비가 엇갈리게 마련입니다. 다른 분기와 달리 유독 실적발표 공시가 많은 4분기는 매출액 또는 손익구조 30%(대규모 법인은 15%) 이상 변동공시가 있기 때문입니다.

먼저 이 공시는 회사가 자율적으로 할 수 있는 영업(잠정)실적, 연결재무제표 기준 영업(잠정)실적 공시와 달리, 일정 요건을 충족시켜야 하는 의무가 발생합니다. 공시 날짜는 회사 내부결산 당일을 의무로 하고 있습니다. 내부결산일은 회사마다 다른데 연결재무제표는 주총(주주총회) 4주 전, 별도 재무제표는 주총 6주 전까지 내부 결산을 완료해야 합니다.

아래 3가지 조건에 모두 해당하면, 공시 의무가 생깁니다. 대규모 법인은 30%가 아니라 15% 이상 변동하면 공시 의무가 생기며, 최근 사업연도 자산총계가 2조 원 이상이면 대규모 법인으로 분류됩니다.

- 주 재무제표(연결 또는 개별) 기준 매출액과 영업이익, 또는 순이익의 30% 이상 변동이 있어야 합니다. 만약 연결 재무제표가 주 재무제표인 기업이 별도 기준으로만 위 변동이 있었다면 공시하지 않아도 됩니다.

- 연간 실적에만 공시의무가 생깁니다. 분기 실적은 의무가 없습니다. 따라서 연간 실적이 공시되면 자연스럽게 4분기 실적까지 알 수 있게 됩니다.

- 매출액, 영업이익 또는 순이익에 전년 대비 30% 이상 변동이 발생한 경우입니다. 영업이익 또는 순이익이 흑자전환, 적자전환을 한 경우는 반드시 공시해야 합니다.

두 번째, 지분구조의 변화입니다. 전환사채, 신주인수권부사채 등의 신종사채는 숨어있는 주식으로 언제라도 시장의 수급 구조에 영향을 미칠 수 있습니다. 또한 주주로서 보유지분의 변동은 향후의 회사경영과 관련하여 시사하는 점이 크기 때문에 공시 내용을 한 번 더 해석할 필요가 있습니다. 다음과 같은 내용이 공시가 됩니다.

- 최대주주 등 소유주식 변동신고서/ 최대주주 등 소유주식 변동신고서(최대주주 변경 시)
- 주식 등의 대량보유 상황보고서(일반)/ 주식 등의 대량보유 상황보고서(약식)
- 임원·주요 주주특정증권 등 소유상황보고서

이 지점에서 한 번 챙겨야 하는 것이 자주 쓰지는 않는 희석화 효과(dilution, 다일루션: 신주가 발행되어 주식 수가 늘어나게 됨으로써 주주 몫이 줄어드는 것)와 오버행(overhang, 주식시장에 매물로 쏟아질 수 있는 대량의 대기매물) 이슈입니다. 기관이나 채권단이 보유한 (대량의) 대기매물, (잠재적인) 과잉 물량 부담 등으로서 주가 부담의 뜻으로 자주 등장합니다. 이들이 특정 기업에 돈을 빌려주고 전환사채 같은 걸 받은 경우에 주가가 차익실현을 할 수 있을 만큼 올라가면 대량으로 매도를 해서 차익실현을 하는 경우에 발생합니다.

대표적인 오버행 상황 중 하나가 보호예수입니다. 이것은 (주가 급락으로부터 소액투자자 보호 등) 일정한 정책적 목적을 달성하기 위해 상장 등 특정한 상황에 대주주(또는 일정 % 이상의 지분을 가진 투자자)가 자신이 보유한 주식을 일정기간 동안 의무적으로 팔지 못하고 보유하게 하는 제도입니다. 유·무상 증자나 감자의 공시는 주식수와 직결되기 때문에 CB, BW와 관련된 공시는 장중에도 크게 주가가 요동치게 만듭니다. 머리 아픈 김에 한 가지 더 추가하자면, 상환 우선주가 있습니다. 만기가 없는 보통주나 일반 우선주와 다르게 상환 우선주는 만기가 정해져 있으며, 만기까지 보통주로 전환되거나 현금으로 상환을 받을 수 있는 주식입니다. K-IFRS로는 요건이 충족되는 경우 자본이 아닌 부채에 올립니다.

구분	주식등의 대량보유상황보고 (5%Rule)	임원·주요주주 특정증권등 소유상황보고	최대주주등의 소유주식변동신고
근거법규	- 자본시장법 §147	- 자본시장법 §173	- 유가증권시장상장규정 §83
보고목적	- 기업지배권 경쟁의 공정성 확보 및 투자판단 자료제공	- 내부자거래 방지	- 지배구조 투명성 확보 및 투자판단 자료제공 등
보고의무자	- 주식등을 5%이상 보유하게 된 자	- 임원(사실상 임원 포함) - 주요주주 • 10%이상주주 • 사실상지배주주	- 발행회사 (당해 상장법인)
보고대상 증권	- 본인 및 특별관계자(공동보유자포함)가 보유하는 주식등 • 의결권과 관계있는 주권 및 신주인수권 표시된 것, CB, BW, EB, 파생결합증권, DR 등 ⇒ 의결권있는 주식으로 전환, 교환 또는 인도를 청구할 수 있는 권리가 부여된 모든 증권	- 누구의 명의로 하든지 자기의 계산으로 소유하고 있는 특정증권등 • 보통주 및 종류주식, CB, BW, PB, EB, DR 등 ※ 특별관계자 주식은 제외	- 최대주주(본인및 특수관계인)소유 주식 • 보통주, 종류주식, DR ※ 자기주식은 제외
보고방법	- 본인과 특별관계자가 함께 연명보고	- 개별보고	- 상장법인이 보고
보고사유	- 신규보고 • 주식등을 5% 이상 보유하게 된 경우 - 변동보고 • 보유주식등이 1% 이상 변동이 있는 경우 - 변경보고 • 보유목적을 변경한 경우 • 신탁, 담보계약 등 주요계약체결, 변경 등 • 보유형태 변경(소유↔보유)	- 신규보고 • 임원·주요주주가 된 경우 - 변동보고 • 소유 특정증권수에 변동이 있는 경우 • 특정증권등의 종류가 변경되는 경우 ※ 변동수량이 1,000주 미만이고 변동금액 1천만원 미만은 보고 면제 ※ 5% 보고한 경우에도 별도 보고	- 소유주식수가 1주라도 변동된 경우 ※ 2일이내 대량보유상황보고 또는 임원주요주주소유상황보고 이행된 경우 면제 ※ 특수관계인간 거래 포함
보고기한	- 5일 이내(매매일 기준, 초일, 토요일, 공휴일 제외) ※단순투자목적 투자자의 변동보고: 익월 10일까지 특례적용 전문투자자: 보유·변동이 속한 분기의 익월 10일까지	- 5일 이내(결제일 기준, 초일, 토요일, 공휴일 제외)	- 지체없이 신고
위반시 제재조치	- 벌칙 및 과태료(법§444~446, 법§449) • 5년 이하의 징역 또는 2억원 이하의 벌금(중요사항 허위기재, 기재누락) • 3년 이하의 징역 또는 1억원 이하의 벌금(보고의무 위반자) • 1년 이하의 징역 또는 3천만원 이하의 벌금(금융위원회 처분 위반자) • 5천만원 이하의 과태료(보고서 사본 발행인에 대한 미송부자, 조사거부자 등) • 1천만원 이하의 과태료(자료 제출명령, 증인출석 등 불응한 자) - 금융위원회 조치 • 위반분에 대한 처분명령: 6월 이내 • 임원 해임권고, 주의, 고발, 경고 등 - 위반분에 대한 의결권 제한 (법§150): 고의·중과실은 6월까지	- 벌칙(법§445~446) • 3년 이하의 징역 또는 1억원 이하의 벌금(증권선물위원회의 조사요구 불응자) • 1년 이하의 징역 또는 3천만원 이하의 벌금(보고의무 위반자 또는 거짓 보고자) - 증권선물위원회 조치 • 시정명령, 주의, 경고, 고발, 수사기관 통보 등	

표6-6 **지분공시제도해설** https://**find.krx.co.kr**/p/Fids0301/

CB(전환사채), BW(신주인수권부사채), EB(교환사채) 등 신종사채의 경우 권리 행사가 유효한 기간과 가격이 있게 마련입니다. 주가 하락 시 행사와 관련한 '(전환)가격은 조정될 수 있다.'라고 하는 리픽싱(re-fixing) 조항도 주가에 직접 영향을 줄 수 있는 사안이 됩니다. 물론 제한 사항도 있겠지만 이러한 내용도 DART에 공시하는 '투자설명서'를 통해 확인할 수 있으므로 절대 간과하지 말아야 합니다.

보고서정보

DART 소개 > 보고서정보

정기공시

일정기간동안 기업의 사업내용, 재무상황 및 경영실적 등 기업내용 전반에 관한 사항을 정기적으로 공시

보고서명	제출기한	관련부서
사업보고서	결산 후 90일 이내	공시심사실
반기보고서	반기 경과 후 45일 이내	공시심사실
분기보고서	분기 경과 후 45일 이내	공시심사실

※ 제출기한
연결기준의 분기·반기보고서를 제출하는 경우에는 연결공시하는 최초 사업연도와 그 다음 사업연도*에 한하여 그 기간 경과 후 60일 이내에 제출 가능

* '11년부터 K-IFRS를 의무적용하는 자산총액 2조원 이상 기업의 경우 '11, '12년이 이에 해당되며, 자산총액 2조원 미만 의무 적용 기업의 경우 '13년부터 분기
· 반기보고서를 연결 기준으로 공시하므로 '13, '14년이 해당됨

발행공시

*증권의 공모를 위한 서류로써 증권신고서부터 증권발행실적보고서에 이르기까지 단계별로 공시

공시서류명	제출기한	설명	관련부서
증권신고서	증권 모집 매출전	증권 모집·매출의 경우	
투자설명서	신고서효력발생시 (신고서 제출시)	효력발생 후 청약권유시 제공하는 투자권유문서(강제사항)	공시심사실 자본시장감독국 자산운용감독국
증권발행실적보고서	발행완료시	청약비율, 납입상황 등을 공시	
일괄신고서	일괄발행시(1년이내)	일정기간 동안 모집매출예정물량을 사전에 일괄신고	
일괄신고추가서류	실제 발행시	일괄신고후 유가증권을 실제로 발행하고자 하는 경우	

주요사항보고

사업보고서 제출대상법인(주권상장법인 등,자본시장법 §159①,영 §167①)은 경영활동과 관련된 사항 중 회사존립, 조직재편성, 자본증감 등 투자의사 결정에 중요한 영향을 미치는 사실이 발생한 때 관련 내용을 공시

외부감사관련

보고서명	제출기한	관련부서
감사보고서	주주총회 종료후 2주일이내	회계관리국
연결감사보고서	- 한국채택국제회계기준 적용회사 : 감사보고서와 동시 제출 - 한국채택국제회계기준을 적용하지 않는 회사 : 사업연도 종료 후 120일 이내(직전사업연도말 자산총액 2조원 이상 : 사업연도 종료 후 90일 이내)	회계관리국

그림6-6 금융감독원 전자공시 보고서정보 http://dart.fss.or.kr/introduction/content2.do

일반 개인 투자자가 외국인이나 기관 투자가와 대등하게 기업의 주요 정보를 충분하고 동시에 받아볼 수 있는 공시는 1초라도 먼저 받아보고, 공시 내용의 숨어 있는 파괴력을 제대로 짚어내는 것이 중요합니다. 당연 쉽지는 않습니다. 하지만 어찌 되었든 전문 투자자와 대등한 자격으로 공정 공시에 접할 수 있어야 한다는 데 강조점을 찍어 두어야 할 것입니다.

그림6-7 한국거래소 전자공시 제공정보 https://**kind.krx.co.kr**/common/JLDDST35000.html

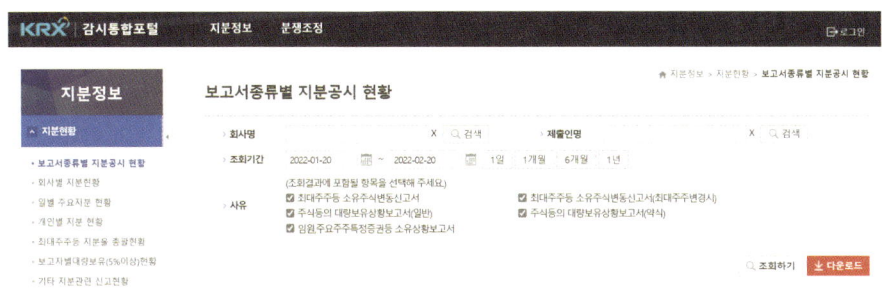

그림6-8 한국거래소 보고서종류별 지분공시 현황 https://**find.krx.co.kr**/p/Fids0101/

가치 평가는 세 가지 접근법,
본질가치는 자산가치와 수익가치

재무제표와 공시를 들여다보는 것은 쉽지 않은 과정입니다. 단어 하나 하나가 낯설고 머리를 쥐어뜯게 하는 부분입니다. 대충 철저히 훑고 생각날 때 다시 들여다보기를 권합니다. 『금융감독원 외부평가업무 가이드라인』(2009년 6월 25일)에 따르면, 평가자의 평가 결과 산출되는 가치는 공정시장가치(fair market value)를 원칙으로 합니다.

공정시장가치란 대상자산에 대한 충분한 지식을 가진 자발적인 매수자와 자발적인 매도자가 합의할 수 있는 거래가격을 의미한다고 합니다. 일반적인 매수자와 매도자가 아닌 특정한 투자자 입장에서의 가치인 투자가치를 산출하여 평가의견을 제시하는 것은 이 가이드라인에 따른 평가로 인정되지 않는다고도 명시되어 있습니다.

이 자료의 "붙임2: 가치평가접근법"에는 세 가지를 제시하고 있습니다. 압축한 개념만 소개하겠습니다. 보다 상세한 내용은 해당 자료를 참고하기 바랍니다.

• 시장접근법: 상장회사 비교법, 유사거래 비교법

유사한 유가증권과의 비교를 통하여 평가대상의 가치를 결정하는 방법입니다. 가장 보편적으로 사용되는 평가방법은 유사기업이용법, 유사거래이용법, 과거거래이용법입니다. 시장접근법을 적용함에 있어 가치평가과정에서 비교기준의 역할을 충실히 할 수 있는 비교대상의 선정이 가장 핵심입니다. 사용되는 유사기업은 평가대상기업과 동일한 산업에 속하거나, 동일한 경제 요인에 의해 영향을 받는 산업에 속해야 합니다. 유사기업의 선정을 위해서는 합리적인 기준이 설정되어야 하며 선정과정에서 고려해야 할 요소들은 …(이하 생략)입니다.

가치평가에서 보편적으로 사용되는 시장배수는 주가비율로서 주가수익비율(PER), 주가순자산비율(PBR), 주가매출액비율(PSR), 주가현금흐름비율(PCR) 등이 있으며, 기업가치비율로서 EV/EBITDA, EV/EBIT 비율이 주로 활용됩니다.

• 이익접근법: 현금흐름 할인모형(DCF), 배당할인모형(DDM), 초과이익모형(RIM), EVA모형 등

이익접근법은 평가대상으로부터 기대되는 미래 효익을 평가하여 평가대상의 가치를 결정하는 방법입니다. 미래 기대효익을 추정함에 있어 평가대상기업의 특성, 비경상적 수익, 비용항목에 대한 조정, 자본구조, 과거 성과, 당해 기업과 소속 산업의 전망, 기타 경제적 요인을 종합적으로 고려하여야 합니다. 일반적으로 이익접근법을 신생 벤처기업이나 적자기업 등의 가치평가에 적용하는 것은 적절하지 못할 수 있습니다.

이익접근법에는 이익(현금흐름)자본화법, 현금흐름할인법(또는 배당할인법), 경제적부가가치법, 초과이익할인법, 옵션평가모형 등이 있습니다. 이 부분은 회계법인과 회계사 등의 전문가 영역으로 맡기는 것이 마음이 편할 듯 합니다.

• 자산접근법: 장부가치평가, 조정된 순가치평가, 청산가치 평가 등

이 방법은 자산에서 부채를 차감한 순자산의 가치를 이용하여 평가대상의 가치를 결정하는 가치평가 접근법입니다. 자산접근법을 적용함에 있어서 대차대조표 상 자산, 부채 가치평가 기준일의 공정 가치로 측정되어야 합니다. 만약 매각을 전제로 한 가치평가인 경우에는 매각과 관련된 비용이 고려되어야 합니다.

자산접근법은 평가대상기업이 영업활동을 수행하지 않고 부동산이나 타 회사의 지분을 보유함으로써 이익을 얻는 지주회사이거나 청산을 전제로 한 기업인 경우에 적절한 방법입니다. 계속기업을 전제로 한 가치평가에서 자산접근법 만을 유일한 방법으로 선택해서는 안 되며 만일 자산접근법 만을 사용하는 경우에는 그에 대한 정당한 근거를 제시하여야 합니다.

기본적 분석은 위의 세 가지 방법에 따른 평가에서 주가가 평가된 가치보다 높은가 낮은가를 따지는 과정으로 이해하면 될 것입니다. 상대가치나 절대가치를 얘기하기 전에 먼저 재무제표에 대한 이해가 앞서야 할 것 입니다.

본질가치는 자산가치와 수익가치의 가중평균으로 산출

유가증권 인수업무에 관한 규칙에서 규정된 산식에는 본질가치가 표현됩니다. 본질가치란 '지금 존재하는 가치'인 자산가치와, '미래 성장성과 수익성 등의 가능성을 현재화한 가치'인 수익가치를 4대 6 정도로 가중 평균해 그 주식의 값어치를 산출한 것입니다. 자산가치란 주당 순자산가액을 의미하고, 수익가치는 회사의 향후 2개 사업연도의 경상이익을 추정해 계산한 장래 수익력을 현재 시점으로 가치화한 가액을 의미하는 것입니다.

본격적으로 기업의 가치에 대한 얘기를 진행해야 할 경우 참조할 만한 것은 다음 사항입니다. 상식적으로 알아둘 만한 내용으로, 스쳐 읽더라도 도움이 될 것입니다. 상증법(상속세 및 증여세법)의 비상장주식에 대한 보충적 평가방법은 수익가치와 자산 가치를 반영하여 원칙적으로 1주당 순손익가치와 1주당 순자산가치를 각각 3(60%)과 2(40%)의 비율로 가중 평균하여 평가하도록 하고 있습니다. 순손익 가치를 계산할 때 1주당 최근 3년간의 순손익의 가중평균액으로 계산하는데, 평가기준일 이전 1년이 되는 사업연도 1주당 순손익액에 3, 2년이 되는 사업연도에 2, 평가기준일 전 3년이 되는 사업연도에 1을 곱하여 계산한 금액의 합계액을 6으로 나누어 계산한 금액으로 합니다.

본질가치를 이해할 때 유념해야 할 것은 다른 것은 변화가 없어도 금리가 달라지면 해당기업의 본질가치가 변동된다는 사실입니다. 수익가치를 계산할 때 장래 수익력을 현재가치화하기 위해선 '자본환원율'을 적용하게 되는데 이때 적용하는 자본환원율은 금리수준에 따라 변동됩니다. 기준금리를 비롯해 평가대상회사의 차입금 가중평균이자율 등의 금리 변동이 이루어지면 자산가치가 변동되는 경로를 여기서도 확인하게 됩니다.

나름 어렵고 복잡합니다. 세무라는 것이 그렇고, 회계라는 것이 익숙하지 않은 까닭입니다. 실무에 있어서는 반드시 세무사나 법무사, 변호사들의 손을 빌려야 후환이 없기도 합니다.

투자의 기대수익률

한 기업의 재무구조를 재무비율을 통해 확인하고, 자산 가치니 수익가치니 하며 본질가치를 구했다 하더라도, 이 기업(종목)의 공정시장가치를 보는 눈은 다를 수 있습니다. 이것이 수급입니다. 일반적인 매매 외에도 M&A로 매수청구권 공시가 나거나, 경영권의 지분 다툼이 생기게 되면 주가는 수급에 의해 얼마든지 변동됩니다. 그것도 단시간에 급격하게 이벤트가 종료될 때까지 급등락을 반복하게 됩니다.

한 기업이 매수한 기업을 자회사나 관련회사로 둘 뿐 해체하지 않고 경영권을 얻는 것을 인수(acquisition), 둘 이상의 기업들이 하나의 기업으로 합쳐(매수한 기업을 해체하여 자사 조직의 일부분으로) 흡수하는 것을 합병(merger)이라고 합니다. 기존 사업의 내적 성장한계를 극복하고 신규 사업 참여에 소요되는 기간과 투자비용을 절감할 목적이나, 경영상 노하우, 전문 인력, 대외신용, 시장점유율 확보, 회사가치 증대 후 재매각 등 다양한 목적이 있습니다.

상대기업의 동의를 얻은 우호적 인수합병과 동의 없이 그 기업의 경영권을 얻는 적대적 인수합병이 있는 바, 적대적 인수의 경우 공개매수, 위임장 대결, 시장 매집 등의 방법이 동원되나 자금의 조달, 매각자금의 용도 등을 잘 따져 보아야 하며, 기본적으로 수급 대결이 이루어져 주가는 단기 변동성이 커지게 됩니다.

기대수익률에 대해 알아보고자 합니다. 기대수익률 계산과 연관이 있는 시가에 대해서 조금 알아 둘 필요가 있겠습니다. 같은 발음으로 세 가지가 있습니다. 거래소 개장 때 시작하는 가격을 시가(始價, open price)라 합니다. 평가의 과정을 거친 적정한 가격은 시가(時價)라 합니다. 시장가격(market price)인 시가(市價)는 '법인세법'에 건전한 사회통념 및 상관행과 특수 관계자가 아닌 자 간의 정상적인 거래에서 적용되거나 적용될 것으로 판단하는 가격으로 기술되고 있습니다. 어떤 시가가 되든지 처분한 투자자산에 적용된 가격을 통해서 수익을 내려고 하는 것이 투자의 목적상 투자 전과 후에는 기대수익률과 실현수익률이 있게됩니다. 물론 투자손실이 발생할 수도 있습니다.

적정 기대수익률에 대한 의견은 다양하고 분분합니다. 자기자금이든 빌려온 돈이든 기회비용에 상응하는 수익을 올려야 하는 것은 당연한 일입니다. 그 투자대상이 큰 투자 규모를 필요로 하거나 유동성(세금이나 수수료의 큰 비용 지출 없이 쉽게 현금화하는 것)이 크지 않거나, 기간 대비 변동성이 크다면 그것을 하나의 위험요인으로 반영하여 기대수익률을 조정하게 될 것입니다.

투자자는 투자자금의 조달이나 원천에 따라 다양한 기대수익률을 생각해 볼 수 있습니다. 아래 산출식의 사용되는 k_0는 균형상태의 기대수익률, 주주요구수익률, 자기자본비용이라는 의미로 사용됩니다. K 다음에 e가 붙으면 equity, d가 붙으면 debt 등이 됩니다.

내가 투자자라면 다음의 여러 가지 방법 중 어떤 것을 선택할 것인지 한 번 살펴보기 바랍니다. 정답은 없습니다. 확실하게 언급할 수 있는 것은 높은 변동성 위험에는 높은 수익이 제시되어야 한다는 'High Risk, High Return!' 만이 있을 따름입니다.

- 배당수익률(D_1/P_0) + g [성장률 = 내부유보율(= 1 - 배당성향) × 자기자본수익률]
- 무위험수익률(R_f) + 시장위험프리미엄 [= 시장수익률(R_m) - 무위험수익률(R_f)] × β
  - 정기예금 + 명목GDP성장률
  - 은행 정기예금금리 × 3배 (*시가총액 상위 기업의 평균 ROE 참조)
  - AAA 회사채수익률 × 2배 (*벤자민 그레이엄)
  - 자본환원율 (= 시중은행 1년 만기 정기예금 금리 × 1.5배) (*기획재정부 고시)
  - 상가 투자수익률 (= 정기예금금리 + 2~3%)
  - 명목이자율 (= 실질이자율 + 기대인플레이션)

- 전월세 전환율 (= 한국은행 기준금리 × 4배) [= (월세 × 12) ÷ (전세보증금 - 월세보증금)]

기대수익률과 관련해서 챙겨야 되는 개념은 투하자본수익률(ROIC, return on investment capital)과 가중평균자본비용(WACC, weighted average cost of capital)입니다. ROIC는 생산 및 영업활동에 투하한 자본으로 어느 정도 이익을 거두었는지를 나타내기 위해 투하되는 (유형자산 + 운전자본)에 대한 수익률이고, WACC는 조달된 타인자본비용(debt) + 주주의 기회비용(equity)입니다.

할인율도 매우 중요합니다. 적정주가를 산출할 때 활용되기 때문입니다. 일단 읽어 두었다가… 기억이 나지 않을 수도 있겠습니다. IRR은 내부수익률, WACC는 자본조달(대변)의 외부수익률, WARA는 가중평균자산(차변)의 수익률입니다. 복잡한 단어를 제시한 것 같지만 조금만 생각을 정리해 보면, 투자금과 회수금 사이에 존재하는 기간을 반영한 것과, 조달한 자본에서의 수익률과 운용한 자산에서의 수익률 정도로 정리해서 생각하면 될 것입니다.

기업은 다음의 세 가지 방법으로 자금을 조달합니다.
(1) 부채를 끌어다 쓰고 이자 비용 지급 (= 이자율)
(2) 우선주를 발행 후 약속한 배당금을 지급 (= 배당률)
(3) 주식(보통주)을 발행하여 배당금을 지급 (= 요구수익률, required rate of return)을 달성하려고 노력하는 방식입니다.

이자 비용은 세금을 내지 않으므로 세후자금 조달 비용을 계산할 때는 세금효과를 반영해 주어야 합니다. 따라서 (1 - 세율)을 곱해줘야 제대로 된 부채비용을 계산할 수 있습니다. 별 것 아닙니다. 위에 얘기한 세 가지 자금조달로 계산되는 WACC는, =부채비율 × 부채비용 × (1 - 세율) + 우선주비율 × 우선주비용 + 보통주비율 × 보통주비용으로 산출됩니다. 기업 종목분석에 표현되기도 하는 자본적 지출(CAPEX)은 유형·무형·영업 관련 투자자산 현금 유출을 의미합니다.

자기자본 조달 비용은 흔히 CAPM(자본자산가격모형이라 하고 '케펨'이라고 읽습니다.)이나 배당할인모형에서 역으로 구하는 방법을 주로 사용합니다. 이외에도 다요인 모형, 파마-프렌치 3요인 모형, 거시경제 모형, 빌드업 방법 등의 다양한 방법이 있다고 하며, 일반적으로 CAPM을 쓴다고 합니다.

CAPM은 앞서 표기한 기대수익률 산출식 들 중에 있습니다. $E_r = R_f + β × [E(R_m) - R_f]$인데 이것을 풀어쓰면, 요구수익률 = 무위험수익률 + 베타 × [시장기대 수익률 - 무위험수익률]이 됩니다. CAPM의 기본적인 가정(위험회피를 기반하고, 완전시장에 무한차입 가능, 단위기간이 동일하고, 평균-분산포트폴리오적용 등) 같은 것은 필요에 따라 재무이론 교과서를 참고하면 됩니다. 굳이 여기서는 논하지 않겠습니다. 초과수익률 알파($α$: alpha)는 (기대수익률 - 요구수익률)로 단순화됩니다.

증권사 등의 레포트에서 제시하는 밸류에이션 자료에 '적정주가'를 표시할 때 적용하는 할인율은 매우 자의적이어서 주가를 올려야 한다거나 낮춰야 할 필요가 있으면 튜닝을 합니다. 위에서 표현한 다(多)요인모형(multi-factor model)이란 CAPM을 확장한 개념으로, 표현 그대로 수익률에 영향을 미칠 수 있는 요인들을 나열하고, 각 요인에 대한 민감도를 측정해 가중치를 두는 정도로 이해하면 되겠습니다. 데이 트레이더가 일일이 이것을 계산하고 있지는 않을 것입니다만.

요구수익률 = 무위험수익률 + $β_1$ × Factor$_1$ + $β_2$ × Factor$_2$ + ······ + $β_n$ × Factor$_n$ 으로 표현이 됩니다. 지금까지 익숙하지 않은 용어들로 어질어질할 것 같습니다. 투자자의 입장으로 생각해서, 조달한 돈에 대한 비용(이자)과 세금 및 물가 오른 것을 감안하고도 남는 장사(투자)를 하였으면 과락 점수는 훌쩍 넘어선 것이라고 정리할 수 있겠습니다.

가치도 잣대가 다르다! 절대가치 평가 방법들

바로 이해하기에는 어려움이 있는 내용들입니다. 전문적인 분석가가 아닌 이상 실제 투자자의 입장에서는 쉽게 다가오지도 않습니다. 하지만 이런 것이 있다는 정도의 수준에서 간략히 요약하여 정리해 보았습니다. 내공이 쌓였다 싶을 때에 다시 들여다 보아도 되겠고, 건너 뛰어도 괜찮습니다. 절대와 상대의 차이는 종목의 내재가치(intrinsic value)가 주가변동, 동일 업종에서의 수준 등 비교 상대에 따라 영향을 받는가(상대가치)와 아닌가(절대가치)로 이해하면 될 듯합니다.

현금흐름 할인모형(DCF), 배당 할인모형(DDM), 초과이익 모형(RIM), EVA 모형 등의 이름으로 잠시 소개했던 방법들이 바로 절대가치를 의미합니다. 금융투자사의 IB파트나 M&A 업무 등에 참여하는 회계사나 변호사, 법무사가 아니라면 사실 제대로 파악하거나 실제 작업을 하는 경우가 많지는 않을 것입니다.

투자대상 자산의 미래 기대이익이나 현금흐름에 기반을 둔 것이 절대가치 평가입니다. 절대적 가치평가 모형의 방법들은 막 스타트업 단계에 들어선 회사들이나 연속 적자로 자본잠식에 빠진 기업들은 과도한 기대감과 계속 기업으로서의 불투명한 미래로 그 가치평가의 편차가 크게 나타날 수 있습니다. 즉 업력과 규모를 어느 정도 갖춘 기업에 적용하는 것이 타당하겠습니다. 조금만 더 구체적으로 알아보겠습니다.

- 경제적 부가가치(EVA, economic value added) 모형을 간략히 살펴보겠습니다. 이 모형은 기업이 영업활동을 통해 한 회계기간 동안 얼마나 많은 부가가치를 창출했는지 따져보는 것입니다. 법인세를 차감한 후의 영업이익(NOPLAT, net operating profit less adjusted taxes)에서 기업 활동에 사용된 총자본[타인자본(부채) + 자기자본]에 대한 자본비용을 모두 차감한 금액, 즉 영업활동으로부터 창출된 세후이익과 영업활동에 사용된 투하자본의 비용을 대응시키는 개념입니다. 분해해 보면 {세후순영업이익(= 영업이익 – 법인세) – (투자자본 × 가중평균자본비용)}가 되고, 이는 {투하자본수익률(ROIC) – 가중평균자본비용(WACC)} × 투하자본(IC) 이 됩니다.

• 현금흐름 할인법(DCF, discounted cash flow methods)은 기업이 영업활동의 결과로 미래에 얻을 수 있는 미래 순현금 흐름(FCF, free cash flow)의 기대치를 해당 현금흐름이 갖고 있는 위험수준을 반영하는 할인율로 현가화한 순현재가치(NPV, net present value)를 총 발행주식 수로 나누어 1주당 장래 기대이익으로 기업이 가질 수 있는 장래수익률을 산정하는 방법입니다. DCF 접근법은 기업의 순현금 흐름(FCF)을 가중평균자본비용(WACC)으로 할인하여 구하는 방법이며, FCF는 이자와 법인세차감전이익인 EBIT(earnings before interest and taxes)에서 출발하며, 각 연도별 FCF를 가중평균자본비용으로 할인하여 전체 기업 가치를 구합니다. FCF는 '재무비율의 이해'에서 설명한 바 있습니다.

• 배당할인 모형(DDM, dividend discount Model)은 주가는 배당 및 성장률과는 비례하고 요구수익률과는 반비례한다는 것에 기반을 둔 모형입니다. 이어지는 상대가치 평가에서도 다시 보겠지만, $P_0 = D_0 \times (1+g) / (k-g)$ 로 전기배당(D_0)에 성장률을 적용하고 이를 {자본비용(%)–성장률}로 나누어서 산출합니다. 성장률 g는 사내유보율에 자기자본이익률(ROE)를 곱한 것과 같습니다.

• 초과이익 모형(RIM, residual income model)은 기업의 미래 예상실적을 추정하고 이를 바탕으로 산출한 초과이익을 통해 기업 가치를 평가하는 절대가치 모형입니다. 주주 입장에서 투자원금인 자기자본과 자기자본비용을 초과하는 이익, 즉 잔여이익의 현재가치를 합한 금액을 알아볼 수 있는 방법입니다. 잔여이익 모델이라고도 합니다. 잔여이익모델은 ROE가 요구수익률보다 높으면 높을수록 기업의 가치를 더 높게 평가합니다. 이것은 기업이 향후 벌어들일 수 있는 초과

이익을 현재가치로 환산해서 목표주가를 내는 것입니다. 절대가치 평가법으로서 시장 상황과 무관하게 기업의 본질적인 가치를 분석할 수 있다는 장점이 있습니다. 산식으로 풀면, 자기자본가치(P) = 자기자본 + 미래 잔여이익의 현재가치의 합(RI)이 되고, 잔여이익(RI) = 당기순이익 - 자기자본비용 = 자기자본 × (ROE - 요구수익률), 요구수익률은 자기자본 할인율로 달리 표현할 수도 있습니다.

일반적으로 많이 택하는 현금흐름 할인법으로 하는 절대가치 평가 프로세스를 요약하면 다음과 같습니다. (분석가들이 이런 절차로 일을 하는구나 정도로 이해하면 될 듯 합니다.) (1단계) 프로젝션: 예정기간 동안의 기업의 매년 매출액을 예측하며, 매출액을 예측할 때는 성장률, 물가 등도 고려하며, 예측 기간은 보통 5~10년으로 설정 ▶ (2단계) 순현금 흐름(FCF)을 계산 ▶ (3단계) 할인율로 평가. 즉 WACC을 구하고 FCF를 현재가치(NPV)화 ▶ (4단계) 잔여가치를 구하여 현재가치화 ▶ (5단계) 수익창출에 사용되지 않는 모든 자산, 부채, 즉 비업무용 자산(Non-FCF)의 순가액을 구하여 더함 ▶ (6단계) 평가된 절대가치로 기업가치를 구하고 확정함.

위의 프로세스를 거친 절대가치에 비해, 다음에 이어지는 상대가치 평가 방법들이 일반 투자자에게는 익숙하고(상대적으로 쉽고 편리) 많이 이용하는 방법들이기는 합니다. 그렇지만 상대평가 방법들은 단점이 있습니다. 첫째, 비교하는 상대방이 누구냐에 따라 평가 결과가 달라진다는 점입니다. 기업 간의 PER 비교뿐만 아니라 미래(forward) PER로도 저평가 또는 고평가를 판단합니다. 둘째, 시장 평균이나 업종 평균이 과열 또는 침체된 시장에서 제대로 평가되지 않을 수 있다는 것입니다.

저평가주, 소외주, 부실주를 제대로 살피려면 상대가치보다 절대가치로 평가하라고 합니다. 그런데 자료수집이나 산식 등 절차 적용 등이 매우 불편하게 느껴집니다. 시장 상황에 상관없이 절대적으로 '싸다', '비싸다'를 얘기할 수 있는 기준을 세울 때는 이것이 더 우위에 있다고 하겠습니다. 게다가 공시자료나 계산 툴들이 많이 지원되어 절차의 어려움을 많이 완화시켜 주고 있습니다.

분석은 비교의 관점! 상대가치 평가 방법들

투자자들이 일반적으로 접하는 대부분의 가치평가 기준에 해당하는 용어들입니다. 상대란 유사한 평가대상이 있다는 의미입니다. '상대평가'라는 단어에 힘을 주게 되는데, 단어만으로는 감이 멉니다. 그렇다는 얘기고, 일반 투자가로서는 자료수집에서부터 분석까지 모두 녹록한 작업이 아닙니다.

• PER는 주가수익비율(PER, price-to-earnings ratio, P/E ratio)로 주가를 주당순이익(eps)으로 나누어 주면 됩니다. 주가수익비율은 ⑴ 주가가 연간 순이익의 몇 배인가 ⑵ 투자액의 회수기간(연) ⑶ 연 수익률 1/PER 등으로 다른 투자대체안과 비교를 의미합니다. 주당이익은 기본 주당이익과 희석 주당이익으로 구분되지만 생각보다는 계산이 쉽습니다. EPS는 기업이 벌어들인 순이익을 단순히 주식수로 나눈 것입니다. 순이익에서 우선주 배당 빼고 보통주에 귀속되는 당기순이익을 가중평균 유통 보통 주식수로 나눕니다. 'E'는 earnings로 복수형인데, 대개 s를 빼먹습니다. PER의 역수를 주가수익률이라 하며 1년짜리나 또는 지표채권의 금리수준과 심심찮게 비교합니다. Fed 룰이라고 하면서 말입니다.

어찌 되었든 곳간에서 인심 나듯이 PER가 낮을수록 눈길은 한 번 더 갑니다. 하지만 어쩌다 생긴 이익까지 감안해서 PER를 보면 착시가 생깁니다. 해서 CAPE라는 단어로 10년 정도 평균을 보기도 합니다. 펀드의 샤프 레이쇼처럼 당기순손익이 마이너스일 경우 평가의 기준이 아예 실종됩니다. 가급적 순수 기업가치와 영업관점에서 EV/EBITDA를 병행하는 것이 좋습니다. 보통 10 이하를 저PER라고 하지만 국가마다(선진/신흥국별), 경기 사이클에 따라 오르내림이 있을 수밖에 없습니다. 지금 S&P500의 PER를 과거 10년 정도의 PER와 비교해 본다든지, 한국과 미국의 PER 상대 수준을 비교한다든지 방법은 수두룩합니다.

- PBR는 주가순자산비율(price-to-book value ratio, P/B ratio)입니다. 주가를 주당순자산(bps)으로 나누면 됩니다. 얼핏 청산가치나 회생가치와 비교해서 생각하게 되지만, 과거 한진해운처럼 회사에 녹아 있는 유무형의 재산과 브랜드 밸류는 어느날 갑자기 봄 눈 녹듯 없어질 수 있는 가치가 될 수도 있습니다. 부도 난 회사의 몇 억 들여 산 전산장비를 고철로도 사가지 않는 경우도 있습니다. 그 안에 들어있는 막대한 정보자산도 [Del] 'format' 단어로 날아가면 그만입니다. 대개 1 이하를 검색의 조건으로 쓰지만 업종 성격에 따라 0.5도 안 되는 경우가 무지 많습니다.

- PSR는 주가매출액비율(price-to-sales ratio, P/S ratio)입니다. 주당 매출액이 분모가 됩니다. 분식회계나 조작에 의해 손익이 움직이는 것에 비해 매출액은 거짓 세금계산서를 발급하지 않는 한(부가세 10%도 만만찮고…) 조작이 쉽지 않습니다. 매입처와 입을 맞추는 연인 사이가 아닌 이상 말입니다. 해서 흔히 'PSR 3이나 6에서 매도하고, PSR 0.75 이하에서 매수하는 것이 좋다.'고 룰 같지도 않은 룰을 말하기도 합니다. 매출액에는 재고에 책임을 져야 하는 매출과 그렇지 않은 것이 구분되어 잡힙니다. 이것만으로도 매출 규모는 바뀌는데 말입니다. 유통 소매업과 기술주, 의료업 등 업종이 갖는 영업이익률도 다릅니다. 쿠팡이나 티몬, 위메프의 매출액은 커질수록(단기적인 시각에서는) 적자폭도 커집니다. 매출이 무조건 장땡은 아니라는 의미가 되겠습니다.

- 자기자본이익률 ROE(return on equity)는 R(순이익) 나누기 E(자기자본)입니다. 풀면 다시 ROE = R/S(= 매출액) × S/A(= 총자산) × A/E(=자기자본)가 됩니다. 말로 풀어보면 매출액 순이익률, 총자산 회전율, 자기자본회전율이 서로 상호작용하고 있음을 암시하고 있습니다. 유명세를 떨치는 듀퐁 공식입니다. 워렌 버핏이 3년 평균으로 15% 이상의 ROE 기업에 투자를 권유한다는 글이 있었습니다. 가치투자의 대가 브루스 그린왈드는 대기업 7%, 일반기업 10%, 벤처기업 12%를 적정수준이라고 얘기하였습니다.

- eps에 배당성향을 곱하면 배당액(D, dividend)이 됩니다. 아직 우리나라는

배당성향이 20%대 중반이지만 선진국들은 대개 30~40%에 이릅니다. KOSPI의 배당수익률(DY, dividend yield)이 2% 내외인 것을 감안할 때 요즘 같은 저금리 세상에서는 꽤나 매력적인 투자유인 요인이 됩니다. 통신업종의 경우 3~4%, 금융업, 유틸리티, 에너지는 2% 수준이 됩니다. 시월쯤 되면 배당투자 선취 매수세가 꿈틀거리게 마련입니다.

위에서 살펴본 상대가치 평가 관련 용어들 간의 관계를 들여다보는 것도 꽤 의미가 있습니다. 예를 들어, eps = bps × ROE가 되고, PBR = PER × ROE 로 굳이 풀어 표현하면 자기자본적정가치 = (시가총액/당기순이) × (당기순이익/자기자본)이 됩니다. PER = 배당성향/배당수익률 = (dps/eps) ÷ (dps/Price)의 식에서 도출됩니다. 이러한 방식으로 PSR = PER(주가수익비율) × ROS(매출액이익률)이 만들어집니다. 리처드 롤이나 파마 프렌치 등이 얘기하는 우수한 성과의 '소형 가치주'를 찬찬히 뜯어보면 그 안에는 PER, PBR, PSR 등이 은근히 녹아 있는 것을 알 수 있습니다. (그냥 약분하고 상계하고 그러면 그렇게 나옵니다.)

기업의 사이즈(규모)는 평가지표만큼 의미가 있습니다. 조그만 카약이 험한 물줄기에서 방향을 틀고 물살을 타고 흐르는 것과, 항공모함이 태평양에서 방향을 트는 것은 의미가 다른 셈입니다. 다만 Large Cap(대형주) Middle, Small로 구분하는 사이즈도 요즘은 상위 100위까지를 대형주라고 하는 식으로 기준이 바뀌었고 나라마다 그 기준도 다릅니다. 위로 Giant Cap(초대형주), Micro Cap(초소형주)도 있습니다. 의미있는 기준(criteria)인 것은 맞습니다.

복습하는 차원에서 상대적 가치평가의 대미는 EV/EBITDA입니다. 기업 가치를 영업활동으로 얻은 이익으로 나눈 비율이며, 영업활동으로 벌어들인 이익에 대비해서 기업의 가치가 몇 배가 되느냐 하는 것입니다. 그런 까닭에 M&A를 하려는 당사자들은 이 배수를 대단히 민감하게 대합니다. EV(enterprise value)는 시가총액에 순차입금을 더한 개념이고, 순차입금은 이자지급성 부채에서 현금성 자산(현금 등 단기금융상품, 유가증권)을 뺀 것입니다. EBITDA는 영업이익에 유무형의 자산에서 생기는 상각비를 더해주면 됩니다. 복습을 마칩니다.

PSR 같은 경우 저(低)PSR그룹이 고(高)PSR그룹에 비해 연평균수익률에서 약 7%가량 더 우수한 것으로 나타났다고 합니다. 그에 비해 PER 같은 경우 저(低)PER그룹이 고(高)PER그룹에 비해 우수하긴 했지만, 그 차이는 3.7%정도로 그다지 크지 않은 것으로 나타났다고 합니다. ROE 지표를 통한 실험에서 나왔던 차이보다도 0.4%정도가 작은 값으로 PER은 그 유명세에 비해서는 홀로 사용하기에 조금 찜찜한 구석이 있습니다.

P로 시작되는 평가지표를 몇 개 살펴보았는데 이들만으로도 포털 등의 스크리너 툴로 전 세계 주식 종목을 솎아낼 수 있습니다. PER 10 이하, PBR 1 이하, ROE 15% 이상, DY 2% 이상, 5년 영업이익 신장률 20% 이상……이 정도만 해주어도 상위 5%의 꽤 똘똘한 종목이 필터링 될 것입니다. 적용된 수치들이 최신까지의 과거 데이터인가(TTM; trailing twelve months), 지금부터의 미래 데이터인가(FWD; forward)를 놓고 시각이 변할 따름입니다. 자산가치를 얘기하는 PBR은 최근의 재무상태로 평가한 trailing으로 보고, 수익가치를 얘기하는 PER은 지금부터 향후 1년간의 예상수익을 감안한 forward를 주로 사용하고 표현합니다.

흔하게 쓰는 상식으로, 투자의 우선순위는 저PER > 저PBR > 고PER 주의 순이라고 합니다. 이는 수익성 > 안정성 > 성장성의 상징적인 의미가 되기도 합니다만, '그때그때 달라요.'라는 큰 시장수급이 더 우선함을 인식하고 있어야 합니다. 파마 및 프렌치 교수의 제언대로라면 소형 가치주가 가장 부합하겠습니다. 미국 월가의 전설로 불리는 이가 세 명 있습니다. 3대 전설이라고 하면 워렌 버핏, 피터린치, 존 네프입니다.

워렌 버핏은 오마하의 현인으로 불립니다. 버크셔 헤더웨이의 1964년부터 2020년까지의 수익률은 2,810,526%를 기록하고 있습니다. 연 복리의 수익률로 계산하면 매년 20.0%로 성장한 개념입니다. 보통 PER 12~15에서 투자하고, 30에서 매도한다는 방법론이 알려져 있습니다. ROE상으로는 성장기업의 15%이고 일반적으로 8%를 적용하는 것도 참고할 만합니다.

피터린치의 PEG는(= PER/ EPS Growth rate) 성장률은 20~25%를 적용하고, 1보다 작으면 적정하고, 0.5보다 작으면 투자한다고 하였습니다. (PEG 0.5 아래 매수, 1.5 이상 매도) 그가 운용한 마젤란펀드는 1977년 5월부터 1990년 5월까지 13년간 누적수익률 2703%, 연평균 수익률 29.2%이라는 경이적인 수익률을 올렸습니다. 미국 증시 역사상 최대 낙폭을 기록했던 블랙 먼데이가 있었던 1987년에도 수익률을 플러스로 마감해 운용기간 동안 단 한 해도 마이너스를 기록하지 않았다고 합니다.

미국 기업의 종목분석 정보에서 발견되는 'PEG Payback'은 회사가 PEG를 계산하는 데 사용된 성장률로 연간 수익을 계속 증가 시킨다고 가정 할 때 회사의 누적 수익 (기본 수준 $ 1.00에서 시작)이 주식의 현재 PER 비율 과 같아지는 데 걸리는 년 수 비율입니다. 이 수치가 높을수록 회사는 주가에 상응하는 수익을 얻는 데 더 오랜 기간이 소요된다는 의미가 됩니다. 높은 PEG 투자 회수는 회사가 평가를 지원하는 데 필요한 수익을 창출하지 못할 위험이 높은 주식을 나타낼 수 있습니다.

존 네프의 GYP = (growth + DY) / PER 입니다. GYP가 1.5 이상이면 적정하고, 2를 넘어서면 투자한다고 하였습니다. 참고로 존 네프는 1964년부터 1995년까지 31년 동안 뱅가드에서 5,546%라는 수익을 냈습니다. 그는 PBR × PER이 22 이하일 때 투자하라고 조언합니다.

한때 유명세를 떨쳤던 조엘 그린블라트의 자본수익률(ROC)은 EBIT / (순운전자본+순고정자산)이고, 이익수익률은 EBIT / 기업가치 (EV = 시가총액 + 부채 - 현금성자산) 투자방식을 제안하고 있습니다. 절차는 1~3개월 주기로 5-7 종목을 위의 기준으로 선별합니다. 총 20~30종목이 되는데, 1년 단위로 롤오버(rollover)하는 방식인데, 위 식을 보면 자본수익률은 높은 ROA를 추구하는 것과 유사하고, 이익수익률은 저PER주를 선택하는 것과 유사합니다. 중/장기 투자자의 입장에서는 나름 검증된 투자방식으로 이해해도 좋을 것 같습니다.

배당주에 대하여

　주식의 경우 가치주와 성장주 사이에 가끔 배당주가 위치하는 경우가 있습니다. 일시적인 배당이 아니고 꾸준히 3 내지 5년을 지속적으로 배당금이나 배당성향을 유지하는 경우의 배당수익률(DY, dividend yield)도 중요한 투자판단 기준이 되기 때문일 것입니다. 배당은 주주중시경영의 일환으로 분기, 반기(중간배당), 결산기 등 여러 시점과 기준으로 달리하여 지급합니다. 일반적으로 배당주는 '은행의 정기예금(안전자산, 원리금 보장) 이자보다 커서 높은 수익이 기대되는 종목'으로 받아들여집니다.

　배당주에 대한 표현은 결산 전후나 저금리 기조일 때 많이 기사화됩니다만, 사실 그 정의를 찾는 것은 쉽지 않습니다. 지속적으로 배당이 유지되고, 그 수익률(배당수익률, DY, dividend yield)은 배당금÷주가이므로 시점에 따라 변동성이 생기기 때문입니다. '시가배당률'이라는 표현은 배당금이 기준일 주가의 몇 %인가를 나타냅니다. 배당이 진행되는 시점 전후(배당락을 반영한 선물가격)로 선물거래와 연계한 배당차익거래전략이 펼쳐집니다.

　다음은 배당성향입니다. 우리나라의 배당성향은 세계적인 수준으로 상향되는 경향은 있지만, 아직은 낮은 수준으로 이해되고 있습니다. 배당성향이 너무 높다고 하면 벌어들인 돈을 전부 오너를 포함한 주주들이 가져가 회사의 R&D 및 복지 등에 신경을 안 쓴다는 의미가 되고, 낮을 경우는 주주에게 줄 의향이 없다는 뜻이 될 수 있습니다. 앞서 배당성향을 배당수익률로 나누면 (dps/eps) ÷ (dps/Price)의 식을 통해 PER가 산출됨을 설명한 바 있습니다.

　이사회에서 배당금을 결정했더라도 이익잉여금이나 결손금은 주주들의 몫이기 때문에 그 처분이나 처리는 주주총회에서 주주들의 승인을 받아야 합니다. 다시 말해 결산기가 두 달 정도 지난 3월 중순 이후 확정된 재무제표와 주주총회를 통해 결정되기 때문에 미(未)처분 또는 미(未)처리라는 표현을 달고 다닐 수밖에 없는 것입니다.

기업은 배당금 외에 이익잉여금에서 여러 적립금이나 준비금을 쌓습니다. 법이 요구하면 법정 적립금이 되고, 기업이 임의로 쌓으면 임의 적립금이 됩니다. 상법에서는 총 배당금액의 10%를 자본금의 50%가 될 때까지 이익준비금으로 쌓으라고 정해져 있습니다.

당기의 손익을 떠나 통상 기업이 얼마까지 배당할 수 있는지 확인할 때 사용하는 배당가능이익은 '[(미처분 이익잉여금 + 임의적립금이입액-법정적립금적립액-기타이익잉여금처분액(법정적립금 등)] ÷ 1.1'로 구할 수 있습니다. 1.1로 나누는 것은 자본금의 50% 이상으로 이익준비금을 쌓아놓은 경우의 기업에는 적용되지 않습니다.

배당주와 관련된 업종이나 종목을 추출하는 과정은 한국거래소([11007] PER/ PBR/ 배당수익률) {[12021] PER/ PBR/ 배당수익률(개별종목)}와 금융포털(국내증시 → 배당) 등을 이용하면 쉽게 그 목록을 확인할 수 있습니다. 검색창에 '배당주'만 입력해도 전체 배낭내역의 리스트업이 되며, 해당 내용에서 수익률 기준으로 내림차순으로 정렬해서 보기 편하기 때문입니다. 해외 배당주 등에 대한 정보도 입수가 가능합니다.

우리나라 KOSPI의 경우 최근(2021년)에는 유틸리티(전기, 가스 등) > 증권 > 통신업 > 전기전자 > 보험 > 금융업 순이 일반적으로 고(高)배당수익률 업종과 지수로 알려져 있습니다.

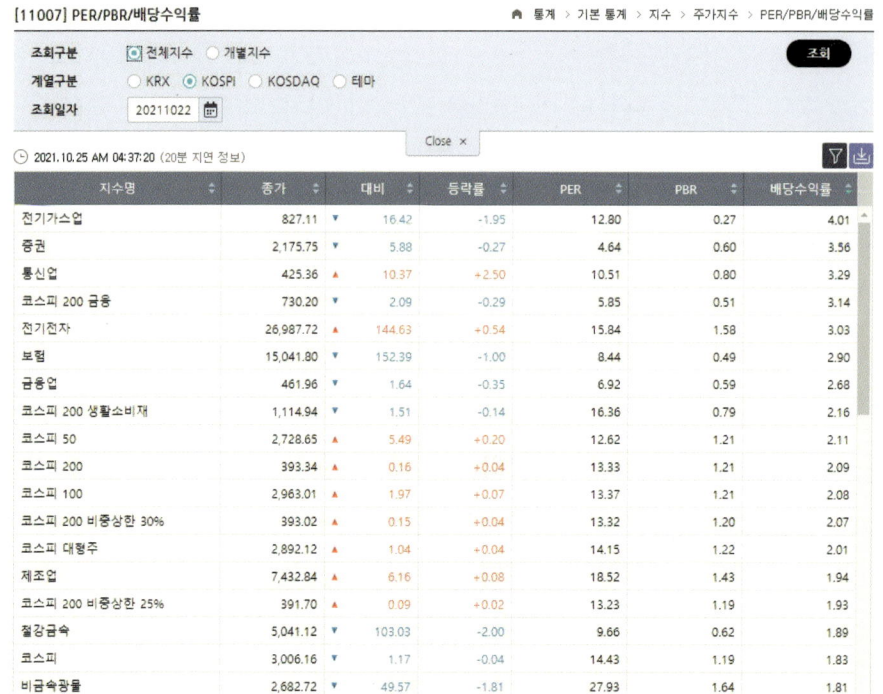

표6-7 KRX PER PBR 배당수익률

기본적 분석 스크리닝(예시)

기본적 분석의 과정을 마무리하면 이것은 실제 실전에 적용해야 하는 현실투자의 문제에 봉착하게 됩니다. 때로 뭔가를 공부한 것은 같은데 이것을 직접 투자에 접목하려는 과정에서는 현타(현실자각타임)가 오는 것입니다. 금융투자와 관련된 (포털) 사이트나, 증권사의 HTS에는 '스크리너' 또는 '조건검색'이라는 이름을 발견할 수 있습니다.

'전문가'나 '분석가'들은 보다 많은 지식과 경험으로 위의 분석과정을 적용하여 투자 대상에 대하여 의견을 제시합니다. 중기나 장기투자의 경우라면 기본적 분석은 필수 과정이라고 하겠습니다. 아래 항목과 내용은 '조건검색' 스크리너에 활용된 항목과 기준을 참고삼아 예시적으로 표현한 부분입니다. 실전에 적용한 그림의 확대가 약간 아쉽기는 합니다.

- PER: 업종 수준이나 현 수준의 40% 등 상대적 저평가
- 배당수익률: AAA회사채 수익률의 2/3 이상, 또는 정기예금 등의 금리수준의 일정 배수
- PBR: 0.65 이하
- 주가/순유동자산: 0보다 크고 1보다 작고
- 부채비율: 150% 이하
- 유동비율: 200% 이상
- ROE: 10% 초과
- 영업이익률: 10% 초과
- 재고자산회전율: 12 초과
- 매출채권회전율: 6 초과

- 순유동자산: 시가총액의 2분의 1 초과
- EV/EBITDA: 4 미만
- EPS성장률: 10% 초과
- PCR: 10 미만
- 매출성장률: 10% 초과

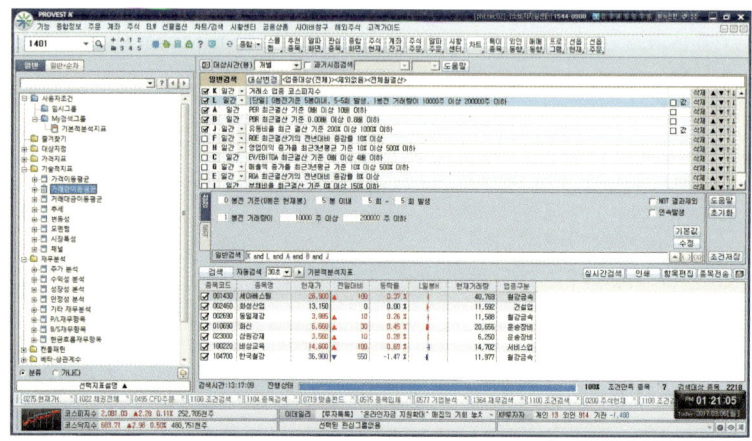

그림6-9 HTS 기본적분석 조건검색 리스트 예시

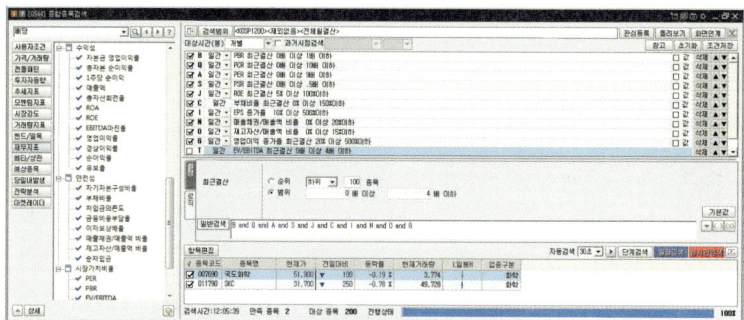

그림6-10 HTS 기본적분석 상대가치 조건검색 리스트 예시

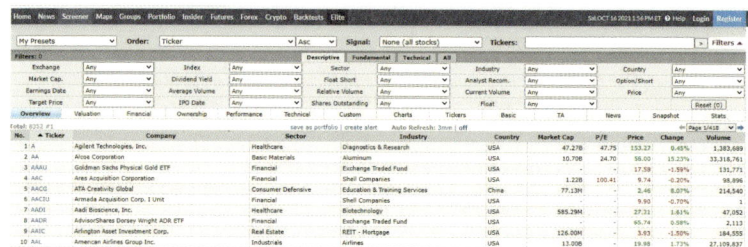

그림6-11 해외주식 웹사이트 조건검색 화면 예시

제7장 반복되는 역사:
주기를 타는 경제/ 경기순환과 통계보기

정책을 부르는 경기종합지수

주기와 순환과 상관관계

인구 - 지수 - 금리 - 환율 - 원자재 그리고 통계

경기와 경제, 어느 것이 주가에 영향을 미칠까?

경기는 나라경제의 총체적인 활동 수준을 의미합니다. 돌고 돈다고 하는 세상에서 하나의 일은 다른 일에 영향을 주고, 돌고 돌아 다시 원래의 일에 영향을 줍니다. 나란히 매달린 쇠구슬(밸런스 볼)의 한쪽 끝을 들었다 놓으면 맞은편 끝의 쇠구슬이 튀어 오릅니다. 이런 밸런스 볼은 소리 없이 자기의 받은 힘을 반대편으로 전달합니다. 되돌아온 구슬은 역시 맞은편을 움직이게 합니다. 바람과 자석처럼 부지불식간에 세상을 움직입니다. 고용-소득-소비-물가-성장도 쇠구슬처럼 정중동의 활동이 끊임없이 이어집니다.

이렇게 경기는 부침을 거듭하면서 저점(trough)과 고점(peak)을 오가는 경기순환(business cycle)의 고리를 만듭니다.

이제 공자님 말씀 한 마디. 우리가 일상적으로 얘기하는 생로병사는 생로건사로 바꾸어야 한다고 합니다. 좀 더 나아가 은퇴 후의 노후는 기본적인 소득이 보장되고/ 주거가 보장되고/ 의료가 보장되고/ 자기발전의 기회가 여전히 보장되길 바랍니다. 그런데 정작 그간 살아오면서 진 빚과 여전히 버티고 있는 세금, 가만히 있어도 자산가치가 줄어들게 하는 물가와 턱없이 모자란 연금은 보장에 앞서 우리가 부자가 되어야 하는 이유 수만 가지 중 네 가지라고 로버트 기요사키는 말했습니다.

조금 거창하게 말씀을 시작하였지만, 이 책의 취지상 '경기와 경제', 이 둘을 제대로 이해하지 않고 금융과 투자를 얘기할 수 없기 때문입니다. 시대적인 흐름에 따라 전쟁과 평화, 환란과 역병 또는 기후변화, 고고도 활황 성장의 산업혁명 시기 중 어느 때에 삶이 시작되고 마쳐질 지는 실로 운명과 숙명의 영역입니다. 그러나 어떤 시기에서든 경제는 돌고, 경기는 순환하며, 금융시장은 형성되고,

투자활동은 이루어집니다. 그리고 그 활동의 주체는 개인(가계), 기업(법인), 정부가 됩니다. 나라는 부자인데 국민의 삶은 피폐한 곳도 있고, GDP는 낮아도 개개인의 행복지수는 높은 곳도 있습니다.

　헝가리 출신의 전설적 투자자 앙드레 코스톨라니의 유명한 말로, "주가는 주인과 산책을 하는 강아지와도 같다"가 있습니다. 산책하는 주인과 개의 관계처럼, 경제와 주식, 가치와 가격은 중심점과 맴도는 현상이 있기 마련입니다.
　한 발짝 떨어져서 쳐다보면 결국은 집에서 공원, 다시 집으로 돌아오는 주인이 가는 길을 개도 따릅니다. 주인(실물경제)이 움직이는 방향으로 개(자산시장, 주식시장, 주가)는 "앞서거니 뒷서거니 하며 함께 움직이는 공동체"가 됩니다. 코스와 속도는 산책을 하려는 주인의 의도에 영향을 받고, 주인은 목줄로 개를 통제하며, 개는 (익숙한 산책 코스를 따라가며) 주인의 전후좌우에 있는 것이 일반적인 것입니다.

　경제가 좋지 않다고 해서 투자활동을 멈출 수는 없습니다. 경기의 순환과 흐름을 읽으면 어떤 국면에서든지 투자의 기회는 생깁니다.
　경제와 경기, 그리고 경제주체의 활동, 특히 금융시장에서의 투자 수익은 삼위일체와 같이 어우러집니다. 다만 자신의 형편과 성향과 목적에 맞는 (최종적인) 투자 판단은 개별적입니다. 누군가는 현명하게 팔고, 누군가는 현명하게 사는 것입니다. 그 결과는 판단의 기준이 되는 기간에 따라 성공적으로 보일 수도 있고, 실패로 보일 수도 있습니다.

　거의 십년 주기로 움직인 경제와 경기 흐름 속에서 벼락부자와 벼락거지라는 용어가 난무합니다. 6개의 숫자로 구성되는 인생 대역전의 대명사로 불리는 로또복권(1~45의 자연수 중에서 6개를 맞추는 것이니 $_{45}C_6$이 된다.) 1등에 당첨될 확률은 벼락 맞아 죽을 확률인 428만 9,651분의 1보다 두 배나 높은 814만 5,060분의 1입니다.
　그러나 이 엄청난 확률을 뚫고 로또 1등에 당첨된다고 해도 부동산 폭등으로 서울 강남에 있는 꽤 괜찮은 집 하나 장만하기 어려운 게 현실입니다. 로또 1등

당첨자 271명을 대상으로 당첨금 사용처에 대한 설문조사 결과 '주택이나 부동산에 투자할 것.'이란 응답이 42%로 절반가량을 차지했습니다. 벼락부자나 벼락거지는 로또가 아닌(부동산이나 증권 등) 투자 활동에서 일어나는 것입니다. 벼락부자가 되고 벼락거지가 되지 않기 위해서 우리는 경제, 경기, 금융 활동의 어디쯤에 있고, 어느 방향으로 가고 있는지를 이해하고 활용해야 합니다.

글로벌 매크로와 국가별 GDP 구조

거시경제지표는 국민소득, 물가상승률, 종합수지, 실업률, 환율, 통화증가율, 이자율 등 '국가' 차원의 경제상황을 판단할 수 있는 기준을 말합니다. 어려운 말은 아니지만 늘 쓰는 말로서는 무게감이 있습니다. 미시경제학이 개인이나 기업, 정부 등 각 경제주체의 활동(의사결정과 시장반응)을 분석하는 데 비해 거시경제학의 대상은 이들 각 경제주체 활동의 합을 대상으로 하고 있습니다. 따라서 거시경제지표는 각 경제주체들의 활동의 합이 어떻게 나타나는가, 즉 그 결과치라고 생각하면 이해하기 쉽습니다.

예를 들어 미시적으로는 옷값, 음식값, 지하철요금 등의 가격이 모두 다르게 나타나지만 거시적으로는 '물가'라는 이름으로 합쳐집니다. 개별기업이나 금융기관들의 매출액이 따로 계산되지만 거시경제지표에서는 부가가치가 새로 만들어진 것만 합쳐서 '국민총생산'이라는 개념이 사용됩니다.

COUNTRY	국내 총생산	국내 총생산 YOY	국내 총생산 QOQ	금리	물가상승률	실업률	예산	부채	당좌 계정	인구
미국	20937	5.50%	6.90%	0.50%	7.90%	3.60%	-16.70%	137.20%	-3.10	329.48
중국	14723	4.00%	1.60%	3.70%	0.90%	5.50%	-3.70%	66.80%	1.80	1412.60
유럽 지역	13011	4.60%	0.30%	0.00%	7.50%	6.80%	-7.20%	98.00%	3.00	342.41
일본	4975	0.70%	1.10%	-0.10%	0.90%	2.70%	-12.60%	266.20%	3.20	125.67
독일	3846	1.80%	-0.30%	0.00%	7.30%	5.00%	-4.30%	69.80%	7.00	83.17
연합 왕국	2708	6.60%	1.30%	0.75%	6.20%	3.90%	-14.90%	94.90%	-3.50	67.08
프랑스	2630	5.40%	0.70%	0.00%	4.50%	7.40%	-9.20%	115.70%	-1.00	67.29
인도	2623	5.40%	12.70%	4.00%	6.07%	8.10%	-9.40%	73.95%	-1.70	1347.12
이탈리아	1886	6.20%	0.60%	0.00%	6.70%	8.50%	-7.20%	155.80%	3.60	59.64
캐나다	1644	3.30%	1.60%	0.50%	5.70%	5.50%	-14.90%	117.80%	-1.90	38.01
대한민국	1631	4.20%	1.20%	1.25%	3.70%	2.70%	-6.10%	42.60%	3.50	51.78
러시아	1484	4.30%	-0.80%	20.00%	9.17%	4.10%	-3.80%	17.80%	2.40	146.20
브라질	1445	1.60%	0.50%	11.75%	10.54%	11.20%	-13.40%	88.83%	-0.72	211.82
호주	1331	4.20%	3.40%	0.10%	3.50%	4.00%	-7.80%	24.80%	2.30	25.68

표7-1 국가별 거시지표 보기 https://ko.tradingeconomics.com/ (2022년 2월)

국민소득의 창출: Y = C + I + G + X → 국민소득의 지출 = 주입 → 총수요
(소비지출 C, 투자지출 I, 정부지출 G, 수출 X, 수입 M)

국민소득의 처분: Y = C + S + T + M → 국민소득의 분배 = 누출 → 총공급
(GDP Y, 가계소비 C, 총저축 S, 세금 T)

Y는 한 나라에서 생산된 물건의 총액(생산=분배=지출)입니다. 이것을 어떤 집단이 어떤 용도로 사는지(지출)와 팔아서 받은 돈을 어떤 용도로 사용하는지(분배)로 구분하며, 총량은 같아집니다. 다음의 표를 보면 미국은 민간의 총 소비지

항목별	2021 2/4 브라질	독일	인도	인도네시아
경상GDP sa	2,160.166 (BRL bln)	868.675 (EUR bln)	50,762.931 (INR bln)	4,153,49 (IDR
불변GDP sa	302.528 (BRL bln)	786.258 (EUR bln)	33,517.882 (INR bln)	2,766.148
디플레이터 sa (2015=100)	142.076	110.482	125.728	1
민간최종소비지출(불변) sa	200.324 (BRL bln)	395.403 (EUR bln)	18,052.722 (INR bln)	1,523.761
정부최종소비지출(불변) sa	52.166 (BRL bln)	174.337 (EUR bln)	4,214.714 (INR bln)	223.883 (ID
총고정자본형성(불변) sa	61.521 (BRL bln)	168.585 (EUR bln)	9,945.562 (INR bln)	883.424 (ID
재고증감 및 귀중품 순취득 (불변) sa	-		-	
재화와 서비스의 수출(불변) sa	45.663 (BRL bln)	383.462 (EUR bln)	7,829.330 (INR bln)	613.430 (ID
공제:재화와 서비스의 수입 (불변) sa	43.925 (BRL bln)	344.225 (EUR bln)	8,306.732 (INR bln)	503.452 (ID

표7-2 국가별 국민계정 보기

출(내수라고 보통 표현합니다)이 다른 나라에 비해 대단히 높은 구성을 가진다는 사실이 확인됩니다. 주식 투자자의 관점에서 보면 내수비중 또는 소비구조가 큰 나라라고 표현됩니다.

국가별 GDP의 지출구조 이해(국민계정)

소비구조와 수출입 비중에 따른 총수요 이해

각 나라들은 경제정책을 어떻게 운용하느냐에 따라 거시경제지표들이 달라질 수 있는데, 예컨대 이자율이 높아지면 투자가 줄고, 투자가 줄면 국민소득도

출처 : OECD

시판					
이탈리아	일본	한국	영국		미국
441.981 (EUR bln)	136,104.300 (JPY bln)	511,003.200 (KRW bln)	562.248 (GBP bln)		5,682.842 (USD bln)
414.143 (EUR bln)	134,827.325 (JPY bln)	476,244.600 (KRW bln)	520.661 (GBP bln)		19,360.600 (USD bln)
106.722	100.956	107.298	114.978		112.150 ✓
244.548 (EUR bln)	72,235.075 (JPY bln)	221,145.500 (KRW bln)	324.194 (GBP bln)		13,660.178 (USD bln)
0.422 (EUR bln)	29,114.500 (JPY bln)	84,290.800 (KRW bln)	111.997 (GBP bln)		2,696.974 (USD bln)
1.978 (EUR bln)	33,658.675 (JPY bln)	142,524.100 (KRW bln)	91.340 (GBP bln)		4,271.396 (USD bln)
-	-104.575 (JPY bln)	2,524.000 (KRW bln)	-		-169.416 (USD bln)
130.833 (EUR bln)	25,775.175 (JPY bln)	204,704.600 (KRW bln)	140.348 (GBP bln)		2,298.587 (USD bln)
120.761 (EUR bln)	25,949.825 (JPY bln)	179,354.000 (KRW bln)	145.056 (GBP bln)		3,545.680 (USD bln)

떨어질 수 있습니다. 이자율이 높아지면 외자의 유입이 촉진되어 해당 통화는 강세가 되고 종합수지 흑자폭이 늘어날 수도 있습니다.

유념할 것은 이러한 지표들을 통해 경제정책의 실효성이 제대로 되려면 통계를 생산하는 주관기관이 정권의 목적과 의도에 따라 '녹비에 가로 왈'과 같은 일관되지 않은 잣대와 해석을 해서는 안 됩니다. 2007년 랴오닝성의 당시 당서기 리커창이 한 만찬에서 "랴오닝성의 GDP는 조작된 것이라 신뢰할 수 없다."라고 하면서 전력소비량(40%), 은행신규대출(35%), 철도화물운송량(25%)을 언급하였습니다. 이들은 공장가동률의 선행지수, 기업투자·민간소비지수, 수출 및 내수 경기를 반영하는 리커창지수(이코노미스트가 작성)로 알려지며 GDP보다 더 중국경제를 잘 반영한다는 평을 받기도 했습니다.

거시경제 정책 목표와 구성 지표 수집

앞에서 설명한 아카데믹한 설명을 줄여 표현하면, 전기차와 같은 재화, 여행가이드와 같은 서비스 용역에서의 수급과 가격은 미시경제학이고, 물건의 평균가격을 의미하는 물가는 거시경제학에 속합니다. 당연 미시경제학은 가격을 비롯해 (기업)매출, 독과점, 가계소득, 저축 등에서 경제활동의 주체인 가계와 기업, 정부의 선택과 행동을 하나하나 구분해서 분석하고, 시장의 균형에 관심을 가집니다. 반면 거시경제학은 한 나라 전체의 경제현상을 분석해서 국가 전체의 생산, 소비, 고용, 투자 등을 연구합니다. 경제주체 활동의 합을 대상으로 하며 국민경제를 큰 그림으로 하여 국내총생산(GDP)과 국민소득, 물가, 실업률, 고용률, 경제성장, 국제수지, 환율 등을 대상으로 하는 것입니다.

물가안정과 경제성장이 두 축을 형성하고 이는 (완전)고용 및 국제수지 균형이라는 두 축을 추가시켜 경제정책 목표를 이루는 것입니다. 이것을 왜 알아야 하냐면 투자자가 바로 이 범주 안의 큰 흐름에 들어있기 때문입니다.

정치적인 관점에서 본다면 정권을 이루는 국민의 표는 보수와 진보의 진영을 떠나 경제성장이 지속되어야 받을 수 있습니다. 고용을 통해 생기는 소득이 곧 소비의 기반으로 형성될 때 표를 받을 수 있습니다. 생산-> 고용-> 소득-> 소비와 저축으로 이어지고, 소비는 물가와 직결됩니다. 안정된 물가는 통화정책인 통화량과 금리수준에 영향을 받습니다.

글로벌 경제에서의 (경상, 무역)수지는 외환보유고와 그 나라의 통화가치에 영향을 주게 되고, 환율은 수출입의 경쟁력과 물가로 환류(feedback)되는 순환구조가 되는 것입니다. 하나 하나가 다 투자자의 실제 손익에 영향을 끼치게 되는 주요 변수이고, 뉴스를 통해 매일 언급되는 것들입니다.

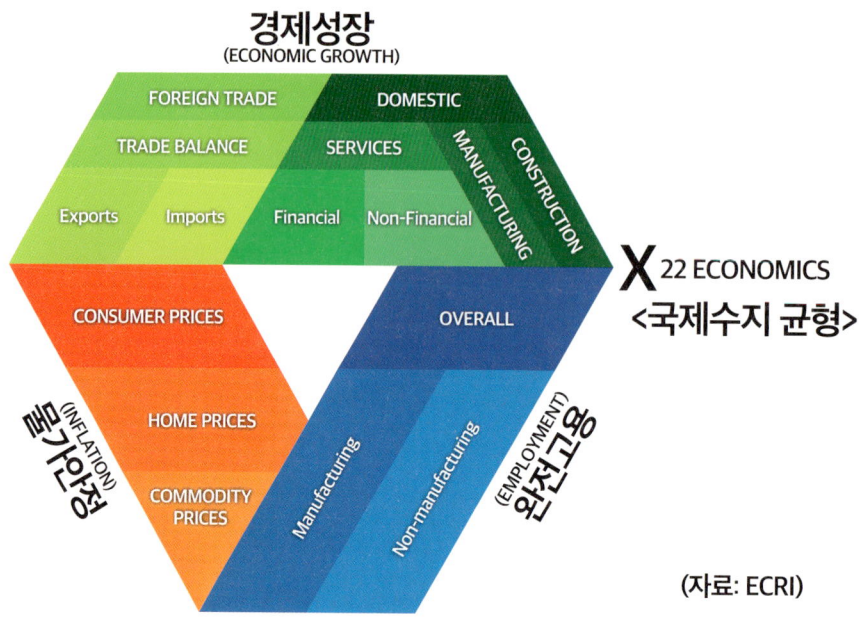

그림7-1 경제정책 목표와 구성

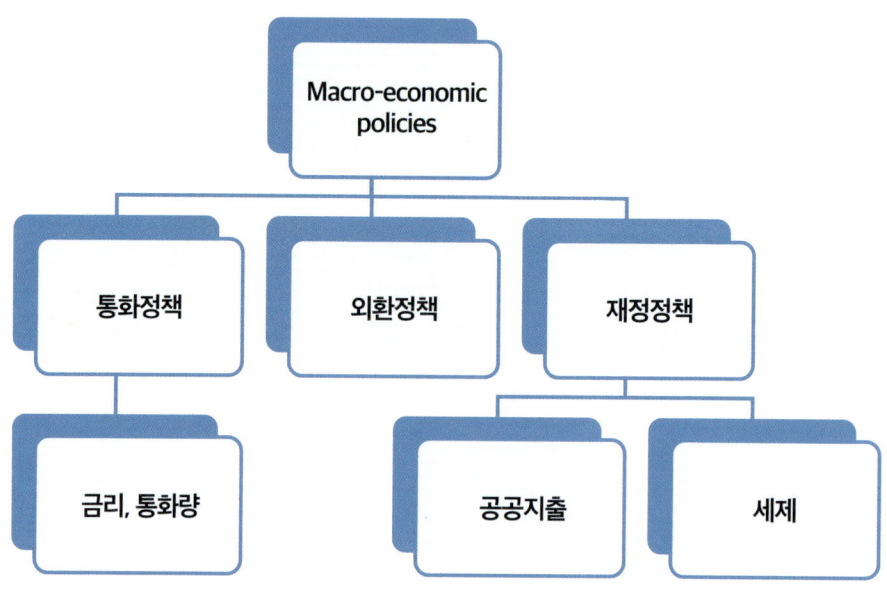

그림7-2 통화정책 외환정책 재정정책

앞 페이지 하단의 그림은 단도직입적으로 거시경제정책의 실물경제와 금융경제에 영향을 주는 세 요소를 <Three components of macro-economic policy>(OECD, JLP-PPG Briefing Note 3, June 2010) 표현하고 있습니다. '정책'이라는 말 대신에 '당국'이라는 표현을 쓰면 각 국가에서는 누가 이 정책을 주관하고 주도하는지 알 수 있습니다.

각종 정책을 주관하는 '당국'이 취할 수 있는 정책이나 제도는 보도자료나 뉴스 등에 늘 노출됩니다. 통화정책은 중앙은행(한국은행)의 홈페이지를 통해서도 확인할 수 있습니다. 거창해 보이는 앞에서 소개한 그림 두 개도 실질적으로 정리하면, 우리는 이자/ 고용·실업/ 물가/ 환율의 경제의 4대 요인에 알몸으로 노출되어 있음을 보여주기도 합니다.

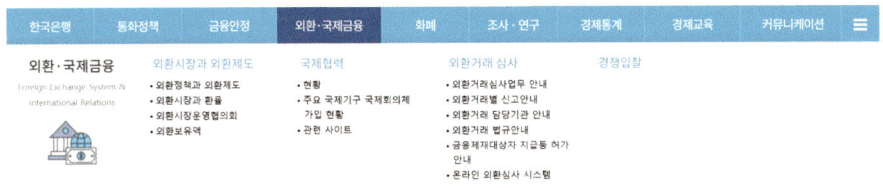

그림7-3 한국은행 통화정책 웹페이지

그림7-4 한국은행 외환정책 웹페이지

주요 경제지표: 아는 것이 힘도 되고, 병도 된다

살아가는 동안 제대로 '살 만한 세상'이라거나 '요즘 경기가 좋다.'는 얘기를 듣기는 힘듭니다. 삶은 늘 팍팍하고, 고될 수밖에 없습니다. 그러는 동안에도 경기는 불경기 불황과 호경기 호황을 순환하게 됩니다. 경기는 한 나라 국민경제의 총체적인 활동 수준과 동향을 의미하고, 향후 기업의 수익성, 성장성과 물가수준 등을 예측하게 합니다. 실물부문(생산, 소비, 투자, 고용 등), 금융부문(화폐의 수요와 공급, 금리 등), 그리고 대외부문(수출과 수입 등)의 활동을 포괄하는 거시경제 변수들의 움직임이 종합된 것이라고 볼 수 있습니다.

경기종합지수(Composite Index of Business Indicators)는 대표적인 경기지표 중의 하나로, 경기변동의 국면, 전환점과 속도 및 진폭을 측정할 수 있도록 만들어져 국민 경제의 각 부문을 대표하면서 경기대응성이 양호한 경제지표들을 선정한 다음 이들을 가공·종합하여 작성합니다. 오래 간만에 학교 공부를 하는 느낌이 들 것 같습니다.

우리나라에서는 통계청(kostat.go.kr)이 작성하여 매월 말경에 그 앞의 달까지를 정기적으로 '산업활동동향'으로 발표합니다. 경기종합지수를 이용하여 경기분석을 하는 경우 종합지수 상에서는 흐름을 파악하기가 힘들어 경제의 기조적 흐름을 나타내는 추세 및 순환변동계열을 별도로 추출하여 활용합니다. 동행지수 및 선행지수의 순환 변동치는 동행지수에서 추세 변동분을 제거하여 산출하며, 전년 동월비(%)는 전년 동월의 중심항 12개월 이동 평균치를 분모로 사용합니다. 한 국면은 5개월 이상 상승 및 하강을 지속해야 하고, 한 순환기는 15개월 이상이 되어야 한다고 합니다. 뉴스를 통해서 요점 파악은 되므로 굳이 기억에 남길 필요는 없겠습니다만, 깊이 있는 투자를 위해서라면 한번 읽어 둘 필요가 있습니다.

이러한 순환을 반복하는 경기는 지표를 통해 인식하게 됩니다. 경기의 인식은 곧 주가지수의 흐름과 관계가 됩니다. 김수영 시인의 <풀>에서 표현된, '바람보다도 더 빨리 눕는다／바람보다도 더 빨리 울고／바람보다 먼저 일어난다'처럼 주식시장은 현재의 경기보다 선행하여 움직입니다. 경기지표는 개별경제지표(GDP, 도소매, 수출입 등), 종합경기지표(선행, 동행, 후행), 경제심리지표(BSI, CSI, ESI등) 등을 포괄하게 되는 것입니다. 각종 지표들은 발표되는 주간, 월간 등의 주기를 통해 전기(전월, 전분기, 전반기, 전년) 대비를 하거나 전년 동기(전년 동월, 전년 동분기 등) 대비를 함으로써 증감율과 등락폭 등을 통해 하루라도 먼저 시장에 대응하려고 하는 것입니다. 누가?

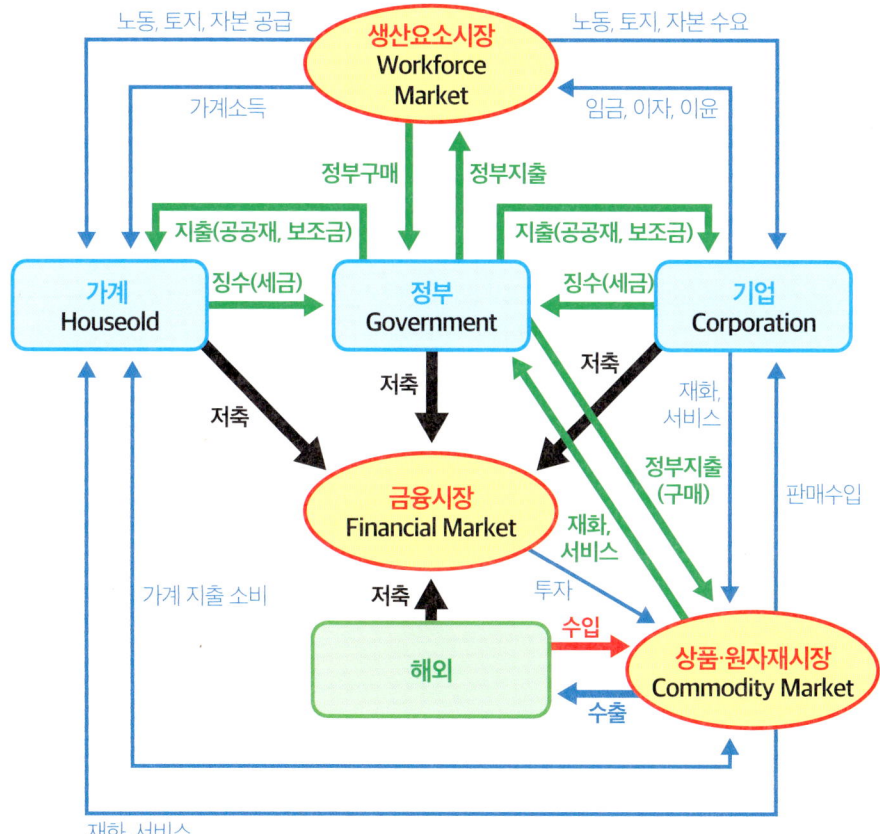

그림7-5 산업활동 경제주체 순환도

경제의 주체에는 크게 재정정책, 통화정책 등을 입안하기도 하고 실행하기도 하는 정부, 추세를 먼저 감지하고 투자하고 생산 공급 판매하는 기업, 벌어들인 소득을 통해 소비의 주체가 되는 가계가 있습니다. 주식투자는 재화나 서비스를 생산, 유통, 판매하는 기업의 주인이 되는 과정입니다. 주주로서 정부와 가계의 동향을 민감하게 관찰하는 것은 바로 투자자로서의 자세이기도 합니다.

다음에 열거하는 거시경제 관련 지표는 정기적으로 또는 보도자료나 뉴스를 통해 끊임없이 접하게 되는 지표들입니다. 2021년 유엔무역개발회의(UNCTAD) 무역개발이사회(Trade and Development Board)에서 우리나라는 아시아·아프리카 국가로 구성된 그룹 A에서 선진국으로 구성된 그룹 B로 자리를 옮기게 되었습니다. 1964년 UNCTAD가 창설된 이래 그룹 A에서 그룹 B로 이동한 나라는 대한민국이 유일합니다. 무역에 의존해 온 우리나라가 선진국 그룹으로 지위를 변경하게 된 첫 사례가 됐다는 것은 매우 의미가 크다고 할 수 있습니다. OECD 가입과 선진국 지위 획득은 우리나라가 대외적으로 발표하는 (거시)경제 지표가 그만큼 성장했음을 방증하는 것입니다.

기획재정부(moef)를 통해 매월 중순 전후에 접할 수 있는 <최근경제동향>(월간) 에 열거되어 있는 '주요경제지표'는 아래와 같습니다. 대강의 줄기 제목만 보면 될 것 같습니다.
- 국민소득계정: GDP, GNI, GDP디플레이터 등
- 실물경제: 생산과 출하(생산지수, 출하지수, 재고지수), 투자(국내건설기성, 국내건설수주, 국내기계수주, 설비투자지수), 소비(소매판매액, 내수용 소비재 출하)
- 대외거래: 국제수지(경상수지, 자본수지), 수출입(통관), 지역별 수출입 차, 외채, 외환보유액, 외국인투자, 원유도입 등, 주요국 환율변동
- 금융(통화, 금리): 본원통화(말잔, 평잔), M1, M2, 화폐발행액, 회사채유통수익률, 콜금리, 부도율, 주가지수 등
- 물가 및 수출입 단가: 생산자물가, 소비자물가, 수출입단가, 교역단가 등
- 고용: 경제활동인구, 15세 이상 인구, 고용률, 실업률, 취업자증감, 명목임금 등
- 경기: 선행종합지수(순환 변동치), 동행종합지수(순환 변동치)

• 해외지표: GDP성장률, 1인당 GDP, 경상수지, 물가, 통화, 실업률, 대미환율 등

목 차

1. 고 용 ·· 45
2. 물가 및 수출입 단가 ······································ 48
3. 국민소득계정 ·· 50
4. 실물경제 ·· 52
   가. 생산과 출하 ·· 52
   나. 투 자 ·· 53
   다. 소 비 ·· 54
5. 대외거래 ·· 55
   가. 국제수지(총괄) ·· 55
   나. 수출입(통관) ·· 57
   다. 지역별 수출입차 ·· 58
   라. 외채·외환보유액·외국인투자·원유도입 ······· 60
   마. 주요국가의 환율변동 비교 ························ 61
6. 통화·금리 ·· 62
7. 경 기 ·· 65
8. 재 정 ·· 66
9. 해외지표 ·· 67
   가. 주요국의 경제지표 ···································· 67
   나. 주요국가의 GDP규모 ································ 74
   다. 주요국가의 1인당 GDP ···························· 75
   라. 국제금리·국제원유 및 1차 상품가격 ········ 76

표7-3 기획재정부 최근경제동향 목차

경제공부 복습: 거시경제 지표의 순환도

우리나라 OECD는 경기변동 해석 시 경기종합지수의 추세치를 제거한 순환 변동치를 기준으로 합니다. 장기 추세에 대한 상대적 증가율의 상승과 하락을 기준으로 경기변동을 파악하는 것입니다. 이것은 성장률이 추세성장률을 하회(상회)할 때를 수축(확장)국면으로 보는 성장순환(growth cycle) 방법입니다. 이 방법말고, 경제변수들의 절대수준이 상승과 하락을 반복하는 현상으로 개별 지표의 증감률을 표준화하는 방식인 경기순환(business cycle, 고전순환) 방법을 사용하는 나라도 있습니다.

발표는 기존 순환 변동치를 갱신하는 방법을 사용합니다. 하지만 현재와 같이 연 1회 잠정치를 갱신하는 방식은 기(旣)공표 통계의 변경을 최소화하는 장점이 있으나, 시간 경과에 따라 현실과의 괴리가 커지는 문제 등이 발생합니다. 이를 보완하고자 추세 갱신주기를 반기로 단축(연2회, 매년 2월, 8월)하게 되었습니다. OECD는 매월 선행지수 구성 지표의 추세치(순환 변동치)를 갱신하여 선행지수(CLI, composite leading indicato)를 작성함으로써 매월 자료가 변경되고 있습니다.

추세매매를 하는 투자자든 단기투자에 집중하는 투자자든 현재 관심 투자종목(보유 유무, 처분 예정 등)의 실적, 재료, 수급, 패턴의 미세한 부분까지 모니터링하게 됩니다. 모진 가뭄에도 비올 때까지 기우제를 지내는 인내와 고집이 필요한 경우도 있지만, 그에 앞서 계절에 맞추어 오는 장맛비 속을 걸으면 옷이 젖지 않을 수 없고, 그 장맛비 또한 언젠가는 그치게 마련이라는 큰 흐름을 놓치지 않는 자세도 중요한 투자자의 자세입니다.

우리나라의 통계청은 최근의 경제 환경 변화를 반영하고 경기종합지수의 경기예측력 향상을 위해 2019년 9월 제10차 경기종합지수 개편을 실시하였는데, 주요 내용은 선행종합지수의 경기예측력을 높이기 위해 선행종합지수의 구성지표를 변경(1개 제외 등)하였고, 순환변동치의 현실 반영도를 제고하기 위해 종합지수의 추세 갱신주기를 단축하였습니다. 기준순환일이라는 표현이 나오는데, 이것은 한 나라의 경기순환변동 과정에서 국면*이 전환되는 시점(turning point, 정점·저점)을 의미합니다.

현재 우리나라는 '13년 3월 저점 이후 제11순환기 54개월간 경기가 상승하면서' 17년 9월 정점이 형성된 것으로 통계청이 잠정 확인(발표) 하였습니다. OECD의 CLI 자료로는 2020년 6월 바닥(trough)을 찍은 것으로 (이후 팬데믹의 시련을 겪고 있지만) 나타나고 있습니다.

Korea

Component Series (Unit)	Source
Manufacturing - Business situation: future (% balance)	Bank of Korea
Share prices: KOSPI index (2010 = 100)	Bank of Korea
Stocks of manufactured investment goods (volume) sa *inverted*	National Statistical Office
Inventory circulation indicator (manufacturing)	National Statistical Office
Spread of interest rates (% p.a.)	National Statistical Office
Net Barter Terms of trade (2015=100)	National Statistical Office

Reference chronology of turning points

Trough 1962M6, Peak 1964M12, Trough 1965M9, Peak 1969M9, Trough 1972M6, Peak 1973M12, Trough 1975M2, Peak 1979M3, Trough 1980M12, Peak 1984M4, Trough 1985M12, Peak 1988M2, Trough 1989M6, Peak 1991M11, Trough 1992M12, Peak 1997M6, Trough 1998M7, Peak 2000M7, Trough 2001M6, Peak 2002M8, Trough 2005M1, Peak 2007M12, Trough 2009M3, Peak 2010M12, Trough 2012M12, Peak 2014M3, Trough 2015M3, Peak 2019M9, Trough 2020M6

표7-4 OECD발표 CLI 한국 예시

이것이 주식투자에 있어서 어떤 의미를 가지는지는 다시 상세히 설명하도록 하겠습니다. 일반적으로 경기지표는 계절, 불규칙, 추세, 순환 요인의 4가지 요소들을 포함하고 있습니다.

선행종합지수 구성지표(7개)

경제부문	지표명	내용	작성기관
생산	재고순환지표	생산자제품제조업출하 전년동월비 - 생산자제품제조업재고 전년동월비	통계청
생산 소비	경제심리지수	(BSI, 32개) 및 소비자동향지수(CSI, 7개) 중 경기 대응성이 높은 7개 항목의 가중 평균	한국은행
투자	기계류내수출하지수	설비용기계류에 해당하는 69개 품목(선박 제외)	통계청
	건설수주액(실질)	종합건설업체의 국내건설공사 수주액	통계청
대외	수출입물가비율	수출물가지수 ÷ 수입물가지수 × 100	한국은행
금융	코스피	월평균	한국거래소
	장단기금리차	국고채유통수익율(5년, 월평균) - 무담보콜금리(익일물, 중개거래, 월평균)	한국은행

동행종합지수 구성지표(7개)

경제부문	지표명	내용	작성기관
고용	비농림어업취업자수	취업지수 - 농림어업취업지수	통계청
생산	광공업생산지수	광업, 제조업, 전기·가스업(대표품목 485개)	통계청
	서비스업생산지수	도소매업 제외	통계청
소비	소매판매액지수	소매업, 자동차판매 중 승용차	통계청
	내수출하지수	광업, 제조업, 전기·가스업(내수용)	통계청
투자	건설기성액(실질)	건설업체에서 시공한 공사액	통계청
대외	수입액(실질)	수입액(CIF) ÷ 수입물가지수	관세청

후행종합지수 구성지표(5개)

경제부문	지표명	내용	작성기관
고용	취업자수	경제활동인구 중 취업자수	통계청
생산	생산자제품재고지수	광업제조업(대표품목 417개)	통계청
소비	소비자물가지수변화율(서비스)	서비스 152개 품목 물가지수의 전년동월대비 변화율	통계청
대외	소비재수입액(실질)	소비재수입액 ÷ 소비재수입물가지수	관세청
금융	CP유통수익률	CP(Commercial Paper) 91일물의 단순평균수익률	금융투자협회

표7-5 한국 선행 동행 후행종합지수 산출지표들

앞서 얘기했던 매월 말에 발표되는 통계청의 <산업활동동향> 보도자료에 수록한 지표들은 다음과 같습니다. ▶ 생산동향: 전 산업생산지수(농림어업 제외), 광공업생산 및 출하지수, 제조업재고지수, 제조업 생산능력 및 가동률지수, 서비스업생산지수, 도소매업재고액지수 ▶ 소비동향: 소매판매액지수 ▶ 투자동향: 설비투자지수, 국내기계수주액, 건설기성액, 건설수주액 ▶ 경기동향: 동행종합지수, 선행종합지수, 광공업 및 서비스업 생산확산지수 등입니다.

이 지표들을 생산하기 위해, "단기의 경기변동 동향분석[전월(기)비] 파악을 위해서는 계절조정 계열을 이용하였고, 성장수준을 분석[전년 동월(기)비]하기 위한 경우는 원 계열을 이용하여 작성하였습니다. 그러나 원 계열에는 설, 추석 명절의 월간 이동 및 파업 등의 효과가 포함되어 있고, 계절조정계열에도 불규칙 요인이 포함되어 있으므로 이용에 유의하시기 바랍니다."라는 문구가 있음을 기억해둘 필요가 있습니다. 최근의 대체휴일 적용도 향후 영업일수 감소에 영향이 있겠습니다. 이 보고서의 시작 페이지에는 '경기동행순환변동치'와 '선행순환변동치'가 수록되어 있습니다.

국내주식 위주의 동학개미이거나 해외주식 위주의 서학개미를 떠나 주식투자자로서 경기와 관련된 선행지수(CLI, composite leading indicator)는 우리나라만 발표하는 것이 아니고, OECD와 같은 국제기구의 공식 발표와 뉴스로도 접할 수 있습니다. URL 주소는 https://www.oecd.org/sdd/leading-indicators/입니다.

각 경제지표의 항목설명, 내용과 작성기관, 이해와 주식투자에서의 적용 등은 한국은행 등에서 발간하는 『알기 쉬운 경제지표 해설』(2019년판, http://www.bok.or.kr/portal/bbs/P0000602/list.do?menuNo=200459)을 참고하기 바랍니다. 앞서 먼저 소개한 표의 경기 선행종합지수 구성 지표 7개를 살펴보면 생산·소비 부문에서 '경제심리지수'를 이용하고, 금융부문에서 '코스피'와 '장단기금리차'를 이용하는 것 등을 확인할 수 있습니다. 특히 금융부문은 매일 시시각각 변동되는 시황과 시세를 알 수 있습니다.

경제와 경기흐름은 순환하고 반복된다고 합니다. 인구와 경제, 경기는 항공모함의 운항 궤적처럼 크게 배 안에서는 선회하는 것을 감지하기가 쉽지 않습니다. 도로를 달리는 차량은 신호등이나 급커브 구간에서 안전거리를 유지하거나 깜빡이등을 켜서 앞 뒤 차량과 신호를 주고받습니다. 아주 작게는 권투 선수를 예로 들 수 있습니다. 상대방의 눈빛과 발의 움직임으로 다음 동작에 대한 판단을 하고, 예비 자세를 취하거나 선제공격을 감행하게 됩니다. 연간, 월간, 일간 개념으로 항공모함, 자동차, 권투선수를 인용해 보았습니다.

경기의 흐름은 대세의 흐름이고 수년 내지는 수십 년에 걸쳐 진행되면서 흔히 얘기하는 자산배분 전략의 아주 중요한 부분을 차지합니다. 선행지수의 흐름은 중기 흐름을 공개적으로 알려줍니다. 일반적으로 5개월 내지 9개월 정도를 선행한다고 하며 포트폴리오 재조정(리밸런싱)이 이루어지는 기간으로 간주됩니다. 금리, 환율과 같은 금융지표는 하루하루 시시각각 다르고 치열한 심리전이 이루어지며 수급과 재료를 반영하므로 이때는 수익과 위험관리(return and risk) 위주로 자산을 운영합니다. '내 종목은 다르다'라는 말은 업종과 테마에 따라 그러할 수 있겠지만 일반적으로 희망고문 속에서 몇 년을 투자 면벽고행을 하게도 합니다. 거시 경제지표가 결코 남이 하는 말이 아니고 나의 투자에 직결된다고 생각하여야 합니다.

흔히 마음이 있는 곳에 몸이 있고, 몸이 있는 곳에 마음이 머문다고 합니다. '돈'의 흐름도 그런 차원에서 보면, 어느 곳에선가 깔때기처럼 돈이 흘러 모이고, 또 어느 곳인가로 흘러갑니다. 그 흐름의 주체는 이미 말씀드린 정부, 기업, 가계(개인)입니다. 우리는 이들을 시장참가자라 하고, 특히 자본이 오가는 금융시장에서는 금융시장 참가자라고 합니다. 건전한 자본과 공정한 시장이 형성될 수 있도록 정책과 제도는 끊임없이 경제 환경과 시대를 반영하게 됩니다. 반복되는 얘기지만 통화정책(금리나 통화량)은 금융시장 참가자들의 투자를 위한 의사결정에 중요한 영향을 미칩니다.

종목에 직접적인 영향을 주기도 하지만, 한 다리 건너면 다 연결되는 자본의 속성이 있기 때문입니다. 다음 그림은 개괄적으로 금융시장과 참가자들을 표현해 본 것입니다. 앞서 예시한 거시경제의 순환흐름도가 비교가 될 듯합니다.

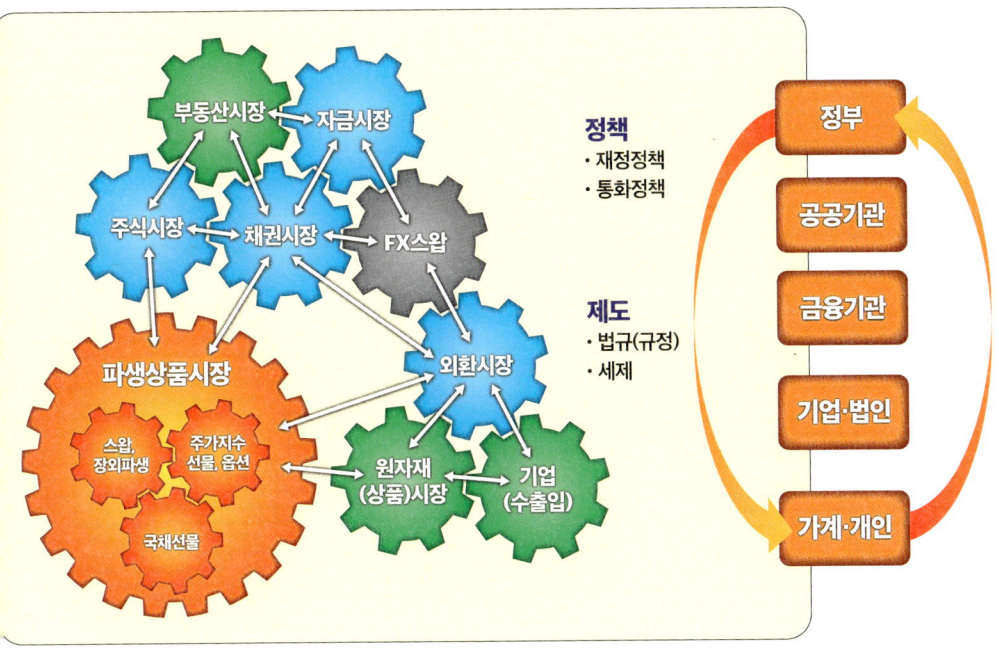

그림7-6 금융시장과 시장참가자

물고 물리며 순환하는 경제·금융 지표와 흐름도

기술적 분석의 기본 원리에서 '시장가격(주가)의 변동에는 모든 정보가 반영되어 있다.' '가격은 상승, 하락, 보합의 추세를 가지고 움직인다.' '과거의 가격 패턴은 반복된다.'라고 하였습니다. 자연스럽게 위의 기본 원리는 경제 금융의 지표에도 일정부분 반영됩니다. 그렇지만 역사적으로 문명은 누적되며 반복됩니다. 집안에 이제 더 이상 쓸모는 없더라도 예전에 요긴했던 물건들이 이곳저곳에 자리하는 것과 같습니다. 지금은 수세식 비데를 쓰지만 어느 한 켠에 있는 요강처럼. 30원에 먹던 자장면 한 그릇도 맛은 여전하지만 가격은 7천 원을 넘어섰습니다.

물고 물리며 순환하는 경제·금융 지표는 어찌 보면 이 책에서 가장 의미 있는 영역이 될 수도 있습니다. 인과응보처럼 어제의 벌어진 일들이 오늘을 만들어가고 있으며, 오늘을 냉정히 판단하면 내일도 예측이 가능하기 때문입니다. 5분 뒤만 알아도 세상의 모든 부를 움켜쥘 수 있습니다. 5분 뒤에 확정되는 로또 번호가 아닐지라도 말입니다.

가치 투자자의 목적은 증권 가격이 현재의 내재가치보다 쌀 때(저평가되었을 때) 사는 것이고, 성장 투자자의 목적은 미래에 가치가 빠르게 상승할 증권을 찾는 데 있습니다. 덧붙여 배당 투자자의 목적은 가격에 맞는 배당수익률이 정기에 금의 몇 배수를 지속하고 있는가에 있습니다.

금리가 오르는 추세에 있다면 당연 유동자산이 풍부하고 유보율이 높은 종목인 가치주나 실적주, 그리고 금리상승기의 수혜주인 금융주가 유리할 것입니다. 반대의 경우라면 부채비율이 높거나 매출 성장률이 높게 형성되는 기술주나 성장주를 선호할 것입니다. 하나 더, 환율이 올라가면 중장기적으로 수출 주력 기업이 수출 단가의 가격경쟁력이 생기는 수혜를 받겠지만, 단기적으로는 결제자금이 더 소요가 될 수 있습니다. 국내에 투자한 외국인의 경우에는 주가가 현재의 수준을 유지하더라도 앉아서 환율의 상승률만큼 송금 시 환전 손실이 생길 것입니다. 코스피 삼천의 경우 환율이 10원 정도 오르면 지수는 30pt가 빠지는 것과 같은 결과가 됩니다.

생뚱맞은 표현이지만 소비심리 중에 '디드로의 효과(Diderot effect)'가 있습니다. 선물 받은 명품 넥타이가 멋지면 양복이나 구두도 명품으로 채우고 싶지 않을까요? 고가 휴대폰의 액세서리를 가성비로 결정하지는 않을 때가 많습니다. 이것은 기능의 문제가 아니고 사람이 갖는 본능, 심미적이랄까 정서적이랄까 하는 동질성을 추구하는 욕구 때문이라고 합니다. 실물지표와 금융지표는 각기 목적과 산출방식이 다르긴 하지만, 서로의 눈높이를 맞추도록 보이지 않는 손이 끊임없이 작동하게 됩니다.

좀 더 본격적으로 실물지표(GDP, 실업, 물가, 고용)와 금융지표(주가지수, 환율, 금리) 간의 '일반적인' 역학관계와 순환 고리를 찾고자 노력합니다. 정책을 입안하는 당국자는 가라앉은 경기를 부양하거나 과열된 경기(over-heating)가 급격한 경기침체나 실업증가를 야기하지 않으면서 경제성장률을 낮추면서 (질서 있는) 연착륙(soft landing, 소프트랜딩)이 이루어지도록 합니다.

성장과 물가는 정책 당국자들의 양날의 검 같은 문제가 됩니다. 1990년대 중반 앨런 그린스펀 전 연방준비제도(Fed) 의장이 기준금리를 최초로 공개하기 시작하면서 쓴 통화정책은 베이비 스텝으로 0.25%(25bp) 단위로 조금씩 움직이면서 실물경제에 충격을 주지 않고 물가와 경기조절을 하자는 취지였습니다.

도저히 일어날 것 같지 않은 일이 일어나는 현상으로 블랙스완(검은백조, black swan)이라는 용어가 있습니다. 서브프라임, 911 사태, 코로나 팬데믹이 그러한 경우에 해당합니다. 극단적이고 예외적이어서 발생 가능성이 없어 보이지만 일단 발생하면 엄청난 충격과 파급 효과를 가져옵니다. 실감하실 겁니다. 반대되는 화이트스완은 역사적으로 되풀이되는 금융 위기처럼 충분히 예측 가능하면서도 제때 적절한 대응책을 마련하지 않아 발생하는 일상화되고 반복되는 위기를 뜻합니다. 우리도 대충 한 십 년 마다 이러한 위기가 반복된다고들 얘기합니다. 비슷한 의미의 단어 중에 눈에도 잘 뜨이고 움직임도 감지할 수 있다는 점을 부각한 회색 코뿔소(Gray Rhino)라는 표현이 있습니다. 이것은 미리 막을 수 있는 위기, 일어날 위험과 재앙은 예견된 징조 현상으로 충분히 인지 가능하다는 개념을 가지고 있습니다. 발생 개연성이 높고 파급력이 크지만 사람들이 간과하고 무시하는 위험을 뜻하는 용어입니다.

위의 예기치 않은 위기의 도래와는 별개로, 기본적으로 (경제와 통화) 정책의 실제 효과가 약해지거나 없어지는 까닭은 투자자로서도 어떤 통찰력이 필요함을 의미합니다. 여섯 가지 정도로 정리해 보았습니다.

- **정보의 비대칭성**

매물 중고차의 정보를 매도자가 더 잘 아는 것과 같은 (의사결정에 필요한 정보가 충분하지 않아서 불리한 선택을 하게 되는 것) 비대칭성과 역(逆)선택이 발생합니다. 개인 뿐만 아니라 정책 당국과 국민 생활에서도 일어나는 현상인 것입니다.

- **언론의 호도와 민중의 광기**

어느 특정지역 해변의 우연히 발견된 상어를 미디어에 반복 노출하면, 민중은 '식인상어'로 광적으로 확대 해석하고 그 지역의 해수욕 관광객이 급감하게 됩니다. 언론과 미디어의 영향력은 정말 큰 것입니다.

- **부패와 사기, 협잡과 짬짜미 관행**

개발계획, 입찰계획 등의 보안이 필요한 사항이 정상적이지 않은 경로로, 묵시적이고 암암리에 거래가 됩니다. 민도가 높고, 투명하게 정책이 입안되고 실행되는 국가가 되어야 하는 까닭입니다.

- **후행적 통계와 지표 확정**

데이터 수집과 분석 시스템의 미흡 뿐만 아니라 정제와 발표의 오류를 줄이기 위해 실질적인 효용성이 떨어진 시점에 통계가 공표됩니다. 통계는 기본적으로 과거 데이터에 기반하는 것이고 수집과 정제, 가공의 절차에 시간이 걸릴 수밖에 없습니다.

- **탐욕과 공포의 쏠림 현상**

모든 것이 투명하게 진행되어도 투자 손익을 위한 인간과 시장의 탐욕과 공포는 오버슈팅과 언더슈팅을 반복하며 과열과 침체를 반복하게 합니다. 뉴턴이 도저히 계산할 수 없다고 얘기한 '민중의 광기'도 그러한 맥락에서 읽어볼 수 있겠습니다.

- **실질효력 생성까지의 인내부족과 조급증**

정책 입안자에서부터 실질적인 수혜자에 이르기까지의 관계자들은 제도와 시장의 장치를 통해 파급되는 경로 상의 소요기간 인내력이 짧습니다. 가시적 혹은 과시적인 단기 대응의 처방으로는 근본적인 치료가 되지 않고 재발하거나 병이 더 깊어지게 만들게 됩니다.

애기를 원점으로 돌려서 경제지표와 금융지표의 순환과정을 살펴보도록 하겠습니다. 보통 실질GDP나 산업생산(IP, industrial production) 등을 통해 구분하는 3년 내지는 70년에 걸치는 많이 알려진 경기순환입니다.

다음으로 경기순환시계를 보도록 하겠습니다. 실제 시계의 움직임과는 반대 방향으로 움직입니다. 동행지수의 경기순환시계와 현재 진행되고 있는 금융지표에서의 후행되는 다음 수순을 살펴보고, 다음으로 선행지수의 고점과 저점을 오가는 차트를 보는 것입니다.

경기순환의 주기와 원인, 그리고 투자활동

앞서 우리나라의 경기순환기의 기준순환일 설정에 대해 언급하였습니다. 간단하게는, 2019년 9월의 경기종합지수 개편 시에 2017년 9월을 11순환주기의 정점으로 잠정한 것으로 요약되었고, OECD의 발표자료로는 2020년 6월이 저점이라는 말씀을 드렸습니다. 이러한 과정은 과거순환 주기에서 가장 유사한 상황을 찾고 현 상황에 맞는 정책 대안과 제도를 고심하려는 노력으로 이어질 것입니다. 각 나라의 경기 정점(peak)과 저점(trough)은 글로벌 경제의 큰 틀에서는 움직임이 유사하더라도, 부존자원과 경제구조 및 산업의 전후방 관계에 따라 선후행이 다르게 나타납니다.

일반적으로 알려진 네 개의 경기순환 파동을 소개하면 다음과 같습니다.

• **키친 파동(Kitchin cycle)**은 소순환 또는 단기파동이라고 합니다. 재고순환(출하증가율-재고증가율), 재고투자의 변동에 기인하는 2년 내지는 4년(약 40개월)정도의 소순환을 의미합니다. 다음에 설명하는 쥬글러파동이 설비투자 중심인 것에 비해, 통화 정책, 금리·물가변동과 유사한 흐름을 보이는 재고투자의 순환이란 형태로 정리가 되었습니다. 우리나라의 경기순환 주기가 약 49개월(상승 31개월, 하락 18개월)로 나오는 것도 참고해볼 수 있겠습니다.

• **쥬글러 파동(Juglar wave)**은 은행 대출의 숫자, 이자율 및 물가에 대한 통계자료에서 평균 9 내지 10년을 주기로 하는 파동을 발견하면서 불리게 되었습니다. 경기변동의 주순환으로서 현재에 이르기까지 표준적인 것이 되어 왔습니다. 설비투자와 관련한 10년 정도, 자본재 교체주기로 규칙성을 가지고 있다고 봅니다. 우리나라의 십년 주기설(위기설)을 살펴보면 1997년 IMF 위기, 2008년 글로

벌 금융위기, 2020년 팬데믹 위기 등이 나름 설득력 있게 제시되고 있습니다.

- **쿠즈네츠 파동(Kuznets swing)** 은 실질국민소득의 성장률 성장률순환으로 이해합니다. 건축 활동-인구변동 순환주기에서 원인분석을 찾기도 합니다. 인구 및 자본이동이 유사한 주기를 가지며, 인프라스트럭처(Infrastructure, 줄여서 인프라) 즉 고속도로나 하천, 항만, 공항 등과 같은 경제 활동과 밀접한 사회적 자본의 기반·기간시설 투자와도 연결시킵니다. 약 20년(15~25년)을 전후하는 사이클입니다. 우리나라 인구 구조의 한 세대가 30년 단위인 것을 감안해볼 필요가 있습니다. 여기에 입각한 (주거)건축도 부침을 거듭합니다.

- **콘트라티에프 파동(Kondratiev wave, super cycles)** 은 물가·이자율·생산량의 여러 변수에서 실마리를 구하여 평균 54~60년을 주기로 하여 발견된 장기 파동입니다. 인구변화만큼 기술혁신과 신(新)자원, 전쟁 등 중요한 혁신/발명을 통해 형성되는 장기간에 걸친 순환으로 평균 50년(40년 내지 60년)에 이릅니다.

사실 위의 파동에 입각하여 투자를 위한 자산배분 전략이나 포지션을 언급하기에는 성급합니다. 하지만, 생과 사의 한 매듭이 요람에서 무덤까지로 표현된다면, 사람에게 적용되는 재무 설계 생애주기(라이프 사이클)에 대입해 볼 수 있을 것입니다. 결혼자금, 주택마련, 자녀양육(교육)비, 자녀결혼자금, 은퇴(노후)자금 등 목돈이 들어가는 이벤트를 치를 때 자금이 부족하지 않도록 하는 것이 재무설계의 기본방향이며, 이것이 나의 생애주기 안에 포함되어 있기 때문입니다.

'산업혁명'과 같은 시기의 급변은 인구와 직업에도 많은 변화를 가져옵니다. 2차 혁명 이후 하녀나 식모라는 명칭이 사라졌고, 3차 혁명 이후에는 활자 신문의 식자공이 불필요해 졌습니다. 4차 혁명 이후에는 의사나 변호사 등의 역할에 대한 변화도 있을 것으로 예상됩니다.

실질적인 투자활동에 있어서의 제안은 이렇습니다.
예를 들어 코스피 지수나 하위의 업종지수를 추종하는 인덱스 펀드에 장기에 걸쳐/ 정기적으로/ 분할 매수하는 투자 전략을 구사하는 경우입니다. 코스피 지수(또는 업종지수)는 우리나라 경제의 순환 및 성장 사이클과 밀접한 관계로 인식될 것이므로, 달러 코스트 에버리지(DCA, dollar cost average) 효과를 기대하는 투자전략으로 그 순환기간을 투자기간으로 설정하는 것입니다.

특정 국가나 산업, 상품·원자재와 관련된 지수는 관련된 순환주기를 정기 분할투자의 기간으로 설정하는 것입니다. 그 지수를 추종하는 ETF 등에 중·장기적인 투자를 할 때 적용해 볼 수 있습니다.

결론적으로 경기순환을 이해하려고 하는 것은 (1) 저점과 고점에 대한 인식과 투자진입 시점 포착 (2) 투자 시점을 특정하지 않는 분할 적립투자의 결정 (3) 적립 투자 기간의 설정과 포지션의 청산과 방법 (4) 투자 대상자산(업종)의 해당 순환기간 동안의 벤치마크 자산과의 상관관계 확인 등과 관련된다고 하겠습니다.

• 자산 구분과 기간별 영향요소

자산구분	카테고리	단기	중기	장기
		이벤트	모멘텀	밸류에이션
실물자산	부동산	금리 정책: 세제, 융자	수요: 가구, 인구동태 공급: 건축형태, 보급률	도시화율, 합계출산율, 고령화
	상품·원자재	결제통화(DXY) 재고, 소비(기후)	경기, 스트림(인프라) 탄소중립·국경세	신물질, 신소재, 재생에너지, 스마트팜
금융자산	채권	기준금리, CDS	경기, 물가, 신용등급	뉴노멀
	주식	유동성, 수급, 심리	경기	산업구조혁신
	외환	(경상)수지	물가, 금리	교역조건, 가상화폐

표7-6 자산구분·투자기간별 주요변수

경기순환시계(BCC)

경기순환(business cycle)은 총체적 경제활동이 경제의 장기 성장 추세를 중심으로 상승과 하강을 반복하며 성장하는 현상을 의미합니다. 경기순환의 국면을 구분하는 방법에는 여러 가지가 있으나 경기 저점(trough)에서 정점(peak)까지 경제활동이 활발한 확장국면과, 경기정점에서 저점까지 경제활동이 위축된 수축국면으로 나누는 이분법이 주로 이용됩니다. 경기의 저점과 다음 저점을 연결하면 하나의 순환주기가 형성되며, 정점과 저점 간의 차이를 순환 진폭이라고 합니다. 여기에는 회복-상승-둔화-하강의 단계에서 호황과 불황을 겪습니다.

경기순환시계(BCC, business cycle clock)는 생산, 소비, 투자, 고용 등의 주요 경제지표들이 순환국면상 어느 위치에 와 있는지를 사분면 좌표 평면상에서 시계처럼 시각적으로 보여주는 도구입니다.

열 개의 지표로 광공업생산지수, 서비스업생산지수, 소매판매액지수, 설비투자지수, 건설기성액, 수출액, 수입액, 취업자 수, 기업경기실사지수, 소비자기대지수를 사용합니다. 경기 동행종합지수의 지표와 많이 겹쳐지기도 합니다.(https://kosis.kr/visual/bcc/index/index.do?mb=N)

경기 동행의 감각을 보다 확실하게 하기 위해서는 BCC의 차트 <궤적길이>를 6으로(6개월)하여 보면 도움이 되겠습니다. 기준순환일에서의 경기순환시계 화면 보기도 가능합니다. 투자자의 관점에서 요긴한 부분도 있겠지만, 통계 수집과 확정되는 기간까지의 시차(2~3개월)가 있음을 유념해야 합니다. 항공모함이나 자동차의 정상 운행이 급브레이크나 후진을 의미하지는 않듯이 표현된 부분에서 연장선을 그어 판단하는 훈련이 필요합니다.

국가경제는 예측 가능한 수준과 속도로 방향이 진행되는 것입니다. 돌발사태가 벌어지더라도 산업구성 간의 역학관계 등을 고려하여 질서 있게 정리되도록 정책은 진행됩니다. 적어도 그렇게 되도록 노력하는 것입니다.

OECD 경기순환시계는 경기순환과 일부 주요 경제지표가 상호작용하는 방식을 더 잘 시각화하도록 설계되었습니다.(https://www.oecd.org/sdd/leading-indicators/theoecdbusinesscycleclock.htm)

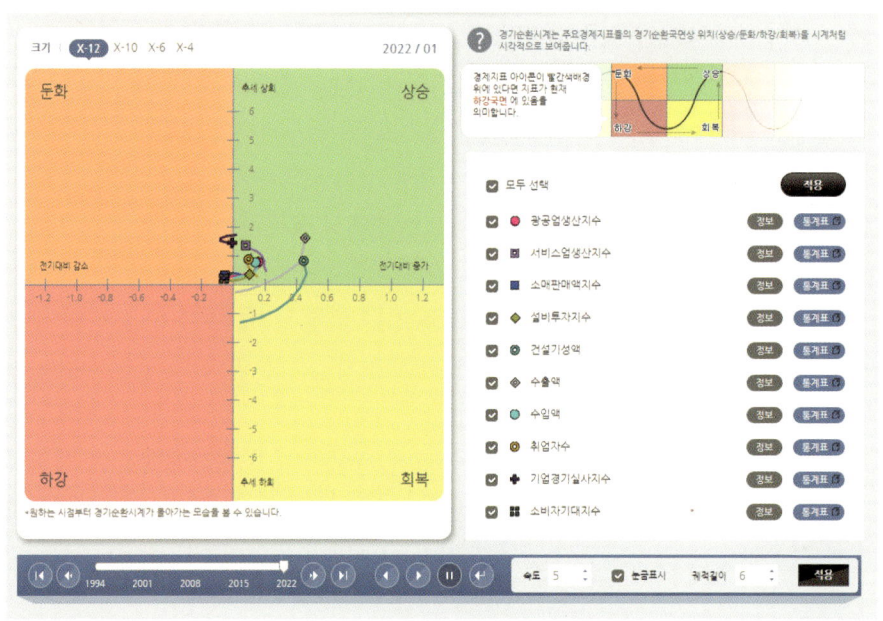

그림7-7 통계청 경기순환시계(BCC)

금융·실물시장: 경기순환의 이해

화살표가 어지럽게 난무해서 복잡하고 어렵게 보이겠지만, 다음 페이지의 그림은 찬찬이 들여다 볼 만한 가치가 있습니다. 여기에는 상대적인 해외변수의 상황은 빠져 있습니다. 최근에 핫(hot)하다고 느낀 뉴스의 제목을 떠올려서 관련되는 박스를 선택하면 그 다음의 실물경제·금융현상을 추적해 나갈 수 있습니다. 일반적이고 합리적인 수순으로 이해하여야 합니다.

'금리상승'이라는 이슈가 기본적으로는 자금수요가 확대되어 채권발행이 많아진 경우라면 시장의 수요공급 원리에 따라 채권가격이 하락하는(금리가 올라가는) 현상은 자연스럽습니다. 하지만 국가부도나 기업 전반의 신용에 치명적인 상황이 생긴 경우라면 금리상승이 이루어진다고 해서 외화가 국내로 유입되는 것이 아니라 오히려 유출되면서 금리 상승의 악순환으로 연결될 것입니다.

다시 말해 좀 어렵게 표현하자면, 현재 (명목)금리를 구성하는 데에는 장기균형기준금리(실질성장률) + 기대 인플레 + 유동성 리스크 + 기간 리스크 + 신용리스크 등이 모두 포함되어 있기 때문에 어느 요소가 더 크게 작동하고 있는가를 점검해야 한다는 뜻입니다. 아주 간단하게 명목금리는 실질성장률에 물가상승률이 더해진 것으로 정리됩니다.

국내에서 미국 달러로의 송금이나 외화차입금을 상환하기 위한 (환전)수요가 늘어나면 '환율상승(원화의 평가절하)'이라는 이슈가 생깁니다. 환율상승으로 인한 수출단가의 경쟁력이 잘 작동된다면 수출과 생산이 증대하고 이로 인한 외화수입이 증가하면서 환율하락으로 정상 기능할 것입니다. 하지만, 적정수준을 넘어서는 경우 수입 물가는 앙등할 것이고, 상대적으로 우월적인 상태의 해외

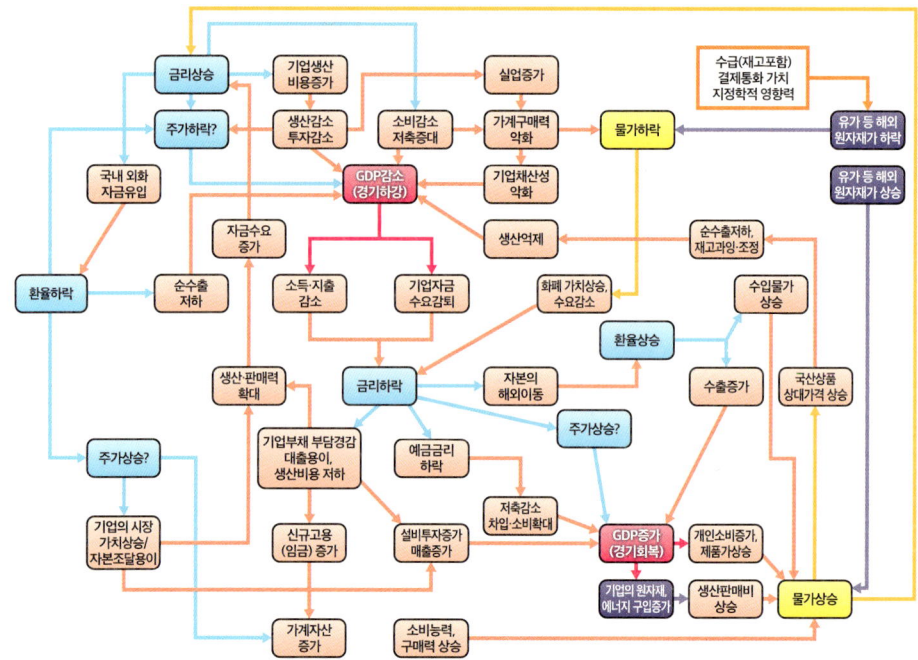

그림7-8 금융시장 실물시장 경기순환도

자본에 부동산이나 기업사냥이 일어날 수 있습니다.

주식 투자자의 입장에서 주가, 금리, 환율의 금융지표 등락은 서로가 서로에게 영향을 주고받게 됩니다. 이른바 닭과 달걀의 관계가 되기도 합니다. 외인이 주식을 많이 팔고 (원화를 달러로 환전해서) 송금하게 됨으로써 원화 환율이 오른다거나, 원화 환율의 상승 추세에서 주식의 포지션을 줄이는 것이 손실 폭을 줄인다거나 하는 주장이 다 작동하기 때문입니다.

일반적인 실물지표와 금융지표의 흐름을 미국 입장에서 예시적으로 살펴본다면, 경기회복금리인하 → 투자(부채)부담경감 → 위험자산(투자)증가/ 자금이동 → 경기회복/ 상승 → 고용증가 → 소득발생 → 소비증가 → 물가상승 → (Fed)금리상승 → 통화가치(달러 인덱스)상승 → 상대통화 통화가치하락(자국 직접표시 환율상승) → (상대국)이머징 국가부채부담상승/ 결제통화(달러)구매력상승 → 원자재가격하락(결제통화) → 수입물가 하락/ 수출 감소 → 물가하락 → 경기둔화점증 → 금리동결/ 인하 → 통화가치(달러 인덱스)하락 → 경기회복/ 상승과 같은 일반적인 흐름을 예상합니다.

인구변화의 금융·실물시장 경로

경기순환의 주기와 원인에 대한 분석 중 인구 및 생애주기와 관련된 부분은 보다 흥미롭게 전개될 수 있습니다. 이것은 사람이 생산 활동의 주체 중 하나이기도 하지만, 생산 활동을 통해 벌어들인 소득의 소비활동 주체가 되기도 하기 때문에 대단히 중요한 의미를 가집니다. 또한 인구는 전쟁이나 대규모 자연재해 등의 원인이 적용되지 않는다면 아주 장기간에 걸친 인구변화 예상이 가능하고 변동의 예측이 가능하기 때문에 의미가 크다고 하겠습니다.

예를 들어, 우리가 흔히 얘기하는 '58년 개띠'는 1950년 발발한 한국전쟁이 1953년 정전된 이후의 베이비붐 세대를 상징합니다. 이들은 이제 환갑이 넘어 은퇴세대로 분류가 됩니다. 한 세대는 '제너레이션'으로 약 삼십 년 정도의 주기로 구분하기도 하지만, 특정기간 동안의 인구 규모나 성향에 대해서도 이름을 달리하여 부르기도 합니다. 인구구조와 소비흐름 변화에 대한 통찰은 해리 덴트(Harry S. Dent)의 경제전망과 투자전략 책에서 찾아낼 수 있고 적지않은 도움이 됩니다.

우리나라에서 에코붐 세대는 1991년생부터 1997년생까지를 일컬으며, Y세대라고도 불립니다. '에코붐'이라는 명칭은 베이비붐 세대가 메아리(echo)처럼 돌아온 것 같다는 의미에서 붙여졌습니다. 이전 세대인 X세대와 에코세대, 이후 세대인 알파 세대는 각각 통으로 1970년대생과 1980년대생, 2010년대생을 묶는 분류지만, 1990년대생을 Y세대(에코붐), Z세대로 따로 나누는 까닭은 우리나라의 경우 이 세대들의 인구수 분포가 판이하게 다르고 성향에도 어느 정도 차이를 보이기 때문입니다.

2021년 5천 2백만 명에 이르는 추계인구를 구성하는 연령대에서 1970년을 지나면서 연 출생아의 수가 백만 명을 넘어서기 시작했음을 주목해야 합니다. 2021년 인구 절벽이라는 용어가 흔하게 입에 오르내리는 이 시점에는 결혼하는 쌍이 25만 이하이고, 출생아 수가 30만 명이 되지 않는 것과 극명하게 대비가 됩니다. 투자자의 관점에서 이들 인구

추계인구('21)	5,182 만 명
출생아수('20)	272,337 명
합계출산율('20)	0.840 명
사망자수('20)	304,948 명
기대수명('19)	83.3세

표7-7 통계청 추계인구
2022년 1월 23일

의 규모와 어느 연령대와 성별에 비중이 집중하는지를 살피는 것은 경기순환 주기를 떠나 이들이 생산과 소득, 고용과 투자에 있어서 주력 세대와 이들이 필요로 하는 산업과 상품/제품이 무엇인지를 이해하는 데 있어 대단히 중요합니다. 생산가능인구 1백명당 부양할 인구(유소년, 고령인구)를 의미하는 부양비율도 크게 변화되고, 더 쉬운 예상으로는 2021년 출생아들이 수능을 보는 시점에는

기본항목별	2020	2010	2000	1990	1980	1970
출생아수(명)	272,337	470,171	640,089	649,738	862,835	1,006,645
사망자수(명)	304,948	255,405	248,740	241,616	277,284	258,589
자연증가건수(명)	-32,611	214,766	391,349	408,122	585,551	748,056
조출생률(천명당)	5.3	9.4	13.5	15.2	22.6	31.2
조사망률(천명당)	5.9	5.1	5.2	5.6	7.3	8.0
자연증가율(천명당)	-0.6	4.3	8.2	9.5	15.4	23.2
합계출산율(명)	0.840	1.226	1.480	1.570	2.820	4.530
출생성비(명)	104.8	106.9	110.1	116.5	105.3	109.5
영아사망률(출생아 천명당)	2.5	3.2	-	-	-	-
혼인건수(건)	213,502	326,104	332,090	399,312	403,031	295,137
조혼인율(천명당)	4.2	6.5	7.0	9.3	10.6	9.2
이혼건수(건)	106,500	116,858	119,455	45,694	23,662	11,615
조이혼율(천명당)	2.1	2.3	2.5	1.1	0.6	0.4
기대수명(출생시 기대여명)	-	80.2	76.0	71.7	66.1	62.3
기대수명(출생시 기대여명) - 남	-	76.8	72.3	67.5	61.9	58.7
기대수명(출생시 기대여명) - 여	-	83.6	79.7	75.9	70.4	65.8

표7-8 통계청 인구동태건수 및 동태율

지금보다 반 이하 수준으로 응시생이 있을 것이라고 예측할 수 있다는 뜻입니다.

특정한 한 세대의 사이클과 건설경기를 한 번 예로 들여다 보겠습니다. 건축 건설 경기에 국한해서 인구와 경기순환 구조를 상정해 보는 것입니다. 첫머리에서 얘기했던 베이비붐 세대 중 58년생의 결혼 적령기를 30세(예전에는 남성의 경우 30세, 요즘은 35세를 결혼 적령기로 보기도 합니다만)로 본다면 1988년도 즈음에 많은 신혼의 쌍이 탄생될 것입니다.

경기가 활황이고 88올림픽이 열리던 그 시절에 '200만호 짓기'라는 말도 같이 화제가 되었습니다. 서른 살의 그렇게 높지 않은 소득의 취업자가 결혼을 앞두고 필요한 주거환경이 화두가 되었던 것입니다.

다시 이들이 결혼하여 가정을 이루고 출산한 자녀(1970년에는 4.5명, 2020년 0.84명입니다. 인구가 유지되는 합계출산율 수준은 2.1명이라고 합니다.)가 철이 드는 나이가 되어 한 방에서의 생활이 불편해지는 즈음이 15세경일 것입니다. 다시 말해 2003년이 되는 셈이고, 이때는 60년생 전후의 베이비붐 세대의 직장에서의 지위나 연봉도 많이 상향되었을 것입니다. 금리는 낮고, 방은 더 필요하고, 소득 수준은 올라가 있고, 가족의 소비력과 소비규모는 강하게 형성되는 때입니다. 좀 더 큰 '내 집'을 갖고 싶어집니다. 이럴 즈음에 중대형 아파트를 중심으로 부동산 가격이 급상승을 이루었습니다.

몇 년 전부터는 초(超)고령사회의 진입과 관련한 요양병원과 주택연금(모기지론), 치아 치매 보험, 관리 부담이 줄어드는 중소형 아파트 선호현상, 상조회사 광고 등을 쉽게 접할 수 있습니다. 언급했던 1958년생의 경우 이미 60대 중반에 접어든 노후 은퇴세대이기 때문입니다. 이 세대가 필요로 하는 물품도 지금 출생하는 세대와 차이가 나는 것은 지극히 당연합니다.

1958년생의 뒤를 잇는 세대에서, 소득과 소비활동이 가장 왕성한 45세 전후의 세대는 현재 1975년생을 기준으로 보면 될 성싶습니다. 순환하는 세대의 관점과 투자자의 관점에서는 이 세대의 인구와 성비, 자녀수, 주택규모, 필수/임의소비재 등을 예의 관찰하는 투자 마인드가 필요하다고 하겠습니다.

요즘 자주 기사에 오르내리는 MZ세대는 밀레니얼(1981-1995년 출생) 세대와 제너레이션의 Z세대(1996-2005년 출생)를 총칭합니다. 우리나라 인구의 1/3 가량이 됩니다. 또 다른 한 세대의 표시인 욜드(Yold)는 'young old'의 줄임말로 65세에서 75세 사이의 세대를 통칭합니다. 예전 베이비붐 세대가 은퇴 연령에 도달해서 불리워 지는 것입니다.

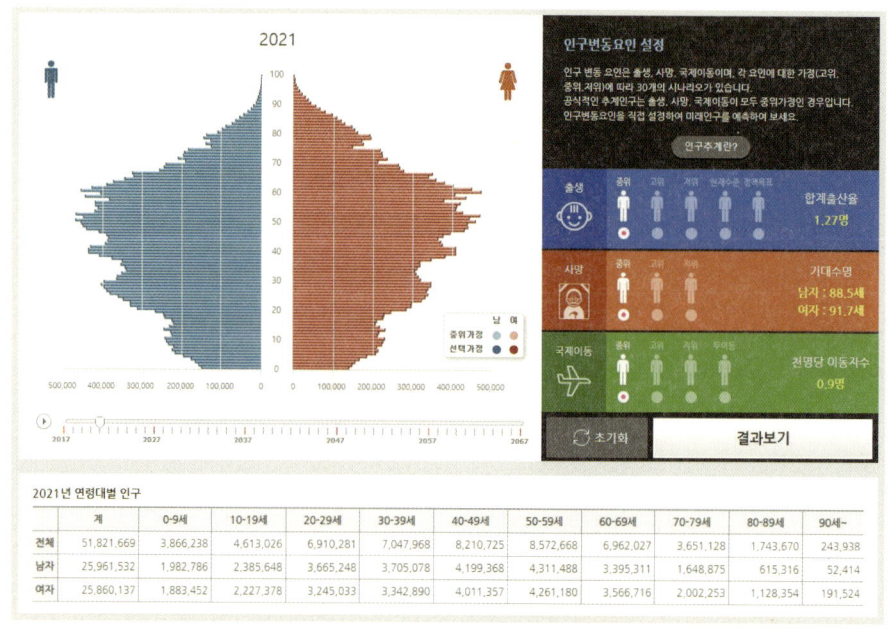

그림7-9 통계청 인구구성비와 연령대별 인구

위아래의 그림과 자료에서 인구변동과 구성, 생산가능 인구비중의 하락과 영향경로 등을 살펴보는 것도 나름 의미가 있을 것입니다.

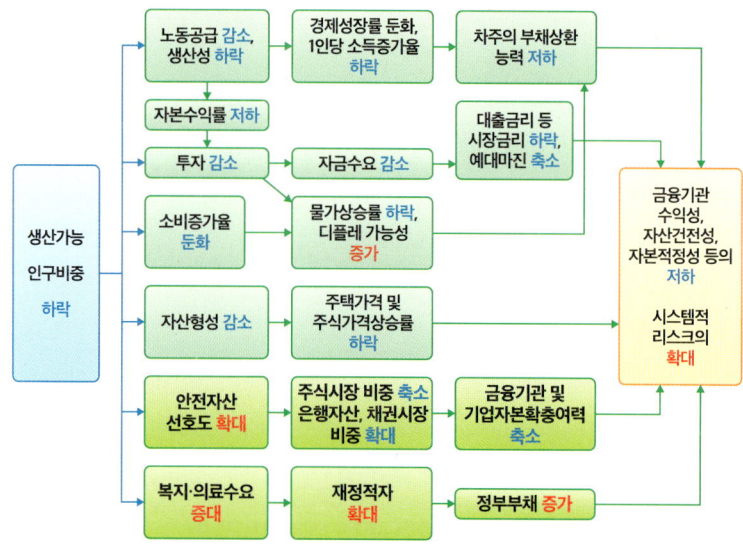

그림7-10 생산가능 인구비중 변동과 영향경로
자료: '인구구조 변화와 금융안정간 관계' (한국은행, BOK경제리뷰 No.2012. 12. p.27)

주요국 주가지수 추이(차트로 보는 법)

주가지수는 경기에 반 년 정도 선행한다고 얘기합니다. 따라서 경기 선행종합지수나 동행종합지수 차트와 함께, 또는 종합지수 생산의 구성 지표와 함께 중장기적인 흐름을 같이 보기도 합니다. GDP의 성장률은 국가 경제가 고도화할수록 경제규모가 커짐으로써 성장 초기보다 일반적으로 낮아집니다. 반면에 이들 경기 관련 지수의 순환 변동치는 고점과 저점을 순환하므로 이를 활용합니다.

한 국가나 한 개의 주가지수를 장기에 걸쳐 표현하는 데는 그래프의 표현이 가능하지만 두 개 이상의 국가나 주가지수를 동시에 표현하는 경우는 데이터의 절대크기, 공휴일(휴장일)의 상이함이 있어서 차트 안에 여러 개의 축을 만들어서 표현할 수밖에 없습니다. 몇 가지 대안을 많이 사용합니다.

• 특정 시점의 주가지수를 동일하게 예를 들어 100으로 놓고 이후의 등락률을 표시하는 방법으로 표현합니다. 이를 성과 차트(performance chart) 또는 <상대비교차트>라고 합니다. 일반적인 차트나 성과 차트에는 단순한 기간 구분 외에도 경제순환 구간, 선거나 집권기간 등을 추가로 표시할 수 있습니다.

• 주가지수 자체가 1000포인트에서 2000포인트가 된 경우와, 이후 계속 상승하여 11,000포인트에서 12,000포인트가 된 경우 동일한 포인트가 올랐지만 그 증가율은 다릅니다. 이런 경우 <로그차트>로 표현하면 차트가 급격하게 상승하는 것처럼 보이는 현상을 제거합니다.

• 2020년, 2021년, 2022년과 같이 연간이나 월간 등 기간 단위의 간격(인터벌)을 같게 한 형태에서 중첩하여 차트를 그릴 수 있습니다. 1월부터 12월까지 동일한

간격을 X축으로 놓고 10년 동안의 연간 주가지수를 중첩해서 그립니다. 이를 <시즈널리티(seasonality)차트>라고 합니다.

• 앞서 통계청의 경기순환시계에서 보는 것처럼 차트의 권역을 몇 개로 나누어서 하강-회복-상승-둔화(lagging-weakening-leading-improving)과 같은 형태로 나타내는 것을 <relative rotation graph(RRG)>라고 합니다.

이때에는 특정기간 동안의 궤적을 표현할 수 있도록 길이를 정해주어야 합니다. 추세가 제거된 순환·불규칙변동요인에서 순환변동요인을 추출하고 표준화하여, 추세선으로 부터의 편차와 전월대비 증감을 표시합니다. 설명은 어렵지만 보고 이해하는 것은 쉽습니다.

위의 여러 형태를 필요에 따라 복합하고 변형하여 표현하는 것도 가능합니다. 이외에도 상관관계나 베타 등 긴밀한 관계의 항목의 위아래 또는 한 개의 y축에 중첩해서 표현하여 다양한 판단의 자료로 활용할 수 있겠습니다. 굳이 다양한 형태의 차트를 소개한 까닭은 앞으로 주가지수 이외에도 종목분석 등에 있어서도 한 단계 더 높은 수준의 차트를 필요로 할 때를 감안한 것입니다.

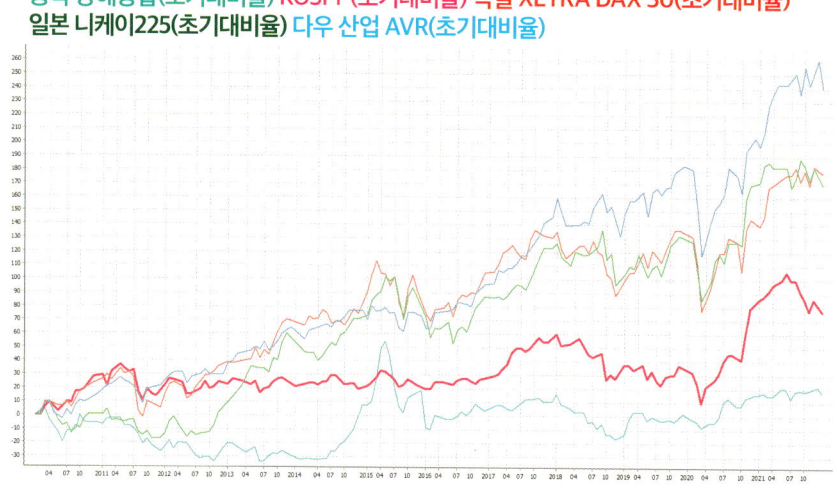

차트7-1 주요국 한중일미독 주가지수 기초대비 비교

(기준) 금리 장기추이

　주요 국가나 경제단위에서 적용하고 있는 (단기)기준금리와 국채 10년물 채권의 금리와 같은 지표금리를 투자의 주요 지표로 보고 있습니다. 통화정책과 관련된 각 국가의 기준금리(base rate)는 국가 유동성(통화)에 대한 완화와 긴축을 의미하여 주가지수는 민감하게 반응하는 모습을 보여주게 됩니다. 2021년 1사분기를 지나면서 '긴축발작(테이퍼링 텐트럼)'과 같은 용어가 자주 지면과 방송에 나타났습니다. 통화 정책적으로 기준금리의 동결, 인상, 인하와 같은 결정은 경기순환과 맞물려서 선제적(pre-emptive)인 조치로 이해되기 때문입니다. 가격을 움직이는 에너지는 돈이고, 돈에 의해 수급 즉 거래량(거래대금)이 형성되기 때문으로 요약됩니다.

　하루하루의 자금에 적용하는 금리 또는 30년 이상의 장기 채권에 적용되는 금리와 같이 기간구조별(term structure)로 적용되는 금리를 잇는 그래프를 수익률곡선(yield curve)이라 하고, 이 곡선이 상하로만 이동하여 움직이는 형태(parallel shift)가 되거나, 변형되는 형태(왼쪽이 낮아지고 오른쪽이 올라가는 가팔라짐은 steepening, 반대로 평탄해짐은 flattening, 뒤틀어짐은 twist)를 놓고 미래 경기를 예측하거나 투자에 활용하는 것입니다.

　매일 변동하는(잔여 만기) 기간별, 신용등급별 채권의 금리는 아래의 기본적인 구성을 바탕으로 결정됩니다만, 국가의 통화정책을 위한 기준금리는 성장률과 물가상승률이라는 두 개의 축을 기반으로 결정된다고 합니다. 아래 내용을 기억해 두면 전문가 소리를 들을 수 있습니다. 직접 써먹을 곳은 없고 용어는 잘 와닿지 않는다는 뜻입니다.

　기준금리를 산출하는 방식과 비중, 판단과 의사결정에는 자주 테일러 준칙이라

그림7-11 금리의 구성

는 적정기준금리(명목금리) 산출식이 적용됩니다. 이는 전기 물가상승률 + 장기균형 실질기준금리 + {물가 가중치 × 인플레이션갭(= 물가상승률 - 물가상승률 목표치)} + {성장률 가중치 × GDP갭률[= (실제GDP - 잠재GDP)/잠재GDP]}와 같이 표현되는데, 가끔 정책 당국자가 된 마음으로 해당 항목에 수치를 대입하여 산출해보는 것도 나름 의미가 있습니다. 잠깐 언급하는 '잠재성장률'은 물가를 자극하지 않고 성장할 수 있는 최대치로 총 요소생산성, 잠재자본(= 자본 서비스 물량지수), 잠재노동(=15세 이상 인구 × 경제 활동률 참가율추세 × (1 – 자연실업률)이 적용되는 생산함수 접근법을 대개 적용합니다. 이 방법 외에도 시계열접근법이 제시되기도 합니다.

참고로, 변동성이 큰 주식과 안전자산인 채권에서의 자금 흐름을 큰 틀에서 살피는 Fed Model(FSVM, Fed Stock Valuation Model)이라는 것이 있습니다. 이는 S&P500의 1년 Forward PER의 수익률(eps/price)에서 국채 10년 수익률(nominal 10-year US Treasury note yield)을 뺀 수치로 보는 것입니다. 수익률이 낮은 쪽을 과대평가된 것이라고 보는 것으로, 1990년대 말 그린스펀에 의해 소개되고 간간이 등장하는 모델입니다.

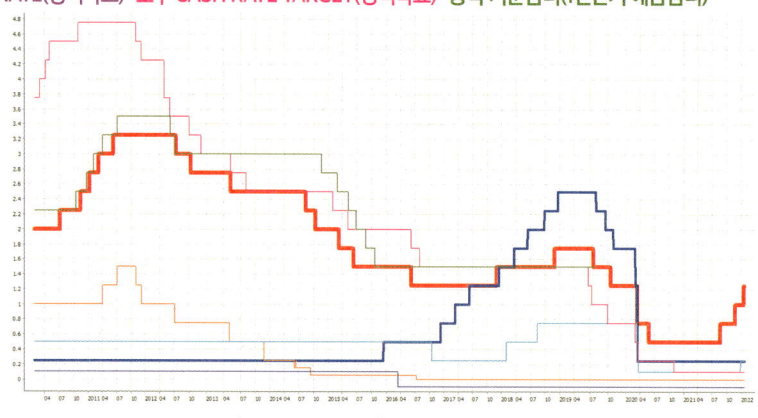

차트7-2 주요국 기준금리 10년 추이

국가 간 환율 비교

환율(換率, exchange rate)은 사전적 의미로 국가 간 통화의 교환 비율이며, 일반적으로 통화의 가치는 구매력으로 나타납니다. 기준통화(USD) 대비 상대통화(KRW)로 표시되는 USDKRW는 '원·달러 환율'로 읽으며 명목환율을 의미합니다. 어느 통화를 기준통화로 보는 가에 따라 '직접표시(원-달러 1200원)'와 '간접표시'로 구분되므로 관행을 잘 살펴야 합니다.

달러 인덱스, 유로, 위안, 파운드, 엔, 원화 등에 대한 중요성은 매일 아침 <모닝 패트롤>에서 그 변동을 짚는 것 만으로도 의미를 갖습니다. 유로(EURO)와 영국 파운드(GBP)는 자신을 기준통화로 하는 표시 방법을 적용하고 있으므로 통화가치 강세 약세(평가절상이나 평가절하)를 차트로 그리거나 판단할 때 유의하여야 합니다.

달러 인덱스는 달러의 가치를 의미하며 글로벌 금융시장에서 매우 중요한 지표로 의미를 갖습니다. 이것은 달러가 기축통화로서 각 국가의 외환보유고를 쌓는 과정에서도 이용되고, 한편으로는 원유와 같은 원자재의 결제 통화로서도 주로 사용되기 때문입니다. 상식적인 차원에서 보면 달러 가치가 강세가 되면 구매력이 강해지므로 결제의 상대방인 유가 등은 내려가는 압력이 생깁니다.

환율의 변동은 국가 간 투자자금의 흐름에 영향을 줍니다. 투자된 자금이 해당국(로컬)에서 송금하기 위해서는 변동된 환율이 적용되기 때문에 주가지수의 변동에 있어서 즉시적이고 민감하게 반응합니다. 예를 들어 원-달러 환율이 1% 하락했다면 1,200원에서 1,080원이 되었음을 의미하며, 외인 투자자의 입장에서는 주가가 1% 상승하여 반영되어도 동일한 투자액을 회수할 수 있으므로 현재의 주가지수를 상승시키는 동력이 되는 것입니다.

환율 변화는 주가뿐만 아니라 채권 등의 투자에서도 마찬가지로 손익 변동에 영향을 줍니다. 아래 표는 예시적으로 브라질 국채에 투자한 경우입니다.

브라질(헤알)	한국(원)	손익변동	비고
강세	강세	헤알화와 원화의 상대강도에 따라 손익 발생	달러화에 대해 헤알화 강세의 정도가 원화 강세의 정도보다 크면 수익, 작으면 손실발생
강세	약세	양국 통화 모두 환차익 발생	Best Case
약세	강세	양국 통화 모두 환차손 발생	Worst Case
약세	약세	헤알화와 원화의 상대강도에 따라 손익 발생	달러화에 대해 헤알화 약세의 정도가 원화 약세의 정도보다 크면 손실, 작으면 수익발생

표7-9 원화와 헤알화의 변동과 손익변동
자료: 한국투자증권 은퇴설계연구소(투자생활백서 2편)

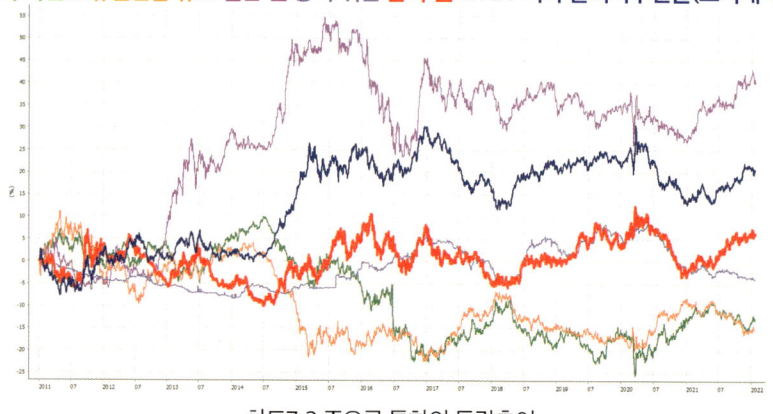

차트7-3 주요국 통화의 등락추이

원자재의 장기 흐름

원자재(commodity)는 금속, 농산물, 육류, 에너지, 곡물 등을 통칭하며 '상품'이라고 표현하기도 합니다. 이들을 이용하여 생산한 지수도 상당히 중요한 지표로서 작동합니다. 원자재는 기본적으로 인도 월 또는 만기가 근월(近月)물인 선물이 가장 활발하게 거래되고, 미디어에서도 이 가격의 동향을 뉴스로 내보냅니다. 금, 원유(WTI), 은, 천연가스, 구리, 소맥과 같은 인도 대상 현물이 지금 당장 생산될 수 있는 것이 아니라는 관점으로 이해하면 될 듯합니다.

투자시장은 대부분 현물거래가 주로 이루어지지만, 원자재 시장은 생산, 보관과 유통상의 문제로 인해 선물거래가 주를 이루고 있습니다. 원자재시장은 선물거래 규모가 훨씬 크기 때문에 시세를 표기할 때도 항상 현물과 선물시세를 동시에 공지하고, 1개월, 2개월, 3개월, 6개월, 1년 뒤 인도할 상품을 미리 계약하는 거래방식 때문에 향후 원자재 가격의 변화에 따라 손익이 변동됩니다. 선물옵션과 같은 파생상품이기 때문에 레버리지 효과가 커서 투기세력의 주요 투자대상이 되면 가격의 거품이 발생할 수 있습니다.

원자재 가격의 변수(변동요인)에 이상이 발생하면, 원자재 선물시장에서 먼저 큰 폭으로 가격이 변하고, 이는 현물시장에까지 영향을 미치기도 합니다. 대표적인 변동요인은 아래와 같습니다.

- 펀드 및 투기세력: 대형 기관의 펀드투자 및 투기세력은 원자재 가격 변화에 영향을 줍니다.
- 환율변동: 미국 달러 대비 자국의 통화가 강세를 보이면 매입물량을 증가시켜 가격 상승요인이 될 수 있습니다. 국제거래에서의 달러 인덱스에 민감한 것도

같은 이유입니다.

• 기후변화 및 자연재해: 기후변화 및 자연재해는 수확량 변동과 운송 (유통) 차질 등에 영향을 미칩니다.

• 재고량 변동: 재고량의 변화는 원자재 가격 변화의 큰 변수가 됩니다. 이는 OPEC+의 증산정책이나, 미국의 원유 재고수준 등으로 가격 변동에 영향을 받습니다.

• 경제지표: 경제 상황과 경기는 생산과 소비에 변동이 생기고 이러한 변화는 원자재 수요와 공급을 결정하게 되어 가격이 변동됩니다.

• 노동력, 기업 등: 파업사태와 같은 원자재 생산과 유통기업의 파업 또는 생산계획 변동은 물류변동을 초래하여 원자재가격 변동을 유발합니다.

앞서 표현한 금속, 농산물, 육류, 에너지, 곡물 등의 대표적인 원자재로 구성된 RICI나 RJ/CRB지수 등은 산출요소의 구성과 비중에 따라 투자에 반영을 달리해야 하며, 특히 롤오버가 일어나는 원자재지수의 투자는 지속적인 비용 지출 요소이므로 간과하지 말아야 합니다. 기타 3대 곡물(쌀, 밀, 옥수수)은 식량으로서 뿐만 아니라 무기 또는 대체 에너지로서의 전략적 의미를 가지고, 금과 은은 금속을 떠나 화폐로서의 가치를 가지면서 금/은의 배율도 투자 시 참고하곤 합니다.

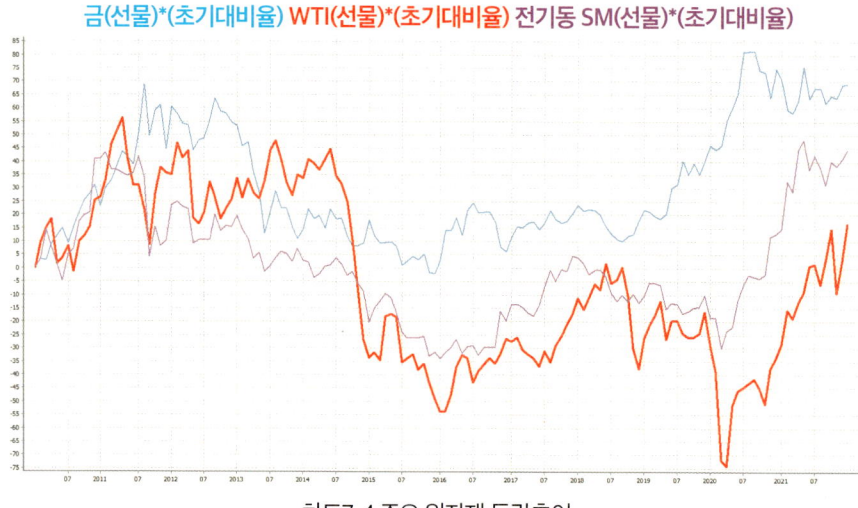

차트7-4 주요 원자재 등락추이

명칭	S&P골드만삭스 원자재지수	다우존스UBS 원자재지수	도이치뱅크 원자재지수	로저스인터내셔널 원자재지수	톰슨로이터/제프리 CRB지수
약칭	S&PGSCI	DJ-UBS CI	DBLCI	RICI	R/J CRB
구성 종목수	24	19	6	35	19
구성비중 기준	생산량	유동성.생산량	유동성	소비량	동일비중
지수 구성비율 (유동적)					
에너지	67%	33%	55%	44%	39%
곡물	12%	21%	23%	21%	13%
산업용금속	8%	18%	13%	14%	13%
가축	7%	11%		3%	7%
귀금속	2%	8%	10%	7%	7%
기호식품	4%	9%		11%	21%

표7-10 주요 원자재지수

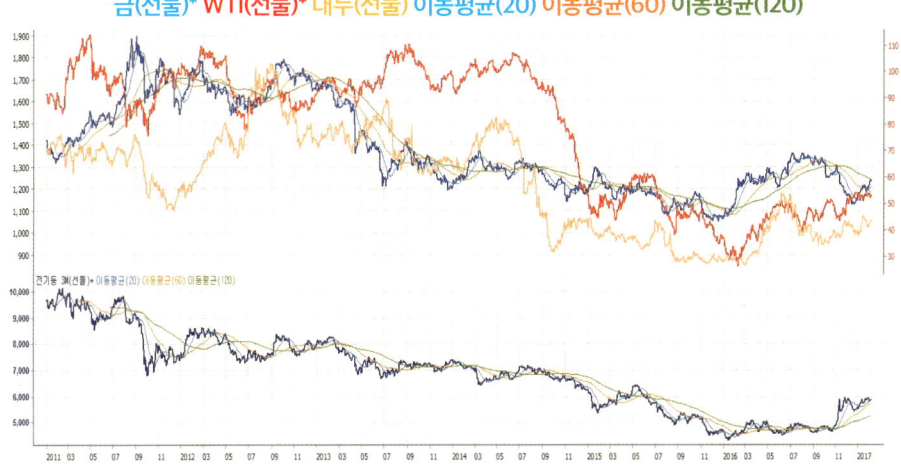

차트7-5 주요 원자재 선물 등락추이

원자재의 장기 흐름 345

챙겨야 하는 경제 금융 캘린더와 해석

　통화정책, 재정정책, 외환정책과 같은 관련 당국의 경제정책이나 통상과 외교 관계에 있어서는 주기적인 일정 또는 정해진 시점이 있습니다. 이는 해당 일정에 대비하여 준비를 하거나, 경상적으로 발표되는 지표 들을 통해 현황 파악과 정책수립이 가능하도록 하는 것입니다. 요즘처럼 줌이나 SNS 등을 통해 시간과 공간을 초월한 비대면 일정(인터넷강의, 랜선 콘서트 등)이 수시로 진행이 가능하다 하더라도 통계의 발표일정은 긴밀하게 관리되고 있습니다.

　보도자료나 뉴스에는 사전에 이의 보도와 관련한 '뉴스 엠바고 또는 프레스 엠바고' 이를 줄여 표현한 엠바고(embargo)가 있습니다. 취재는 하되 정해진 기간까진 보도하지 않고 보류 유예하는 것(시한부 보도유보)입니다. 금융시장 등에서 심각하게 반응할 수 있는 공시(예정) 정보나 전문적인 자료에 대해, 언론이 나름대로 평가할 수 있는 시간적 여유와 뉴스로 인한 시장영향과 충격에 대한 공정 공시 의미를 갖자는 취지입니다. 이외에 '오프 더 레코드(off the record) 보도를 하지 말아 달라는 권고이고, 백 브리핑(back briefing)은 공식적인 브리핑이 끝난 이후에 비공식적으로 이어지는 브리핑을 의미합니다.

　금융시장에서의 캘린더는 투자 손익과 직결되는 많은 일정이 있습니다. 의외로 각 나라의 공휴일과 관련된 휴장일이나 지연 개장 정보에 익숙하지 않아 낭패를 겪는 경우도 많습니다.
　한국거래소의 증시 일정에는 주식거래와 관련한 아래의 내용이 공시되어 있고, 파생상품으로 채권의 경우에는 표와 같이 일간 단위로 표시되어 안내하고 있습니다.

그림7-12-1 KRX 증시일정 주식

그림7-12-2 KRX 증시일정 파생상품

그림7-12-3 KRX 증시일정 채권

다음의 표는 한국은행이나 통계청 외에 주요 정부기관이나 각 금융기관, 연구소 등에서 연간이나 월간 단위로 발표하는 경제지표와 정치, 통상일정 자료입니다. 월간 일정을 중심으로 좀 더 세분화해서 표시하면 다음과 같습니다.

그림7-13 경제금융통계 2022 캘린더
자료: 하나금융투자 홈페이지(https://www.hanaw.com)

월간 주요 통계 일정(한·미 중심 예시)

해당 월의 1일이 월, 화, 수, 목 중에 있다면 첫째 주이며, 금, 토, 일 중에 있다면 전달의 마지막 주가 됩니다. 첫 번째 특정 요일을 찾는 것은 어렵지 않습니다. 의외로 이 문제로 헷갈리는 경우가 꽤 있습니다.

월간 단위로 보는 경제지표의 발표 일정은 월초와 월말을 구분하는 첫 번째 상황입니다. 통계청과 한국은행에는 국가통계 공표 일정이 수록되어 있습니다.

- 한국은행 https://www.bok.or.kr/portal/stats/statsPublictSchdul/listCldr.do?menuNo=200775
- 통계청 https://kosis.kr/serviceInfo/statisPublicationList.do

통계지표의 발표일과 정의, 해석 등은 앞서 소개한 『알기 쉬운 경제지표 해설』을 참고하기 바랍니다.

투자자로서 일정을 체크하고 관련 내용은 사전에 파악해 두어야 합니다. 요즘은 탁상 다이어리 캘린더나 휴대폰 앱을 통해 이러한 금융시장과 경제지표 일정을 모니터링하는 것은 그다지 어렵지 않습니다.

그림7-14-1 통계청 국가통계 공표일정

그림7-14-2 한국은행 통계공표 일정

일	월	화	수	목	금	토
	1 CPI 수출입 동향(속보) **미)ISM제조업지수** 중)제조업PMI	2	3 미)ISM비제조업지수 중)비제조업PMI	4 미)신규실업수당청 구건수 유로)통화정책회의	5 미)고용보고서	6
7	8	9	10 수출입물가지수 미)수출입동향	11 **금융통화위원회** (발표된 일정) 미)신규실업수당청 구건수 한)(선물)옵션만기일 **(두번째 목요일)**	12	13
14	15 고용동향 미)산업생산,소매판 매,주택착공 중)산업생산	16	17	18 미)신규실업수당청 구건수	19 미)소비자신뢰지수, 선행지수, 기존주택판매 미)(선물)옵션만기일 **(세번째 금요일)**	20
21	22	23	24	25 소비자심리지수 미)신규실업수당청 구건수 미)신규주택 판매	26 미)미시건대소비자심 리지수	27
28	29 소비자동향조사	30 BSI, ESI	31 경기선행지수 **산업활동동향** 미)시카고PMI, 컨퍼 런스보드	***글로벌 경제 주요 이벤트** - 전망: IMF(4회), BOK(4회), OECD(2회) - 통화정책: FOMC(8회), 금통위(8회) **약6주 간격** - 국가별: 총선(의원), 대선, 대회 - 정상회의: G20, G7, EU, UN, ASEAN, ASEM**(격년)** - 포럼등: OPEC, 다보스, CES, MWC		

표7-11 월간 주요통계 일정

통계 포털: 100개로 끝내는 지표들

<한눈에 보는 우리나라 100대 통계지표>는 한국은행 ECOS를 통해서 제공하고, <100대 지표>는 통계청 KOSIS를 통해서 볼 수 있습니다. 이 둘은 휴대폰 브라우저로 접속하여 '홈 화면에 추가'하면 바탕화면에 바로가기 아이콘이 형성되어 필요시 직접 접속할 수도 있습니다.

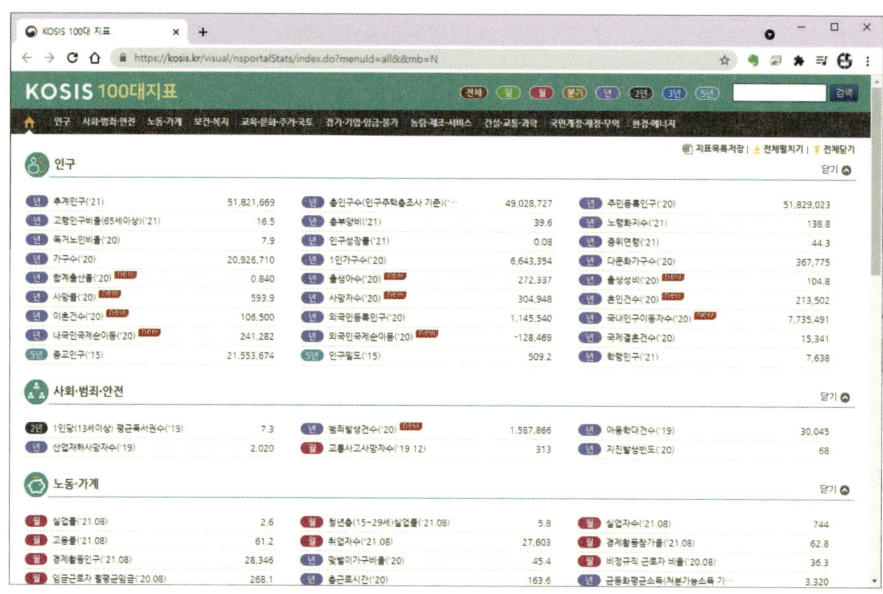

그림7-15 통계청 100대 주요지표

두 표에서 보여주는 대부분의 지표는 월간입니다. 시시각각 변동하는 금융시장과 시세에 대한 지표는 환율, 금리, 주가 정도의 일간 지표이므로 자주 들여다볼 만한 일은 없습니다. 다만, 앞서 <월간 주요통계 일정>에서 발표되는 지표는 주식 투자자에게 의미를(특히 아침 개장시간) 가지므로 잘 이해해 둘 필요가 있습니다. (아래 구분은 해당 국가의 로컬타임 기준입니다.)

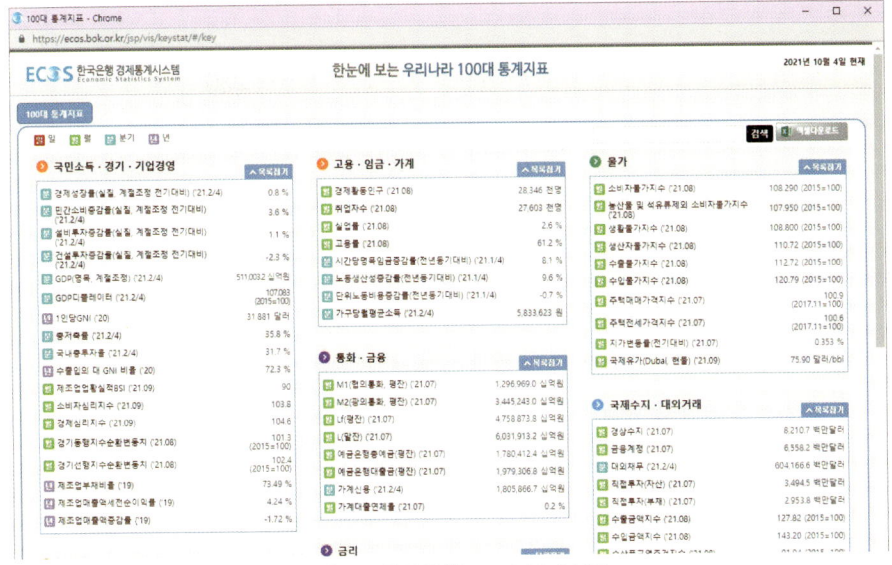

그림7-16 한국은행 ECOS 통계 100

- 월초, 첫 영업일: (미)ISM 제조업지수, (한)수출입동향, 소비자물가 동향
- 매주 수요일: (미)EIA 원유 재고
- 두 번째 목요일: (한)옵션만기일, 선물의 경우는 3, 6, 9, 12월에 겹침
- 매주 목요일: (미)신규실업수당청구건수
- 세 번째 금요일: (미)옵션만기일, 선물의 경우는 3, 6, 9, 12월에 겹침
- 월말: (한)산업활동동향

한참 유가가 고공행진을 하던 2008년 7월에는 WTI 시세를 실시간으로 파악하기도 했습니다. 해외투자까지를 감안해서 본다면 챙겨야 할 지표의 범위는 훨씬 넓어지고 일정부분 감당하기 힘든 수준과 일정이 나오므로 스스로 경중을 가려야 할 필요는 있겠습니다. 이 장의 첫 부분에서 글로벌 거시경제지표에 대해 소개하였던 곳을 참조하면 되겠습니다.(https://**tradingeconomics.com**/calendar)

이외에도 econoday.com, investing.com, briefing.com, 야후, 구글, 주요 경제 뉴스 매체 등의 닷컴 인터넷 페이지를 통해서도 캘린더 형태로 여러 지표와 일정을 볼 수 있으므로 취사선택을 해서 한 개 정도만 챙기면 될 것입니다.(https://kr.investing.com/economic-calendar/)

Dates ▾ | ★ Impact ▾ | Countries ▾ | UTC

Monday October 04 2021			Actual	Previous	Consensus	Forecast
12:00 AM	US	Total Vehicle Sales SEP	9.66M	13.06M		
07:00 AM	ES	Unemployment Change SEP	-76.1K	-82.6K		-62K
07:00 AM	ES	Tourist Arrivals YoY AUG	112.8%	78.3%		57.5%
07:00 AM	TR	Inflation Rate MoM SEP	1.25%	1.12%	1.35%	1.5%
07:00 AM	TR	Inflation Rate YoY SEP	19.58%	19.25%	19.7%	19.9%
07:00 AM	TR	PPI YoY SEP	43.96%	45.52%		45%
07:00 AM	TR	PPI MoM SEP	1.55%	2.77%		2.3%
08:00 AM	BR	IPC-Fipe Inflation MoM SEP		1.44%		1.2%
10:00 AM	CA	CFIB Business Barometer SEP		67.08		65.9
11:00 AM	MX	Consumer Confidence SEP		42.7		42.4
11:30 AM	BR	BCB Focus Market Readout				

그림7-17 트레이딩 이코노믹스 일정표
(https://tradingeconomics.com/calendar)

어제 오늘 내일 이번 주 다음 주 필터

현재 시간:04:44 (GMT +9:00) 모든 데이터는 자동으로 스트리밍되고 업데이트됩니다.

시간	외화	중요성	이벤트	발표	예측	이전
			2021년 10월 5일 화요일			
All Day		휴일	중국 - 건국 기념일			
00:30	USD	★	3개월물 국채 입찰	0.040%		0.035%
00:30	USD	★	6개월물 국채 입찰	0.055%		0.050%
06:00	KRW	★	한국 외환보유고 (미국달러) (9월)			463.93B
06:00	NZD	★★	NZIER 경기신뢰지수 (3분기)			7%
06:00	NZD	★	설비가동률 (3분기)			94.9%
06:30	AUD	★	AIG 건설 지수 (9월)			38.4
08:00	KRW	★★	한국 소비자물가지수 (YoY) (9월)		2.3%	2.6%
08:00	KRW	★	한국 소비자물가지수 (MoM) (9월)		0.3%	0.6%
08:30	JPY	★★	도쿄 근원 소비자물가지수 (YoY) (9월)		0.2%	-0.3%
08:30	JPY	★	도쿄 소비자물가지수 (YoY) (9월)			-0.4%
08:30	JPY	★★	도쿄 소비자물가지수(식료품 및 에너지 제외) (MoM) (9월)			0.1%
09:30	AUD	★	ANZ 일자리광고현황 (MoM)			-2.5%
09:30	AUD	★	수출액 (MoM) (8월)			5%
09:30	AUD	★	수입액 (MoM) (8월)			3%

그림7-18 인베스팅닷컴 일정표
(https://kr.investing.com/economic-calendar/)

'백문이 불여일견'을 경험했다면 아마도 여러 지표들을 동시에 비교하거나 상관관계 등 한 단계 레벨업 된 필요가 생길 수 있습니다. 예를 들어, 미국의 국채 10년물 금리(T-note 10 years)와 기술주성장주 중심의 NASDAQ 지수의 흐름을 비교하는 것과 같은 작업입니다. 다음의 그림은 Federal Reserve Economic Data, 줄여서 FRED로 조회한 사이트에서 아주 간단한 몇 번의 작업으로 만들어낸, 조금 전 말씀드린 두 항목의 장기 비교 차트입니다. 한 자리의 기준금리에 익숙해 있는 시절이다 보니 이십 퍼센트에 근접한 십년물 채권금리가 굉장히 낯설게 느껴집니다. 이것과 관련해서 유튜브 채널 '아임주식TV' '[주식강의1-2-3 DIY] 1분 안에 완성하는 美국채수익률과 NASDAQ 추

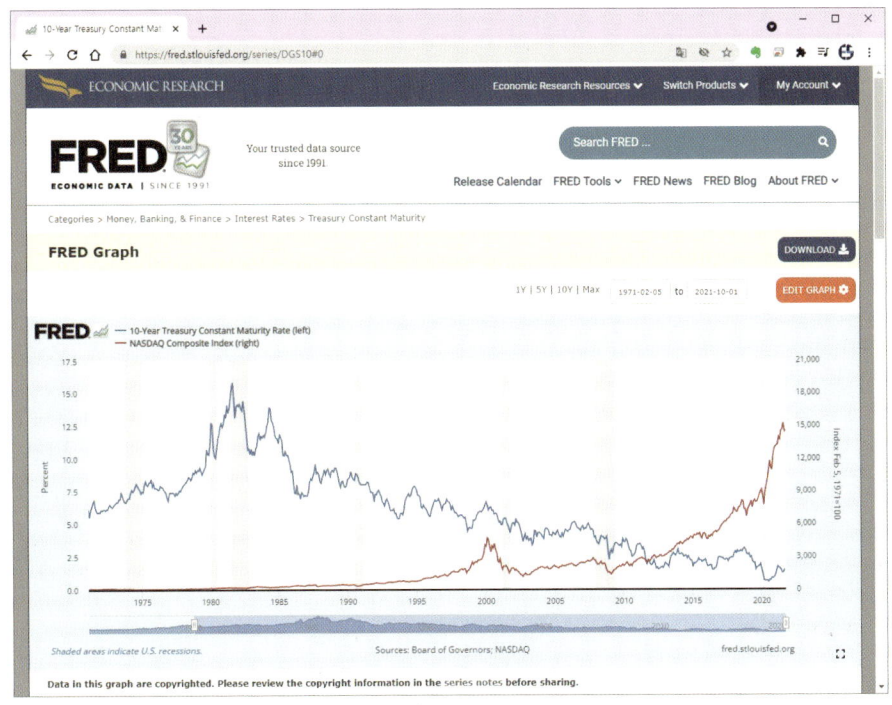

그림7-19 FRED
(https://fred.stlouisfed.org/)

이 비교'로 시청해 보시면 별 어려움없이 작성할 수 있음을 알 수 있을 것입니다.

FRED(https://fred.stlouisfed.org/)는 세인트루이스 연방준비은행의 연구부서에서 유지·관리하는 데이터베이스로 출처의 신뢰도 및 경제 시계열 데이터의 방대함을 직접 확인할 수 있습니다. 연방준비제도이사회, 미국 인구조사 및 노동통계국과 같은 기관 등에서 수집되며, 데이터는 이용자가 직접 항목 조회를 해서 편집할 수도 있고, 엑셀의 add-in 프로그램을(다운로드 받아 설치 후) 이용하여 스프레드 시트를 활용한 레벨업 된 작업을 시도할 수 있으며, 모바일 장치에서 조회할 수도 있습니다.(광고 아닙니다.) FRED에서는 거시경제지표로서 국민경제 전체의 재화와 서비스의 거래, 자금 흐름을 일정한 계정 형식에 따라 기록한 국민계정을 필두로 통화량, 기업/재정, 물가지수, 고용 및 인구, 환율, 금리, 주가지수 등이 포함됩니다. 전반적으로 미국의 거시 지표 중심으로 구성되어 있습니다.

사족: 통계지표 용어와 수치의 이해

주식투자를 시작하면서 이런 것까지 공부해야 되는가 생각하면 머리가 지끈지끈할 것입니다. 사실 중고등학교 시절 이 정도의 금융교육이 이루어 졌어야 한다는 반증이기도 합니다. '통계청-통계이해-통계용어 및 지표'를 참고하거나, 다음의 '통계용어·지표의 이해' 발간 자료를 통해(https://www.kostat.go.kr/file_total/2015_korki_tot.pdf) 아래의 아주 기초적인 용어 외에도 광공업생산지수, 소득, 환율, 순환 변동치 등의 주식투자와 관련된 리서치 자료에서 흔히 발견되는 단어들의 설명을 찾아볼 수 있습니다. 통계에 관한 기본 지식이 없는 경우, 퍼센트와 퍼센트 포인트를 구별하지 못하거나 전년 동월 비나 전월비의 개념에 익숙하지 못하여 통계에 대해 잘못된 해석을 할 위험이 있습니다.

다음의 용어가 낯설거나 이해가 되지 않는다면 위의 파일을 통해(분량 : 73페이지) 잠시 배움의 시간을 가지길 권합니다. 주식투자와 관련한 보고서 등에서 자주 발견되는 단어이기 때문입니다. 건너 뛰고 이어지는 7개 용어 정도만 챙기셔도 좋겠습니다.

> (산술·기하·조화)평균, 대표값, 기저효과, 연율·연환산, 전기·전년대비, 복리채 원리금, (상관·변동·절대)계수, 분산·표준편차, 산포도, 관행적복할인, 현가산출, 기여율, 기여도, 비·비율·율, 회전율, 경상·명목, 불변·실질, 추정치·잠정치·확정치·수정치

▶위험: 투자에서는 '불확실성(uncertainty)'을 표현하는 말로 표준편차와 변동성을 같은 의미로 자주 사용합니다. 영어로는 리스크(risk)에 해당하고 다른 영어단어 danger와는 구분됩니다.

▶무위험자산(risk-free asset): 확정된 수익이 보장되어 수익률의 변동이 없기 때문에 그 위험(수익률의 표준편차)이 '0'인 투자자산을 의미합니다.

▶베타계수[β]: 기준변수 시장수익률의 변동분에 대한 특정 투자자산 수익률의 변동분의 기울기(sensitivity=민감도) 비율입니다. 산식은 (시장수익률과 특정 투자자산의 수익률 공분산) ÷ (시장수익률 분산)과 같습니다. 시장의 움직임(등락률)보다 더 민감하게 반응하는 경우 베타는 1보다 크게 됩니다.

▶상관계수[ρ]: 두 변수 모멘텀의 상관성 여부(투자자산 A와 B의 수익률 공분산) ÷ (A의 표준편차) × (B의 표준편차), 투자자산(A)과 비교자산(B, 때로는 벤치마크)의 수익률의 동행성 정도를 의미합니다. -1 ~ +1의 값을 가지며, 1에 근접할수록 두 개의 종목이 같은 방향으로, -1은 반대방향으로, 0 아무 관계없이 움직임을 의미합니다. *독립변수와 종속변수가 있는 회귀분석과는 다릅니다.

▶듀레이션: 이자 지급 및 원금 상환의 현금 흐름에 대해 "현가로 산출된" '가중평균만기' 또는 '가격 변동성'을 뜻합니다. 같은 크기의 금리 변동이라 하더라도 듀레이션이 클수록 변동성이 확대됩니다. 채권투자시 대단히 중요하게 인식되는 용어입니다.

▶결정계수(R^2): 투자자산 수익률이 벤치마크 수익률에 의해 설명되는 정도로, 0~1의 값을 가지며 1에 근접할수록 벤치마크가 투자자산 수익률을 잘 설명하는 것으로 해석합니다.

▶표준편차: 절대적 위험을 뜻하며 통계적인 의미로는 분산의 제곱근입니다. 수익률의 변동성으로 작을수록 해당 투자자산의 리스크가 작다는 의미가 됩니다. 편차는 측정값과 평균의 차이를 뜻합니다. 측정된 변동성이 (2%, 7%, 3%)인 것과, (3%, 5%, 4%)의 평균은 같지만 그 편차의 절대 값을 통해 계산된 표준편차는 앞의 것이 더 크게 계산됩니다.

경제지표 예측방법과 레퍼런스

이 책의 결정적인 핵심은 정확한 전망과 예측, 그리고 이에 기반을 둔 대응과 실행입니다. 대부분 분석 자료에서의 결론적인 부분은 전망입니다. 전망은 기본적으로 '전제'를 가집니다. 앞서 이루어지는 '분석'은 상호 비교라는 방법론을 통해 설득력을 확보하려고 합니다.

앞으로의 경제를 예측하는 방법은 다양합니다. 모두 전문가의 영역으로 놓겠지만 의외로 체감경기는 현실 속에서 느끼게 됩니다. 따라서 고도의 내공과 많은 노력 없이 빅데이터나 인공지능(AI)을 이용하지 않고도 증권시장이 과열로 치달으면 나타나는 휴먼 인덱스(혹은 인디케이터)가 있게 마련입니다. 'FoMO: 탐욕과 공포의 반증인 칵테일파티」에서 간략하게 언급한 바 있긴 합니다.

좀 더 구체적인 사례를 나열해 보겠습니다. 거리에서 확인할 수 있는 것들인데 속설일 뿐 정설은 아님을 미리 말씀드립니다. 이하 불황기의 신호로서, 짙은 색 립스틱 매출과 화장이 눈에 뜨이고/ 남성 정장 매출이 줄며/ 대형 가전 매출도 줄고/ 치마 길이가 짧아지며(?)/ 거리 바닥에 필터 근처까지 피운 담배꽁초가 보이고/ 쓰레기 반출량이 줄면서 동시에 포장지나 박스(골판지상자, 스티로폼 등)도 저렴한 품질로 바뀝니다. 병원 내원환자도 성형외과나 신경정신과가 붐비고, 일본의 경우 경기 침체기에 당뇨 환자가 늘었다고 합니다. 나아가 백화점이나 마트의 주차 대수와 주차 시간도 차이가 난다고 합니다. 곰곰이 생각하면 일견 설득력이 있어 보이는 말들입니다. <불황에 관한 이론 그리고 속설과 지표 진짜야?>(매일신문, 2008. 10. 8)를 참조해 보시기 바랍니다.

예전에는 증권사의 객장을 통해서도 증시활황과 과열 분위기를 감지했다고 합니다. 집에서 육아(育兒)하기도 바쁘고 힘든 전업주부가 아기를 업고 나타난다거나/ 나름 수입이 좋은 의사가 투자에 발 벗고 나서기도 하고/ 객장 방문하기가 쉽지 않은 직군(군인이나 교사, 공무원 등) 종사자를 보게 되는 경우입니다. 물론 투자가 남녀노소나 직업, 소득을 구분하고 자격 구분이 있는 것은 아닙니다. 다만 자신의 책임 아래 투자가 이루어지고, 섣부른 상담이나 규정을 벗어난 권유로 투자자 보호가 간과될 수 있습니다.

음식의 매출에서도 차이가 난다고 합니다. 소주와 맥주 중 어느 쪽의 매상이 상대적으로 높은가 하는 것과, 순간적인 만족도가 높은 사탕이나 초콜릿의 불황기/호황기의 판매량을 측정하기도 합니다. 경기가 안 좋고 생활이 팍팍해질수록 예상 외의 부문이 각광을 받고 요행으로 한 몫 챙기려는 심리가 팽배해지는 것으로 이해됩니다. 가상화폐와 부동산 폭등에 젊은 사람들이 영끌(영혼까지 끌어 모아)과 빚투(빚을 내어 투자하는)로 일확천금을 노리고 고수익률의 무용담을 주위에 자랑스럽게 얘기하는 것도 씁쓸한 한 현상으로 이해할 수 있겠습니다.

기사를 통해 호·불황의 현상은 알게 되긴 합니다. 전문가나 기관의 경제지표 예측방법은 다음과 같이 정리할 수 있겠습니다.

• 경제지표 방식: 실물지표에 기반을 둔 하드데이터 중심으로 경기종합지수(CI), 경기 동향지수(DI) 특히 경기 확산지수나 종합경기 선행지수 등을 이용합니다. 이미 거쳐 온 많은 경제지표 관련항목이 대상이 됩니다.

• 설문조사 방식: 기업경기실사지수(BSI, business survey index), 소비자동향지수(CSI, consumer survey index), 경제심리지수(ESI, economic sentiment index), 소비자심리지수(CCSI, consumer composite sentiment index) 등 설문조사의 소프트데이터에 기반을 둡니다. 월초에 굉장히 주목받는 미국의 ISM제조업지수도 PMI의 한 형태입니다.

• 계량모형 방식: econometrics라는 익숙지 않은 영어 단어로 번역되고, 시계열 모형, 거시계량모형 등의 이름으로 전문가나 전문기관 들이 나름 많은 시뮬레이션

과 검증을 통해 자신의 명예를 걸고 발표합니다. 전망은 최적화의 관점과 논리 전개의 방식이지 정확하게 맞추는 것이 목표는 아닐 수 있습니다. 고장난 시계도 하루 두 번은 정확하게 맞는다는 사실을 기억해야 합니다.

- 길거리모형 방식: 속어로 '길보드(빌보드가 아닌)'라 하여 예전에는 길거리 가판에서 흘러나오는 유행가를 통해 요즘이 어떤 시절이고, 인기가수와 트렌드를 파악할 수 있었던 것과도 같습니다. 주로 필수 소비재나 경기 소비재와 같은 소비와 관련되는 외모, 복장, 식·음료품, 가성비 대비 제품, 병원과 병증 등의 통계치를 활용합니다.

어떤 방식을 적용하든지 통계적인 방법은 필수 불가결한 과정입니다. 투자 특히 주식투자에 있어서 적용되는 통계와 관련해서는 별도의 학습이 필요할 수 있겠습니다만, 예측과 관련해서 참고사항으로 덧붙여 둡니다.

투자 기간의 시간 흐름에 따라 주가가 변동하고 그 데이터는 '시계열'이 됩니다. 시계열의 회귀분석(regression analysis) 등은 예를 들어 최근 판매량은 기본물량에, 과거 판매량에 일정한 증감률을 적용하는 것을 생각해 볼 수 있습니다. 유명하고 대표적인 것으로 ARIMA 분석이 있습니다. AR은 자기회귀모형(auto-regressive model)으로 자기가 자기를 설명하는 것으로 '최근 판매량은 전년도 판매량으로 추정한 값과 최근 년도의 오차로 구성된다.'는 것이고, MA는 이동평균모형(moving-average model)으로 판매량이 모든 기간에 영향을 받는 것이 아니고 최근 기간의 오차에만 영향을 받기 때문에 그 기간의 평균을 참고하는 것입니다. 이 둘, 즉 자기회귀와 이동평균을 평활(smoothing)하여 향후를 예측하는 것을 의미합니다.

경기예측 관련 주요 참조자료들

경기예측과 관련하여, 국책기관이나 연구소 등에서는 끊임없이 이슈와 주기에 맞추어 레포트를 생산하고 미디어를 통해 발표합니다. 뭐가 이리도 많은지 분간이 안 될 정도입니다. 정책을 결정짓는 모든 기관도 전망과 예측을 하며, 보도자료를 통해 이를 홍보하기도 하고, 법령에 의거 국회에 정기적으로 보고하기도 합니다. 전제를 가진 전망에 대해, 전후방 효과와 산업연관표의 생산이나 고용유발효과 등을 정밀하게 그리고 합리적으로 예측하려 하지만 그 한계성은 늘 있게 마련입니다. 정책은 항상 목표와 의도가 있습니다.

결론적으로 뉴스를 잘 청취하고 모르는 것이 있으면 그때그때 해결하는 것이 가장 좋은 방법이라는 생각입니다.

내일 일어날 일을 정확하게 모두 알게 된다면(빅데이터와 인공지능 기술을 총동원하여), 미리 획득한 그 정보를 이용하여 오늘 그에 대한 조치와 실행을 하기 때문에 내일 일은 결국 틀리게 된다는 로직을 유념해야 할 것입니다. 다음에 소개하는 목록은 앞서 얘기한 각종 예측기법들의 경기와 관련한 레퍼런스이며, 주관에 의한 것입니다. 해당 사이트의 같이 소개 단어들로 검색하면 어렵지 않게 조회가 가능합니다.

- IMF/OECD 거시 경제지표: 성장, 실업, 인플레이션, 통화량
- 세계교역지수: CPB
- 국가별 경기 선행지수: OECD(CLI, Business Tendency), ECOS, KOSIS, UN
- 국가별 제조업 PMI 지표 등: FRED, PMI (MarkIt, ISM)
- 씨티 경기 서프라이즈 인덱스: City ESI
- 센티멘트 서베이: AAII(불베어레이쇼우), Fear & Greed Index (CNN)

- 주간 경기 사이클: ECRI (businesscycle.com)
- 경제금융지표 ARIMA 예측: TradingEconomics.com
- 산업/기업 컨센서스: hankyung, FnGuide, Naver(포털)
- 증시 변동성(공포)지수: VIX (CBOE), VKOSPI (KRX)
- FF 기준금리 예측: FOMC (dot plot, LEI), Fed Watch(FF 금리)
- 정기발표 경제통계 지표(Prior-Forecast-Consensus-Actual): ECONODAY, briefing.com
- 미국경기관련: 소기업경기낙관지수(NFIB), 소비자신뢰지수(Conference Board)
- 기사/ 리서치/ 투자자 alerts: Market Watch, FINRA Economy
- 레포트와 칼럼: dshort.com, Yardeni.com

머리 아픈 경제지표를 직접 조회하고 해석한 다음 투자에 반영하는 것은 쉽지 않습니다. 이보다는 이러한 지표에 보다 많은 시간과 노력으로 해석하고 투자에 반영할 수 있도록 가이드를 하는 자료를 참고하는 것이 나을 것입니다. 예시적으로 몇 가지 소개합니다. 투자자 각각의 필요에 맞추어 연간-분기-월간-일간으로 보고서의 참조 주기를 감안하면 보다 체계적인 경기흐름을 잡을 수 있을 것입니다. 연구소나 기관들에서 끊임없이 나오므로 초기에는 시간을 할애해서, 한 두 개로 결정을 하고, 이후에는 꾸준하게 이어서 보는 것이 필요하겠습니다.

- 분기: 경제전망보고서(한은, 연간 1, 4, 7, 10월), Guide to Market(JP Morgan, 분기 초 15일)
- 월간: 월간경제동향(기재부, 매월 10일 경), WM가이드(은행), 자산배분전략(증권사)
- 일간: 국제금융속보(KCIF, 일간), 데일리(증권사), 뉴스 매체(브리핑, 주간 전망 등)

경제와 경기에 대한 이론적이고 실무적인 접근은 하루 이틀에 마스터할 수 있는 부분은 아닐 것입니다. 하지만 차분하게 경제뉴스를 살펴보면 반복되는 이벤트와 지표에 익숙해지면서 그 순환 연결의 고리가 점차 눈에 익게 됩니다. 돌이 켜지지 않는 투자의 시간 흐름이지만, 이벤트 자체는 반복되며 후속되는 투자 전망에 대해 예측과 준비를 할 수 있습니다. 각 기관에서 나오는 발표 자료는 그 기관의 설립 및 운용 목적과 관련되고, 보고서 또한 큰 범주에서 그 틀 안에 있다는 것을 또한 기억해 둘 필요가 있습니다.

[깨알광고]

K-MOOC.net 경제금융 북마크로 빠르고 쉽고 편하게 해당 사이트로 찾아갑니다. 경제금융용어 사전도 있습니다.

전문가들의 컨센서스에 대하여

컨센서스의 단어 풀이로는 '일반적으로 받아들여지는 의견 또는 결정'을 의미합니다. 컨센서스는 시장 전문가들에 의해 분석된 기업종목(차트, 레포트), 산업(업종), 시황(증권사daily), 미국(시장) 컨센서스로 구분될 수 있습니다.

전문가들의 주식투자 의견에 해당하는 시장 컨센서스(consensus)에는 주식 종목에 대한 목표 가격의 평균(평균 목표가)과 더불어 매수, 중립, 매도와 같은 매매 입장 등을 포함하고 있습니다. 최근 발표 리포트 등을 금융포털이나 에프앤가이드, 한경 컨센서스 사이트 등에서 [컨센서스]라는 콘텐츠 메뉴를 확인할 수 있습니다. 전문투자기관, 투자 중개기관, 투자정보 분석기관, 애널리스트의 분석 관점과 실력에 따라 실력이 가늠되고 때로는 엄격한 도덕성이 요구되는 정보이기도 합니다.

주식시장에서 애널리스트들이 제시하는 종목의 목표주가(TP, target price)는 마켓 퍼폼(market perform)을 비롯해 적극매수(strong buy)와 매수(buy), 시장수익률 하회(under perform) 등이 있습니다. 마켓 퍼폼은 시장수익률로 부르며 한 종목의 주가가 향후 6개월간 전체 시장대비 -10%~10% 이내의 등락이 예상되는 경우를 말합니다. 다른 표현으로는 투자의견 '중립(neutral)'의 또 다른 의미로 쓰이기도 하며, 보수적인 대응이 필요한 종목으로 해석하면 됩니다. 언더 퍼폼은 향후 6개월간 시장 대비 10% 이상의 주가하락이 예상되는 경우로 주가가 더 떨어질 것이니 매도하라는 뜻으로 받아들이면 됩니다. 목표주가와 현재 주가와의 차이를 괴리율로 표시합니다.

업종이나 종목에서 사용되는 비중확대(overweight)는 업종 가중평균수익률이 향후 6개월간 시장대비 10% 이상의 상승이 예상되는 경우 사용됩니다. 중립은 시장대비 -10~10% 이내의 등락이 예상되는 경우, 비중축소(underweight)는 시장대비 10% 이상의 하락이 예상되는 경우 사용됩니다. '적극 매수'는 향후 6개월간 시장대비 30% 이상의 초과수익이 예상되는 경우일 때 쓰이며, '매수'는 향후 6개월간 시장대비 10~30% 이내의 초과수익이 예상되는 경우일 때 사용합니다.

리포트에서 제시하는 투자의견은 인플레이션이 심합니다. 투자의견과 목표가의 조정에 들어있는 행간을 읽어야 하는 것입니다. 목표주가는 실제주가 흐름에 연동돼 움직이는 경우가 많고 상대평가에 따라서도 변동됩니다. 이런 까닭에 애널리스트의 판단보다 추정치가 연속 상향되거나 하향되는 팩트를 읽는 것이 더 중요합니다. 조건을 제시하고 해당 조건이 충족할 경우 목표주가를 조정하겠다는 표현이 나올 경우 이행 가능성을 체크하는 것도 필요합니다. 경험적으로는, 중소형사의 베스트 애널리스트는 정성적 요소들을 최대한 배제한 '실력' 측면에서 인정받는 연구원일 경우가 많습니다. 일반적으로 애널리스트들은 자신 있게 종목을 추천할 때 적극 매수나 매수로 종목을 분류합니다.

전문가들의 의견에 무조건 맹신하거나 막연하게 추종하는 것은 경계해야 될 일입니다. 따라서 투자자들은 다음의 내용을 잘 유념해야 할 것입니다. 이 내용은 기사를 첨삭 요약한 것입니다. 남의 말을 경청하는 것은 훌륭한 자세이지만 그 말에 현혹되거나 쉽게 흔들리는 '팔랑귀'가 되는 것은 투자자의 자세가 아닙니다.

- 투자의견·목표주가보다는 '실적 추정치'의 추이에 주목한다.
- 목표주가(상향이나 하향의 경우)는 실제주가를 후행하여 수정되는 경우가 많다.
- 목표주가보다 실적 추정치(특히 어닝 서프라이즈나 쇼크)를 지속 체크하여야 한다.
- 시장에 대해 돈키호테 또는 햄릿 식으로 접근할 경우 주의할 필요가 있다.
- 팩트만 걸러내어 참고하고 가치판단은 배제한다.
- 베스트 애널리스트, 특히 중소형사 베스트 애널에 주목할 필요가 있다.

【잠깐 상식】서학개미를 위한 용어 5-3

용어	APPLE	설명(영문)	설명(국문)
EPS (ttm)	5.61	Diluted EPS (ttm)	희석화된 주당순이익(eps)으로 eps는 지난 4분기의 순이익 합을 발행주식수를 나누어 계산이 되나, 보통주로 전환할 수 있는 채무증권(전환사채) 또는 지분증권(전환우선주), 옵션과 주식매입권: 주식(매수)선택권, 신주인수권부증권, 사업인수나 자산취득 등 계약상 합의에 따라 조건이 충족되면 발행하는 보통주를 감안한 보수적으로 계산함
EPS next Y	6.2	EPS estimate for next year	다음 년도의 예상 EPS.
EPS next Q	1.89	EPS estimate for next quarter	다음 분기의 예상 EPS.
EPS this Y	71.40%	EPS growth this year	올해 작년대비 EPS 성장률.
EPS next Y	7.83%	EPS growth next year	내년도 예상되는 EPS 성장률.
EPS next 5Y	15.85%	Long term annual growth estimate (5 years)	향후 장기(5년)간 예상되는 EPS 평균성장률.
EPS past 5Y	22.00%	Annual EPS growth past 5 years	과거 5년간 EPS 평균성장률.
Sales past 5Y	11.10%	Annual sales growth past 5 years	과거 5년간 매출 평균성장률.
Sales Q/Q	28.80%	Quarterly revenue growth (yoy)	전년 동분기 대비 분기 매출 성장률.
EPS Q/Q	68.20%	Quarterly earnings growth (yoy)	전년 동분기 대비 분기 주당순이익 성장률.
Earnings	Jan 27 AMC	Earnings date BMO=Before Market Open AMC=After Market Close	실적 발표일을 의미. 실적발표를 장전(BMO) 혹은 장마감(AMC) 후에 함.
SMA50	0.67%	Distance from 50-Day Simple Moving Average	주가의 50일 단순 이동 평균값과의 이격 정도를 의미함.
Insider Own	0.07%	Insider ownership	내부자의 보유주식 비중. 미국이나 유럽 기업의 경우 경영권에 대한 다양한 보호장치가 있음. '1주 1의결권'을 원칙으로 하면서 특정 대주주에게 차등 의결권을 부여하는게 대표적으로서 1주 10의결권 혹은 1주 200의결권 등 특정 주주에게 경영권을 부여가능. '황금주'는 한 주만으로도 거부권이 가능.
Insider Trans	-19.75%	Insider transactions (6-Month change in Insider Ownership)	지난 6개월 간의 내부자 보유주식 비중변화. 미국의 경우 SPAC은 IPO와 달리 과정이 단순하고 비용과 시간이 적게 들어 기업가치가 10억 달러 이상인 비상장 스타트업 기업들을 우회상장하는 용도로 많이 활용. 상장 직후 초기에 주가가 많이 오르는 현상으로 내부 경영진들의 보유지분 매각 등이 발생함.
Inst Own	59.20%	Institutional ownership	기관투자자들의 투자(보유) 비중.
Inst Trans	0.19%	Institutional transactions (3-Month change in Institutional Ownership)	지난 3개월 간의 기관투자자들의 보유주식 비중 변화.

표0-3 FinViz Dictionary 서학개미 용어사전 3

8장 현장에서 써 먹는 실전 상식

아는 게 힘, 찾는 속도가 실력, MTS는 돈

자신 만의 데이터센터, 리서치센터

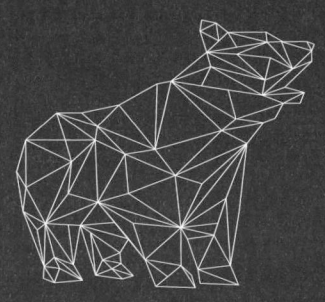

일반적인 검색(창)의 확장 활용

지금 당장 휴대폰을 켜 보시기 바랍니다. 예전 대학이나 대학원의 과정에서 학문을 익힐 때 가장 많은 시간과 노력을 할애했던, 용어에 대한 이해와 활용이 손 안으로 들어온 것을 확인할 수 있습니다. 주식투자를 하다 보면 정규적인 용어 외에도 가지각색의 은어가 난무합니다. 때로는 복잡한 계산도 하게 만듭니다.

이제는, 가방 속에 넣고 다니거나 비치해 두었던 그 무거웠던 영어사전, 경제용어사전, 금융계산기, 노래 가사집, 교통안내 지도책, 전화번호부가 모두 휴대폰 안으로 들어와 있습니다. [검색창] 하나를 통해 모든 길이 로마로 통하듯이 필요한 것들을 모조리 찾아내는 시절에 이른 것입니다.

휴대폰과 검색창 앞에서는 무엇을 검색할 것인가의 문제일 따름이지 어떤 기울어진 운동장처럼 정보에 있어 거액 투자자와 소액 투자자를 구분하는 구조화된 차별은 존재하지 않는다는 의미입니다. 직접 실행해 보겠습니다. 인터넷 포털이나 휴대폰의 검색창이 목표 지점입니다. 아래 창은 google.com 접속 시의 예시이며, 이 창에 아래에 열거된 내용들을 직접 입력하고 그 결과들을 확인할 수 있을 것입니다. 크롬(Chrome) 브라우저의 주소창에 직접 입력해도 됩니다. 예제로 든 부분을 그대로 따라해 보면 잠깐의 시간 투자에 비해 상당한 정보를 얻게 될 것입니다.

백문이 불여일입력(入力)입니다.

그림8-1 구글 검색 창

- 간단한 사칙연산: 0.03+1.2*((3300-2900)/2900)=
- 도량형과 단위변환(환율 등): 3배럴은 몇 리터?
    5 yen to won
    (크롬 브라우저 주소창이나 포털의 검색창에 '단위변환' 입력으로 계산기 호출 가능)
- 사이트를 제한하거나 검색어를 추가: HSCEI index filetype:PDF
    MSCI ACWI index PDF
- 문장에 인용부호를 붙이기: etoday.co.kr "세계의 주식고수" "켄 피셔"
    www.youtube.com "시장을 읽는 남자" "원자재"
- 와일드카드 사용: 여의도 아임차트*
- "define:"을 앞에 붙이기: define: 헤지펀드site: newspim.com
- 제목만 검색 대상으로 한다면 "intitle:"을 앞에 붙이기: intitle:중수익
- 특정파일형태를 찾는 경우: intitle:2022년 경제전망 filetype:pdf[도구]
- "~"를 붙이면 유사어도 찾음: ~채무증권
- 검색에서 제외할 단어는 –를 붙인다: 혼합형펀드 –주식혼합형
- 계산식: y=x^2+5 (그래프로 답을 보여줌)
- 빠른 검색: ○○날씨, ○○○의미와 같은 방식(오늘 날씨, 내일 날씨)으로 입력
- 어느 한 조건이라도 만족시 or, 동시 만족시 and 사용: or 대신 | 도 가능

모든 투자는 MTS로 통한다: 황Q의 MTS 가이드

지금까지 좌충우돌하며 투자와 관련한 많은 애기들을 거쳐 왔습니다. 컵에 있는 반잔의 물을 "반이 남았다."거나 "반밖에 없다."와 같이 상이하게 표현하듯이 투자는 투자 대상과 나만의 문제가 아니라 반드시 상대가 있고 경쟁자가 있습니다. 매수자와 매도자는 모두 투자자입니다. 다만 관점과 시야가 다를 뿐입니다. 투자자의 성향, 기간, 목적 그리고 투자규모, 나아가 경험과 지식 등이 달라지면서 누군가가 팔 때 누군가는 사게 되는 것입니다. 이러한 경쟁관계에서 시간과 장소를 극복하게 해 주는 것이 주식투자에서는 MTS입니다.

투자라는 단어가 붙은 모든 것에는 '아마추어'라는 표현은 무용지용입니다. 모의투자를 통해 상금이나 수익률 입상하는 것이 목표가 될 수도 있겠지만, 그 과정에서 모두 매매의 경쟁을 하는 것은 피할 수 없는 현실입니다.

다음의 동영상 여섯 개는 투자자가 시간과 공간에 구애받지 않고 항상 의사결정과 실행을 하는 모바일 휴대폰과 관련된 것입니다. MTS는 mobile trading system의 약자입니다. 유튜브에서 '아임주식TV'를 검색하여 '[주식1-2-3] DIY시리즈'의 목록을 이용하면 아마추어에서 프로로, 하수에서 고수로의 진입이 시작된다고 할 것입니다. https://www.youtube.com/c/아임주식TV 로 접속해서 재생목록 "[주식1-2-3] DIY시리즈"를 참조하시면 되겠습니다.

스스로하기(DIY, do it yourself) 과정을 시청한다고 해서 자연스럽게 익혀지지는 않습니다. PC에서 아래의 동영상들을 시청하면서 직접 따라하는 것이 몸으로 그리고 손끝으로 익히는 최선의 방법임을 미리 말씀드립니다.

[주식강의1-2-3] MTS 기업공시 조회활용 (DIY 제6탄)
아임주식TV

[주식강의1-2-3] MTS 뉴스공시 검색과 활용 (DIY 제5탄)
아임주식TV

[주식강의1-2-3] MTS 종목분석 프로세스 (DIY 제4탄)
아임주식TV

[주식강의1-2-3] MTS 관심종목 그룹 설정 (DIY 제3탄)
아임주식TV

[주식강의1-2-3] MTS 지수와 종목차트 간단 설정&활용 (DIY 제2탄)
아임주식TV

[주식강의 1-2-3] MTS 셋업 그룹메뉴 설정 (DIY 제1탄)
아임주식TV

그림8-2 MTS 설정과 활용 동영상 목록

각종 코드, 티커, 심볼, 지수의 인식과 활용

투자자들에게 꼭 필요하면서도 낯선 것이 종목 코드나 심볼입니다. 굉장히 오랜 기간을 지속해 오거나 가는 것도 있지만, 만기를 기준으로 생성되고 소멸하는 것들도 대단히 많기 때문입니다.

국내주식이나 해외(미국)주식, 주가지수, 원자재 등의 데이터와 분석이 필요할 경우 '종목코드'나 '심볼(symbol)'을 활용하게 됩니다.

예를 들어, 국내 코스피 및 코스닥 종목의 일간 및 주간 데이터로 '시가·고가·저가·종가 및 거래량'을 시트로 가져오고, 손쉽게 선차트와 봉차트(캔들 차트)를 작성할 때를 의미합니다. 구글 스프레드시트가 대단히 유용한 툴이 될 수 있습니다. 구글 계정을 대부분 갖고 있으므로 구글에 접속하여(https://docs.google.com/spreadsheets/u/0/) 아래의 예시하는 식으로 쉽게 심볼이나 코드가 참 유용하구나 하는 것을 직접 실감할 수 있습니다. 웹브라우저의 주소입력창에 'docs.google.com'이라고 입력하면 됩니다. (계정, 비밀번호와 휴대폰 인증절차 등이 있습니다.)

> =GoogleFinance("AAPL","all",date(2021,1,1),today(),"daily")

애플 주식의, 시/고/저/종가 및 거래량 데이터를, 2021년 1월 1일부터 오늘까지, 일간 데이터로 수집하기 체험하는 함수식입니다. 'AAPL' 대신 'TSLA'를, 'all' 대신 'price'를, 'daily' 대신 'weekly'로 대체해서 "=GoogleFinance("TSLA","price",date(2021,1,1),today(),"weekly")"와 같이 입력하면, 테슬라의 주간 단위 변동을 조회할 수 있을 것입니다. 구글의 스프레드 시트에서 비용없이/ 쉽게/ 재미있게/ 대단히 유익하게/ 활용할 수 있는 함수식이므로 '꼭' 시도해 보시기 바랍니다. 유튜브 채널 '아임주식TV'의 "[주식1-2-3] DIY시리즈" '1분 안에 완성하는 해외주식 데이터 수집과 캔들차트'에서 시청하실 수 있습니다.

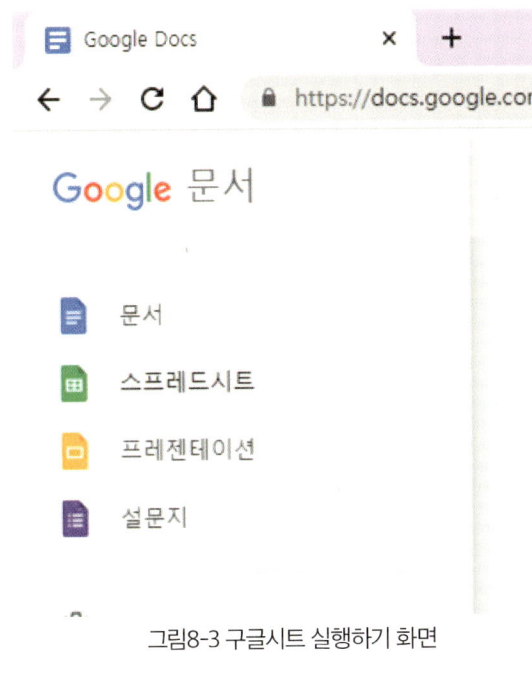

그림8-3 구글시트 실행하기 화면

종목코드나 심볼에 대해 조금 알아보겠습니다. 포털 사이트나 콘텐츠를 구성하는 기관에 따라 독자적인 코드 체계를 운용하기도 합니다. 그렇기 때문에 일단 표준코드나 심볼을 잘 이해해 둘 필요가 있습니다. 종목코드는 증권시장에서 기업명을 대체하는 역할을 합니다. 주식 거래를 할 때, 이들 종목을 사거나 매매하려면 증권사의 홈 트레이딩 시스템(HTS) 등 매매 시스템에 접속해 종목명을 한글로 입력하거나 뒤의 숫자인 종목코드를 입력하면 됩니다. 정확한 표현인 '증권표준코드'는 세계적으로, 국제적으로 표준화된 번호, 국제증권식별번호(ISIN)입니다.

예를 들어, 자주 마주하게 될 국내 주식인 삼성전자 보통주의 종목코드는 'KR7005930003'로 기본코드(9자리)는 속성코드(1자리), 발행체 고유코드(5자리), 종목구분코드(3자리)입니다. 'KR'은 국가코드, 첫 숫자인 '7'은 증권, '00593'은 증권 발행회사가 거래소에 신청하여 부여받은 번호입니다. 이후 세 자리는 보통주(0) + 전환이 되지 않음(0) + 구주(0), 마지막 자리는 검사코드(3)입니다.

투자자가 사용하는 단축코드 6자리 '005930'은 주권의 경우 알파벳을 써서 'A'를 맨 앞에 추가하여 표시하나 이를 생략하고, 회사코드 5자리에 원래 3자리인 종목구분 코드가 1자리를 제일 뒤에 붙여서 만들어진 것입니다. 펀드의 경우에도 5자리 단축코드가 부여되어 각종 보고서에 표기되니 이를 참고하여 긴 펀드명 대신 쉽게 대체하여 사용할 수 있습니다. (관심 종목이나 펀드는 이 단축코드를 따로 메모해 두면 요긴하게 사용할 수 있습니다.)

우리나라에서 숫자 6자리로 된 단축(종목)코드를 일반적으로 쓰는 것처럼, 미국시장에서는 알파벳 한 개에서 네 개로 구성된 종목코드를 사용하고 이를 티커(심볼)라고 합니다. 티커는 거래소에서 중복되지 않게 나름대로 정의한 것이어서 거래소마다 약간 다릅니다. NYSE, AMEX 거래소에서는 1~3글자 사이로 정의되고, NASDAQ은 4글자로 구성되는 형태입니다. 이들 심볼 뒤에 마침표나 슬래시('/') 등과 함께 'A' 'B'와 같은 접미사(suffix)가 붙는 것은 보통주, 우선주의 구분과도 같은 것으로 이해하고 좀 더 주의를 기울여야 합니다.

콘텐츠로 주식정보를 제공하는 기관(정보단말)에서는 나름의 독자적인 코드를 운용하기도 합니다. 사족으로 덧붙인다면, 로이터 같은 경우에는 거래소 티커 뒤에 거래소 suffix를 붙이는 식으로 나름 유니크한 코드를 만들고 이를 RIC(Reuters Instrument Code)라고 합니다. 예를 들면 WMT.N은 New York Stock Exchange(N)에 상장된 Wal-Mart(WMT) 종목이라는 의미가 된다고 합니다.

DOW지수를 구성하는 30종목의 티커(심볼)는 다음의 괄호속 내용과 같습니다.

인텔 (INTC), JP모건 체이스(JPM), 골드만삭스(GS), 아메리칸 익스프레스(AXP), 암젠(AMGN), 3M(MMM), 다우(DOW), 코카콜라(KO), 하니웰(HON), 쉐브론(CVX), 월그린스부츠 얼라이언스(WBA), 머크(MRK), 존슨앤드존슨(JNJ), 월마트(WMT), 마이크로소프트(MSFT), 애플(AAPL), 홈 디포(HD), 보잉(BA), IBM(IBM), 맥도날드(MCD), 캐터필러(CAT), 트래블러스(TRV), 비자카드(V), 세일즈포스(CRM), 프록터&갬블(PG), 시스코 시스템즈(CSCO), 버라이즌커뮤니케이션(VZ), 나이키(NKE), 유나이티드 헬스(UNH), 월트 디즈니 컴퍼니(DIS)

구분	지표/지수/종목 명 (예시)
주가지수	KOSPI, HSCEI, 코스피200, F 201606, MSCI
국내주식	KRX:005930
해외주식	GE, AAPL, MSFT
외환	EURUSD, NYSEARCA:UUP
원자재	NYMEX:CL, FOREX:XAUUSDO
채권지수/종목	JP모건EMBI, 국고채권, 01500-1906(16-2)
펀드	하나UBS, Eastern, Europe증권자투자신탁, 1[주식]Class A
ETP	KODEX200, SPDR, Barclays High Yield Bond, ETF, USO, GLD, DBA, SLV, VGK, RSX, BKF, DXJ, EIS, FXI, XLY, EUFN, FXI, FEU, IWM, VBK, IVV, IEMG
경제지표	BDI, CDS, CLI, ISM, DXY, VIX, PMI, BSI
기타 (코드 표준화 관련)	ISIN, CUSIP, 단축코드, RIC

표8-1 각종 지수와 지표의 심볼 등

포트폴리오와 지수: MSCI ACWI Index(USD)

책의 시작 '모닝 패트롤'에서 지수는 원칙적으로 '기준일과 기준수치(주로 100)이 있고, 구성요소와 비중(가중치)이 있으며, 이들을 이용한 계산식(생산방법론)이 있음'을 말씀드린 바 있습니다. 투자를 하면서 다양하게 접하게 되는 지수에 대한 이해는 지수 자체에 투자하는 ETF 상품 등도 있기 때문에 투자가 시

The MSCI ACWI captures large and mid cap representation across 23 Developed Markets (DM) and 24 Emerging Markets (EM) countries*. With 2,939 constituents, the index covers approximately 85% of the global investable equity opportunity set.

CUMULATIVE INDEX PERFORMANCE — NET RETURNS (USD) (MAR 2007 – MAR 2022)

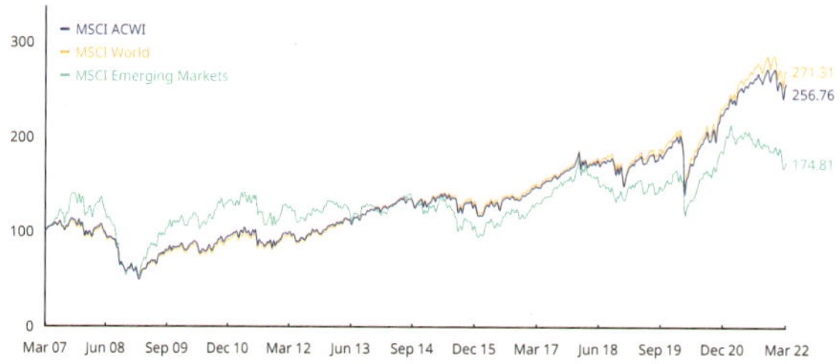

ANNUAL PERFORMANCE (%)

Year	MSCI ACWI	MSCI World	MSCI Emerging Markets
2021	18.54	21.82	-2.54
2020	16.25	15.90	18.31
2019	26.60	27.67	18.42
2018	-9.41	-8.71	-14.57
2017	23.97	22.40	37.28
2016	7.86	7.51	11.19
2015	-2.36	-0.87	-14.92
2014	4.16	4.94	-2.19
2013	22.80	26.68	-2.60
2012	16.13	15.83	18.22
2011	-7.35	-5.54	-18.42
2010	12.67	11.76	18.88
2009	34.63	29.99	78.51
2008	-42.19	-40.71	-53.33

INDEX PERFORMANCE — NET RETURNS (%) (MAR 31, 2022)

					ANNUALIZED			
	1 Mo	3 Mo	1 Yr	YTD	3 Yr	5 Yr	10 Yr	Since Dec 29, 2000
MSCI ACWI	2.17	-5.36	7.28	-5.36	13.75	11.64	10.00	6.32
MSCI World	2.74	-5.15	10.12	-5.15	14.98	12.42	10.88	6.37
MSCI Emerging Markets	-2.26	-6.97	-11.37	-6.97	4.94	5.98	3.36	8.49

FUNDAMENTALS (MAR 31, 2022)

	Div Yld (%)	P/E	P/E Fwd	P/BV
MSCI ACWI	1.91	19.15	16.80	2.92
MSCI World	1.84	20.08	17.69	3.16
MSCI Emerging Markets	2.53	13.97	11.94	1.81

INDEX RISK AND RETURN CHARACTERISTICS (MAR 31, 2022)

		ANNUALIZED STD DEV (%) 2			SHARPE RATIO 2, 3				MAXIMUM DRAWDOWN	
	Turnover (%) 1	3 Yr	5 Yr	10 Yr	3 Yr	5 Yr	10 Yr	Since Dec 29, 2000	(%)	Period YYYY-MM-DD
MSCI ACWI	2.98	17.22	15.15	13.22	0.79	0.73	0.73	0.37	58.38	2007-10-31—2009-03-09
MSCI World	2.57	17.53	15.37	13.30	0.84	0.76	0.79	0.38	57.82	2007-10-31—2009-03-09
MSCI Emerging Markets	6.19	18.28	16.62	15.94	0.31	0.36	0.24	0.42	65.25	2007-10-29—2008-10-27

1 Last 12 months 2 Based on monthly net returns data 3 Based on NY FED Overnight SOFR from Sep 1 2021 & on ICE LIBOR 1M prior that date

그림8-4-1 MSCI지수 1: 성과와 그래프
www.msci.com에서 확인할 수 있습니다.

작되기 전에 면밀하게 살피고 이해할 필요가 있습니다.

아래 사례는 MSCI에서 발표하는 투자 참조지수로, 선진시장(DM)과 신흥시장(EM)으로 구분되는 나라에 대한 성과(performance), 위험/수익(risk & return)표, 지수구성(constituents) 내역, 위험/수익 변동요인(factors), 업종/국가 비중(weights)이 잘 정리되어 있습니다.

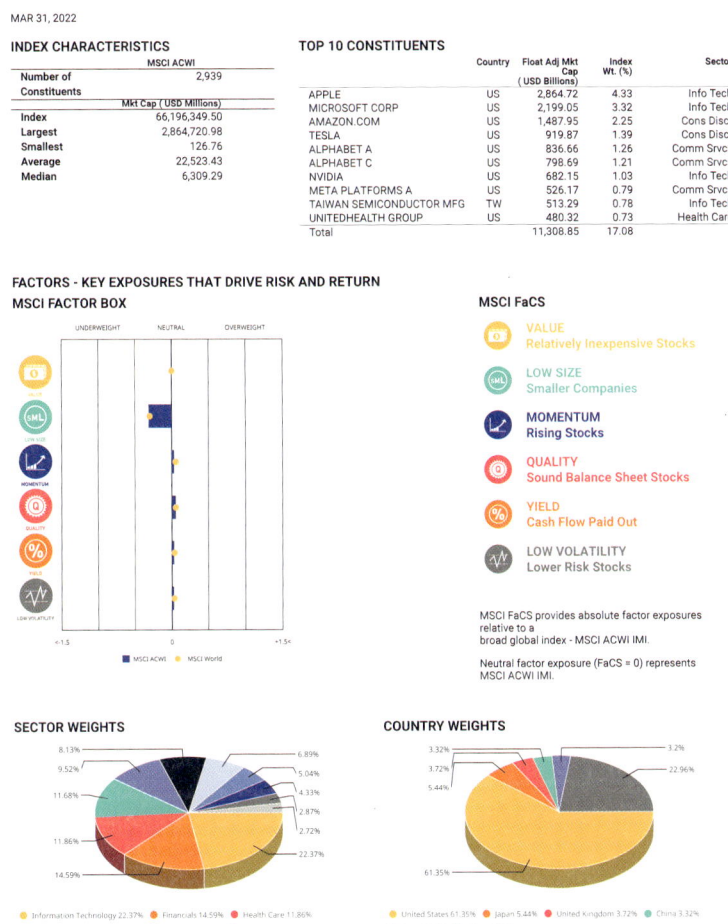

그림8-4-2 MSCI지수 2: 비중차트 등

사이트 레퍼런스

경기전망보고서

• **한국은행: 경제전망보고서(연간)**
  http://www.bok.or.kr/broadcast.action?menuNavild=2570
  - 국내외 경제여건 전망과 전망 전제, 거시경제전망 (GDP,고용,물가,경상수지 등)
  - 1, 4, 7, 10월 통화정책 발표 즈음

• **J.P.Morgan: Guide to the Markets (분기)**
  http://www.jpmorganfunds.com/guide
  지역별로 다름(위는 US)
  - 글로벌 투자 환경에 대한 최신 경제, 시장, 통계학적 분석 내용을 수록(별도 Quarterly Perspectives 참조)
  - 분기초 15일 경

• **기획재정부: 월간경제동향(월간)**
  http://kosis.kr/ups/ups_01List.jsp
  - 매월 10~11 경

• **한국은행 : 통화정책방향(8회)**
  http://www.bok.or.kr/broadcast.action?menuNavild=89
  - 매월 10~11 경

• **OECD : CLI, BTS (매월)**

http://www.oecd.org/std/leading-indicators/
- 국가별 경기선행지수(CLI)와 경기순환시계 레퍼런스
- 월별 8~11 경

- **국제금융센터: 국제금융속보 (일간)**

  http://www.kcif.or.kr/front/board/boardList.do?intSection1=2&intSection2=4&intBoardID=1
- 국내외 국제금융 관련 핫이슈 보고서
- 일간, 수시, 뉴스레터 신청가능

- **한국개발연구원 KDI경제전망**

  http://www.kdi.re.kr/forecast/forecasts_outlook.jsp
- 반기

- **세계경제전망 World Economic Outlook**

  https://www.imf.org/external/ns/cs.aspx?id=28
- 4월, 10월

- **세계인구전망(국가별)**

  https://esa.un.org/unpd/wpp/Graphs/DemographicProfiles/

데이터 & 차트

- **트레이딩 이코노믹스**

  http://www.tradingeconomics.com
- 국가별 거시경제 지표 시계열 데이터와 차트, ARIMA분석

- **인베스팅닷컴**

  http://www.investing.com/

- 세계 각국 지수,주식,외환,ETF,원자재 차트와 데이터 조회
- 모바일용 앱 제공

• 스톡차트(지수)

http://stockcharts.com/
- 지수,주식,외환,ETF,원자재 등 (복수)성과비교 기술적분석
- 모바일용 앱 제공

• 빅차트 (종목)

http://bigcharts.marketwatch.com/default.asp
- Basic, Advanced, Interactive 차트와 과거 호가, 뉴스 등

• FRED

https://research.stlouisfed.org/
- 주요국 거시 상세지표 (성장, 물가, 고용 등)
- 엑셀, 앱 등 제공

• 구글 파이낸스 & 알리미 & 뉴스 & 마켓데이타

https://www.google.com*
- alerts, news, keep, docs, drive, calendar, spreadsheets
- 스톡 스크리너 (전세계 주식 종목 검색), 키워드 자동검색
- 구글스프레드시트로 지수, 가격 데이터 수신 및 분석가능
- 클라우드 서비스 *계정동기화

• 경제금융통계

한국은행 경제통계시스템 "한눈에 보는 우리나라 100대 통계지표"
http://ecos.bok.or.kr/jsp/vis/keystat/#/key
통계청 국가통계포털 "KOSIS 100대지표"
http://kosis.kr/nsportalStats/nsportalStats_0101Body.jsp?menuId=all

경제지표

- **Econoday**
  http://econoday.com/
- US, Global 경제지표 full 캘린더
- 해석과 용도 포함

- **Briefing.com 브리핑닷컴**
  https://www.briefing.com/investor/calendars/economic/
- 이메일 수신

- **MarkIt PMI**
  https://www.markiteconomics.com/public
- 국가별 PMI 릴리스 일정과 자료

- **Macrotrends**
  http://www.macrotrends.net/
- 장기차트: 주식, 귀금속, 에너지, 원자재, 환율, 금리, 거시지표

에셋 클래스 스크리닝

- **에프앤가이드 Company Guide**
  http://comp.fnguide.com/SVO2/asp/SVD_Main.asp
- 엑셀 다운로드
- 기업정보, 컨센서스, 공시정보, 실적지표 등

- **한국기업과 경제: 한경 컨센서스**
  http://hkconsensus.hankyung.com/
- 기업정보, 컨센서스, 공시정보, 실적지표 등

- **미국기업: FINRA Market Data**

  http://finra-markets.morningstar.com/MarketData/CompanyInfo/default.jsp

  - 기업정보, 컨센서스, 공시정보, 실적지표 등

- **중국시장과 기업: 인포맥스**

  http://globalmarket.einfomax.co.kr/#/

  - 기업정보, 컨센서스, 공시정보, 실적지표 등

- **증권예탁원: 증권정보포털(SEIBRO)**

  http://seibro.or.kr/websquare/control.jsp?w2xPath=/IPORTAL/user/index.xml

  - 주식, 채권, 단기금융증권, 펀드, ETF, 파생결합증권(ESLS 등)

- **금융감독원: 금융상품통합비교공시**

  http://finlife.fss.or.kr/

  - 예금, 적금, 펀드, 절세금융상품, 주택담보대출, 전세자금대출, 연금저축, 퇴직연금, 실손의료보험, 자동차보험 등
  - 상품내 수익률, 수수료 등 비교

- **쿼터백: ETF 전략**

  http://quartec.co.kr/ko/GlobalETF/ETFGBscn.aspx

  - 자산군, 전략유형, 투자대상, 지역, 시장별 필터링 검색

- **글로벌 ETF 스크리너**

  http://www.etf.com/etfanalytics/etf-finder

  - 자산군, 전략유형, 투자대상, 지역, 시장별 필터링 검색

- **키움증권 글로벌ETF투자전략**

  https://www.kiwoom.co.kr/nkw.templateFrameSet.do?m=m0205040000

  - 자산군, 전략유형, 투자대상, 지역, 시장별 필터링 검색

- 보험슈퍼마켓: 보험다모아

  http://e-insmarket.or.kr/intro.knia
- 자동차, 여행자, 연금, 보장성, 저축성 보험

- KB국민은행: 부동산

  http://nland.kbstar.com/quics?page=rstar
- 시세, 매물, 통계, 뉴스, 분양, 주택청약, 경매, 공매 등

- 펀드슈퍼마켓

  https://www.fosskorea.com/main.do

공시정보

- 금융감독원 전자공시: DART

  http://dart.fss.or.kr/
- 기업공시, 투자설명서, 재무제표(정부 3.0), 엑셀 다운로드
- 엑셀, 앱, 재무제표

- 한국거래소: 기업공시(KIND)

  http://kind.krx.co.kr/main.do?method=loadInitPage&scrnmode=1
- 공정공시

- 지분정보센터(FIND)

  http://find.krx.co.kr/main/main.jsp
- 지분공시

- 공매도종합포털

  http://short.krx.co.kr/main/main.jsp
- 공매도거래현황 등

- 금융투자협회: 펀드전자공시, **KOFIA BIS**(채권정보)

  http://dis.kofia.or.kr/websquare/index.jsp?w2xPath=/wq/main/main.xml
  http://www.kofiabond.or.kr/

금융 포털

- 금융감독원

  http://fine.fss.or.kr/fine/index.jsp
  - 예금 대출 보험 등 금융상품의 금융기관별 금리, 수수료 등 비교

- 국내 포털: 네이버, 다음

  http://finance.naver.com/
  http://finance.daum.net/

- 해외 포털: 구글, 야후

  https://www.google.com/finance
  http://finance.yahoo.com/
  - 데이터 다운로드, 라이브 연결 함수 활용

이에스플랜잇 북마크

- 투자 트레이딩 솔루션 플랫폼

  http://iamchart.com

**홈페이지 외에
  - PC버전을 설치시: 메뉴 [투자솔루션]에서 다운로드 받아 설치
  - 모바일 앱에 설치시: 휴대폰의 운영체제에 따라 'Play 스토어' 또는 '앱 스토어'에서 '아임차트'로 검색하여 설치

- **pan-TIS솔루션**
  http://16613165.shop

- **SNS유튜브 채널 "아임주식TV"**
  https://www.youtube.com/c/아임주식TV

- **프리줌 경제금융사이트(600개), 경제금융용어사전**
  http://www.K-MOOC.net

- **블로그, 칼럼 등**
  http://inan1105.blog.me

참고도서와 자료

『The Little Book that beats the Market』 조엘 그린블라트 (2005년)/ JohnWiley&Sons Inc
『경제학 프레임』 이근우 (2007년)/ 웅진윙스
『금리는 경제의 미래를 알고있다』 박종연 (2019년)/ 원앤원북스
『금리를 알면 부의 미래가 보인다』 장태민 (2020년)/ 메이트북스
『금융시장의 기술적 분석』 John Murphy (2000년)/ 국일증권경제연구소
『2020기업공시 실무안내』 (2021년)/ 금융감독원 기업공시국
『너의 내면을 검색하라』 차드 멩 탄 (2012년)/ 알키
『돈의 속성』 김승호 (2020년)/ 스노우폭스북스
『미래의 부』 이지성 (2021년)/ 차이정원
『박회계사의 재무제표 분석법』 박동흠 (2015년)/ 부크온
『부의 대이동』 오건영 (2020년)/ 페이지2북스
『부의 추월차선』 엠제이 드마코 (2013년)/ 토트출판사
『생각에 관한 생각』 대니얼 카너먼 (2018년)/김영사
『세계미래보고서2021』 박영숙, 제롬 글렌 (2020년)/ 비즈니스북스
『에드톨로지』 김정운 (2014년)/ 21세기북스
『영리한 투자』 짐 크레이머 (2008년)/ 흐름출판
『워렌 버핏의 완벽 투자 기법』 워렌 버핏 (2006년)/ 세종서적
『존 템플턴의 영혼이 있는 투자』 박정태 역, 게리 무어 (2002년)/ 굿모닝북스
『주식투자자라면 놓치지 말아야 할 주식 명저 15』 전영수 (2015년)/ 원앤원북스
『투자와 마켓사이클의 법칙』 하워드 막스 (2018년)/ 비즈니스북스

에필로그

[황Q]의 실전 명심보감

투자자의 매매 행태와 변동성 속에는 인간 심리와 편향, 휴리스틱스와 다양한 운동법칙이 녹아 있습니다. 이러한 내용을 아래의 열 가지 정도로 요약하고 압축해 보았습니다.

① 황소는 계단으로 오르고, 곰은 창문 밖으로 뛰어내립니다, 황소는 강세장(bull market)을 의미하며 엘리어트 파동의 충격파 조정파동이 진행되나, 약세장(bear market)을 의미하는 곰은 단기간에 급락하는 현상을 보입니다. 무한정 오르는 것을 전제로 주식과 결혼해서는 안 됩니다. 맹목적인 보유는 장기투자와 엄연히 다른 영역이므로 이성의 눈으로 롱(매수 및 보유)을 진행하고, 감성의 촉으로 과감하고 신속하게 숏(매도)을 해야 합니다.

② 주식의 가격은 내재된 효용가치에 (시장과 인간) 심리가 결합하고 여기에 통계 및 각종 지표의 해석이 더해져서 형성됩니다. 추세를 형성하는 가격은 경기순환의 국면과 수급을 좌우하는 유동성 그리고 투자자의 심리가 작동하는 것입니다. 그리고 아무리 저평가된 절대가치나 상대가치의 수준이라 하더라도 관심을 끌어 수급이 이어지지 못하면 제 가격 또는 높은 가격으로 상승할 수 없습니다. 특히 부존효과(소유효과, endowment effect)와 같이 팔리는 주식과 사려는 주식의 가치와 가격을 다르게 보는 투자자의 심리를 스스로 인정해야 합니다.

가격 = 가치 + 인간·시장 심리 + 정보·지표 해석
※ **경기 + 유동성 + 심리**가 시황을 형성하고, 수급이 재료에 우선한다.

③ 졸저 <숫자에 속지 마>(2016, 모아북스, 세종도서)에서 자주 반복적으로

나타나는 사례로, 투자자의 투자수익이 배가되었을 때는 더블은 100%의 수익률 성과로 표현되는 반면, 원래의 투자금액으로 돌아오는 동일한 폭의 손실이 발생한 경우 수익률 성과는 반 토막으로 50%가 됩니다. 단순 합산에 따른 수치적 착시를 경계해야 합니다. 이러한 현상은 레버리지 ETF나 인버스2X ETF에서도 같은 수치 폭의 등락이 반복되면 투자자에게는 마이너스로 작동하게 됩니다. 투자원금에 대한 연속 손실(%)이 50%라면 이에 대한 손실 확정 후의 만회수익률은 (반 토막 된 원금의) 100%가 되어야 합니다.

④ 사는 것은 중요하고 기다림의 기술이며, 파는 것은 어렵고 시간의 예술입니다. 일단 사겠다거나 팔겠다고 판단을 마치면 투자자는 대개 마음이 조급해지거나 초조해지는 현상이 생깁니다. 매수의 지름신이 강림하거나, 매도의 지름신이 강림하는 것은 당연한 일이므로 이를 억제하는 것이 승률을 높이는 방법입니다. 특히 손절(loss cut) 시의 고통이 두 배 가량 더 크기 때문에 생기는 '자존심의 훼손' 등으로 매도를 주저하는 손실 혐오를 극복해야 합니다.

⑤ 이동평균선은 (저)항과 지지, (방)향과 배열, (교)차와 이격, (수)렴과 발산의 패턴을 만들어 나갑니다. '저방교수'의 기술적 접근입니다. 신속한 판단을 위한 기술적 분석, 특히 차트 분석에서는 이동평균선을 다양하게 확인해야 합니다. 애증이라는 표현이 있는 것처럼 가격이 저항 이동평균선을 돌파하면 그 선은 지지선으로 입장이 바뀌게 됩니다. 대중가요 <사람이 미움 되면>의 가사와도 같습니다. 이동평균값은 결국 현 주가에 이르는 과정의 가격들에 대한 후행적으로 산출된 평균값입니다.

⑥ 모두가 좋다고 하면 미코(미스코리아)가 되고, 모두가 오른다 하면 상투가 됩니다. 내가 어떤 종목에 필이 꽂혀 있다 하더라도 보다 많은 투자자들의 관심과 선택을 받은 종목이 더 많이 오르고 내리게 마련입니다. 특정 투자 대상에 대해 내가 갖는 내재가치(intrinsic value)나 공정가치(fair value)보다 다른 투자자들의 예상과 기대에 더 관심을 맞추어 판단을 해야 합니다. 기계적이지 않은 인간은 착각을 하기도 하고, 망각이 일어나며, 자기 경험과 주관의 고집을 피우기

도 하고, 때로는 격정적이지만 때로는 피곤을 느끼는 것입니다. 사람은 기억에서 지우라고 하는 말을 오히려 종일 기억하는 백곰효과를 대부분 경험합니다.

⑦ 시장은 다수가 모여서 거래를 이루는 곳입니다. 개인의 목적과 취향과 기간에 맞추어 거래가 형성되지만, 시장 참가자의 집단 심리에 의해 떨어질 때는 전 종목이 우수수 떨어지는 모습을 보이기도 합니다. 그래서 우리는 시황을 예민하게 관찰하는 것입니다. 다만 반복되는 주위에서의 하품이 내게도 옮겨와 나도 모르게 하품하는 현상을 느낀 적이 있을 것입니다. 다만, 이렇게 동반 하락한 시황에서 반등이 이루어질 때는 원래의 가치가 살아나며 수우미양가를 구분하며 선별 투자를 하게 됩니다.

⑧ 좀 실력과 경험이 붙은 투자자들의 꿈은 자동화된 알고리듬의 시스템(적인) 트레이딩입니다. 그러기 위해서는 투자할 종목과 유동성과 변동성의 기반을 읽는 연습을 하여야 합니다. 투자대상으로 자금이 들어오고 있는지, 줄어들고 있는지를 놓고 '진입'과 '청산'의 기준을 삼아야 합니다. 일시적 큰 폭 상승 시 들어온 자금이 그대로 들어 있다면 다음 폭등의 시기를 찾는 노력은 큰 수익으로 돌아올 것입니다. '아임차트' 트레이딩 솔루션이 도움을 드릴 수 있습니다.

⑨ 주부가 솜씨 있게 지어내는 맛있는 밥을 감사한 마음과 즐거운 마음으로 먹으면 건강으로 응답이 옵니다. 기술을 갖춘 회사가 좋은 차를 만들고, 이를 구입하고 안전하게 운행하는 것은 운전자의 몫입니다. 다시 말해 투자자는 건전한 자본과 공정한 시장의 제도 안에서 배우고 즐기는 시장 참가자로 활동해야 합니다. 다만, 보약은 장복을 해야 건강으로 확인되지만, 독약은 1회 복용으로 모든 것이 끝난다는 것을 기억해 두어야 합니다. 한탕주의와 투기는 독이 든 성배입니다. 탐욕과 공포는 투자자의 눈을 흐리게 하는 장치임을 인식해야 합니다. 100번 성공해도 마지막 한 번의 투자(또는 투기) 실패는 모든 것을 원점 그 이전으로 돌리게 됩니다.

⑩ '내 몸은 내가 잘 안다.'고 말합니다. 운동·식사는 내 몫입니다. 누군가가 대

신해줄 수 없습니다. 하지만 드러나 있든 숨어 있든 중병의 진단과 치료·처방은 의사의 몫이라 하겠습니다. 등락과 부침 그리고 손익이 교차하는 투자의 세계에도 정석은 존재하고 전문가도 있습니다. 투자의 정석은 장기에 걸쳐/ 정기적이고/ 분산하고/ 분할하여/ 여유자금을/ 전문가에게 맡기는 간접 투자 방식/ 으로 하는 것입니다. 팔랑귀가 아닌 경청의 자세는 투자자의 큰 덕목입니다.

지금까지의 열 가지 권고사항의 모든 과정에서 투자자는 '관찰-기록-계산-검색'하는 습관을 가져야 합니다. 나쁜 기억(성과)을 경험이라 하고, 좋은 기억(성과)을 추억이라고 합니다. 하지만 기억은 기록을 이길 수 없습니다. 경험할 수 없을 때는 관찰의 시간을 가져야 합니다. 시장을 추종하든(trend follower), 역행하든(market contrarian) 지금까지의 기반을 잊지 않도록 해야 합니다.

【 잠깐 상식 】 서학개미를 위한 용어 5-4

용어	APPLE	설명(영문)	설명(국문)
ROA	27.60%	Return on Assets (ttm)	최근 12개월간의 총 자본 이익률을 의미함. 순이익 / 총 자산(자기자본+투자(부채)자본)로, ROA가 클 수록 수익성이 큰 기업으로 판단.
ROE	144.10%	Return on Equity (ttm)	최근 12개월간의 총 자기자본 이익률을 의미함. 순이익 / 자기자본로, 값이 클수록 기업의 순 자산을 이용한 이익을 창출 능력을 보여줌.
ROI	50.00%	Return on Investment (ttm)	투자자본수익률을 의미. 최근 12개월간의 총 부채에 대한 이익률로 높을 수록 기업이 효율적인 투자 경영을 하고 있다고 이해하며, IRR은 기간개념이 있고, ROI는 손익개념만 있음. 개념에 따라 동원되는 산식이 다르며, 순이익/투자비용. (Revenue-COGS)/COGS, Net income / Total assets 등이 있음.
Gross Margin	41.80%	Gross Margin (ttm)	매출이익률로 최근 12개월간의 총 매출에서 매출원가를 뺀 값을 총 매출대비해서 백분율로 나타낸 값임.
Oper. Margin	29.80%	Operating Margin (ttm)	영업이익률로 총매출에서 매출원가,판관비,연구개발비,예상치못한 수입/지출을 차감한 후 남은 영업이익을 총 매출 대비 백분율로 나타낸 값.
Profit Margin	25.90%	Net Profit Margin (ttm)	최근 12개원간의 순이익률임.
Payout	15.00%	Dividend Payout Ratio (ttm)	최근 12개월간의 배당지출 성향. 주당배당금을 주당순이익으로 나누어 백분율로 나타낸 값.
SMA200	15.14%	Distance from 200-Day Simple Moving Average	주가의 200일 단순 이동 평균값과의 이격 정도를 의미함.
Shs Outstand	16.49B	Shares outstanding	회사가 발행한 총 주식수.
Shs Float	16.32B	Shares float	일반 거래용(유통이 가능한) 주식수를 의미.
Short Float	0.55%	Short interest share	일일 거래량 중 공매도물량의 비중을 나타냄.
Short Ratio	0.92	Short interest ratio	공매도 주식수를 평균적인 거래량으로 나눈 값임. 숏 커버링(공매도 기관에서 주식을 다시 사서 갚아 이윤을 내는 행위) 기간으로 표현.

표0-4 FinViz Dictionary 서학개미 용어사전 4

부록 Appendix

[서Q] 한국의 니프티 피프티(Nifty Fifty)

1. 니프티 피프티(Nifty Fifty)란

정의	배경
1969~1973년까지 미국 증시에서 시황과 관계없이 기관투자가들이 선호했던 블루칩 50개 종목만 지속적으로 상승하고 나머지는 상대적으로 소외되었던 장세를 의미	기관투자가, 특히 민간연금기금의 주식투자 활발. 즉 장기적인 자금의 성장을 투자목적으로 하는 기관투자가들이 점차 그 선정 종목이 일치하며 생김

니프티 피프티 (Nifty Fifty)

한정된 성장주 그룹의 PER은 50배 가까이되고 다른 대다수의 종목은 인기가 이산되어 10배 전후의 PER에 방치됨	코카콜라, GE, 존슨&존슨, 맥도널드, 월트디즈니, 제록스, 필립모리스, 질레트 등
양극화 장세 형성	종목군

- **Nifty Fifty의 원인**
  1970년대초 미국의 기관화 장세

- **미국시장의 연금자산과 투신잔고 급증시기**
  ▶ 연금성 자산: 사회보장보험과 사적, 공적 연금 합계액 1965년 279억달러에서 1975년 4,067억달러로 10년간 3.8배 규모로 성장

- **베이비붐세대 사회활동시기**
  ▶ 직장상해보험고 실업보험 규모가 각각 1965년 20억, 24억달러 규모에서

1975년 59억달러, 181억 달러 등으로 큰 폭 증가시기

- **Nifty Fifty기업의 특징**
  ① 탄탄한 업종 대표 주 – 대부분 현재까지 영업
  ② 높은 수익성 – 시장대비 높은 자본수익성(ROE)을 보임
  ③ 기관매입 집중 – 'One Decision Stock' 즉, 매수 후 보유전략 구사와 그 여파로 우량주들이 물량부족 현상으로 큰 폭 상승

- **주요 Nifty Fifty 종목 – 1972년 미국시장**

종목	ROE(%)	PER(배)
Walt Disney	8.8	71.4
McDonald's	18.3	71.2
Johnson & Johnson	16.6	57.1
Coca-Cola	22.8	46.4
Xerox	19.9	45.8
Gillete Co.	22.0	24.3
Philip Moris Co., Inc.	18.6	24.0
General Electric Co.	17.2	23.4
평균	18.0	45.5
S&P 500	12.0	18.9

2. 2022년 한국시장의 Nifty Fifty

- 2020년 3월 코로나19 발생으로 글로벌 경제뿐만 아니라 모든 사회, 문화영역에도 전대미문의 영향을 끼침.
- 2020년 하반기 백신접종을 시작으로 2022년 혼돈, 적응기(집단면역등)를 거쳐 2022년 하반기 본격 위드코로나속에 정상적 경제활동 기대감 고조
  - 만년 저평가 상태에 있던 코스피 시장 기준 PER밴드 15배 이상 상향
  - 본격적 4차산업혁명으로의 일상화 시기 앞당기는 계기로 작용.
  - 한국형 401K 도입 추진등 주요 산업의 구조 변화와 경쟁력 및 성장의 모멘텀 주목

- **선정기준**
1) 섹터내 성장 모멘텀
2) 글로벌 경쟁력, 높은 수익성
3) 코로나 19 이후 신패러다임 수혜

- **한국의 Nifty Fifty 근거**
개인의 스마트머니 급증(동학개미)

- **고객예탁금 60조원 유지 시대**
▶ 투신 및 사모펀드 중심의 간접 투자시장에 대한투자수익률 저조등 불신과 모럴헤저드로 인한 펀드환매 급증, 대신 직접 투자로 전환

- **인플레 우려 및 금리 인상에도 저금리 기조**
▶ 미 금리, 2023년까지 금리 인상 기조(1.5~2%)에도 경기정상화 및 시장 안정화 정책 기조 유지, 달러화 약세 지속에 따른 외국인 매수세 강화 요인

3. 2022년 한국의 Nifty Fifty

전기전자	IT소부장	자동차/부품	2차전지	자율주행/로봇	탄소중립
SK하이닉스 LG전자 삼성전기 LG이노텍	DB하이텍 대덕전자 유진테크 KH바텍	기아 현대오토에버 현대모비스 만도	LG엔솔 SKC 엘앤에프 SK아이이테크	칩스앤미디어 엠씨넥스 로보스타 에브리봇	유니드 후성 한전기술 두산중공업 일진파워 우진
바이오/제약	**K-컨텐츠**	**메타버스/NFT**	**경기민감**	**지주사**	**소비/유통**
삼성바이오 에스티팜 SK바이오사	하이브 디어유 카카오게임 엔씨소프트	SK스퀘어 덱스터 서울옥션 다날	현대미포조선 현대건설 롯데케미칼 S-오일	SK GS 삼성물산 신한지주	신세계 호텔신라 강원랜드 LG생활건강 하나투어

분류	종목명	아임차트	선정 이유	컨센서스	
전기전자	SK하이닉스 (000660)		- 상반기 수급개선 전망 - 2Q22 공급 증가율에 주목 - 메모리 업황 턴어라운드 전망 - 인텔 낸드 인수 효과 본격 반영	현재가	123,000 (22. 02. 25.)
				목표가	155,500 (26.42%)
	LG전자 (066570)		- 22년 프리미엄 제품 경쟁력 - VS 사업부 성장성 주목 - 2022년 PER 7.5배는 매력적	현재가	124,000 (22. 02. 25.)
				목표가	185,000 (49.19%)
	삼성전기 (009150)		-22년 매출영업이익 최고 예상 - MLCC 성장 싸이클 주목 - 전기자동차, 비메모리에서 매출 확대	현재가	164,500 (22. 02. 25.)
				목표가	250,000 (51.98%)
	LG이노텍 (011070)		- 자율주행과 메타버스의 핵심 - 마이크로소프트 메타버스 수혜 - 애플/테슬라 수혜 주목 - 2026년 XR 매출액 5조원 전망	현재가	327,000 (22. 02. 25.)
				목표가	500,000 (52.91%)
IT 소부장	DB하이텍 (000990)		- 제품 믹스 개선에 주목 - 22년 또 한번의 실적 레벨업 - 전력관리반도체(PMIC)등 고부가 가치 제품 비중 증가	현재가	70,000 (22. 02. 25.)
				목표가	106,000 (51.43%)
	대덕전자 (353200)		- 반도체 및 통신기기용 PCB 전문 제조 기업 - FCBGA 모멘텀, 제품 믹스 개선에 따른 이익률 개선	현재가	25,050 (22. 02. 25.)
				목표가	30,000 (19.76%)
	유진테크 (084370)		- 22년 고객사 다변화 및 투자 확대 수혜 - DDR5 전환 가속화에 따른 성장 및 실적 개선 주목	현재가	43,950 (22. 02. 25.)
				목표가	65,000 (47.90%)
	KH바텍 (060720)		- 22년 힌지 물량 주증가 및 단가 상승 가능성 주목 - 해외법인 정상화 기대 - 폴더블폰의 월별 출하 추이 강세	현재가	21,750 (22. 02. 25.)
				목표가	34,200 (57.24%)

분류	종목명	아임차트	선정 이유	컨센서스	
자동차/부품	기아 (000270)		- 친환경 전기차 판매 고성장 - 미 시장 판매량 1월 최대 - 애플 전기차 협업 지속 관심	현재가	73,800 (22. 02. 25.)
				목표가	120,000 (62.60%)
	현대오토에버 (307950)		- 21년 매출 사상 첫 2조원돌파 - 자율주행 보급&커넥티드카 고성장으로 'Mobilgene'수혜주목 - 2023년부터 본격 성장 예상	현재가	108,000 (22. 02. 25.)
				목표가	200,000 (85.19%)
	현대모비스 (012330)		- 친환경 완성차 증산에 따라 실적 개선 지속 - 전동화 사업부 성장세 수혜 - 그룹의 지배구조 개편 주목	현재가	225,000 (22. 02. 25.)
				목표가	350,000 (55.56%)
	만도 (204320)		- 첨단운전자지원시스템(ADAS)물 성장 궤도 진입 기대 - 2022년, 북미 전기차 고객사 신규공장 매출 성장 주목	현재가	46,200 (22. 02. 25.)
				목표가	85,000 (83.98%)
2차전지	LG에너지솔루션 (373220)		- 리튬등 원재료 공급망 다변화 - MSCI지수 조기편입 - 2025~2030년 CATL과의점유율 역전등 주목	현재가	420,000 (22. 02. 25.)
				목표가	580,000 (38.10%)
	SKC (011790)		- 동박/PG 판가 상승 지속 - 영국 넥세온사와 2차전지 실리콘 음극재 사업 가속화. - 블랭크마스크등 반도체 소재 성장	현재가	135,500 (22. 02. 25.)
				목표가	228,000 (68.27%)
	엘앤에프 (066970)		- 대구 2공장 완공에 따른 생산량 증대 및 실적 성장 - 전 세계에서 니켈 함량 가장 높은 제품 독점 개발	현재가	191,000 (22. 02. 25.)
				목표가	290,000 (51.83%)
	SK아이이테크놀로지 (361610)		- 22년 계단식 이익성장 기대 - Tier-1 분리막 업체들의 가격 협상 능력 강화	현재가	120,500 (22. 02. 25.)
				목표가	230,000 (90.87%)

분류	종목명	아이차트	선정 이유	컨센서스	
자율주행/로봇	칩스앤미디어 (094360)		- 시스템반도체 설계 자산 개발 - 글로벌 비메모리 사업투자 확대에 따른 지속 성장 기대- 해외 계약 및 로열티 매출 급증	현재가	19,800 (22.02.25.)
				목표가	35,000 (76.77%)
	엠씨넥스 (097520)		OIS 적용 모델 확대 수혜 - 비모바일 사업 성장 본격 - 삼성전자의 갤럭시S22 모델 중 일부 카메라를 공급	현재가	45,900 (22.02.25.)
				목표가	70,000 (52.51%)
	로보스타 (090360)		- 디스플레이, 자동차등에 활용되는 산업용 로봇 제조 특화 - LG전자 지분 33.40% 1대주주 - 국내외 로봇산업 성장 주목	현재가	23,200 (22.02.25.)
				목표가	45,000 (93.97%)
	에브리봇 (270660)		- 세계 최초 듀얼스핀방식 보급형 물걸레 로봇 청소기 국내 점유율 1위 - 국산 라이다 센서 개발 및 장착통한 신규 제품 출시 주목	현재가	41,250 (22.02.25.)
				목표가	55,000 (33.33%)
탄소중립	유니드 (014830)		- 2050년 탄소중립 핵심 탄소포집 점유율 세계 1위 업체 - 탄소포집향 탄산칼륨 수요 급증 시 실적 성장세 기대	현재가	85,000 (22.02.25.)
				목표가	160,000 (88.24%)
	후성 (093370)		- 반도체용 특수가스, 2차전지 전해질 소재 'LiPF6' 국내 유일 제조업체 - 22년 매출 및 영업이익 대폭 성장세 주목	현재가	20,550 (22.02.25.)
				목표가	35,000 (70.32%)
	한전기술 (052690)		- 세계에서 유일한 원자로계통 설계 및 원전 종합설계 모두 수행 - 국내외 탈원전정책 폐기 및 친환경 관련주로 전환에 따른 신 성장 수혜	현재가	85,400 (22.02.25.)
				목표가	141,000 (65.11%)
	두산중공업 (034020)		- 그룹 구조조정 마무리 및 친환경 기업으로의 성장 주목 - 소형원전(SMR)개발 및 해외원전 수주 기대	현재가	18,900 (22.02.25.)
				목표가	40,000 (111.64%)

분류	종목명	아임차트	선정 이유	컨센서스	
탄소중립	일진파워 (094820)		- 한국원자력연구원과 원자로 및 관련기기개발,설계 제작 - 핵융합설비 연료 저장지술 상용화등 기술 개발 주목	현재가	16,900 (22. 02. 25.)
				목표가	22,000 (30.18%)
	우진 (105840)		- 원자로내 계측기(ICI) 전문업체 - 47조원 규모 UAE 바라카원전의 원자력등봉 업체 등록 수혜 기대 - 중국의 150기 원자력건설 주목	현재가	8,470 (22. 02. 25.)
				목표가	15,000 (77.10%)
바이오/제약	삼성바이오로직스 (207940)		- 삼성바이오에피스지분 인수로 CDMO, 바이오시밀러,신약개발 능력 확보로 글로벌 제약 도약 - 4 공장 수주 활발에 5 공장 준비까지 성장 모멘텀 확대 지속	현재가	769,000 (22. 02. 25.)
				목표가	1,110,000 (44.34%)
	에스티팜 (237690)		- 공장 신/증설로 실적성장 및 기업가치 대폭 상승 전망 - mRNA 임상을 통한 플랫폼 기술력 입증 및 CDMO 확장 기대	현재가	99,000 (22. 02. 25.)
				목표가	164,000 (65.66%)
	SK바이오사이언스 (302440)		- 노바백스 L/I 확대, CDMO 매출 증가로 호실적 예상 - 코로나 자체 백신 개발 GBP510 상반기 품목 허가 예상	현재가	140,500 (22. 02. 25.)
				목표가	320,000 (127.76%)
K-컨텐츠	하이브 (352820)		- 위버스와 브이라이브 통합에 주목 - 풍부한 아티스트 IP를 바탕으로 활발한 활동	현재가	286,500 (22. 02. 25.)
				목표가	73,000 (68.20%)
	디어유 (376300)		- 글로벌 팬메신저 플랫폼 기업 - 구글, 애플, 인앱결제 강제 금지법 이행에 따른 수혜(아이폰 유저70%) - 버블, 마이홈등 확장성과 수익성 주목	현재가	43,400 (22. 02. 25.)
				목표가	73,000 (46.73%)
	카카오게임즈 (293490)		- 오딘에 이어 우마무스메와 보라의 신작 성공 여부 주목 - 암호화폐활용한플레이투언(P2E) 진출 및 NFT 확장성 기대	현재가	72,500 (22. 02. 25.)
				목표가	115,000 (58.62%)

분류	종목명	아이차트	선정 이유	컨센서스	
K-컨텐츠	엔씨소프트 (036570)		- 1Q22 Showcase 주목 - 리니지 W 흥행 지속, 신작 라인업 발표에 초점	현재가	444,000 (22. 02. 25.)
				목표가	830,000 (86.94%)
메타버스/NFT	SK스퀘어 (402340)		- 과도한 할인율, MSCI2월편입 및 통신지분 한도폐지 수혜 - 유니크한 원스토어 & 캐쉬카우 SK쉴더스 IPO 예비심사청구서 제출	현재가	57,300 (22. 02. 25.)
				목표가	90,000 (57.07%)
	덱스터 (206560)		- 국내 시각특수효과(VFX) 경쟁1위 - 덱스터스튜디오 통한 컨텐츠 제작 및 메타버스 관련 성장성 주목	현재가	19,300 (22. 02. 25.)
				목표가	40,000 (107.25%)
	서울옥션 (063170)		- 미술품등 국내 경매시장 1위업체 - 3자 배정 통한 신세계 지분(4.8%)취득 및 NFT 경매사업 성장 주목	현재가	20,300 (22. 02. 25.)
				목표가	40,000 (97.04%)
	다날 (011070)		- 모바일PG 1위 결제사 - 가상자산 결제 선점- 메타버스, NFT사업 성장 주목	현재가	9,680 (22. 02. 25.)
				목표가	18,000 (85.95%)
경기민감	현대미포조선 (010620)		- 22년 상반기 수주 지속 - 수익성 위주 선별 수주 및 매출 성장과 실적 호조 기대	현재가	79,900 (22. 02. 25.)
				목표가	110,000 (37.67%)
	현대건설 (000720)		- 괄목할만한 정비사업 수주 실적 - 사우디, 필리핀 및 카타르 가스플랜트등 해외 수주 주목	현재가	42,600 (22. 02. 25.)
				목표가	70,000 (64.32%)
	롯데케미칼 (011170)		- 2분기 이후 중국 수요 확대등 스프레드 개선 기대 - PBR 0.5배로 역사적 저평가 구간 진입 주목	현재가	218,500 (22. 02. 25.)
				목표가	300,000 (37.30%)

분류	종목명	아임차트	선정 이유	컨센서스	
경기민감	S-Oil (010950)		- 2022년 정제마진 상승 구조적 - 고급 윤활기유 수익성 주목	현재가	83,200 (22. 02. 25.)
				목표가	135,000 (62.26%)
지주사	SK (034730)		- 비상장자회사 가치 반영 예상 - ESG 혁명 선두 그룹사 주목	현재가	222,000 (22. 02. 25.)
				목표가	400,000 (80.18%)
	GS (078930)		- 국내 대기업중 CVC 투자 적극적 - 국제 유가 고공행진에 따른 정유부문 수익성 개선 지속 - 폐배터리 사업진출등 친환경 투자	현재가	40,500 (22. 02. 25.)
				목표가	60,000 (48.15%)
	삼성물산 (028260)		- 상사, 건설부문 매출 및 실적 성장 - 패션, 레저부문 회복 및 바이오주목 - 순자산가치 할인율 역대 최대인 61% 감안시 저평가	현재가	108,500 (22. 02. 25.)
				목표가	180,000 (65.90%)
	신한지주 (055550)		- 금리인상기 안정적 예대마진 확보 - PBR 0.5배 이하인 자산가치우량주	현재가	38,950 (22. 02. 25.)
				목표가	50,000 (28.37%)
소비/유통	신세계 (004170)		- 온/오프라인 시장지배력확대 - 서울옥션, 번개장터 지분투자등 성장 모멘텀 주목	현재가	256,500 (22. 02. 25.)
				목표가	360,000 (40.35%)
	호텔신라 (008770)		- 코로나여파에 2년만에 흑자전환 - 호텔, 레저부문 이익 성장세 지속 및 면세부문 성과 여부 확인	현재가	80,000 (22. 02. 25.)
				목표가	100,000 (25.00%)
	강원랜드 (035250)		- 최악의 상황속에서도 견조함 유지 - 위트코로나로의 전환 및 국내 영업환경 완화시 수혜 예상 - 풍부한 현금 유지등 안정성 주목	현재가	25,150 (22. 02. 25.)
				목표가	33,000 (26.20%)

분류	종목명	아임차트	선정 이유	컨센서스	
소비/유통	LG생활건강 (051900)		- 중국 럭셔리 Top 5내 순위 유지 - 보인카 인수 효과 및 피지오겔과 미국 법인의 매출 증대 지속 주목	현재가	942,000 (22. 02. 25.)
				목표가	1,300,000 (38.00%)
	하나투어 (039130)		- 본격적인 리오프닝시 최대 수혜 - 여행수요 발생시 고강도 구조조정에 따른 수익성 레버리지 효과 예상	현재가	77,000 (22. 02. 25.)
				목표가	92,000 (19.48%)

【 잠깐 상식 】 서학개미를 위한 용어 5-5

용어	APPLE	설명(영문)	설명(국문)
Target Price	180.84	Analysts' mean target price	각 증권사의 애널리스트들이 평가한 목표주가의 평균값.
52W Range	116.21 - 182.94	52-Week trading range	52주간의 최저 및 최고 주가의 범위.
52W High	-6.89%	Distance from 52-Week High	52주간의 최고점대비 현재 주가의 차이.
52W Low	46.57%	Distance from 52-Week Low	52주간의 최저점대비 현재 주가의 차이.
RSI (14)	53.05	Relative Strength Index	상대강도지표. 괄호안의 숫자는 기간(일수)을 의미. 평균적인 상승규모를 평균적인 상승+하락 수치로 나누어서 산출하며, 높을수록 과매수세로 해석함.
Rel Volume	1.79	Relative volume	3개월 일일 평균치를 기준으로 당일의 거래량을 비교하는 지수임.
Avg Volume	98.02M	Average volume (3 month)	최근 3개월간의 일일 평균 거래주식수.
Volume	175,883,815	Volume	당일 거래량을 의미.
Perf Week	4.88%	Performance (Week)	일주일 간의 주가변동폭의 증감률.
Perf Month	-5.05%	Performance (Month)	1개월 간의 주가변동폭의 증감률.
Perf Quarter	11.64%	Performance (Quarter)	1분기 동안의 주가변동폭의 증감률.
Perf Half Y	16.78%	Performance (Half Year)	반기(반년) 동안의 주가변동폭의 증감률.
Perf Year	29.08%	Performance (Year)	온기(1년) 동안의 주가변동폭의 증감률.
Perf YTD	-4.08%	Performance (Year To Date)	연초부터 현재 까지의 주가변동폭의 증감률.
Beta	1.21	Beta	시장민감도로, 시장의 등락 변동에 대한 민감도로 베타값이 1이면 지수가 10% 상승할 때 종목의 수익률도 10% 상승한다는 의미.
ATR	4.91	Average True Range (14)	가격 변동성을 의미하는 평균TR로 괄호내 수치는 적용한 일수임. TR(True range)는 다음 3가지 값 |현재 고가 - 저가|, |현재 고가 - 전일 종가|, |현재 저가 - 전일 종가| 절대값이 가장 큰 임. 주가가 상승전환하는 시점에 ATR도 함께 증가하면 매수신호로 인식함.
Volatility	4.18% 2.72%	Volatility (Week, Month)	변동성을 나타내는 지표로서 %의 수치는 각각 주간, 월간 주간 변동폭의 등락률을 의미함.
Prev Close	159.22	Previous close	전일 종가.
Price	170.33	Current stock price	현재가 혹은 금일 종가를 의미함.
Change	6.98%	Performance (today)	전일 종가에 대비한 주가변동율을 나타냄.

표0-5 FinViz Dictionary 서학개미 용어사전 5

색인 Index

색인 Index

5일선 심리선 (단기 생명선) 206
7월 고용보고서 40
10일선 (단기 눌림목선) 207
20일선 세력선 207
50일선 수급선 (해외주식) 207
60일선 수급선 (국내주식) 208
90일선 (장기)추세선 208
100대 지표 352
120일선 경기선 208
200일선 대세선 208
240일선 대세선 209

로마자

A
Andrews' Pitchfork 200

B
black swan 323
Bollinger 밴드 213
Bollinger Bands 230

C
capitulation 57
CBOE 40
CDS(신용부도스왑) 123
composite leading indicato 316
Cycle Zone 201

D
Data Analysis 273
diamond pattern 225
discounted cash flow methods 289
dividend discount Model 289
dividend yield 293

E
Economic Value Added 모형 288
EMP(ETF Managed Portfolio) 143
ES팬-티스 양봉(예상) 저가전략 157
ES팬-티스(pan-TIS) 161
EVA 모형 288

F
FoMO 26
FRED 355

G
GICS(The Global Industry Classification Standard) 263

H
high frequency trading 154
HTS(Home Trading System) 96

K
KOSDAQ 48
KOSPI 48

L
leg 238

M
MACD 213
MACD (Moving Average Convergence Divergence) 233
MA(moving average) 195
MTS(Mobile Trading System) 96

N
NYSE 38
NYSE(New York Stock Exchange) 41

O
ORB(opening range breakout) 154

P
P/B ratio 292
P/E ratio 291
price-to-earnings ratio 291
P/S ratio 292

R
residual income model 289
Retrieval and Transfer System 273
return on investment capital 286
reversion to mean 215

S
self-referential effect 29
sideway 198

simple average 205
S&P 38
Speed Line 200
stop loss 20
super cycles 327

T
ten bagger 18
Time Zone 201
TR 142

V
V형 225
V형/ 역V형 패턴(spike pattern) 225
VWAP(브이왑)과 TWAP(티왑) 전략 140, 156

W
weighted average cost of capital 286

한국어

ㄱ
가격 지표 228
가격(price) 270
가끔 부분 갭(partial gap) 246
가용성 휴리스틱(Availability heuristic) 92
가중 이동평균(weighted moving average) 205
가중평균자본비용(WACC) 286
가치(value) 270
강세추세(bullish trend) 189
갭다운 246
갭업 246
갭(gap) 246
거시경제지표 305
결정계수(R^2) 357
경기 30
경기순환시계(BCC) 329
경기순환(business cycle) 302
경기종합지수(Composite Index of Business Indicators) 312
경제 30
경제적 부가가치(EVA) 288
고가주문 125

고가(high) 238
고빈도 매매(HFT) 154
고전적(conventional) 155
고점(peak) 302
골든크로스(golden cross) 213
공시 273
공정가치(fair value) 259
공정시장가치(fair market value) 280
공포(공황)국면-약세 2국면 193
공포(fear) 58, 128
과열국면-강세 3국면 192
과열된 경기(over-heating) 323
과최적화(over-fitting) 160
괴리도 120
괴리율 120
국민계정 307
국민소득 305
국민소득의 306
국민총생산 305
국채 가격 43
그랜빌의 8법칙 211
금리선 (추세선) 207
금융 32
금융감독원 273
금융감독원 외부평가업무 가이드라인 280
금융기관의 필요 261
금융 불안정성 가설(financial instability hypothesis) 57
급등락(VI) 대응형 전략 155
기간구조별(term structure) 339
기다리는 전략(stand aside) 199
기본적 분석(fundamental analysis) 259
기술적 분석 184
기술적 분석 시그널 돌파전략(breakout strategy) 156
기술적 분석(technical analysis) 259
기술적 지표 시그널 돌파전략 140
기업공시실무 273
기정 편향(default bias) 86

기타 투자위험 66
긴축발작(테이퍼링 텐트럼) 339
깃발형 패턴(flag pattern) 220
꺾은선 그래프 104
꼬리 238

ㄴ

나스닥지수 42
내린 종목(Decline) 56
내재가치(intrinsic value) 288
내재변동성(implied volatility) 121
노동부 42
뉴욕증권거래소 38, 41
뉴욕증시 38, 40

ㄷ

다우 이론(Dow Theory) 187
다우존스30산업평균지수 41
다이버전스(divergence) 236
단기매매 차익거래 125
단기추세(minor trend) 189
단순이동평균(SMA) 205
당일 매매 113
당일 매수 - 익일 113
닻 내림 효과 85
대칭삼각형 218
대표성 휴리스틱(representativeness heuristic) 92
대형 기술주 44
데드크로스(dead cross) 213
데이 트레이더 134
도움말 99
돈 31
돌파 갭 247
돌파(breakout) 137
되돌림(retracement) 189, 195
듀레이션 357
디드로의 효과(Diderot effect) 323

ㄹ

레밍 효과(lemming effect) 81
레인지 브레이크(range break) 전략 156

레인지(range) 142
로스컷(loss-cut) 128

ㅁ

마루보즈(marubozu) 242
마크업)국면-강세 2국면 192
막대그래프 104
매도 관점 148
매도신호 211
매수 관점 147
매수신호 211
매일 1% 22
매집국면-강세 1국면 192
매출액 275
머니 무브(money move) 114
머리(head) 222
모닝 패트롤 47
모멘텀 지표 228
목선(네크라인) 223
목표가 찾기 250
목표가(counting) 196
몸통(body) 238
무위험수익률 287
무위험자산(risk-free asset) 356
물가 305
물가상승률 305
미결제약정(open interest) 123
미공개정보이용-(내부자거래) 125
미 국채금리 42
미 동부시간 38, 41
미수금 112
민스키 모멘트(Minsky moment) 57

ㅂ

바닥선 (국내주식) 209
바닥선 (해외주식) 208
바텀업(bottom-up) 260
반전(reversal) 195, 240
배당수익률(DY) 293
배당 할인모형(DDM) 288
백워데이션(back-wardation) 121

밴드 웨건(bandwagon) 81
뱅크런(bank run) 114
범용성(robust) 140
베이시스(basis) 119
베타계수[β] 357
변동성의 완충 261
변동성 지수(VIX) 46
변동성 지표 227
변동성(volatility) 135
보통 갭 246
보합추세(sideway) 189
복리의 마법 261
본질가치 282
부작위 편향(omission bias) 89
부정거래 125
부정(denial) 58
분기(divergence) 213
분산국면-약세 1국면 193
붐(Boom) & 버스트(Bust) 56
블랙완(검은백조) 323
비농업 부문 고용 42
비트루비안 맨(Vitruvian man) 76
빈번한 BLASH 거래 제어 261

ㅅ

사각형 패턴(rectangle pattern) 219
사자 전략(go long) 199
사후판단 편향(hindsight bias) 87
사후편입 오차(backfill bias) 89
삼각형 패턴(triangle pattern) 217
삼중 바닥형 224
삼중천정/ 바닥형 패턴(triple top/ triple bottom pattern) 223
상관계수[ρ] 357
상승 갭(gap-up) 246
상승(도약) 192
상승삼각형 217
상승쐐기형 219
상승직사각 219
상승추세(uptrend) 223

상승 타스키(upside gap Tasuki) 248
상승 포지티브(ascending positive) 236
상장기업 273
상한가 전략 155
샛별형(morning star) 249
생명선 207
생존자 편향(survivorship bias) 88
서프라이즈(surprise) 59
석별형(evening star) 249
선제적(pre-emptive) 339
선행지수(CLI) 316
선형 회귀선을 활용한 Channel기법 201
섬꼴 반전(island reversal) 247
성과평가 편향 89
성과(performance) 377
성장주 44
섹터 로테이션 전략 265
셀프 허딩(self-herding) 84
소멸 갭 247
소프트랜딩 323
쇼크(shock) 59
수렴(convergence) 213
수염(shadow) 238
순이익 275
스캘핑(scalping) 134
스크리너(screener) 144
스탠더드앤드푸어스(S&P)500지수 41
스톱로스 20
스피닝탑(spinning top) 242
슬리피지(slippage) 143
시간외 단일가 매수 전략 155
시가(open) 238
시세조정 125
시세조정(주가조작) 125
시장강도 지표 228
시장동향 등 지표 229
시장 베이시스 120
시장 언어(language of the market) 226
시장접근법 280

시장질서 교란행위 125
시카고상품거래소 45
시카고옵션거래소(CBOE) 40, 45
신고공시 의무 위반 125
신규매수 편입한 종목의 성과 89
신용경색 114
신용잔고 112
실업률 305
실패현상(failure) 197
심리적 기대감 261
쏠림 현상(herd behavior) 80
쐐기형 패턴(wedge pattern) 219

ㅇ

아이작 뉴턴 72
아임주식TV 20
악마의 변론(advocatus diabolic) 87
애프터마켓(after-market) 108
앵커링 효과(anchoring effect) 85
약세추세(bearish trend) 189,198
양봉 239
어깨(shoulder) 222
업종/국가비중(weights) 377
엘리어트 파동 77
엘리어트 파동과 피보나치 수열 방식 251
역 헤드 앤 쇼울더 222
역V형 225
연방기금(FF) 금리 45
연방준비제도(연준·Fed) 43
연착륙(soft landing) 323
연회장 효과 29
영업이익 275
오른 종목(Advance) 56
오프닝 레인지 브레이크 아웃(OBR) 전략 156
요구수익률 287
워렌 버핏 19
원자재(commodity) 343
원형 천정/ 바닥형 패턴(rounding top/ rounding bottom pattern) 224
월가 42

월스트리트저널(WSJ) 45
웩더독(wag the dog) 123
위험 356
위험/수익 변동요인(factors) 377
위험/수익(risk & return) 377
유가증권 112
유동성(liquidity) 135
융자잔고 112
은행주 44
음봉 239
음봉(예상) 저가전략 157
이격도(disparity) 213
이기심 편향(self-serving bias) 86
이동평균선(MA) 195
이론 베이시스 120
이익접근법 281
이자율 305
이중 바닥형 223
이중천정/ 바닥형 패턴(double top/ double bottom pattern) 222, 223
인수(acquisition) 284
인트라데이(intraday) 134
일목균형표 목표가 예상 253
일반위험 65
일상성의 편향(normalcy bias) 88
임원·주요 주주특정증권 등 소유상황보고서 276

ㅈ

자기 관련 효과 29
자기불구화(self-handicapping) 92
자기자본이익률 ROE(return on equity) 292
자산접근법 281
작전 126
잔칫집 효과 29
장기추세(primary trend) 189
장세분석(market analysis) 196
재무제표 273
저가주문 126
저가(low) 238

저금리 기조 44
저점(trough) 302
저항(resistance) 195
적극적 타성(active inertia) 85
적립식 투자의 효과 261
적자전환 275
적정 가격(reasonable price) 259
전매도(liquidation) 124
전문가들 컨센서스 43
전자공시시스템에(DART) 273
전진 테스트(walk forward test) 160
종가매매(매수)전략 140, 155
종가(close) 238
종합수지 305
주가매출액비율(price-to-sales ratio 292
주가수익비율(PER 291
주가순자산비율(price-to-book value ratio 292
주가조작 126
주가지수운영위원 122
주식 33
주식 등의 대량보유 상황보고서(약식) 276
주식 등의 대량보유 상황보고서(일반) 276
주식소유/대량보유 보고의무 위반 125
중기추세(intermediate trend) 189
쥬글러 파동(Juglar wave) 326
증권회사 112
지속형(continuation) 패턴 217
지속(continuation) 195, 240
지수구성(constituents) 377
지수별 40
지수(식) 이동평균(exponential moving average) 205
지지(support) 195
지표/시장(indicator/market) 226
진행 갭 247

ㅊ
차트 104
초과이익 모형(RIM) 288, 289

최대주주 등 소유주식 변동신고서 276
추세반전형 패턴 222
추세분석과 패턴분석 250
추세지속형 패턴 217
추세지표 227
추세 추종적(trend following) 188
추세(trend) 195
침체국면-약세 3국면 193

ㅋ
캔들 분석 238
캔들(candle) 196
컵과 손잡이형 패턴(cup with handle pattern) 220
코스피200 122
콘탱고(contango) 121
콘트라티에프 파동(Kondratiev wave) 327
콜옵션(call option) 121
쿠즈네츠 파동(Kuznets swing) 327
크레딧 크런치(credit crunch) 114
키친 파동(Kitchin cycle) 326

ㅌ
탐욕(greed) 128
탑다운(top-down) 260
테이퍼링 43
텐배거 18
통정매매·가장매매 125
통화 31
통화정책 320
통화증가율 305
투자 31
투자대상 군(universe) 137
투자자 항복 57
투자(investment) 134
투하자본수익률(ROIC) 286
트레일링 스톱(trailing stop) 128
트루 레인지(true range) 142
특수위험 66

ㅍ
팔자 전략(go short) 199

패턴(pattern) 195
팬-티스 21
페넌트형 패턴(pennant pattern) 220
편향(bias) 84
평가(pricing) 259
평가(valuation) 259, 270
평균으로의 회귀(RTM) 215
포인트 41
표준편차 357
표준편차(standard deviation) 230
풀백 트레이딩 전략(Pullback Trading Strategy) 140, 156
풀백(pullback) 137
풀(pool) 137
풋옵션(put option) 121
프로그램 매도(매도차익거래) 120
프로그램 매수(매수 차익거래) 120
프로스펙트 이론(Prospect theory) 128
프리마켓(pre-market) 108
피보나치 수열 74
피보나치수열 방식 201
피봇과 디마크의 목표가 계산 251
핀업(pinup) 161

ㅎ

하락 갭(gap-down) 246
하락 네거티브(descending negative) 237
하락삼각 217
하락쐐기형 219
하락직사각형 219
하락 타스키(downside gap Tasuki) 249
하한가 전략 155
한눈에 보는 우리나라 100대 통계지표 352
합병(merger) 284
허수주문 126
허위사실 유포 126
헤드 앤 쇼율더 패턴(head and shoulder pattern) 222
현금흐름 할인모형(DCF) 288
현상유지 편향(status quo bias) 86

홈바이어스(home bias) 86
확대삼각형 218
확산 수렴형 패턴(broading formation) 225
확인 편향(confirmation bias) 87
환매수(recovering) 124
환율 305, 341
회계감사 273
회귀(regression) 195
회색 코뿔소(Gray Rhino) 324
횡보추세(보합추세) 198
후행성(time-lag) 233
휩소(whipsaw) 197
휴리스틱스(heuristics) 84, 91
흑자전환 275

그림목록

그림2-1-1 피보나치 토끼의 번식　｜ 75
그림2-1-2 피보나치 나선성장　｜ 75
그림2-1-3 피보나치 황금비　｜ 75
그림2-2 개인의 투자습관　｜ 93
그림3-1 HTS 메뉴호출 화면　｜ 97
그림3-2-1 HTS 안의 도움말　｜ 101
그림3-2-2 [투자정보]-프로그램 매매-프로그램 매매 현황 [0765]　｜ 102
그림3-3 HTS 현재가 화면　｜ 105
그림3-4 주문의 종류　｜ 107
그림3-5 매수주문 미니화면　｜ 110
그림3-6-1 매매종합　｜ 118
그림3-6-2 투자자 분류방법 안내　｜ 118
그림4-1 매매거래제도 - 변동성완화장치　｜ 136
그림4-2 다양한 스크리너　｜ 151
그림4-3 HTS 조건검색화면 캔들(하라미)　｜ 152
그림4-4-1 팬-티스 16613165 화면　｜ 166
그림4-4-2 팬-티스 체결화면　｜ 166
그림4-4-3 팬-티스 당일매수 당일매도 화면　｜ 166
그림4-5-1 팬-티스 양봉저가전략 이랜텍 16613165 화면　｜ 168
그림4-5-2 팬-티스 양봉저가전략 이랜텍 당일매수분매도　｜ 170
그림4-5-3 코스닥지수　｜ 170
그림4-6 아임차트 트레이딩 솔루션 화면　｜ 171
그림4-7-1 아임차트 설치와 실행 1　｜ 172
그림4-7-2 아임차트 설치와 실행 2　｜ 172
그림4-7-3 아임차트 설치와 실행 3　｜ 173
그림4-8-1 아임차트 구성　｜ 173
그림4-8-2 웨이브 차트 구성　｜ 174
그림4-8-3 팬-티스 차트 구성　｜ 174

그림4-8-4 종합시황 분석 | 175
그림4-8-5 테마 분석 | 175
그림4-8-6 종목분석 및 추출 | 176
그림4-8-7 차트 오버레이 기능 | 176
그림4-8-8 주봉/월봉 동시보기 및 차트설정 | 177
그림4-8-9 팬-티스(pan-TIS) 차트 | 177
그림4-8-10 팬-티스 차트 구성 | 178
그림4-8-11 예상종가 & Level | 178
그림4-8-12 개장 시 예상캔들과 실시간 예상캔들 | 179
그림4-8-13 개장전 예상시가와 양봉/음봉 고저가 예상표 | 179
그림5-1 다우이론 6국면 | 193
그림5-2-1 추세차트 상승지속 | 199
그림5-2-2 추세차트 하락지속 | 199
그림5-2-3 추세차트 횡보 | 199
그림5-3 상승추세중의 하락조정 되돌림 영역 | 202
그림5-4-1 그랜빌 매수신호 | 212
그림5-4-2 그랜빌 매도신호 | 212
그림5-5-1 하락삼각형 | 217
그림5-5-2 상승삼각형 | 218
그림5-5-3 대칭삼각형 | 218
그림5-5-4 확대삼각형 | 218
그림5-5-5 하락직사각형 | 219
그림5-5-6 상승직사각형 | 219
그림5-5-7 하락쐐기형 | 219
그림5-5-8 상승쐐기형 | 219
그림5-5-9 깃발형 | 220
그림5-5-10 패넌트형 | 220
그림5-5-11 컵과손잡이형 | 220
그림5-5-12 헤드 앤 쇼울더 | 222
그림5-5-13 역 헤드 앤 쇼울더 | 222

그림5-5-14 이중 천정형　|　223
그림5-5-15 이중 바닥형　|　223
그림5-5-16 삼중 천정형　|　223
그림5-5-17 삼중바닥형　|　224
그림5-5-18 원형천정/ 바닥형　|　224
그림5-5-19 V형　|　225
그림5-5-20 역V형　|　225
그림5-5-21 확산 수렴형　|　225
그림5-6-1 지표분석 추세지표　|　227
그림5-6-2 지표분석 변동성지표　|　227
그림5-6-3 지표분석 모멘텀지표　|　228
그림5-6-4 지표분석 시장강도지표　|　228
그림5-6-5 지표분석 가격지표　|　229
그림5-6-6 지표분석 거래량지표　|　229
그림5-7-1 다이버젼스 상승 포지티브　|　237
그림5-7-2 다이버젼스 하락 네거티브　|　237
그림5-8-1 일본식 캔들　|　239
그림5-8-2 미국식 캔들　|　239
그림5-9 동서양 색상사용　|　239
그림5-10 캔들 1개 구간나누기　|　241
그림5-11 캔들 이름 붙이기　|　242
그림5-12 캔들 2개 다양한 이름들　|　245
그림5-13 캔들 3개 다양한 이름들　|　248
그림5-14-1 캔들 상승 타스키　|　249
그림5-14-2 캔들 하락 타스키　|　249
그림5-15-1 일목균형표 목표가 1　|　253
그림5-15-2 일목균형표 목표가 2　|　253
그림5-16 HTS 기술적분석 조건검색　|　256
그림6-1 물가와 성장에서의 글로벌 자산 선택　|　264
그림6-2 경기순환국면에 따른 섹터와 포트폴리오 구성　|　268

그림6-3 코스톨라니의 달걀 | 268
그림6-4 전자공시 홈페이지 안내 | 274
그림6-5 한국거래소 전자공시시스템 구조 | 274
그림6-6 금융감독원 전자공시 보고서정보 | 278
그림6-7 한국거래소 전자공시 제공정보 | 279
그림6-8 한국거래소 보고서 종류별 지분공시 현황 | 279
그림6-9 HTS 기본적분석 조건검색 리스트 예시 | 300
그림6-10 HTS 기본적분석 상대가치 조건검색 리스트 예시 | 300
그림6-11 해외주식 웹사이트 조건검색 화면 예시 | 300
그림7-1 경제정책 목표와 구성 | 310
그림7-2 통화정책 외환정책 재정정책 | 310
그림7-3 한국은행 통화정책 웹페이지 | 311
그림7-4 한국은행 외환정책 웹페이지 | 311
그림7-5 산업활동 경제주체 순환도 | 313
그림7-6 금융시장과 시장참가자 | 321
그림7-7 통계청 경기순환시계(BCC) | 330
그림7-8 금융시장 실물시장 경기순환도 | 332
그림7-9 통계청 인구구성비와 연령대별 인구 | 336
그림7-10 생산가능 인구비중 변동과 영향경로 | 336
그림7-11 금리의 구성 | 340
그림7-12-1 KRX 증시일정 주식 | 347
그림7-12-2 KRX 증시일정 파생상품 | 347
그림7-12-3 KRX 증시일정 채권 | 347
그림7-13 경제금융통계 2022 캘린더 | 347
그림7-14-1 통계청 국가통계 공표일정 | 349
그림7-14-2 한국은행 통계공표 일정 | 350
그림7-15 통계청 100대 주요지표 | 352
그림7-16 한국은행 ECOS 통계 100 | 353
그림7-17 트레이딩 이코노믹스 일정표 | 354
그림7-18 인베스팅닷컴 일정표 | 354

그림7-19 FRED | 355
그림8-1 구글 검색 창 | 368
그림8-2 MTS 설정과 활용 동영상 목록 | 371
그림8-3 구글시트 실행하기 화면 | 373
그림8-4-1 MSCI지수 1: 성과와 그래프 | 376
그림8-4-2 MSCI지수 2: 비중차트 등 | 377

차트목록

차트2-1 다우존스 지수: 2020. 3. 16.(마감) 20,188.52　|　53
차트2-2-1 VIX 연도별　|　54
차트2-2-2 VIX 일별　|　54
차트2-3 투자심리 사이클　|　60
차트2-4 다우 1000포인트 이후 장기 로그차트　|　68
차트2-5 엘리어트 파동　|　77
차트4-1 데이트레이딩용 일봉차트　|　153
차트4-2 데이트레이딩용 분봉차트　|　153
차트4-3-1 팬-티스 음봉저가전략 화신 시고저종표　|　165
차트4-3-2 팬-티스 음봉저가전략 화신 일봉차트　|　165
차트4-3-3 팬-티스 음봉저가전략 화신 3분봉차트　|　165
차트4-4-1 팬-티스 양봉저가전략 이랜텍 시고저종표　|　168
차트4-4-2 팬-티스 양봉저가전략 이랜텍 3분봉차트　|　169
차트4-4-3 코스닥지수 미니업종차트　|　169
차트5-1 추세전환과정 차트　|　191
차트5-2 일봉차트와 이동평균선　|　214
차트7-1 주요국 한중일미독 주가지수 기초대비 비교　|　338
차트7-2 주요국 기준금리 10년 추이　|　340
차트7-3 주요국 통화의 등락추이　|　342
차트7-4 주요 원자재 등락추이　|　344
차트7-5 주요 원자재 선물 등락추이　|　345

표목록

표	제목	페이지
표0-1	FinViz Dictionary 서학개미 용어사전 1	16
표0-2	FinViz Dictionary 서학개미 용어사전 2	94
표0-3	FinViz Dictionary 서학개미 용어사전 3	366
표0-4	FinViz Dictionary 서학개미 용어사전 4	392
표0-5	FinViz Dictionary 서학개미 용어사전 5	404
표1-1	팬-티스 데이트레이딩 실제운용 성과표	21
표1-2	모닝패트롤	47
표1-3	상장종목 현황	48
표2-1	COVID 폭락장 관심주 현황 2020. 3. 13.	51
표2-2	다우지수 역사적기록	69
표2-3	다우지수 하락과 회복 손익률 2008	69
표2-4	다우지수 하락과 회복 손익률 2009	70
표3-1	HTS 시간대별 사용 주요메뉴	99
표3-2	주문종류와 유효시간	106
표3-3	매수매도 호가와 호가별 매수잔량	111
표3-4	기준가별 호가가격단위	111
표3-5	위탁증거금률(8.7%)과 유지증거금률(5.8%)	123
표4-1	참고자료: 7th감각, 시스템트레이딩 with CybosTrader	141
표5-1	주요지표분석 요약표	236
표5-2	디마크계산	252
표5-3	저항값으로 이용하는 주요 값들	254
표5-4	기술적분석 스크리닝 조건검색 (예시)	256
표6-1	코스피 산업분류와 시가총액	264
표6-2	성장 물가 금리와 자산선택	264
표6-3	모닝스타의 섹터구분 표	266
표6-4	투자자산의 용도	271
표6-5	투자시 재무비율 산출방법	272
표6-6	지분공시제도 해설	277

표6-7 KRX PER PBR 배당수익률　│ 298
표7-1 국가별 거시지표 보기　│ 305
표7-2 국가별 국민계정 보기　│ 306
표7-3 기획재정부 최근경제동향 목차　│ 315
표7-4 OECD발표 CLI 한국 예시　│ 317
표7-5 한국 선행 동행 후행종합지수 산출지표들　│ 318
표7-6 자산구분·투자기간별 주요변수　│ 328
표7-7 통계청 추계인구 2022년 1월 23일　│ 334
표7-8 통계청 인구동태건수 및 동태율　│ 334
표7-9 원화와 헤알화의 변동과 손익변동　│ 342
표7-10 주요 원자재지수　│ 345
표7-11 월간 주요통계 일정　│ 351
표8-1 각종 지수와 지표의 심볼 등　│ 375